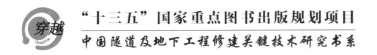

"十三五"国家重点图书出版规划项目

中国隧道及地下工程修建关键技术研究书系

The Shield Construction Technology and Management Application on Shenzhen Rail Transit Line 11

深圳城市轨道交通 11 号线盾构施工技术及管理实践

刘 辉 黄力平 著

人民交通出版社股份有限公司
China Communications Press Co.,Ltd.

内 容 提 要

深圳城市轨道交通 11 号线是深圳市首条轨道交通快线项目,具备机场快线功能及市郊联络线功能,共投入 29 台盾构机,盾构区间地质条件复杂、地面建(构)筑物众多、技术难度大。本书著作者全程参与了 11 号线的盾构施工技术管理工作,搜集和整理了建设过程中的新技术和创新应用。

本书共 5 章,分别介绍了深圳地铁盾构施工应用概况、11 号线盾构施工技术、11 号线盾构施工及组织管理、11 号线盾构施工案例分析、11 号线管理成效及技术发展展望。

本书可供地铁建设、设计、监理、施工、地铁装备制造等单位的技术与管理人员参考,也可以作为大专院校相关专业的辅导用书。

图书在版编目(CIP)数据

深圳城市轨道交通 11 号线盾构施工技术及管理实践 / 刘辉,黄力平著. — 北京:人民交通出版社股份有限公司,2019.4

ISBN 978-7-114-15107-1

Ⅰ.①深… Ⅱ.①刘… ②黄… Ⅲ.①城市铁路—铁路工程—盾构法—工程施工—施工管理—深圳 Ⅳ.① U239.5

中国版本图书馆 CIP 数据核字(2018)第 253088 号

书　　名：深圳城市轨道交通 11 号线盾构施工技术及管理实践
著 作 者：刘　辉　黄力平
责任编辑：刘彩云
责任校对：赵媛媛
责任印制：张　凯
出版发行：人民交通出版社股份有限公司
地　　址：(100011)北京市朝阳区安定门外外馆斜街 3 号
网　　址：http://www.ccpress.com.cn
销售电话：(010)59757973
总 经 销：人民交通出版社股份有限公司发行部
经　　销：各地新华书店
印　　刷：北京印匠彩色印刷有限公司
开　　本：787×1092　1/16
印　　张：22.5
字　　数：550 千
版　　次：2019 年 4 月　第 1 版
印　　次：2019 年 4 月　第 1 次印刷
书　　号：ISBN 978-7-114-15107-1
定　　价：138.00 元

(有印刷、装订质量问题的图书,由本公司负责调换)

作者简介
ABOUT THE AUTHORS

刘辉同志简介

刘辉，男，1960年4月出生，四川彭州人，现任中国铁路工程集团有限公司党委常委，中国中铁股份有限公司副总裁、总工程师，教授级高级工程师，国家注册一级建造师、国家注册咨询工程师。

长期从事大型重点工程建设关键技术的研发和施工技术管理工作，在国内外具有较高的知名度和影响力。先后主持或组织完成了内昆线、秦沈客运专线、大瑞铁路高黎贡山隧道、青岛地铁8号线海底隧道项目、青藏铁路、深圳城市轨道交通11号线项目、广州地铁11号线项目、埃塞亚吉铁路等重点工程的施工技术工作，取得了显著的成绩。先后主持或组织的"青藏铁路工程"获国家科技进步特等奖，"遂渝线无砟轨道综合试验段关键技术试验研究"获国家科技进步一等奖，"京津时速350公里线路工程技术及应用"获国家科技进步二等奖，"三索面三主桁公铁两用斜拉桥建造技术"获国家科技进步一等奖，"高速铁路标准梁桥技术与应用"获国家科技进步二等奖。

在国家核心学术刊物多次发表有创见性的学术论文，先后在《科技进步与对策》《铁道学报》等发表专业学术论文数十篇。

黄力平同志简介

黄力平，男，1968年12月出生，江西安义人，现任深圳市地铁集团有限公司副总经理、技术委员会副主任，教授级高级工程师，国家注册土木（岩土）工程师。长期从事技术管理、项目科研攻关、重大技术方案审查、项目管理工作。

先后主持完成或参与完成深圳地铁一期工程、二期工程、三期工程等国家重大工程8项，组织和主持科研攻关，解决了多个地铁工程建设关键技术问题和重大疑难问题，取得了多项重大科技成果。所主持或组织的地铁重叠隧道工程项目、桩基托换项目、下穿既有运营线路项目、深圳地铁2号线工程、深圳地铁7号线工程、深圳地铁9号线工程等项目先后获得了国家科技进步二等奖、深圳市科技进步一等奖、广东省科技进步奖二等奖、天津市科技进步三等奖、上海市科技进步三等奖、第七届中国土木工程詹天佑奖、第十四届中国土木工程詹天佑奖、国家优质工程奖、国家安全生产监督管理总局科技成果一等奖、国际隧道协会年度工程提名奖。

主编或参编专著8本，在国家核心学术刊物发表专业学术论文30多篇。

前　言
FOREWORD

深圳城市轨道交通 11 号线是深圳城市轨道交通三期工程建设重大项目之一，线路全长 51.936km，是深圳市首条建设运营速度达 120km/h 的机场快线，采用 8 节 A 型车编组（含 2 节商务车），承担市中心区与西部滨海地区的快速联系功能，无缝对接高铁站、机场新航站楼，满足疏散机场旅客和提升深圳机场服务水平的需要，是一条设计运营服务水平较高的区域快线。

11 号线具有线路区间长、列车运行速度快等特点，包含 16 个盾构区间，总长 62.225 单线公里，占地下线路的 79.1%，最长盾构区间约 5.5km，长度大于 2km 的区间有 6 个，共投入 29 台盾构机。

本书详细分析了 11 号线盾构施工风险，全面论述了盾构机穿越复杂地层和建（构）筑物地段施工技术，分章节对穿越不良地质（填海区淤泥层、局部硬岩层、上软下硬地层、球状风化体等）、穿越河流富水地段（特别是深圳湾海湾域）、穿越既有运营线路，确保运营安全及穿越建（构）筑物进行典型案例分析。

在盾构施工技术管理上，11 号线综合采取各项技术措施确保盾构施工安全。对不良地质提前组织补勘，探明不良地质的范围和走向，绘制断面图，在设计源头上进行调坡调线，绕开或减少不良地质的长度和范围，优化平纵断面图；对已经探明的不良地质根据现场情况采取针对性处理措施，做到"地下问题地面解决"。施工过程中，对各工况下的盾构掘进参数（推力、贯入度、刀盘转速等）优化等进行了综合论述，详细介绍正常掘进施工中各种地层施工时的盾构土仓压力、盾构参数控制、辅助工法、管片拼装等施工技术以及各种地层中防止盾构"抬头"或"低头"的措施。最后，对 11 号线盾构监测数据进行了全面分类分析，对盾构施工各项必测项目监测数据进行了总结，提出了应用于广深地质条件的监测控制标准建议值。

在盾构施工建设管理上，对 11 号线盾构施工管理各环节进行了重点论述，概述了 11 号线工程进度管理体系，对 11 号线盾构始发施工管理、盾构选型和适应性论证、盾构资源配置和调配、管片供应管理进行了详细论述，并总结其管理成效；将盾构管片选型和管片安装作为盾构隧道施工质量管理的重要内容，阐述具体的质量控制措施；阐明了盾构施工风险进行分级管理的对策。

对于 11 号线盾构施工过程中出现的问题，本书也选取了一些典型案例进行分析，介绍了盾构施工问题出现的基本情况、主要原因、处理对策及实施经过和效果，提炼了相关的经验及教训。

2016年6月28日，11号线全线开通运营，各盾构区间隧道结构安全稳定、线路运行平稳，乘坐舒适度好。目前，深圳城市轨道交通四期工程已展开，已开工的12、13、14、16等线路地下区间均以盾构法施工为主，因此本书的出版可给四期工程的盾构施工管理提供借鉴，在盾构施工管理方面具有较高的参考价值。

但限于作者水平，本书纰漏与不足之处在所难免，敬请广大读者批评指正。

作 者
2018年8月

目 录
CONTENTS

第1章 深圳地铁盾构施工应用概况

第1节 深圳地铁盾构施工发展概述 ·· 002
- 1.1 深圳地铁发展概述 ··· 002
- 1.2 深圳盾构施工技术发展概述 ··· 003

第2节 深圳区域地质构造及水文条件 ·· 004
- 2.1 自然地理及气候 ··· 004
- 2.2 区域地质构造特征 ··· 005
- 2.3 工程地质对盾构的要求 ··· 006
- 2.4 深圳地质条件与盾构技术应用分析 ··· 006
- 2.5 不同类型盾构机在深圳的发展应用情况 ····································· 008

第2章 11号线盾构施工技术

第1节 工程概况 ·· 012
- 1.1 线路基本概况 ··· 012
- 1.2 盾构工程概况 ··· 018
- 1.3 主要盾构机参数和配置 ··· 027

第2节 盾构穿越复杂地质施工技术 ·· 035
- 2.1 福车区间穿越基岩凸起地层施工技术 ······································· 035
- 2.2 机福区间盾构穿越基岩凸起段施工技术 ····································· 048
- 2.3 车红盾构区间遇孤石施工关键技术 ··· 054

第3节 穿越既有线施工技术 ·· 069
- 3.1 福车区间浅覆土段上跨1号线施工技术 ····································· 069
- 3.2 南前区间盾构下穿平南铁路施工技术 ······································· 078
- 3.3 前宝区间复合地层盾构下穿5号线施工技术 ·································· 083
- 3.4 车红区间小角度小净距长距离下穿1号线施工关键技术 ······················· 097

3.5　车红区间孤石地层小净距上跨既有1号线施工技术························113
　　3.6　松岗车辆段出入线区间上跨松碧区间施工技术··························124

第4节　盾构穿越建（构）筑物施工关键技术····································131
　　4.1　福车区间近距离侧穿桥桩基施工技术··································131
　　4.2　红后区间紧邻红树西岸小区重叠隧道施工技术··························136
　　4.3　车红区间浅覆土下穿车辆段施工技术··································147

第5节　盾构穿越水体关键施工技术··162
　　5.1　红后区间下穿深圳湾海域施工技术····································162
　　5.2　机机区间下穿鱼塘与淤泥地层施工技术································173

第6节　其他盾构施工技术··185
　　6.1　宝碧区间盾构空推施工技术··185
　　6.2　机场北停车场出入线软弱地层钢套筒盾构始发施工技术··················195
　　6.3　深圳复合地层土压平衡盾构带压换刀技术······························200
　　6.4　沙后区间矿山法空推施工技术··205
　　6.5　福车区间小间距盾构始发施工技术····································211

第7节　盾构施工监测··224
　　7.1　盾构区间监测成果··224
　　7.2　盾构法区间典型地质断面监测成果····································228
　　7.3　监测预警··239
　　7.4　实施效果及小结··254

第3章　11号线盾构施工及组织管理

第1节　盾构组织管理及总体策划··256
　　1.1　基本建设管理架构··256
　　1.2　盾构施工资源配置··258

第2节　盾构施工方案优化及过程管理控制······································260
　　2.1　盾构施工方案优化··260
　　2.2　盾构施工过程管理控制··263

第3节　盾构施工安全管理··269
　　3.1　施工安全风险辨识评估··269
　　3.2　施工安全风险管理程序··270
　　3.3　施工安全风险管理方法··270
　　3.4　信息化管理··272
　　3.5　应急管理··272

第4节　盾构施工质量管理··273
　　4.1　施工准备期质量管理··273
　　4.2　盾构施工过程质量管理··274

4.3	盾构施工质量卡控要点	276
第5节	盾构施工进度控制	278
5.1	项目总体进度管理目标	278
5.2	施工进度控制措施及协调	281
5.3	盾构施工进度管理成效	282
第6节	盾构资源组织及管理	283
6.1	盾构管片管理	283
6.2	盾构机资源管理	295

第4章 11号线盾构施工案例分析

第1节	宝安站右线盾构始发涌水后续处理	300
1.1	工程概况	300
1.2	险情发生及处理措施	302
1.3	险情分析及后续处理	303
1.4	经验及总结	304
第2节	宝碧区间左线盾构脱困处理	305
2.1	工程概况	305
2.2	盾构被困过程及原因分析	306
2.3	盾构脱困方案	309
2.4	刀盘与盾体脱困情况	311
2.5	经验及总结	313
第3节	机福区间盾构空推段管片偏移处理	315
3.1	工程概况	315
3.2	空推段施工情况及问题	316
3.3	管片位移原因分析	318
3.4	处理方案	319
3.5	经验及总结	322
第4节	红后区间穿越沙河高尔夫球场施工处理	323
4.1	工程概况	323
4.2	盾构脱困总体方案	327
4.3	关键施工技术	328
4.4	效果检测	332
4.5	经验及总结	332
第5节	沙后区间盾构"裁头"处理	333
5.1	工程概况	333
5.2	遇到的主要困难及处理措施	335
5.3	处理技术及实施	335

5.4　经验及总结 ··· 337
第 6 节　机福盾构区间地面沉降超限处理 ·· 338
　　6.1　工程概况 ··· 338
　　6.2　事件经过 ··· 338
　　6.3　处理方案及对策 ··· 341
　　6.4　经验及总结 ··· 344

第 5 章　11 号线管理成效及技术发展展望

　5.1　11 号线管理成效 ··· 346
　5.2　深圳地区盾构技术发展展望 ··· 346
　5.3　发展趋势及建议 ··· 348

参考文献 ··· 349

第1章
深圳地铁盾构施工应用概况

第1节
深圳地铁盾构施工发展概述

1.1 深圳地铁发展概述

1.1.1 建设历程

深圳市在1993年便成立了"深圳市城市铁路客运系统（地铁）建设领导小组办公室"，以促进深圳市轨道交通的进一步发展。1998年5月，中华人民共和国国家计划委员会（现称"中华人民共和国国家发展和改革委员会"）批准"深港罗湖、福田/落马洲口岸旅客过境轨道接驳工程"项目建议书，工程获得立项，并更名为"深圳地铁一期工程"；同年7月，深圳市地铁有限公司经工商注册正式成立，同时撤销"深圳市城市铁路客运系统（地铁）建设领导小组办公室"；同年8月，深圳地铁一期工程可行性研究报告通过专家评审。

深圳是中国大陆继北京、天津、上海、广州之后第5个拥有城市轨道交通系统的城市。截至2017年4月，深圳城市轨道交通共有8条线路、168座车站，运营线路总长285km，线路长度居中国第4（仅次于上海、北京、广州），构成覆盖深圳市罗湖区、福田区、南山区、宝安区、龙华区、龙岗区六个市辖行政区的地铁网络。

目前全市在建城市轨道交通线路11条，包括2、3、4、5、9号线延长线，6、8号线一期，9号线支线，10号线以及国际会展中心配套工程，总里程达148km。

1.1.2 近远期规划

2017年深圳市将全面推进四期工程线路开工建设。力争实现12、13、14、16号线以及6号线支线和8号线二期等工程全面开工，形成三期、四期工程同步实施，滚动发展的新格局。届时，全市轨道交通同步在建项目将达到18个，同步在建里程达到361km。

2016年深圳启动了远景轨道交通规划修编工作，提出了32条、总长1142km的轨道网络新方案。这些线路全部建成后，深圳轨道交通线网密度将达到$1.16km/km^2$，达到国际一流水平。这些线路全部建成后，可以实现深圳城市核心区与外围组团中心45min通达的目标，加快推进特区内外一体化进程；可以实现城市核心区至临深组团中心区60min通达的目标，推进粤港澳大湾区一体化发展。

1.2 深圳盾构施工技术发展概述

在地铁施工中,常用的施工方法有明挖法、浅埋暗挖法以及盾构法。盾构法因施工速度快、安全性高以及对地层扰动小等特点而得到广泛使用。深圳地铁一、二、三期工程建设,区间隧道大多采用盾构法施工,少部分采用矿山法或明挖法修建,盾构隧道目前主要以圆形盾构为主,采用直径6280mm和6980mm盾构机。深圳地铁盾构施工概况见表1.1-1。

深圳地铁盾构施工概况　　　　　表1.1-1

序号	工程序列	线　路	总长(km)	地下长度(km)	盾构长度(km)	比例(%)	盾构机数量(台)	盾构机类型	产地
1	一期工程	1号线	17.3	17.3	4.9	29.5	4	加泥式土压平衡	日本/德国
2		4号线	3.9	3.9	2.6	67.5			
3	二期工程	1号线续建	23.6	19.8	13.5	69.5	10	土压平衡/复合式土压平衡	中国/德国
4		2号线	35.7	35.7	21.0	59.5	25		
5		3号线	41.6	15.3	10.2	67.5			
6		4号线续建	15.8	5.2	0.9	18.5			
7		5号线	40.0	36.9	20.0	55.5	15		
8	三期工程	7号线	30.1	30.1	17.6	63.0	30	复合式土压平衡	中国/德国
9		9号线	36.8	36.8	29.6	81.0	20		
10		11号线	51.9	39.4	31.1	79.1	29		

第 2 节
深圳区域地质构造及水文条件

2.1 自然地理及气候

深圳市位于广东省中南部沿海珠江三角洲平原上。南隔深圳河与香港毗邻，东接大亚湾，西接珠江的伶仃洋，北与东莞、惠州接界。深圳市全境地势东南高，西北低，大部分为低山丘陵区，间以平缓的台地；西部为滨海平原。境内最高山峰为梧桐山，海拔943.7m。

深圳市气候属海洋性亚热带季风气候，热量丰富，日照时间长，雨量充沛。气候和降雨量随冬、夏季风的转换而变化。冬季无严寒，夏季湿热多雨，一年内有冷暖和干湿季之分。具有雨热同季、干凉同期的特点。但降水和气温的年季变化较大，灾害性天气较多。深圳地区主要气候要素如下：

1）气温

（1）年平均气温22.4℃；月平均气温，1月为14.3℃，7月为28.3℃。

（2）极端最高气温38.7℃（1980年7月10日），极端最低气温0.2℃（1957年2月3日）。

2）风

（1）风向与频率：常年盛行南东东风（频率17%）和北北东风（频率14%），其次为东风（频率13%）和东北风（频率11%），随季节和地形等不同，风向频率也不同。

（2）风速：年平均风速2.6m/s，极端最大风速40m/s（为南或南南东向台风）。

3）降雨量

（1）年平均降雨量为1933.3mm，雨季（5～9月）降雨量为1516.1mm。

（2）日最大降水量为412mm（1964年10月12日）。

（3）年降水日数144.7d，连续最长降水日数20d。

4）年平均气压

年平均气压为101.08 kPa。

5）相对湿度

平均相对湿度79%，最小相对湿度11%，最大相对湿度可达100%。

6）年平均蒸发量

年平均蒸发量为1755.4 mm。

7）雷暴日数

年平均雷暴日数73.9d/a（1951—1985年）。

2.2 区域地质构造特征

2.2.1 深圳区域构造

深圳地区构造较为复杂，以断裂为主。根据断裂走向，将深圳地区断裂划分为北东向断裂、东西向断裂及北西向断裂。

北东向断裂有松岗断裂带、观澜断裂带、深圳断裂带及径心背断裂束。松岗断裂带与观澜断裂带同属前述的紫金—博罗断裂带西南延伸部分；深圳断裂带属五华—深圳断裂带（莲花山断裂带西南部分），斜贯深圳全区，是区内的主导断裂；径心背断裂束隶属大埔—海丰断裂带的西南端延续部分。

东西向断裂主要有宝安—大鹏断裂，属于高要—惠来断裂带南侧影响带的一部分。

北西向断裂发育程度仅次于北东向断裂，自西向东有蛇口、杨柳岗、沙湾、太和圩及大鹏等诸多断裂束，呈平行斜列式展布。

2.2.2 新构造运动

区域新构造运动以差异断块升降为主要特征，形成了多级河流阶地、海成阶地、水下岸坡、断陷盆地、断块三角洲、低丘陵台地等一系列独特的地貌单元，断裂也有不同程度的活动，火山、地震、温泉的活动也与其有关。据《深圳地貌》的实测资料，深圳市范围内一级阶地的上升速率为 0.28～125mm/a。

根据《深圳市区域稳定性评价》的地应力资料，浅层最大主应力值属中等值，且多与最小主应力值相近，在水平面上接近等压状态，最大剪应力值很低，表明现今地应力作用微弱。本区大陆现今以水平地应力为主，最大主应力方向为北西至南东向。通过对各主要断裂的现今地形活动量的观测发现，海丰断裂带现今活动量较大，达 2.9mm/a，而五华—深圳断裂带现今活动量相对较小，仅 0.1～0.6mm/a。

根据深圳市区域地质资料，区域上活动的构造即深圳断裂带，该断裂带活动性弱，最新的活动时期为晚更新世，全新世以来无明显活动趋势。断裂西南段进入工程场区，其微弱的活动量级对线路有一定的影响。

2.2.3 地震

本区域处于东南沿海地震带的中西段。根据广东省地震局资料，由广东省及邻区的历史地震（$M \geq 4.75$）震中分布情况来看，东南沿海地区的地震活动，大体呈现从沿海一带起，由东南向西北逐渐减弱。以莲花山断裂为界，南延至珠江口接珠江口外坳陷北缘断裂带，往西沿近东西向雷州半岛—遂溪断裂进入北部湾，以之为分界线将地震带分为外带和内带。外带的地震活动强度远大于内带，历史上 7 级以上的地震均发生在外带。破坏性地震多分布在北西向断裂与北东向断裂、东西向断裂的交汇部位。

整体上，深圳地区近代地震活动多以微震和弱震为主，震级东部相对较强，西部较弱，具有频率高、烈度小、震源浅等特征。从区域地质构造的角度来看，东部地区以深圳断裂带地震活动较强烈，西部地区以南头一带地震活动较强烈。从区域地质及地震的角度来看，线路地震活动水平较低，断裂活动性较弱，未发现全新世以来的深大活动断裂，不具备形成中、强地震危险地段的地质背景。根据《深圳市区域稳定性评价报告》，本线路位于较稳定区，因此场地是稳定的，基本适宜建设本工程。根据《深圳市地震烈度区划图》，本区为地震烈度Ⅶ度区。

2.3 工程地质对盾构的要求

针对深圳区域复杂地质条件，特别是软硬不均、复杂多变、强富水、球状风化体的地层，传统的盾构掘进技术主要是通过更换关键部件和平衡控制系统实现软土与岩石地层的掘进，不能很好地解决软硬不均复合地层的难题。

盾构机主体的组成部分主要包括盾壳、刀盘、刀盘驱动装置、气闸、排渣土装置、管片拼装机、中折装置、推进油缸等。各个部分在盾构掘进过程中起着不同的作用，需要针对不同地质条件对盾构机进行特殊的设计和制造。

（1）复合地层软硬不均，盾构掘进过程中要通过软土、含水砂层、残积土层、全风化层、强风化层、微风化层、花岗岩层及其球状风化层等，因此要求复合地层盾构机具有较大的适应范围：在富水软弱地层中，要具备保持开挖面稳定的功能；在岩石地层中，要有较强的破岩能力；能保证更换刀具时的安全，并能快速更换刀具。

（2）复合地层中，还会存在高黏性的土层。在这种高黏性土层中掘进刀盘易形成泥饼，严重影响掘进速度，同时刀盘与开挖面也会因摩擦产生高温，因此要求复合地层盾构机在刀盘设计上有防泥饼形成的功能，故必须具备配备功能完善的渣土改良系统，使其能在高黏性土层中顺利的掘进。

（3）复合地层中断裂带交错，在富水断层破碎带中掘进，要求复合地层掘进机组有良好的水密性，并具有防喷涌能力，同时要具备防卡及灵活的姿态调整、转向纠偏能力。通过改良渣土出渣，除了能够防止渣土在刀盘上形成泥饼、在土仓发生堵仓外，还可以防止渣土在螺旋输送机中产生堵塞和喷涌，同时也解决了渣土运输过程中渣土外漏造成的环境污染问题。

2.4 深圳地质条件与盾构技术应用分析

对于深圳复合地层盾构施工而言，不良地质因素主要指第四系松软地层、第四系残积土地层、燕山期不均匀风化地层、断层破碎带和球状风化体等。

2.4.1 第四系软弱地层

第四系软弱地层主要由人工堆积层、海冲积层、冲洪积层构成，成分多样，土质不均，既有砂、碎石、块石、淤泥，又有黏土、淤泥质黏土及少量生活垃圾。

第四系软弱地层岩土体具有高压缩性、软弱～中软、轻微～中等液化和高灵敏度的特点，在盾构施工的扰动下土体强度降低，且易产生较大的地层变形，甚者引起地层下陷，危害地下管线、既有地下结构、地表道路和周围建筑物的安全。

此外，隧道断面内的砂层可能会引起土压平衡盾构机的螺旋输送机排土不畅而不能有效形成土塞效应引起喷涌，进一步导致开挖面失稳，引起地层塌陷。

2.4.2 第四系残积土层

经过长期的风化作用，下伏基岩—花岗岩的结构特性已经完全消失，原岩中的长石大部分经过风化作用、水化作用生成了高岭土，而原岩中的石英颗粒保留了下来，新物质在原地堆积下来而形成了残积土层。此类残积土层中含有丰富而坚硬的石英颗粒，会对刀盘、刀具造成严重磨损。

第四系砾质黏性土呈褐红、灰黄、褐黄夹灰白等色，地层土样室内试验的统计标准值见表1.2-1。根据《建筑地基基础设计规范》（GB 50007—2011）关于黏性土软硬状态的评价标准，第四系残积土层岩土体均为可塑状态。盾构机在此类地层中长距离掘进时，刀盘中心区域容易结成泥饼，造成刀具偏磨，掘进速度降低，切削扭矩增大，同时引起土仓内部温度升高，影响主轴承密封的寿命，严重时造成主轴承密封老化破坏，影响盾构机性能。

第四系残积土软硬状态评价表　　表1.2-1

地层	天然含水率（%）	液限（%）	塑限（%）	液性指数	软硬状态
可塑状砾质黏性土地层⑦$_{1-1}$	32.4	43.6	27.3	0.45	可塑
硬塑状砾质黏性土地层⑦$_{1-2}$	31.7	42.1	26.4	0.35	可塑

黏性土颗粒组成指标见表1.2-2，从表中可以看出：残积土颗粒成分具有"两头大，中间小"的特点，即颗粒成分中，粗颗粒（>2.0mm）的组分及细颗粒（<0.075mm）的组分含量较多，而介于其中的颗粒成分则较少。富水地层中，这种独特的组分特征为小颗粒随地下水的流动从大颗粒空隙中流出提供了可能。盾构隧道的施工改变了地下水渗流场，隧道附近的地下水会向隧道内渗透，容易引起小颗粒严重流失，造成较大的地层变形。

第四系残积层岩土体颗粒指标（单位：%）　　表1.2-2

地层	<0.075mm	0.075~0.25mm	0.25~0.5mm	0.5~2.0mm	>2.0mm
可塑状砾质黏性土地层⑦$_{1-1}$	68.2	4.4	3.7	11.4	28.4
硬塑状砾质黏性土地层⑦$_{1-2}$	66.9	5.9	4.6	11.3	26.7

2.4.3 燕山期不均匀风化地层

盾构隧道横断面自上而下分布有全风化花岗岩、强风化花岗岩、中等风化花岗岩和微风化花岗岩，即不均匀风化地层。此类地层具有软硬不均的显著特征，即在隧道断面范围内，岩土体的抗压强度存在着较大的差异。

上部全、强风化岩较软易切削，但下部中等、微风化岩坚硬难以破碎，从而使得盾构掘进速度缓慢，并且容易发生盾构机"抬头"现象，进而引起隧道偏离设计轴线。上部软岩土发生超挖的可能性较大，增大了地层损失，造成掘进面上方土体产生大变形。此外，上部较软地层的超挖增大了土仓的渣土量，下部坚硬岩层与滚刀的摩擦使温度不断升高，将引起刀盘或土仓内形成泥饼。地层风化程度不同，可能引起额定总推力无法提供使滚刀转动的摩擦力，导致滚刀无法转动。相对静止的滚刀随刀盘一起转动，与地层间的摩擦，一方面将大量的动能转化为热能，进一步促进泥饼的形成；另一方面在导致滚刀发生严重偏磨的同时使得自身温度升高，严重时将引起刀具轴承断裂、刀具嵌入刀盘无法更换的情况。

另外，在软硬不均地层中掘进时，刀盘必须合理配置切削刀和滚刀，如此方能适应此种地层的切削掘进要求，提高刀盘、刀具的使用寿命和掘进速度，保证施工效率。但盾构机在中等、微风化花岗岩地层中长距离掘进，将引起刀具严重磨损、换刀频率提高等问题，增加了施工的不安性。

2.4.4 断层破碎带

断层发育于燕山期（γ_5^3）粗粒花岗岩，构造岩为强、中等风化碎裂岩以及糜棱岩；力学性质为压扭，岩体具明显的碎裂—碎斑结构且风化不均，残积土及全风化岩中常夹块状强风化及中等风化岩块；节理裂隙极发育，富含地下水，稳定性差。

断层范围内岩体破碎、富水、稳定性差，对刀盘、刀具的磨损大，易造成刀盘被卡和涌水事故。涌水事故会引起地层失稳，造成地表塌陷，甚者造成卡机事故。此外，破碎地段较大尺寸的碎石块可能会堵塞螺旋输送机。

2.4.5 球状风化体

球状风化体是残积土层、全风化及强风化地层中的一种常见地质现象，是由于岩石岩性不均匀，抗风化能力差异大，加之断裂构造发育及岩体的次生裂隙导致岩体破碎，抗风化能力减弱，在深程度风化情况下所形成的球状风化核，与周围土体的强度存在很大的差异，其自身强度达 92.0～131.0MPa。球状风化孤石的分布是随机的，很难预测其存在的确切位置和几何尺寸。

隧道断面分布的球状风化体难以被切削、破碎，使得刀盘、刀具受到的荷载突然增大，造成刀具损坏，甚者引起刀盘变形。在软岩中，相对刀盘开挖断面较小的球状风化体会随着刀盘一起转动，刀具无法有效破岩，并且可能会卡住刀盘。球状风化球周围多为不稳定地层，人工处理风化球或者开仓换刀的风险大。

2.5 不同类型盾构机在深圳的发展应用情况

深圳地铁盾构机的发展应用，从一期工程的普通土压平衡盾构机到二期、三期逐渐发展为复合式盾构机，大量的工程实践结合深圳区域特殊复杂的地质情况，传统的盾构技术不能很好地解决软硬不均复合地层的难题，而复合式盾构机取得了很好的应用效果，特别是在深圳地铁三期工程中，复合式盾构机完全取代了传统的土压平衡盾构机。

在深圳地铁一期、二期工程中，对于穿越处于微风化混合岩且存在少量断层的山岭隧道，基本采用的是矿山法等传统的施工方法，技术难度和安全风险极大，且对地面沉降不可控，对工期、成本均带来了较大影响。随着机械化程度的提高，对既有线、地面建

（构）筑物等结构保护要求严格，以减小对周边居民的生活影响，在深圳地铁三期延长线工程中首次引进了 TBM 硬岩掘进技术，很好地解决了矿山法带来的工期、成本、安全、文明施工等问题，取得了理想的效果。目前，TBM 掘进机应用于深圳地铁 10 号线孖雅区间 2 台，6 号线梅翰区间 2 台、民乐停车场出入线 2 台、大石区间 2 台，8 号线梧沙区间 2 台，共计 8 台。

目前，盾构在深圳地铁已有超过 300km 的掘进应用，在技术人员的共同努力下，攻克了各种盾构隧道施工中的技术难题，顺利完成了施工任务，确保了施工及建（构）筑物安全，工程取得了很大成功，对今后类似工程有十分重要的指导意义。

第 2 章
11 号线盾构施工技术

第1节 工程概况

1.1 线路基本概况

1.1.1 工程意义

11号线起于福田,经车公庙、前海湾、机场,北至沙井松岗,穿越福田、南山、宝安三区,含18座车站(福田站、前海湾站、机场站除外)、17个区间及轨道、装修、场平(新建松岗车辆段与机场北停车场)、房屋建筑等工程,与深圳市初步规划的轨道网络14条线(含国铁、城际线)交叉换乘,形成10座换乘站,其中换乘枢纽4座。11号线线路平面示意图见图2.1-1。

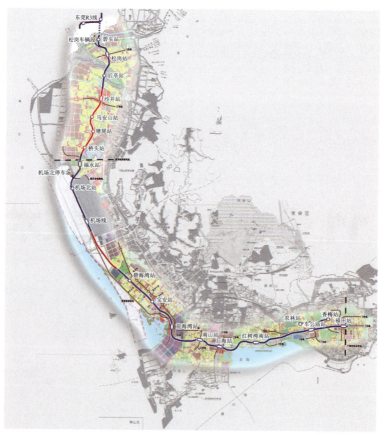

图2.1-1 11号线线路平面示意图

11号线贯穿城市第一、二圈层，连接城市西、北、中三条发展轴，并与8条轨道交通线换乘，是构成深圳市近、中、远期线网的骨干线路，是联系沿线各组团和车公庙、前海湾、新深圳站三大交通枢纽的快速走廊，对缓解城市交通压力，提高轨道交通网络效率，拓展城市发展空间具有重要意义。

1.1.2 地质概况

1）工程地貌

深圳市位于广东省中南部沿海、富饶的珠江三角洲平原上。南隔深圳河与香港毗邻，东接大亚湾，西接珠江的伶仃洋，北与东莞、惠州接界。11号线沿线微地貌发育，主要发育台地、冲洪积平原及其间沟谷、浅海区及海陆交互沉积区地貌，总体地势平缓。因城市化建设，沿线场地经挖填夷平等强烈人工改造，地势较为平坦，形成现状地貌。根据勘察资料揭示和区域地质资料，将沿线地貌划分为台地地貌、滨海滩涂地貌及海冲积平原地貌。

（1）台地地貌

主要分布在线路起点、中部及中西部，里程桩号为YCK0+00～YCK6+140、YCK25+050～YCK26+250、YCK26+950～YCK27+420、YCK35+940～YCK38+720、YCK38+990～YCK43+932。原始地貌经过长期剥蚀和夷平，地势比较低缓平坦，与河谷交错分布，局部地段具有微弱起伏的地形（较坚硬的残丘），分布面积不大，偶有基岩出露地表。低洼地段覆盖有残积物、坡积物、冲洪积物。该地貌大部分已被城市开发推平。

（2）滨海滩涂地貌（局部为填海区）

主要分布在线路中部地段，里程桩号为YCK6+140～YCK13+380、YCK15+200～YCK25+050、YCK26+250～YCK26+950、YCK27+420～YCK35+940，机场北停车场。该区原始地貌为滨海滩涂，局部区域进行了人工填海造地。区内地势平坦，地面高程一般在0.50～14.0m之间。

（3）海冲积平原地貌

主要分布在线路北段，中部地段偶有分布，里程桩号为YCK13+380～YCK15+200、YCK38+720～YCK38+990、YCK43+932～终点，松岗车辆段。原始地貌主要为由海相沉积和河流冲积混合而成的平原，地表开辟成连片鱼塘、耕地等，现经人工堆填整平。区内地势平坦，地面高程一般在2.0～8.0m之间。

2）工程地质

根据线路经过的地貌单元特征、工程地质特征及水文地质特征等因素，将本线路分为三个岩土工程分区：Ⅰ区（台地区）、Ⅱ区（滨海滩涂区）及Ⅲ区（海冲积平原区）。

（1）Ⅰ区（台地区）

上覆第四系土层主要为人工填土层，全新统冲洪积软土、黏性土、砂层，上更新统冲洪积软土、黏性土、砂层，下伏基岩主要为燕山期粗粒花岗岩、加里东期混合花岗岩、震旦系变质岩。本区段线路局部地段有断裂穿越，受其影响，岩芯比较破碎。

（2）Ⅱ区（滨海滩涂区）

上覆地层主要由海相淤泥、淤泥质粉质黏土组成，表层为厚度不大的人工填土，填海区表层人工填土层较厚，填筑材料主要为块石、黏性土及砂砾，局部含有建筑垃圾，下伏基岩主要为燕山期粗粒花岗岩、加里东期混合花岗岩、震旦系变质岩。本区段线路局部地段有断裂穿越，受其影响，岩芯比较破碎。

（3）Ⅲ区（海冲积平原区）

上覆第四系土层主要为人工填土层、海陆交互相沉积软土、砂土层，全新统冲洪积软土、黏性土、砂层，上更新统冲洪积软土、黏性土、砂层，下伏基岩主要为加里东期混合花岗岩。局部地段有断裂穿越，部分地段受其影响，岩芯比较破碎。

3）水文地质

（1）Ⅰ区（台地区）

该区段上覆地层内砂层不连续分布，砂层主要分布在与河谷冲沟地带，富水程度一般，大部分地段地下水主要为上层滞水，水位随地形的起伏而起伏。基岩裂隙水分布在混合岩的中等～强风化带、构造节理裂隙密集带及断层破碎带中，一般为承压水。

（2）Ⅱ区（滨海滩涂区）

该区段上覆地层内砂层不连续分布，砂层不均匀含有淤泥质黏粒，其透水性、富水程度一般，大部分地段地下水主要为上层滞水，水位随地形的起伏而略有起伏。基岩裂隙水分布在混合岩的中等～强风化带、构造节理裂隙密集带及断层破碎带中，一般为承压水。

（3）Ⅲ区（海冲积平原区）

该区段地层内砂层连续分布，透水性强，富水性好，地下水主要为第四系孔隙性潜水，水量丰富，略具承压性。基岩裂隙水分布在混合岩的中等～强风化带、构造节理裂隙密集带及断层破碎带中，一般为承压水。

4）不良地质

不良地质主要指沿线场地遍布的填土、残积土和风化岩的不均匀性及较差的稳定性、花岗岩的差异风化等问题。

沿线地下障碍物主要有市政管线（部分路段存在深埋的管线）、沿线建（构）筑物基础（包括桩基）。

平原区分布较厚的软土、砂类土、砾石类土、填土，稳定性差，结构松软，地下水水位高，一般具有腐蚀性，多为复杂场地。台地、丘陵区多以残积层、风化岩为主，部分地区分布填土，多为中等复杂场地或简单场地。

（1）填土

沿线场地填土较多，成分多样，主要成分既有黏性土，也有砂、碎石、块石，土质不均，厚度变化大，属较不稳定土体，局部表层经过碾压。路面表层为混凝土路面及垫层。工程性质较差，易造成局部基坑坍塌及不均匀沉降，影响施工方法的选择。

（2）软土

沿线软土主要为淤泥、淤泥质黏土及淤泥质粉质黏土层，结构松软，承载力低，具高压缩性、触变性和不均匀性，有臭味，易产生流变，工程性质差，属不稳定土体，不能作为天然地基，施工中易产生侧向滑动和地面沉降，导致基坑侧壁和隧道拱顶、边墙、掌子面变形、失稳。工程开挖需采取预加固措施。既有道路下软土一般已经过人工加固处理。

（3）残积土和风化岩

①残积土

沿线场地普遍分布粗粒花岗岩、混合花岗岩、变质岩的残积土，其土质不均匀，饱和状态下受扰动后，砂质黏性土、砾质黏性土黏结强度降低，性质接近砂层，容易崩解，渗透系数增大，施工开挖过程中易产生涌泥、涌砂、基坑壁失稳、围岩失稳坍塌等危害。

②风化岩

基岩不均匀风化是风化岩的一个主要特征。11号线工程基岩不均匀风化现象主要表现为局部地段风化界面起伏较大、不均匀风化造成的风化孤石或硬夹层现象和部分风化层的缺失三种形式。基岩风化界面的较大起伏和基岩软硬相间的这种不均匀风化现象给施工带来一定的困难，特别是不均匀风化造成的风化孤石现象使工程技术人员易于产生误判，因此我们将基岩不均匀风化现象列入不良地质现象，有必要对其进行评价。

（4）地震液化土

沿线地震动峰值加速度为 $0.1g$，DK2+600～DK3+700 段分布的松散饱和砂类土及粉土为地震液化土。

（5）花岗岩的差异风化

沿线场地中花岗岩存在差异风化现象，突出表现为球状风化，即风化程度较高的地层中存在风化程度较低的岩体，基岩面起伏较大，对工程施工有一定影响。

（6）有害气体

软土中存在有害气体，施工通风条件不好时会对人的身体健康造成危害。

5）地震动参数

深圳市发生过的地震最大震级为 ML3.6 级，大多为小于 ML3.0 级的微震，对地面有影响的地震烈度均未超过 5 度，微震震源深度多在 5～25km 左右。地震活动大致呈相隔 2～3a 的相对活跃与相对间歇性特征，活动水平不高。

根据《中国地震动参数区划图》（GB 18306—2001），线路通过地区震动峰值加速度为 $0.1g$，地震基本烈度为 7 度。

6）气象特征

深圳属亚热带湿润气候区。冬季无严寒，夏季湿热多雨，台风影响重，暴雨强度大，灾害性天气较多。年平均气温 22.2℃，最冷月（1月）平均气温 14.3℃，极端最高气温 38.7℃，极端最低气温 0.2℃。

年平均降水量为 1914.5mm，一日最大降水量为 303.1mm（1964年10月13日）。年平均蒸发量 1755.4mm。常年盛行南东东风（频率为16%）、北北东风（频率为14%），其次为东风（频率为13%）、北东风（频率为11%），随季节和地形不同，风向频率也不同。年平均风速 2.7m/s，极端最大风速 40m/s。年平均相对湿度 77%，无霜期 355 天。

1.1.3 建设历程

1）建设规划

2011年4月5日，国家发展和改革委员会印发《关于深圳市城市轨道交通近期建设规划（2011—2016年）的批复》（发改基础〔2011〕852号文），批准深圳城市轨道交通 11

号线工程建设规划。

2012年2月20日，国土资源部❶印发《关于深圳市城市轨道交通11号线工程建设用地预审意见的复函》（国土资预审字〔2012〕35号文），许可11号线工程建设用地，完成建设用地预审意见。

2012年5月7日，深圳市规划和国土资源委员会批准11号线建设项目选址意见书。

2012年7月～2013年1月，深圳市住房和建设局对11号线的工程施工进行了许可批复。

2012年8月15日，国家发展和改革委员会印发《关于深圳市轨道交通11号线可行性研究报告的批复》（发改基础〔2012〕2472号文），批准11号线工程建设可行性研究报告。

2014年5月26日，深圳市发展和改革委员会、市规划和国土资源委员会、市交通运输委员会及市住房和建设局印发《关于深圳市轨道交通11号线工程初步设计的批复》（深发改〔2014〕876号文），批准11号线工程初步设计。

2）施工建设历程

11号线工程于2012年4月19日开工，2016年3月30日完成竣工验收并"三权"移交，具体里程碑工期如图2.1-2～图2.1-10所示。

图2.1-2　盾构始发（2013年5月31日）

图2.1-3　全线贯通（2013年12月14日）

图2.1-4　结构封顶（2013年12月26日）

图2.1-5　轨通（2015年9月28日）

图2.1-6　电通（2015年11月28日）

❶ 现为自然资源部。

图 2.1-7 冷滑（2015年12月16日）

图 2.1-8 热滑（2015年12月30日）

图 2.1-9 竣工验收（2016年3月30日）

图 2.1-10 "三权"移交（2016年3月30日）

3）质量验收

2016年3~5月，在深圳市住房和建设局及市建筑工程质量安全监督总站的监督下，分五批次完成了11号线全线工程的质量竣工验收。市住房和建设局同步完成了11号线质量专项验收工作，认为工程质量验收程序合法合规，并于2016年5月18日颁发验收许可，同意11号线投入试运营。

2016年3月30日~4月30日，11号线工程调度指挥权、属地管理权和设备使用权（即"三权"）向运营单位移交完成。

4）主要建设成果

（1）安全质量建设成果

11号线自开工建设以来，安全质量全面受控，未发生责任安全事故，"深圳质量""品质交通"是深圳地铁高水平建设的内在要求，始终以"创建鲁班奖工程"为目标，强化安全质量管理。建设全过程认真履行社会责任，绿色施工理念贯穿生产各个环节，真正做到了"绝泥水、抑扬尘、压噪声、靓围挡、降能耗、不扰民"。

11号线全线获得"深圳市优质结构工程"荣誉称号，主体结构全部通过广东省推荐鲁班奖工程结构评价，32个工地获得"深圳市双优工地"称号，22个工地获得"广东省双优工地"称号，11301标和11305标荣获国家"AAA级安全文明标准化工地"称号，车公庙枢纽工程入选"第三批全国建筑业绿色施工示范工程"。

（2）设计科研成果

11号线共申请立项并完成了四项科研课题："深圳复杂地质ϕ7m复合式土压平衡盾构设计""深圳地铁车公庙大型交通枢纽建造关键技术研究""大跨度小净距重叠隧道及隧道关键技术研究研制与施工成套技术研究""填海复杂地层大型平行换乘地铁车站综合修建

关键技术研究"；同时根据各项课题成果形成的专利，已发布2项（专利名称：一种用于立柱结构的组合模板、一种用于模拟地下工程开挖时岩土单元卸荷的实验装置），已受理发明专利1项，实用新型专利4项。

1.2 盾构工程概况

1.2.1 盾构区间工程概况

11号线东起广深港客运专线福田站，西至宝安区碧头站，由东向西横跨福田、南山、宝安三个行政区，线路全长51.936km，其中高架线路11.136km，地下线路39.349km，过渡段长1.451km。全线盾构区间有16个，总长为62.225单线公里，盾构区间占地下线路的79.1%。

各段盾构区间的长度及概况详见表2.1-1。

盾构区间工程概况 表2.1-1

标 段	区间名称及长度	工程概况及地质水文情况
11301-1标 中铁六局集团有限公司	福车盾构区间 左：2304m 右：2304m	区间线路最小曲线半径700m，线间距5～19.5m；隧道最大纵坡26‰、最小纵坡2‰，隧道埋深10.65～18.58m。采用2台φ6280盾构机施工。区间左线过两段花岗岩基岩段，全长约55m；右线过一处风化球，侵入隧道高度为1.39m，沿隧道中心线长10.4m。隧道围岩等级以Ⅴ、Ⅵ级围岩为主
11301标 中铁隧道集团有限公司	车红盾构区间 左：5331m 右：5368m	区间线路最小曲线半径600m，线间距13～37.6m；隧道最大纵坡28‰、最小纵坡4‰，隧道埋深13.0～28.65m。采用4台φ6980大盾构机施工。隧道通过地层主要为砾质黏性土，在欢乐海岸人工湖范围左右线共有约532m硬岩进入隧道断面内，局部洞顶位于砂层或砾质黏性土内，局部底板位于中、微风化花岗岩中。隧道围岩等级以Ⅴ、Ⅵ级围岩为主
	农车盾构区间 左：1365m 右：1370m	区间线路最小曲线半径350m，线间距7～20.6m；隧道最大纵坡26.5‰，区间隧道埋深10～28m。左右线隧道在福田疾控中心（DK12+680）位置进行一次交叉，左线隧道在上、右线隧道在下，上下隧道净距7m。采用2台φ6280盾构机施工（右线570m空推+拼管片）。隧道通过地层主要为强、中、微风化花岗岩，局部为砾质黏性土和全风化花岗岩。隧道围岩等级以Ⅴ、Ⅵ级围岩为主
	车香盾构区间 左：1622m 右：1366m	区间线路最小曲线半径400m，线间距区间13.6～28m；隧道最大坡度25.28‰、最小坡度8.085‰，左线隧道顶埋深6.8～18.4m，右线隧道顶埋深6.8～26.2m。采用2台φ6280盾构机施工。隧道通过地层主要为塑状砂质黏土，硬塑状砂质黏土，全、强风化花岗岩，局部为中、微风化花岗岩。隧道围岩等级以Ⅴ、Ⅵ级围岩为主
11302标 中铁一局集团有限公司	红后盾构区间 左：2635m 右：2496m	线路最小曲线半径650m，线间距0～17.0m；隧道最大纵坡24.2‰、最小纵坡2‰，隧道埋深17.4～35.0m。采用2台φ6280盾构机施工。隧道通过地层主要为砾质黏性土、全风化花岗岩，局部为砂层，中、微风化花岗岩，构造岩断裂带等不良地层。隧道围岩等级以Ⅵ级围岩为主
	后南盾构区间 左：1772m 右：1774m	线路最小曲线半径600m，线间距12～18m；隧道最大纵坡12.468‰、最小纵坡2.0‰，隧道埋深18.4～30.3m。采用2台φ6280盾构机施工。隧道通过地层主要为砾质黏性土、全风化花岗岩，局部为构造岩断裂带等不良地层。隧道围岩等级以Ⅵ级围岩为主
	南前盾构区间 左：3232m 右：3232m	线路最小曲线半径600m，线间距13.0～19.2m；隧道最大纵坡9.439‰、最小纵坡4‰，隧道埋深17.6～29.3m。采用2台φ6980大盾构机施工。隧道通过地层主要为砾质黏性土、砂质黏性土、黏土、全风化花岗岩及强风化花岗岩，局部为填海区填石层、中、微风化花岗岩及构造岩断裂带等不良地层。隧道围岩等级以Ⅵ级围岩为主

续上表

标段	区间名称及长度	工程概况及地质水文情况
11303-2标 中铁七局集团有限公司	前宝盾构区间 左：1332m 右：1332m	区间线路最小曲线半径700m，线间距12～17.5m；隧道最大纵坡28.44‰、最小纵坡2‰，隧道埋深16.3～35.4m。采用2台φ6280盾构施工。盾构机需要在前海湾站和宝安站两次始发，在中间吊出井吊出。隧道通过岩层主要为黏土，砂，淤泥，砾（砂、粉）质黏性土，全、强风化花岗岩，前海填海区局部有少量填碎（块）石侵入隧道洞顶。隧道围岩等级为Ⅵ级
11303标 中铁五局集团有限公司	宝碧盾构区间 左：3060m 右：3057m	区间线路最小曲线半径1200m，线间距12.0～13.70m；隧道最大纵坡12.742‰、最小纵坡为2.0‰，隧道拱顶埋深10.34～19.67m。采用2台φ6280盾构施工。隧道通过地层为海相淤泥、淤泥质粉质黏土，填海填筑块石，下伏基岩。本区段线路局部地段有断裂穿越，受其影响，岩芯比较破碎。场地范围内地下水的主要赋存形式为地下潜水。素填土层为弱透水性、淤泥层为微透水层、砂层为强透水层，强、中风化片麻状混合花岗岩为中等～强透水层
11304标 中铁三局集团有限公司	机福盾构区间 左：1790m 右：1790m	区间线路最小曲线半径570m，线间距12～38.337m；隧道最大纵坡80‰、最小纵坡3‰，隧道埋深1.5～12.5m。采用2台φ6280盾构施工。隧道通过地层主要为淤泥，有机质砂，残积土，全、微风化岩，洞顶为可塑状残积土、有机质砂，底板为全、强风化岩，局部为中、微风化岩，断层岩。隧道围岩等级以Ⅴ、Ⅵ级围岩为主
11304-2标 中铁二局集团有限公司	机机盾构区间 左：1035m 右：995m	区间线路最小曲线半径800m，线间距12～15m；隧道最大纵坡9.521‰、最小纵坡3‰，隧道轨面埋深13.16～20.76m。采用2台φ6280盾构施工。盾构段线各地层自上而下为填土、淤泥（最厚的地段有14m，无承载能力）、含有机质砂、黏土、中砂、可塑状砂质黏性土、硬塑状砂质黏性土及全、强、中、微风化片麻状花岗岩
	停车场出入线盾构区间 左：675m 右：675m	区间线路最小曲线半径500m，线间距5～29m；隧道最大纵坡5.24‰、最小纵坡2‰，隧道轨面埋深4.36～19.03m，出入线隧道上跨机福区间。采用1台φ6280盾构机施工。机场北停车场出入线所在地区原始地貌为滨海滩涂及台地，原地貌多为濒海鱼塘及丘陵，现部分已被人工填平（建筑垃圾及淤泥），现地貌多为鱼塘及荒草地等，植被较发育，地形比较平坦
11306-1标 中铁二局集团有限公司	松碧盾构区间 左：1311m 右：1322m	区间线路最小曲线半径455m，线间距最小12.2m；隧道最大纵坡24‰、最小纵坡4.25‰，隧道轨面埋深13.86～23.36m。采用2台φ6280盾构机施工。隧道通过地层主要为砂质黏性土，残积土，全、强风化片麻状混合花岗岩（土状），全、强风化变粒岩，局部为微风化变粒岩
11306标 中铁四局集团有限公司	沙后区间盾构段 左：714m 右：714m	区间线路最小曲线半径2500m，线间距4.6～13.6m；隧道最大纵坡28‰、最小纵坡2‰，隧道顶部覆土厚度10.9～14.1m。采用1台φ6250盾构机施工。隧道通过地层主要为淤泥质粉质黏土、砂。隧道围岩等级为Ⅵ级围岩。区间下穿衙边涌箱涵（5孔）74m采用矿山法施工，盾构空推拼装管片通过
	后松盾构区间 左：2041m 右：2041m	区间线路最小曲线半径830m，线间距12.0～20.3m；隧道最大纵坡17.752‰、最小纵坡2.000‰，隧道顶部覆土厚度7.0～21.0m。采用2台φ6280盾构机施工。隧道通过地层主要为黏土，粉质黏性土，全、强风化花岗岩，局部位于中、微风化花岗岩。隧道围岩等级以Ⅴ、Ⅵ级围岩为主。区间左右线分别下穿255m硬岩段，采用矿山法施工，盾构空推拼装管片通过
	车辆段出入线盾构区间 左：1085m 右：1085m	区间线路最小曲线半径475m，线间距5.07～12.4m；隧道最大纵坡35.000‰、最小纵坡3.000‰，隧道顶部覆土厚度7.5～12.6m。采用2台φ6280盾构机施工。隧道通过地层主要为黏土、淤泥质粉质黏土、砂层、砾（砂）质黏土层及全、强风化花岗岩、变粒岩。隧道围岩等级以Ⅴ、Ⅵ级围岩为主。在出线段CCK0+709～CCK0+877、入线段RCK0+679～RCK0+971上跨松碧区间左右线隧道，与既有隧道的最小净距为2.457m

1.2.2 工程特点

1）首次采用内径 6m 盾构机施工

本项目为西部快线兼有机场快线功能，是深圳市首条轨道交通快线项目。为满足快线项目具有快速（120km/h）和舒适的功能需求，在车公庙至红树湾、南山至前海湾两个区间首次采用了 6 台管片内径 6m 的盾构机施工。

2）盾构区间控制 11 号线项目总工期

11 号线盾构施工包含 16 个盾构区间，总长 62.225 单线公里，占地下线路的 79.1%。最长盾构区间约 5.5km，长度大于 2km 的区间有 6 个，区间隧道洞通工期目标为 2014 年 12 月 30 日，施工工期紧，进度指标要求较高，工期压力大。

3）盾构多次上跨下穿既有地铁线路和铁路

11 号线 7 次上跨下穿既有地铁线路，1 次穿越平南铁路，加强盾构控制减少对既有轨道线路的影响，确保运营安全，是本工程的难点。与车公庙相连接的车香、农车盾构区间之间存在混合穿越，施工顺序协调难度大，车红盾构区间下穿竹子林车辆段属于浅埋隧道，存在较大风险。

4）穿越建（构）筑物较多、沉降控制要求严格

11 号线盾构区间穿越建（构）筑物多处，其中松碧盾构区间有 80 多座、车辆段出入线约 60 座，其建筑物多为低层的自建居住房，房屋基础情况无据可查，按设计文件提供的资料，大多为条形浅基础，房屋沉降控制要求严格，施工过程要实施科学的加固方案，确保建（构）筑物安全。

5）穿越不良地质，盾构正常掘进困难

对盾构正常掘进影响较大的地层有填海区淤泥层、局部硬岩层、上软下硬地层、河流富水地段、球状风化体。这些不良地质对盾构正常掘进影响大，需要加强地质补勘，提前筹划做好通过困难地层的盾构专项施工方案。

根据各单位地质详勘及补勘成果，全线大部分盾构区间隧道地质复杂，上软下硬、孤石、基岩凸起、全断面硬岩等较多。车红区间欢乐海岸段长距离通过硬岩，提前对这些地段采取预处理措施，保证盾构顺利通过，是本工程的难点。

6）多处盾构空推拼装管片通过矿山法区间

前宝区间、宝碧区间、机福区间、沙后区间、后松区间、松碧区间部分硬岩段采用先矿山法后盾构法拼装管片通过的施工方案，需提前施工矿山法区间，盾构过矿山法区间精度控制是本工程的技术难点。

7）重叠隧道多

7 号线农车盾构区间左右线上下交叉净距 7m；7 号线农车盾构区间右线与 9 号线车香盾构区间左线上下重叠净距 3.6m；11 号线红后盾构区间左右线小净距重叠侧穿建筑物，重叠隧道最小净距 3.2m；11 号线松碧盾构区间与松岗车辆段出入线、停车场出入线与机福盾构区间各存在一段重叠段。重叠段后施工隧道时，对先施工隧道进行保护，是施工控制的重点。

8）长大隧道多

11号线站间距大，区间长，盾构区间长度超过3km的有3个，2～3km的有3个，并且车红盾构区间、南前盾构区间采用φ6980盾构机施工，出渣量大，运距长，大断面盾构机长距离掘进是控制的重难点。

1.2.3 盾构区间典型地质

1）农林站—车公庙站区间地质概述

7号线农车区间属车公庙枢纽，由11号线代建。区间自上而下依次是填土层，黏土层（局部地段夹杂砂层和淤泥层），全、强风化花岗岩。右线在DK12+480～DK13+050段存在较丰富的微风化花岗岩，采用矿山法加盾构空推的施工方案。农车区间地质纵断面见图2.1-11。

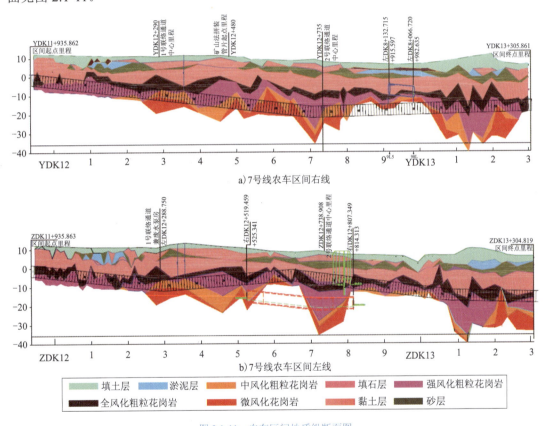

图2.1-11 农车区间地质纵断面图

2）车公庙站—红树湾站区间地质概述

11号线车红区间全长5.5km，自中间始发井分别往车公庙站方向和红树湾站方向掘进，始发井至红树湾站方向自上而下主要是填土（石）层，淤泥层，黏土层，全、强风化花岗岩，在穿越欢乐海岸时有中、微风化花岗岩，存在基岩凸起，施工难度大，需要地面预裂爆破处理；始发井至车公庙站方向地层较均匀，自上而下主要是填土（石）层、黏土层、全风化花岗岩、靠近车公庙站处局部存在基岩凸起，主要在黏土层掘进。区间地质纵断面见图2.1-12、图2.1-13。

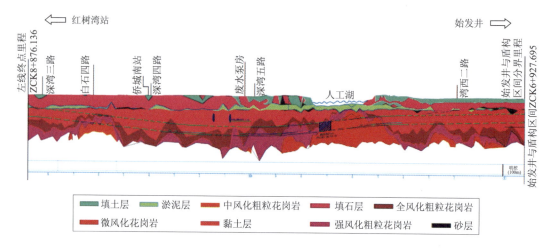

图 2.1-12 始发井至红树湾站方向地质纵断面图

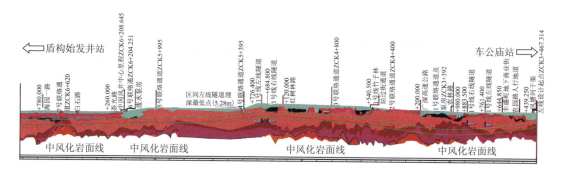

图 2.1-13 始发井至车公庙站方向地质纵断面图

3）后海湾站—南山站区间地质概述

11号线后南盾构区间全长1.7km，隧道通过地层主要为砾质黏性土和全风化花岗岩，局部为构造岩断裂带等不良地层。隧道围岩等级以Ⅵ级围岩为主，埋深17.4～35m。个别地段地下水对钢筋混凝土具有中腐蚀性。区间地质纵断面见图2.1-14、图2.1-15。

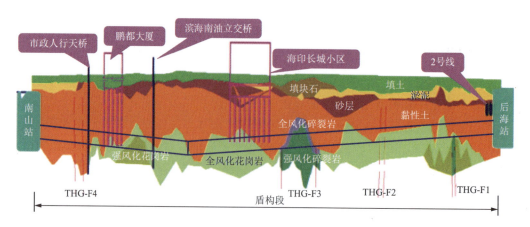

图 2.1-14 后南区间左线地质纵断面图

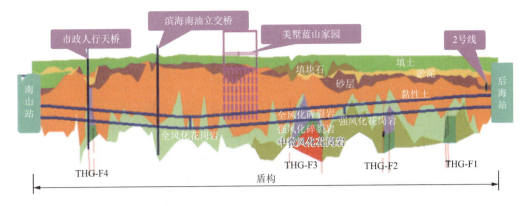

图 2.1-15　后南区间右线地质纵断面图

4）南山站—前海湾站区间地质概述

11号线南前盾构区间全长3.2km，隧道通过地层主要为砾质黏性土，砂质黏性土，黏土，全、强风化花岗岩，局部为填海区填石层，中、微风化花岗岩，构造岩断裂带等不良地层。隧道围岩等级以Ⅵ级围岩为主，埋深16.6～29.3m。个别地段地下水对钢筋混凝土有中腐蚀性，干湿交替段有强腐蚀性。区间地质纵断面见图2.1-16、图2.1-17。

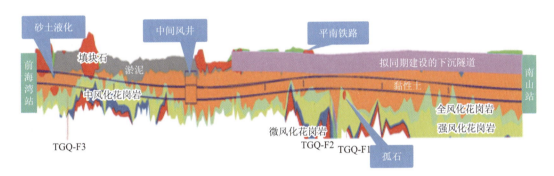

图 2.1-16　南前区间左线地质纵断面图

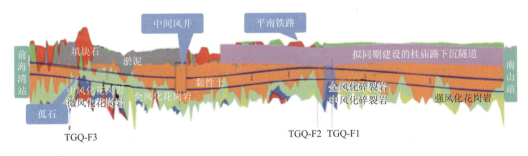

图 2.1-17　南前区间右线地质纵断面图

5）后海站松岗站区间地质概述

11号线后松盾构区间全长2.0km，主要分布有第四系全新统人工堆积层（Q_4^{ml}）、第四系全新统海陆交互相沉积层（Q_4^{mc}）、第四系全新统冲洪积层（Q_4^{al+pl}）、第四系上更新统冲洪积层（Q_3^{al+pl}）、第四系残积层（Q^{el}）、加里东期片麻状混合花岗岩（M_γ^3）、震旦系变质变粒岩（Z）及构造岩。孔隙水主要赋存在冲洪积砾砂层、残积层、全风化花岗岩中，基岩裂隙水赋存于强风化及中等风化岩中。地下水位埋深2.9～16.0m，水位高程31.6～141.73m，水位变幅1.0～12.0m。该地下水对混凝土结构无腐蚀性，对钢筋混凝土结构中的钢筋不具有腐蚀性，对钢结构具有弱腐蚀性。区间地质纵断面见图2.1-18。

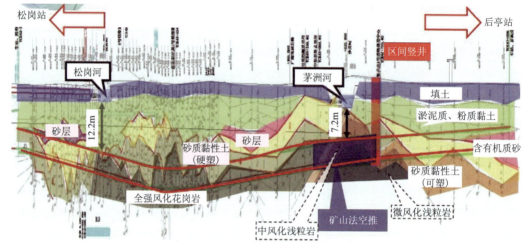

图 2.1-18　后松区间地质纵断面图

6）松岗车辆段出入线地质概述

11号线松岗车辆段出入线全长1.1km，主要分布有第四系全新统人工堆积层（Q_4^{ml}）、第四系全新统海陆交互相沉积层（Q_4^{mc}）、第四系全新统冲洪积层（Q_4^{al+pl}）、第四系上更新统冲洪积层（Q_3^{al+pl}）、第四系残积层（Q^{el}）、加里东期片麻状混合花岗岩（M_γ^3）、震旦系变质变粒岩（Z）及构造岩。场地地下水主要有两种类型：一是第四系地层中的上层滞水和孔隙潜水，另一类为基岩裂隙水。勘察期间地下水位埋深1.10～4.20m，水位高程-0.76～4.20m。该地下水对混凝土结构具有微腐蚀性；对钢筋混凝土结构中的钢筋在长期浸水条件下具有微腐蚀性，在干湿交替条件下具有弱腐蚀性。区间地质纵断面见图2.1-19。

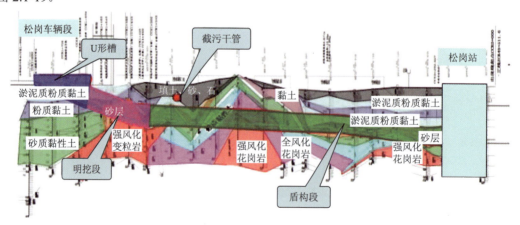

图 2.1-19　松岗车辆段出入线地质纵断面图

1.2.4　区间周边建（构）筑物概况

11号线盾构区间（含7、9号线代建部分）主要建（构）筑物概况见表2.1-2。

11号线盾构区间周边建（构）筑物概况 表2.1-2

序号	工点名称	建（构）筑物名称	建（构）筑物概况	与隧道位置关系
1	车红区间	欢乐海岸别墅区（在建）	3层建筑，混凝土框架结构，基础为桩板筏结构	下穿，桩基底部位于隧道底板下3m左右
2		广深高速福田立交桥	桥墩基础采用钻孔灌注桩，桩径1.5m	侧穿，隧道边线距桩基最近距离为5.16m
3		丰盛町地下商场	框架结构，地下一层，埋深15m	侧穿，外侧围护结构与隧道水平间距约2.3m
4	农车区间	深圳市荔轩小学	5层混凝土建筑，条形基础	侧穿，建筑物基础距离左线隧道约24m
5		香榭里花园二期	地上11层，桩基础	侧穿，建筑物基础距离盾构最近约5.4m
6		福田区卫生监督疾病防控大楼	框架结构、梁筏基础	地下室边线与隧道最小距离约2m
7	香车区间	红荔西路人行天桥	桩基础	侧穿，基础距离盾构最近约2m
8		世纪中心家居广场	框架结构，一层	下穿，隧道埋深约10～11m
9		车工庙立交桥	桩基础	侧穿，隧道距离桩基础约10m
10	福车区间	香蜜湖过街通道	拱顶直墙断面，结构尺寸为7.4m×6.25m	隧道与通道竖向最小净距约2.8m
11		香蜜东人行天桥	结构类型为灌注桩1200mm	水平向净距约1.2m
12		香蜜湖立交桥	结构类型为灌注桩，桩径1800mm、1400mm、1200mm	隧道与桥墩水平向净距约3m
13	红后区间	深圳南山外国语学校	预应力管桩基础	下穿，左右线为小净距重叠隧道，两洞室斜距约3.8m，距右线隧道最近距离3m
14		红树西岸小区	钻孔桩基础	下穿，最近距左线隧道约3.3m
15		沙河高尔夫别墅	搅拌桩基础 桩长10m	下穿，底部距左线隧道6.2m，距右线隧道最小距离10m
16	后南区间	既有地铁2号线	—	下穿，左、右线隧道结构顶板与2号线底板最小净距分别为2.3m和1.9m
17		海印长城	预应力管桩基础	侧穿，距左线隧道净距约3.1m
18		美墅蓝山家园	预应力管桩基础	侧穿，距右线隧道净距约3.0m
19		鹏都大厦	预应力管桩基础	侧穿，距左线隧道净距约7.9m
20	南前区间	滨海南油立交桩基	钻孔灌注基础	下穿，距隧道净距约0.9m
21		平南铁路	—	下穿，左、右线隧道结构顶板与平南铁路轨面距离约14m
22	前宝区间	地铁5号线前海湾站—临海站区间	—	下穿，区间与既有隧道的最小净距为1.75m
23		在建新安医院	预应力管桩基础	侧穿，区间隧道右线旁穿新安医院医疗综合楼在建基坑，最近处6m
24		既有地铁5号线宝华站	—	下穿：与车站地下连续墙最小净距1m，与底板净距约8m
25	机福区间	隆光公司办公楼	钻孔灌注桩	侧穿，基础距离右线隧道东侧约23m
26		物流公司办公楼	条形基础	侧穿，基础距离右线隧道东侧约17m
27		新和居委会	钻孔灌注桩	侧穿，基础距离左线隧道西侧约14m

续上表

序号	工点名称	建(构)筑物名称	建(构)筑物概况	与隧道位置关系
28	机福区间	某电子公司	条形基础	侧穿,基础距离左线隧道西侧约35m
29		水榭年华	钻孔灌注桩	侧穿,基础距离左线隧道西侧约33m
30		劳动村二队	浅基础	侧穿,距离右线隧道净距7.089m
31		西乡河桥墩	桩基	侧穿,最下平面净距2.13m
32		雨水箱涵	混凝土结构	下穿,箱涵底距隧道顶约8.91m
33	宝碧区间	华海澜湾	基础采用灌注桩,长度为20~25m	侧穿,基础距离左线隧道30.794m
34		某汽车修配厂	基础采用灌注桩,长度未知	侧穿,基础距离右线隧道11.445m
35		碧湾雅苑	基础为预应力桩,长度为20~30m	侧穿,基础距离右线隧道最近为9.846m
36		雅涛花园	基础采用灌注桩,长度为20~25m	侧穿,基础距离左线隧道11.365m
37		亨林大厦	基础采用灌注桩,长度30m	侧穿,基础距离右线隧道最近为7.401m
38		广福大厦	基础采用预应力桩,长度为20~23m	侧穿,基础距离右线隧道最近为8.93m
39		福中福花园	基础采用灌注桩,长度为18~25m	侧穿,基础距离右线隧道最近为4.223m
40		蚝业村厂房	基础采用灌注桩,长度为18~25m	侧穿,厂房基础与预应力管桩基础最近的距离约4.223m
41		高压电塔	铁塔桩基为预制混凝土结构	侧穿,基础距离右线隧道最近为2.195m
42		广深高速公路桥	桥梁桩基为预制混凝土结构	侧穿,基础距离右线隧道最近为1.682m
43		茅州河桥	桥梁桩基为预制混凝土结构	下穿,河底距隧道顶埋深8m
44	后松区间	松岗河桥	桥梁桩基为预制混凝土结构	下穿,河底距隧道顶埋深12m
45		松岗派出所	主楼8层,为钻孔灌注桩结构,其余为2~6层框架及砖结构	侧穿,净距大于50m
46		高压电塔	铁塔桩基为预制混凝土结构	侧穿,基础隧道最近为3m
47		沙浦围村房屋区	住宅小区,分布于隧道两侧,为2~7层为浅基础形式混凝土房	侧穿,距区间隧道均大于20m
48		沙浦围工业厂区	2~6层桩基础混凝土房	侧穿,与隧道最小间距11.223m
49	松碧区间	沙浦围村房屋区	2~7层浅基础形式混凝土房	侧穿,与隧道最小间距10.289m
50		既有隧道	松岗站—碧头站区间左右线隧道	下穿,与既有隧道的最小净距2.55m
51		地铁5号线前海湾站—临海站区间	—	下穿,区间与既有隧道的最小净距1.75m
52	松岗车辆出入线	在建新安医院	预应力管桩基础	侧穿,区间隧道右线旁穿新安医院医疗综合楼在建基坑,最近处6m
53		既有地铁5号线宝华站	—	下穿,与车站地下连续墙最小净距1m,与底板净距约8m

1.2.5 全线重点盾构区间风险分析

根据全线16个盾构区间所处的地层条件以及施工时可能对周边环境造成的影响程度,对重点盾构区间的施工采取切实可行的技术措施,以确保施工时隧道和地面建筑物的安全。全线重点盾构区间问题分析见表2.1-3。

重点盾构区间问题分析 表2.1-3

标段	区间名称	重难点分析
11301标 中铁隧道集团有限公司	车红盾构区间	欢乐海岸人工湖范围左右线共有约532m硬岩进入隧道断面内,仅爆破处理了138m上软下硬段,还有189m全断面硬岩和205m上软下硬段;下穿地铁1号线车竹区间、凤塘河干渠、丰盛町过街道、农林南人行天桥、广深高速立交桥、竹子林过街道、地铁1号线竹子林车辆段、欢乐海岸别墅等
	农车盾构区间	下穿红荔西路跨线桥、福田区防疫站地下蓄水池、香蜜湖人行天桥及地铁1号线香蜜湖站—车公庙站区间,与地铁9号线车香区间互相穿越
	车香盾构区间	下穿红荔西路人行天桥、统球家私城、香蜜湖立交及地铁1号线香蜜湖站—车公庙站区间,与地铁7号线农车区间互相穿越
11302标 中铁一局集团有限公司	红后盾构区间	侧穿深圳南山外国语学校、红树西岸、沙河高尔夫别墅,穿越深圳湾海域。左右线小间距重叠隧道掘进(3.2m)
	后南盾构区间	下穿地铁2号线后科区间
	南前盾构区间	下穿平南铁路,在桂庙路下穿隧道;基岩凸起
11303-2标 中铁七局集团有限公司	前宝盾构区间	区间左右线隧道下穿地铁5号线前海湾站—临海站区间,与既有隧道的最小净距为2.042m。区间有4段盾构空推过矿山法段,共计747.47m。每台盾构两次始发,两次吊出
11304标 中铁三局集团有限公司	机福盾构区间	盾构穿越鱼塘、福永河,施工时容易产生击穿地层或塌方的风险,地质补勘已经发现基岩隆起,基岩预处理是技术控制重点。正线和出入线上下重叠,重叠段施工是难点
11304-2标 中铁二局集团有限公司	机机盾构区间	盾构端头隧道顶部及联络通道顶部位于淤泥层,如何确保加固的质量是本工程的重点
	停车场出入线	盾构端头顶部的覆土较浅,且位于较厚的淤泥层,盾构区间长400m下穿福永河和机场防洪调蓄港池,覆土2.7m,均为淤泥层。与机福区间重叠隧道施工中,保护既有隧道的结构是本工程的重点和难点
11306-1标 中铁二局集团有限公司	松碧盾构区间	盾构段可能穿越上软下硬和球状花岗岩孤石地层,掘进难度大。区间下穿的建(构)筑物多,房屋拆迁面积大,且均为农村自盖房屋,征地拆迁阻力较大。建(构)筑物基础资料很少,桩基位置、桩径及深度无法确定
11306标 中铁四局集团有限公司	沙后盾构区间	隧道过衙边涌5孔箱涵段采用矿山法施工,盾构空推拼装管片通过
	后松盾构区间	后松区间矿山段盾构空推拼装管片施工
	车辆段出入线	车辆段出入线分别上跨松碧区间左右线隧道,盾构通过时与既有隧道的最小净距为2.457m

1.3 主要盾构机参数和配置

1.3.1 盾构资源

11号线工程拟投入 $\phi6280$ 标准盾构机和 $\phi6980$ 大盾构机共29台,其中6台 $\phi6980$ 盾构机由中铁装备集团有限公司(简称"中铁装备")根据11号线地质情况制造。$\phi6280$ 盾构机来自德国海瑞克15台,中铁装备8台,均为复合式土压平衡盾构机。盾构机主要性能参数见表2.1-4。

盾构机主要性能参数 表2.1-4

序 号	参 数	单 位	盾构机规格型号		
			中铁装备6980	中铁装备6280	海瑞克6280
1	开挖直径	mm	6980	6280	6280
2	刀盘开口率	%	33	33	29～31
3	滚刀尺寸	英寸①	17	17	17
4	刀盘转速	r/min	0～3.6	0～3.7	0～4.5
5	主驱动功率	kW	1120	945	945
6	额定扭矩	kN·m	7806	6000	4500
7	脱困扭矩	kN·m	9757	7200	5300
8	最大推力	kN	50600	37000	34900

注：① 1英寸≈0.0254m。

1.3.2 主要盾构机参数和配置

盾构机的性能及其与地质条件、工程环境的适应性是盾构隧道施工成败的关键，所以采用盾构法施工必须选择最佳的盾构施工方法和最适宜的盾构机。11号线盾构选型按照可靠性第一、技术先进性第二、经济性第三的原则进行，保证盾构施工的安全性、可靠性、适用性、先进性、经济性相统一。

1）ϕ6280盾构机参数和配置

根据11号线区间地质情况，ϕ6280盾构机主要尺寸、功能、参数和配置情况详见表2.1-5。

ϕ6280盾构机主要尺寸、功能、参数和配置情况 表2.1-5

序号	位 置	项 目 名 称	参 数
1	盾构整体	机体总长	7580mm（不含刀盘）
		尾壳厚度	45mm
		盾尾间隙	40mm
		装备总功率	1720kW
		最大掘进速度	80mm/min
		盾尾密封	三排钢丝刷，中间充满并不断加注盾尾油脂
		最小转弯半径	250m
2	刀盘	开挖直径	开挖直径6280mm
		驱动形式	液压马达，数量8台
		最大转速	0～4.5 r/min
		扭矩	额定扭矩：4500kN·m，最大扭矩5300kN·m
		扭矩系数	1.8
3	铰接装置	形式	被动式铰接
		最大行程差	150mm
		最大转角	左右各1.5°，上下各1°

续上表

序号	位置	项目名称		参数
4	搅拌器	叶片外径		650mm
		转速		42r/min
		搅拌容量		6m³
5	传感器	土压传感器		5个
		液压传感器		4个
6	润滑系统		供脂距离	36m
		油脂泵	供脂流量	40cm³/min
			供脂压力	6MPa
			盾尾油脂	CONDAT89/CONDAT90
7	管片安装器	类型		中心回转式、液压马达驱动
		转速		3r/min
		提升能力		120kN
		径向行程		1000 mm
		旋转角度		±200°
8	刀盘设计和刀具布置	刀盘设计	刀盘刀具	4把中心双刃滚刀,31把单刃滚刀,64把刮刀,8把铲刀,1把仿形刀
			刀盘开口	37%
			刀间距布置	中心和正面区的刀间距为90～100mm,边沿区的刀间距逐渐缩小
		刀具布置	中心刀类型	双刃中心滚刀
			各种刀具高差设置	35mm
9	人闸	形式		双仓式容纳3人+2人
		直径		2000mm
		工作压力		30N/cm²
10	螺旋输送机	形式		有轴螺旋式
		直径		750mm
		出渣量		342m³/h
		功率		200kW
		最大扭矩		1350kN·m
		转速		0～22r/min,无级调速
11	皮带输送机	运输量		450m³/h
		运送速度		2.5m/s
		皮带		长55m,宽800mm
		驱动形式		电机
12		变压器		2000kV·A
13	后配套主要设备	液压系统		1套
		冷却系统		1套
		注浆系统		2×KSP5泵

续上表

序号	位置	项目名称	参数
13	后配套主要设备	泡沫系统	1套
		盾尾油脂系统	1套
		润滑系统	1套
		数据采集系统	1套
		导向系统	SLS-T APD激光导向系统，1套
		超前注浆系统	1套
		电缆卷盘	1套
		水管卷盘	1套
		随机通风系统	1套
		通信系统	1套通信电话、数据传输
		供电系统	1套
		压缩空气系统	2台空压机（1台备用）
		皮带运输系统	1套
		人闸气压设备	2套（其中1套备用）
		总装机功率	1720kW
		全机总长度	74m
		后续台车	5台

2）φ6980盾构机参数和配置

（1）φ6980盾构机应用区间

11号线工程投入φ6980大盾构6台，应用于11号线车红区间（4台）及南前区间（2台），两段区间设计速度为120km/h，为减少高速下空气压力，上述两段区间隧道设计为大断面结构。

①车公庙站—红树湾站区间

区间全长约5.5km。区间线路（见图2.1-20）出车公庙站后，在深南大道、白石路和白石四路下穿越，直至红树湾站。线路最小曲线半径600m，线间距13～37.6m；区间隧道最大纵坡28‰、最小纵坡3.25‰。

图2.1-20　车公庙站—红树湾站区间线路图

区间于竹子林车辆段西南角设中间风井，白石路北侧设盾构始发井兼作轨排井，设11个联络通道，6号联络通道位于中间风井内，8号联络通道位于盾构始发井内。区间线路大体呈东西走向。

区间隧道穿越地层主要为砾质黏性土和全风化花岗岩。局部洞顶位于砂层或砾砂层内，局部底板位于中、微风化花岗岩中。围岩等级以Ⅴ、Ⅵ级围岩为主。

②南山站—前海湾站区间

区间线路（见图2.1-21）东起桂庙路路口，在桂庙路下向西穿行，经过前海路、月亮湾大道和平南铁路后，进入前海片区，最后到达前海湾站，全长约3.627km。区间主要采用盾构法施工，共2台φ6980大盾构。盾构井采用明挖法施工。

图2.1-21 南山站—前海湾站区间线路图

线路最小曲线半径450m，线间距13.0~19.2m；隧道最大纵坡9.439‰、最小纵坡4‰，隧道轨面高程-10.357~-21.455m，隧道埋深17.6~29.3m。区间于YCK17+113.539设有1座风井，兼做区间风井使用；区间设有6个联络通道，2座废水泵房，并与地铁10号线有1联络线预留接口。

隧道穿越的地层主要为砾质黏性土，全、强风化花岗岩。个别地段为淤泥、砂层、填石层、孤石和基岩凸起。隧道埋深17.6~29.3m。详勘揭示个别地段地下水对钢筋混凝土具有中腐蚀性，干湿交替段具有强腐蚀。

（2）大断面区间的特点

①水文地质特征

上述两区间隧道共有的地质特征是：在全、强风化花岗岩残积土层中普遍发育微风化状风化球（天然抗压强度为92.5~131.0MPa，平均值为108MPa），以及风化差异形成的中、微风化岩块。另外，残积土颗粒成分具有"两头大，中间小"的特点，这种独特的组分使其既具有砂土的特征，亦具黏性土特征。

区间隧道顶板基本在地下水位线下，区间范围地下水主要有第四系孔隙潜水、基岩裂隙水。第四系孔隙潜水主要赋存于冲洪积砂层中。砂层主要被人工填土层及上层冲洪积黏土、粉质黏土层覆盖，局部地段被淤泥、淤泥质粉质黏土层覆盖，地下水略具承压性，最大承压水头一般为地表。第四系冲洪积砂层水量较丰富，具有中等~强透水性及中等~强富水性。地下水水位0.10~8.20m。

岩层裂隙水较发育，但广泛分布在粗粒花岗岩的中~强风化带、构造节理裂隙密集带及断层破碎带中。富水性因基岩裂隙发育程度、贯通度、与地表水源的连通性而变化，主要由大气降水、孔隙潜水补给，局部具有微承压性。

②重难点

根据提供的隧道埋深及水文地质情况，隧道主要穿越砾质黏性土，砂质黏性土，全、强风化花岗岩，淤泥，粉质黏土，中、微风化花岗岩。

a. 全断面中、微风化岩掘进

车红区间里程 CK7+450～CK7+710 段全断面中、微粗粒花岗岩，采用隧道断面范围内进行深孔预裂爆破后盾构掘进方案。预裂爆破可以降低刀盘刀具破岩的难度。同时，为了确保顺利掘进，盾构应具有很强的破岩能力。

b. 上软下硬及中、微风化岩突起地层掘进

两个区间隧道底板普遍存在风化岩突起。含块状渣土的流塑性仍然很差，摩擦阻力大，渣土改良的效果较差，需要的刀盘搅拌力矩大；建立土仓压力时刀盘扭矩急剧上升；欠压掘进可降低刀盘扭矩，但会导致地表沉降控制超限。由于上下断面地层荷载不同，盾构掘进时易发生偏转，转向纠偏困难。断面不均质易造成刀具的冲击损坏。隧道底板中、微风化岩突起，在地面条件允许时，可采用深孔预裂爆破工法处理。

c. 泥饼

区间砂砾黏性土颗粒成分具有"两头大，中间小"的特点，颗粒成分中，粗颗粒（大于 2.0mm）的组分及细颗粒（小于 0.075mm）的组分含量较多，而介于其中的颗粒组分则较少。在此种组分的地层中掘进，黏粒成分很容易造成刀盘和土仓结泥饼。根据工程案例，即使在以砂层为主的地层中，只要存在黏粒成分并达到一定的比例，渣土改良略有不足即会产生泥饼。

d. 球状风化体破除及回填块石的破除

区间在全、强风化花岗岩残积土层中普遍发育微风化球状风化体（天然抗压强度为 92.5～131.0MPa，平均值为 108MPa），以及风化差异形成的中、微风化岩块。同时填海块石在局部地段侵入隧道顶板。

球状风化体的破除至今仍为广州深圳地区盾构掘进的难题。

在土层掘进时，难以察觉何时遇到球状风化体。由于其体积相对于隧道断面比例很小，遇到球体时盾构掘进参数几乎不会发生变化，此时盾构仍以土层掘进参数掘进，由于球体的滚动及退让，刀痕难以形成裂纹，但随着盾构的推进，刀具承受的荷载过大而遭受损坏，进而发展到球体直接与刀盘盘体接触。等到察觉遇到球体时，刀盘已经发生损坏。

发现遇到球体后，一般采用进仓人工处理方案。有条件时，可采取深孔微预裂爆破。回填块石的破除也应在有条件时采取深孔微预裂爆破方案。

e. 长距离掘进的设备磨损

11 号线盾构法施工区间的掘进距离均较长，其中车红区间最长掘进里程 2742m。刀盘刀具延长磨损更换距离，特别是车红区间边刀的延长磨损更换距离，螺旋输送机叶片和筒体的磨损、盾尾密封的磨损等均为盾构设计重点考虑的问题。

f. 穿越局部砂层喷涌控制

盾构隧道沿线场地存在饱和砂层（含有机质砂等），其结构松散，富水性大，透水性

强，属不稳定土体。沿线发育多条河流等地表水体，局部地段有海水分布，地表水与地下水存在水力联系，施工中易发生坍塌、涌水、涌砂、管涌等现象，需要对喷涌实施控制。

g. 富水透水性强地层的换刀

当地层富含地下水且不能降水时，如需换刀，则必须带压进仓。如因地层气密性差，气体泄漏，土仓难以建立压力，则不能实现带压进仓换刀。而采用其他辅助工法的代价大且影响工期。

h. 刀具对不同地层的适应性

11号线所穿越的地层中既有中、微分化等硬岩，又有砾质黏性土、淤泥等软土，种类多，变化频繁。要求刀盘刀具能够适应多种地层。

（3）大断面盾构针对性设计

11号线大断面盾构机在制造时，根据地质情况及断面特点，对其重点部位进行了针对性设计和优化。

①刀盘

刀盘结构：采用辐条+面板的结构设计，可安装足够数量的滚刀，又具有较大的开口率。通过在受力主梁加强材料的方法来保证刀盘具有足够的刚度和强度。

开口率：刀盘开口率32%，中心开口率37%。开口在整个盘面均匀分布，中心部位设有面积足够的开口，避免在砂质黏性土和全、强风化岩层中掘进产生泥饼。

②刀具布置

a. 滚刀：17英寸中心双联滚刀6把，19英寸单刃滚刀32把，共44刃。19英寸滚刀能够达到的贯入度大于17英寸滚刀，较小的刀间距可以使破碎角裂纹贯通的重叠度增大；应对上软下硬地层，19英寸滚刀的抗冲击能力好；90mm以下的正面刀间距布置，最外边刀轨迹布置2把滚刀，高出盾体有3把滚刀，以及较为密集的边刀布置，可以减小更换边刀的次数。所有的滚刀均为同一规格，边刀磨损后可换为正滚刀使用。

b. 焊接撕裂刀42把。

c. 周边刮刀12把。

d. 刮刀61把，内环每道轨迹4把，外环每道轨迹8把，全断面覆盖，错刃布置，以利在砂质黏性土和全、强风化岩层中切削。

e. 大圆环保护刀24把。

f. 所有滚刀均可以更换为撕裂刀，滚刀在砾质黏性土、粉质黏土等软土层中可以更换为撕裂刀。

③主驱动

配置的主轴承直径3400mm，最大使用推力荷载16000kN，试验推力荷载40620kN，破坏推力荷载65000kN，安全系数4。有效使用寿命≥10000 h。

7组变频驱动，功率1120kW，额定扭矩7806kN·m，脱困扭矩9757kN·m。根据中铁装备在重庆全断面砂岩（40～60MPa）常用2500kN·m扭矩推算，本标段硬岩常用扭矩应在3500kN·m（<6417kN·m）左右。根据中铁装备在沈阳和西安全断面砂层常用3500kN·m扭矩推算，本标段全断面砂层常用扭矩应在4800kN·m（<6417kN·m）左右。

最高转速3.6r/min，满足广州复合地层常用转速1.5～2r/min的需求。

主轴承外密封3道，内密封3道，最大压力4.5bar❶，满足本标段压力要求。

④旋转接头

采用8通道旋转接头，其中2通道为膨润土通道，6通道为泡沫通道，各自独立，可同时向刀盘前面注入，利用刀盘结构旋转作用有效地混合渣土，增强渣土改良效果。

回路液压通道，2路用于磨损检测。

⑤螺旋输送机

采用900mm内径轴式叶片螺旋输送机，最大扭矩1350kN·m，最高转速25r/min，最大通过岩块尺寸为350mm×530mm，前1道闸门，出渣口设置2道闸门，伸缩行程1000mm，观察窗为插板式结构，可以实现窗口的快速开合。

耐磨设计：叶片轴前部镶焊复合耐磨钢块，并在复合钢块上再堆焊耐磨焊条。前盾螺旋输送机筒体为内外套，内套可更换。

螺旋输送机第一节筒体设计有可更换的耐磨块，当筒体磨损后，可以在洞内快速更换，提高筒体使用寿命。

喷孔：共有8个喷口，其中膨润土喷口2个，泡沫喷口6个（单管单泵），膨润土喷口和泡沫喷口各自独立。

⑥盾壳膨润土系统

配置能力足够性能良好的盾壳外膨润土注入系统，可有效减少本标段砂层盾体的摩擦阻力，防止卡盾。根据工程案例统计数据，盾壳外膨润土注入系统可减少6000~10000kN的推阻力。

⑦泡沫系统

泡沫系统采用6路单管单泵的方式，每路泡沫均可独立工作，不受土仓压力和管道阻力的影响，采用成熟的防堵塞设计。

发泡方式由原来的在管路中混合直接发泡变为在混合箱中充分混合后由泡沫泵泵送发泡，在不增加泡沫消耗量的条件下，发泡效果更好，确保在砂质黏性土和强风化岩中的渣土改良。

⑧聚合物系统

为了使设备能在高水压富水地层中正常工作，配置了聚合物注入系统，聚合物通过泵注入土仓螺旋输送机的两侧，以满足在高水压富水地层的掘进需要，阻止喷涌的发生。

---

❶ 1bar = 0.1MPa。

第 2 节
盾构穿越复杂地质施工技术

2.1 福车区间穿越基岩凸起地层施工技术

2.1.1 工程概况

1）设计概况

福田站—车公庙站区间起点里程为 YDK0+567.665（ZDK0+567.821），终点里程为 YDK3+011.774（ZDK3+10.263）。区间双线总长度为 4886.551m。区间出福田站设明挖渡线（YDK0+567.665～YDK0+691.35），其余部分采用盾构法施工，盾构始发井设置在明挖渡线 ZDK0+691.813 处，于香梅路口附近 YDK1+894.397 处设中间风井，明挖渡线及中间风井采用明挖法施工，其余部分采用盾构法施工。

福车区间沿深圳市主干道路深南大道自东向西敷设，线路先后穿越多处建（构）筑物：侧穿新洲立交桥，下穿雨水箱涵，上跨既有地铁 1 号线，下穿香蜜湖过街通道、香蜜湖立交桥及香蜜湖东人行天桥。

福车区间示意图如图 2.2-1 所示。

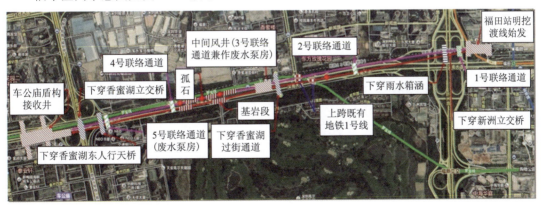

图 2.2-1 福车区间示意图

2）工程地质及补勘情况

（1）工程地质情况

区间工程地质情况从上至下地层主要包括第四系全新统人工堆积层（Q_4^{ml}）、第四系全新统冲洪积层（Q_4^{al+pl}）、第四系上更新统冲洪积层（Q_3^{al+pl}）、第四系残积层（Q^{el}）、燕山期粗粒花岗岩（γ_5^3）、构造岩（F）。区间穿越地层主要有砾砂，砾质黏性土，全、强风化花岗岩，局部含有中、微风化花岗岩。区间地质如图 2.2-2 所示。

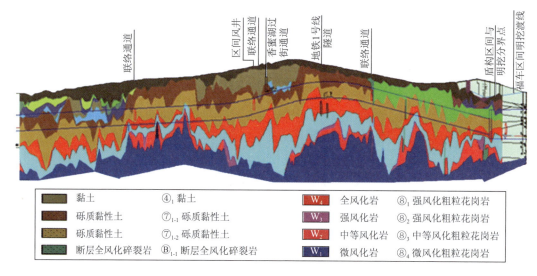

图 2.2-2　福车区间地质纵断面图

（2）工程地质补勘情况

根据详勘及补勘报告，统计整个区间的硬岩分布情况见表 2.2-1。对 63 件岩石试样进行岩石抗压试验，本区间中等风化岩饱和单轴抗压强度平均值为 37.26MPa、最大值为 94.10MPa，天然抗压强度平均值为 43.91MPa、最大值为 87.30MPa；微风化岩饱和单轴抗压强度平均值为 73.60MPa、最大值为 149MPa，天然抗压强度平均值为 90.13MPa、最大值为 137MPa。

左右线侵入隧道硬岩及孤石统计表　　　　　　　　　　　　　　　　表 2.2-1

岩　层	里　程	长度（m）	侵入隧道最大厚度（m）	备　注
中等风化岩	YCK2+234.13～YCK2+246.68	2.55	1.7	右线
	YCK2+262.5～YCK2+302.36	2.86	5.2	右线
	YCK2+337.69～YCK2+346.7	9.01	2.7	右线
	ZCK2+237.5～ZCK2+302.77	65.27	全断面侵入	左线
	ZCK2+377.9～ZCK2+392.3	14.4	2.9	左线
微风化岩	YCK2+237～YCK2+244.2	7.2	0.96	右线
	YCK2+273.52～YCK2+300.74	27.225	3.5	右线
	YCK2+339.8～YCK2+350.67	10.87	2.77	右线
	YCK2+386.6～YCK2+395.93	9.33	2.73	右线
	ZCK2+248.5～ZCK2+259.4	10.9	4.43	左线
	ZCK2+262.9～ZCK2+286.26	23.36	2.05	左线
	ZCK2+387.3～ZCK2+399.7	12.4	2.04	左线
中等风化石英岩脉	ZCK2+87 左右		全断面侵入隧道	左线

左线微风化硬岩（ZCK2+248.5～ZCK2+259.4、ZCK2+262.9～ZCK2+286.26）典型地质取芯如图 2.2-3 所示。

右线微风化硬岩（YCK2+237～YCK2+244.2、YCK2+273.52～YCK2+300.745）典型地质取芯如图 2.2-4 所示。

MKZ3-TFC-211　　　　BK-TFC-402　　　　BK-TFC-375　　　　BK-TFC-404

图 2.2-3　左线补勘典型地质取芯图　　　　图 2.2-4　右线补勘典型地质取芯图

2.1.2　施工难点

（1）盾构在过高强度硬岩中掘进，如何确保盾构机连续、均衡、安全施工是难题。

本工程中硬岩强度高，极易造成刀具严重磨损，导致掘进困难。在此情况下，若频繁开仓换刀，则施工风险较大；若不开仓换刀，则易使掘进参数进一步恶化，进而造成出土量偏多、地面塌陷等一系列不可预见的后果。同时，刀盘周边滚刀产生磨损后，易使盾构开挖直径减小，轻则造成推进困难、盾构姿态难以调整；重则困住盾体（特别是尾盾），使其无法推进。

（2）盾构在硬岩中掘进，如何防止土仓内结饼、螺旋输送机卡死是难题。

盾构在硬岩掘进过程中，滚刀滚压破碎的石渣在土仓内易结饼，特别是当仓内改良较差时，舱内石渣的流塑性差，使其出渣困难，进而极易造成螺旋输送机高负载，甚至卡死（掘进中断后再次进行推进时，此现象明显）。当土仓内局部结有石饼后，会进一步阻碍仓内渣土的流动，使其土压被迫增大，掘进推力被迫提高，进而使各项掘进参数恶化，最终后果不堪设想。

2.1.3　关键技术

1）地表预处理技术

（1）针对基岩详细补勘探测

根据福车区间详勘资料，左右线有硬岩入侵隧道洞身范围内或硬岩面距离隧道洞身较近（影响施工）地段，在隧道洞身范围内及附近有孤石分布地段，隧道洞身范围内详勘阶段未钻探地段。

根据详勘阶段地质资料，将区间分为硬岩侵入及孤石探查重点区域和一般区域，其中：一般区域补勘孔在区间线路上的布设间距为 15m，钻孔基本布置在隧道轴线上；硬岩侵入及孤石探查重点区域，平行线位方向钻孔间距一般为 7.5m，垂直线位方向钻孔间距一般 2.5～3.0m，主要布置在左右线隧道范围内。对于详勘阶段已揭露到的基岩和孤石群地段等重点区域，沿隧道线路和垂直线路两个方向加密钻孔，在隧道轴线方向前后间隔 4～6m各钻一孔加密钻孔，垂直轴线方向前后间隔 1.5～2m 各钻一孔加密钻探，发现孤石或基岩时，在隧道轴线方向往回各走2m补一孔继续钻探，直至确定基岩和孤石的分布范围。

（2）多功能钻机钻孔破岩

钻孔施工，根据地质补勘探明的地质情况，对侵入隧道硬岩长度小于10m的区域，经多功能钻机小间距钻孔破碎处理，将硬岩打成蜂窝状，降低硬岩整体性。结合地面环境条件进行钻孔施工的范围详见表2.2-2。

钻孔施工范围分布表　　　　表2.2-2

岩石特征	里程范围	长度（m）	侵入隧道最大厚度（m）	备注
中风化球	YCK2+355.20～YCK2+359.5	4.3	全部侵入隧道	a=4.3, b=1.2
微风化岩	YCK2+237～YCK2+244.2	7.2	0.96	
	YCK2+386.6～YCK2+395.93	9.33	2.73	

钻孔施工所用钻头及现场施工照片如图2.2-5所示。

图2.2-5　钻孔施工所用钻头及现场施工照片

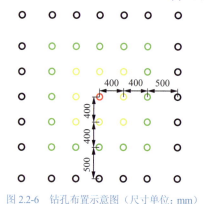

图2.2-6　钻孔布置示意图（尺寸单位：mm）

依据原有揭露硬岩的补勘钻孔为基准孔位，以1.5m间距向四周发散布孔，寻找硬岩强度最大的孔位。然后由强度最大的部位向周围发散布孔，强度最大区域的孔间距不大于400mm，每距离强度最大探孔位置1m，孔间距加大100mm，以此类推。钻孔布置见图2.2-6。

钻硬岩过程，以钻头高转速、慢进尺为钻进原则，多次冲击。隧道中心线钻孔深度为隧道拱底以下0.5～1m。

（3）地面钻探地下爆破

①钻孔范围

根据地质补勘探明的地质情况，对存在硬岩凸起侵入隧道长度大于10m的区域通过地质钻机对岩石进行钻孔，然后从地表将炸药安放在指定岩石位置，利用炸药爆炸产生的能量将岩石破碎、解体。本工程中对所有侵入隧道的硬岩、孤石结合现场实际情况均进行了爆破处理（钻孔处理过的区域除外）。

②钻孔设备选择

由于本工程爆破处理的岩石位于地表以下约15m的位置，采用跟管钻机及地质钻机相结合的方式进行钻孔，跟管钻机成孔速度较快，地质钻机可取出岩芯，对调整装药参数、检验爆破效果起到了较好的指导作用。

③硬岩爆破

采用地质钻机或跟管钻机钻孔，矩形布孔，钻孔达到设计孔深后，下 PVC 管护孔。爆破钻孔平面示意图如图 2.2-7 所示。钻孔宽度约为 7.3m，超出隧道轮廓线约 0.5m。

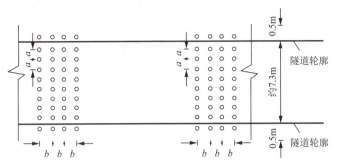

图 2.2-7　爆破钻孔平面示意图

根据地质补勘资料及现场钻机钻孔取芯情况，选择硬岩厚度相对较小的位置开始爆破，然后逐渐向硬岩厚度大的位置推进，根据现场地质实际情况可以选择一个点，也可以选择多个点作为最初起爆点，以创造多个工作面，如图 2.2-8 所示。

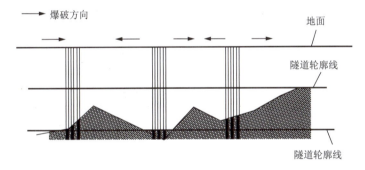

图 2.2-8　多点起爆推进示意图

注：炮孔深度是指岩石厚度。在爆破区域附近有建筑物及管线或岩层厚度超过 4m 时，可适当加密孔排距，减少单孔装药量

具体钻孔装药结构如图 2.2-9 ～图 2.2-11 所示。

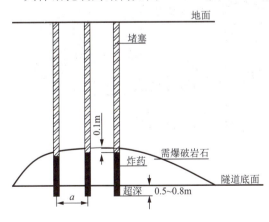

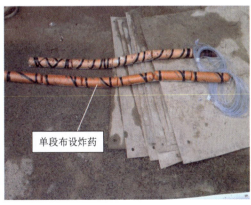

注：$a = 0.8 \sim 1.2$m

图 2.2-9　厚度 2.0m 硬岩爆破装药结构

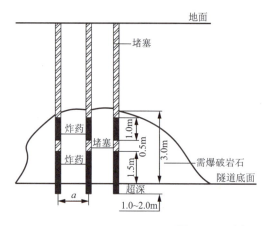

图 2.2-10　厚度 3.0m 以下硬岩装药结构

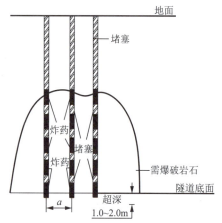
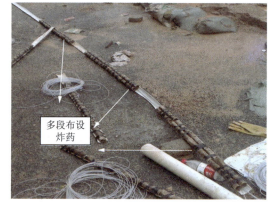

图 2.2-11　厚度 3.0m 以上硬岩装药结构

④安全防护措施

地下深孔爆破在爆破后产生的高压气体会将炮孔内的泥浆压出孔，为了防止涌出的泥浆飞溅，爆破作业时，采取沙包＋铁板的联合防护体系，如图 2.2-12 所示。

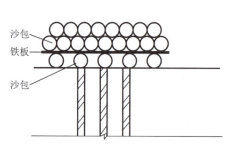

图 2.2-12　爆破防护

⑤爆破效果验证

硬岩经爆破处理后，岩体整体破碎，其强度大大降低（爆破效果如图 2.2-13 所示），可减小对盾构机刀盘、刀具的磨损，为盾构机不开仓连续过基岩凸起区域创造了良好的地质条件。采取取芯方法进行爆破效果验证，爆破前后取芯对比如图 2.2-14 所示。

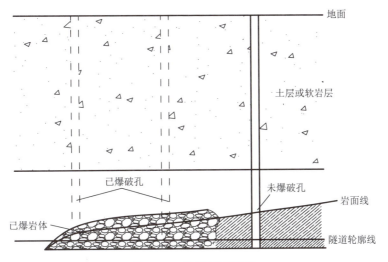

图 2.2-13 爆破效果示意图

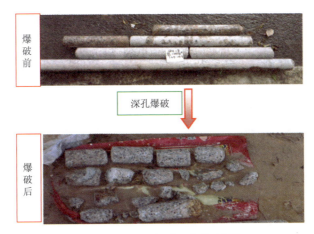

图 2.2-14 区间爆破前后芯样对比图

（4）钻孔破岩段及深孔爆破段注浆加固

钻孔和爆破施工对地层原状土体扰动明显，破坏了隧道上方软土层原有的应力状态，易造成地层局部沉降，且钻孔深度均达到隧道拱底以下，与地面贯通。对此，在该区域采取预埋袖阀管进行注浆加固，保证钻孔及爆破后土层密实，为保压掘进创造条件，特别是针对上软下硬的地段。

钻孔及爆破处理段注浆加固范围沿隧道轴线方向布置，垂直隧道轴线按隧道边线外扩1.5m 布置，注浆深度为地面至隧道拱顶上方 50cm。注浆材料为纯水泥浆，水泥为普通硅酸盐水泥，强度等级为 P.O42.5R。注浆压力 0.3~0.5MPa，流量 15~20 L/min，浆液水灰比 0.8~1，注浆节长 0.5m，单位水泥注入量 100~150kg/m。注浆区域范围内注浆孔平面布置间距按 1m 考虑，梅花形分布，其中必须包含所有原钻孔，扩散半径按 0.75m 考虑。

2）洞内掘进措施

（1）全断面硬岩掘进参数控制

①主要掘进参数分析控制

a. 刀盘转速的选择：在全断面硬岩地层中掘进，为适当提高掘进速度，保持刀盘的低贯入度掘进，可适当提高刀盘转速。在全断面中风化岩层中掘进，选取的刀盘转速为 1.6～1.8r/min，其掘进速度可达 20mm/min。

b. 土仓压力的选择：在全断面硬岩地层中掘进，为适当保护刀盘和刀具，可采取欠压模式掘进。同时做好地面监测反馈，如发现地面沉降有增大的趋势，即可调整为土压平衡模式掘进。左线全断面地段的埋深为 11～12m，其土仓上部土压控制在 0.5～0.7bar 之间，掘进过程中地面监测无异常。

c. 刀盘扭矩的选择：由于硬岩地层对刀具的磨损明显，而刀盘扭矩是刀具所受冲击力的具体表现。故在此类地层中掘进，应结合硬岩段的长度和强度，在合理保护刀具的前提下适当保持较小的扭矩掘进，可减小刀具的磨损，延长刀具的使用寿命。本工程中，在全断面中风化岩层中掘进选取的扭矩控制值为 1500kN·m，即当掘进扭矩超过此值时，通过 PLC 程序设定为推进停止，刀盘继续旋转，当扭矩小于此值则可恢复掘进。

d. 掘进推力的选择：在硬岩地层中掘进，掘进推力一般较软土软岩中要大，依据类似工程经验，其推力值范围均在 15000～20000kN。本工程中，在全断面中风化岩层中掘进推力控制的原则是：确保扭矩在可控范围内，其他参数（如铰接）未见异常。当完成该段地层掘进后，统计其推力范围为 13000～16000kN。

e. 螺旋输送机转速和压力的选择：在全断面硬岩地层中掘进，推进速度缓慢，土仓内进土量少，且土仓内碎石易沉底。为避免出土量大于开挖量，应降低螺旋输送机转速。为防止碎石或石块卡住螺旋输送机，应密切关注螺旋输送机工作压力。本工程全断面硬岩掘进过程中，螺旋输送机转速控制在 2r/min 左右，根据实际的掘进速度进行调整。螺旋输送机压力控制在 120bar 以内，当螺旋输送机压力出现骤增或者跳停时，极有可能是碎石或石块卡住螺旋输送机叶片，应停止掘进，把螺旋输送机进行伸缩、正反转疏通。

为防止螺旋输送机出现卡死现象不易处理，本工程在盾构机组装前对螺旋输送机观察窗的开合方式进行了改造，并申请了实用新型专利（专利号：ZL 2013 2 0222329.3），具体改造形式如图 2.2-15 所示。将螺旋输送机观察窗改造成上下翻转开合式，螺旋输送机观察窗借助手摇葫芦链条的拉力实现打开和关闭，更便于处理螺旋输送机卡死问题。

图 2.2-15 螺旋输送机观察窗开合方式改造

②渣土改良控制关键点

此掘进段地层主要是中风化粗粒花岗岩，采用 4 根泡沫管（该盾构机配置 4 根单管单泵泡沫管）进行改良。考虑刀盘磨切岩石掘进时需释放大量热量，泡沫设置得偏稀，使其降温效果明显，发泡倍率约为 8；考虑盾构在此地层中掘进速度较慢，为避免泡沫过多造成人为的喷涌现象，单根管的泡沫流量设置在 85L/min 左右，单环泡沫总量在 30m³ 左右。

在每环的掘进过程中，间歇性地向土仓下部注入一定黏度（45s）的膨润土（见图 2.2-16），以此冲刷螺旋输送机进土口和土仓下部，使其达到改善螺旋输送机及土仓下部流塑性的目的。

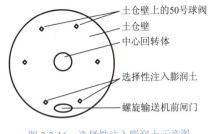

图 2.2-16　选择性注入膨润土示意图

（2）盾构过上软下硬地层掘进控制

①盾构进入上软下硬地层的主要现象特征

本工程中，盾构所过的硬岩基本表现为上软下硬特征，硬岩侵入隧道内的厚度不一，当盾构机进入该地层中掘进时，相关现象特征主要表现在以下几个方面：

a. 在推力基本未变的情况下，推进速度呈波动状态，波动范围为 1～20mm/min，其平均值相对黏土地层明显降低，波动频率及大小无规律可循。以右线掘进 1025 环为例，以超挖刀旋转为标志，记录刀盘旋转一周的速度波动情况如图 2.2-17 所示。

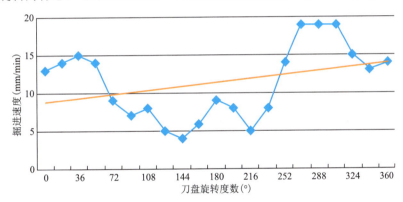

图 2.2-17　掘进速度随刀盘旋转波形图

b. 在推力基本不变的情况下，刀盘扭矩呈波动状态，波动范围为 1000～2000kN·m，其平均值相对黏土地层明显提高，波动频率及大小无规律可循。以右线掘进 1025 环为例，以超挖刀旋转为标志，记录刀盘旋转一周的扭矩波动情况如图 2.2-18 所示。

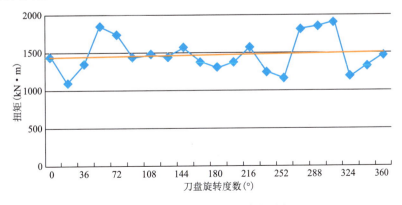

图 2.2-18　扭矩随刀盘旋转波形图

c. 在土仓壁附近可清晰听见由刀盘旋转摩擦掌子面而产生的间歇式振动声。

d. 从螺旋输送机出来的渣土，基本为黏土与碎石块的结合体，偶尔会出现大块中、微风化粗粒花岗岩石块。

②主要参数控制关键点

a. 刀盘转速的选择：适当降低刀盘转速，使刀具受到硬岩的瞬时冲击小于其安全荷载，掘进选取的刀盘转速为 1.0～1.2r/min。

b. 土仓压力的选择：在掘进过程中保持较高的土仓压力实现土压平衡模式掘进。上软下硬地段的埋深在 12～14m，结合理论土压力计算及实际地面沉降反馈，土仓上部土压提高 0.2bar，控制在 1.3～1.5bar 之间。

c. 掘进速度、推力及扭矩的控制：软硬不均地层对刀具的磨损不平衡，在该地层中掘进，其推进速度不宜过大，相应的推力和扭矩控制也不宜过大。刀盘扭矩的最大值控制在 2000kN·m 以内，掘进速度控制在 10～25mm/min，推力在 10000～18000kN 之间。

d. 出渣量的控制：对出渣量实施"红线"管理，即出渣总量不可超过 64m³（理论出渣量 46.44m³，松散系数最大按 1.3 考虑，超挖系数最大按 1.05 考虑），不可低于 55m³（理论出渣量 46.44m³，松散系数最小按 1.25 考虑，欠挖系数最小按 0.95 考虑）；平均每进尺 1cm 需出渣 0.37～0.43m³，结合螺旋输送机转速及实际渣土斗的存量进行确认。实际施工过程中，由于掘进速度缓慢，其出土量极易超出上限值，此时应立即详细记录出土量偏多的里程范围，待盾构机通过该区域后再迅速对此位置实施二次补浆及地面深孔注浆。

e. 姿态的控制：在拟合隧道线路的基础上结合脱出盾尾的管片姿态确定目标姿态控制值，需及时根据管片姿态的上浮量明确垂直姿态控制值，如上浮 2cm，需将目标垂直姿态设定为：前 -20mm，后 -30mm。

f. 结合地面沉降的参数平衡化调控（以右线中铁装备 137 号盾构掘进为例）：

针对右线中铁装备 137 号盾构机到达第一段中风化岩上软下硬地层前 5 环（991～995 环），做了相应的参数调控，以此作为试验段分析各项参数的合理性。

盾构在掘进第 991 环时，掘进参数调整如下：刀盘转速控制在 1.1～1.2r/min，上部土压控制在 1.3～1.4bar，刀盘扭矩控制在 900～1000kN·m，推力控制在 14500～16000kN，掘进速度控制在 25～40mm/min。对泡沫配比参数也做了相应的调整：泡沫膨胀倍率调至 12，泡沫原液比调至 3.5%，单管泡沫混合液量设定为 200L/min（共 6 根泡沫管）。该 5 环主要掘进参数统计如图 2.2-19 所示，其刀盘对应位置地面累计沉降统计如图 2.2-20 所示。

由 991～995 环掘进参数分析：主要掘进参数相对平衡稳定，刀盘对应位置地面沉降相对稳定，由此说明其控制设定相对合理。

盾构正式掘进至第一段中等风化岩上软下硬地层（其硬岩入侵隧道最大厚度 1.7m，环号 996～1004 环），在试验段的基础上对掘进参数做如下微调：刀盘转速控制在 1.3r/min，刀盘扭矩严格控制设置在 1500kN·m（超过 1500kN·m 时停止推进，刀盘继续旋转，待刀盘扭矩小于 1500kN·m 再继续推进），推力控制在 14500～16000kN，掘进速度控制在 10～20mm/min。对泡沫配比参数也做了相应的调整：泡沫膨胀倍率调至 14，泡沫原液比调至 5%，单管泡沫混合液量设定为 150L/min（共 6 根泡沫管）。该 9 环主要盾构掘进参数统计如图 2.2-21 所示，其刀盘对应位置地面累计沉降统计如图 2.2-22 所示。

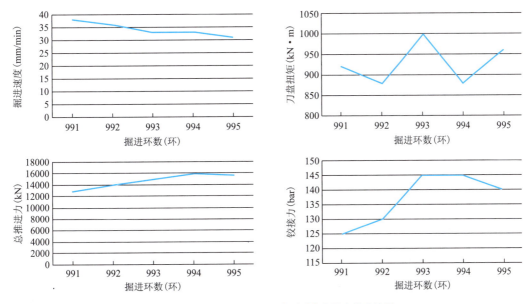

图 2.2-19　右线 991~995 环主要盾构掘进参数曲线图

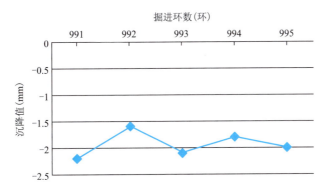

图 2.2-20　刀盘对应位置地面累计沉降曲线图

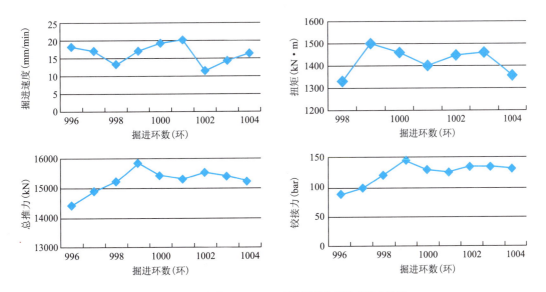

图 2.2-21　右线 996~1004 环主要盾构掘进参数曲线图

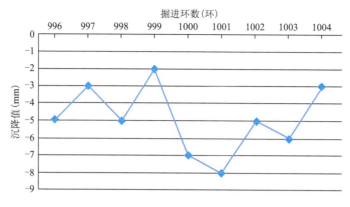

图 2.2-22 刀盘对应位置地面累计沉降曲线图

由 996～1004 环掘进参数分析：主要掘进参数相对平衡稳定，刀盘对应位置地面沉降偏大，原因在于上软下硬地层掘进速度缓慢，上部软的地层切入隧道 4m 多，随着刀盘推进转动对其扰动明显，从而导致上部软土塌落速度大于盾构掘进速度。需对渣土改良方式做出相应调整。

③渣土改良控制关键点

结合右线 996～1004 环的沉降分析，在上软下硬地层中掘进，仅使用泡沫剂改良渣土已不能满足沉降控制要求。对渣土改良做了相应的调整：把右线原有 6 路泡沫管改为 2 路加注膨润土、4 路加注泡沫。其改管的原则是：刀盘中心及外周各设置一条管路注入膨润土，使其能够在掌子面前方形成有效的全断面泥膜，具体注入方式如图 2.2-23 所示。左线为海瑞克刀盘，共 4 路泡沫管，将其中 2 路泡沫管改为膨润土注入管，改管原则与右线类似。

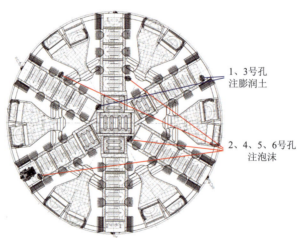

图 2.2-23 右线上软下硬地层分区段注入膨润土及泡沫示意图

泡沫配比参数设定：泡沫膨胀倍率为 14，泡沫原液比为 5%，单管泡沫流量设定为 200L/min；膨润土发酵后的参数设定：黏度为 35s。

通过对渣土改良方式的有效调整，刀盘注入膨润土，使掌子面形成泥膜，减少掌子面上部软土的坍落度。在后续上软下硬地层盾构掘进过程中，刀盘里程对应位置处的地面沉降可控制在 3mm 以内。

（3）刀具管理

通过基岩凸起预处理，本工程左右线基岩凸起段均顺利完成掘进，左线海瑞克 S437 盾构机共完成 126m 基岩凸起段掘进，右线中铁装备 137 号盾构机共完成 138m 基岩凸起段掘进，过程中未开仓更换刀具，统一在 4 号联络通道位置（已通过不良地段）对左右线进行常压开仓检查刀具，分析其刀具的磨损情况，并更换达到磨损要求的刀具。

换刀标准：

①边滚刀磨损达到 15mm，中心滚刀磨损达到 25mm；

②滚刀有偏磨现象。

开仓检查后，左线 34 号、37 号刀具偏磨如图 2.2-24 所示，右线 41 号、45 号刀具偏磨如图 2.2-25 所示。结合左右线刀盘刀具的分布情况（见图 2.2-26），可得如下结论：

①部分边滚刀形成偏磨，说明在基岩凸起段掘进极易造成边滚刀偏磨。

②正面滚刀及中心滚刀全为正常磨损，且少量正面刀具磨损超过 15mm，大多数正面滚刀及中心滚刀磨损量均未超过 15mm，说明对此基岩凸起段的提前钻孔、爆破处理以及掘进过程中对掘进参数的优化控制很好地保护了刀盘上的滚刀。

图 2.2-24　左线边滚刀磨损　　　　图 2.2-25　右线边滚刀磨损

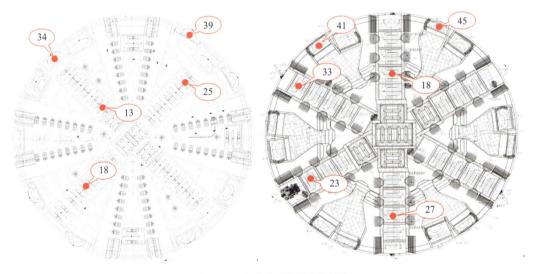

图 2.2-26　左右线刀盘刀具分布图

（4）基岩凸起地层加固

盾构在基岩凸起段掘进时，由于掘进速度缓慢，掌子面出现超挖的现象不可避免，为了弥补其水土流失,在掘进完成后,每环进行二次注浆,减少盾构通过时造成的地层沉降;盾尾通过后进行地面深孔后退式分层注浆,及时固结由于刀盘扰动而造成的地质疏松区域,确保地层的后期稳定性。

2.1.4 实施效果及小结

通过前期基岩凸起段钻孔破碎施工、深孔爆破及注浆加固等方案的实施,有效地提高了掘进施工效率,使得整个掘进施工连续、快捷,无须停机进行专门的加固处理,大大节约了施工工期。同时还节省了刀具更换成本,避免了开仓安全风险。据统计,福车区间共穿越1处全断面硬岩地层、12处上软下硬复合地层、6处孤石地层,最长距离达到42m,通过不断的试验总结,盾构穿越上述地层时,没有发生较大的喷涌,各项掘进参数平衡稳定,地面未发生异常沉降和塌方。

2.2 机福区间盾构穿越基岩凸起段施工技术

2.2.1 工程概况

1)设计概况

机福区间左线全长2323.67m,右线全长2355.76m,由盾构区间(含空推段751m)和矿山法区间(长347.87m)组成,中间设1座风井,2座盾构吊出井(兼作矿山竖井),6个联络通道。本区间位于深圳市宝安区机场填海扩建区,线路从机场北站引出后,与机场北停车场出入线隧道四线并行,出入线在上,正线隧道在下,逐渐拉开距离。正线隧道先后下穿老福永河、鱼塘、新福永河,过中间风井、盾构吊出井,向东进入福永街道新和社区,下穿工业区及居民区,最后接入福永站。机福区间线路平面图如图2.2-27所示。

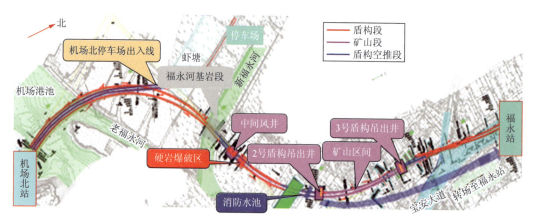

图2.2-27 机福区间线路平面图

2)地质概况

机福区间线路原始地貌为滨海滩涂,现为机场填海扩建区、鱼塘、新和村居民区,地形起伏较大,隧道开挖断面地层变化差异较大,地下水埋藏较浅,隧顶大多分布淤泥、细砂、可塑状砂质黏性土、硬塑状砂质黏性土及全风化变粒岩，洞身多处于硬塑状砂质黏性土、全风化变粒岩、块状强风化变粒岩层中，隧底多处穿越中、微风化基岩凸起地层，地质比较复杂。机福区间地质纵断面图如图2.2-28所示，MKZ3-T4F-125地质补勘图如图2.2-29所示。

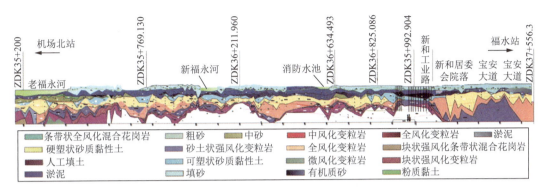

图2.2-28　机福区间地质纵断面图

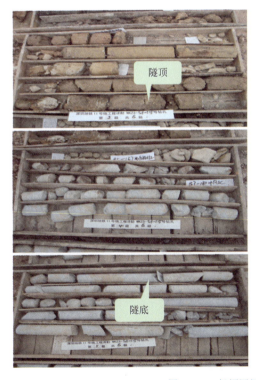

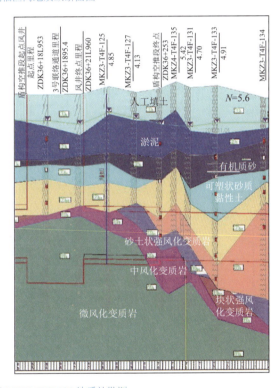

图2.2-29　机福区间MKZ3-T4F-125地质补勘图

2.2.2　穿越基岩凸起地层施工技术

1）施工方案比选

本区间地质条件复杂，专家进行了矿山法与盾构法施工方案的比选（见表2.2-3），无论是从施工安全的角度考虑，还是从施工工效的角度考虑，盾构法均优于矿山法，因此最终确定采用盾构法。

方案比选　　　　　　　　表 2.2-3

施工方法	盾构直接通过	深孔爆破处理后通过
优点	①对周围环境影响较小； ②施工工序较为单一（换刀）	①盾构姿态容易控制； ②减小了盾构在硬岩中卡壳的施工风险； ③外部环境较好，提高了盾构工效
缺点	①盾构推进施工风险较大，容易造成地表塌陷； ②换刀风险较大，容易产生土仓塌方； ③盾构姿态很难控制，容易导致隧道偏离设计线路或爬坡的情况	①施工工序较为复杂，对周围环境影响较大； ②爆破后土仓压力较难建立，易导致地面沉降超限

2）盾构过微风化基岩凸起地层施工

（1）深孔爆破周围环境

深孔爆破区域周围为荒地，经调查无地下管线，最近建筑物距离爆破区为150m。此区域隧道顶为可塑状砂质黏性土（为弱透水性，渗透系数为0.1m/d）、硬塑状砂质黏性土（为弱透水性，渗透系数为0.08m/d）；洞身范围为中、微风化变粒岩，岩石强度为 84～108MPa，RQD值为36%～51%。

爆破区地质断面及详勘岩样如图 2.2-30 所示。

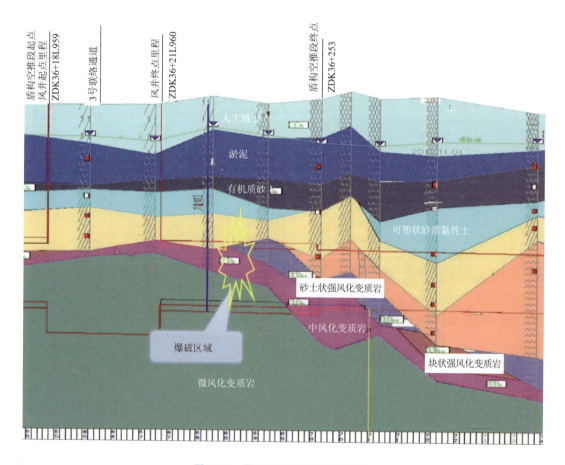

图 2.2-30　爆破区地质断面及详勘岩样

（2）爆破范围

爆破区域为 ZDK36+227.618～ZDK36+245.23，长 17.6m，距中风井 12～30m，隧道边线往外 0.5m，隧底以下 1m（实际装药与隧底齐平），最近的孔距离刀盘为 0.6m。钻孔平面示意图如图 2.2-31 所示。

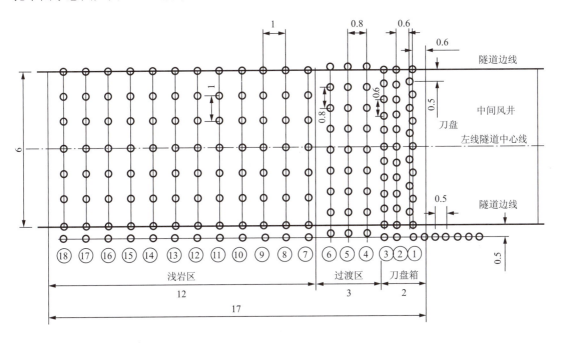

图 2.2-31　钻孔平面示意图（尺寸单位：m）

（3）爆破方案设计

采用潜孔钻机钻孔装药深孔爆破，钻孔范围为隧道轮廓外 0.5m，钻孔深度为隧道底往下 1m，装药按照设计方案进行装药，爆破完成后利用地质钻机进行抽芯取样，检查爆破效果，根据取样情况调整爆破参数。基岩凸起装药参数详见表 2.2-4。

基岩凸起装药参数　　　　　　　　　表 2.2-4

基岩厚度 H（m）	超深 h（m）	孔距 a（m）	排距 b（m）	单耗（kg/m³）	装药 Q（kg）	装药形式
3.5	0.5～1.0	0.5～0.8	0.5～0.8	1.84	2.7～4.96	2 分层（间隔 80cm）
6.5	1.0	0.8～1.0	0.8～1.0	1.84	9.06	3 分层（间隔 80cm）
7.0	1.0	0.8	0.8	1.84	9.94	3 分层（间隔 80cm）

距离本工程最近的建（构）筑物为一钢筋混凝土房屋，约为 106m，距离左线隧道最近距离 7m。根据《爆破安全规程》（GB 6722—2014），本工程针对钢筋混凝土房屋，爆破振动速度取 2cm/s；对开挖的隧道，按新浇筑混凝土（7d）的标准，爆破振动速度取 7cm/s。

具体钻孔装药结构如图 2.2-32、图 2.2-33 所示。

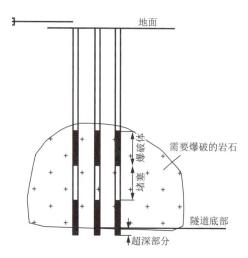
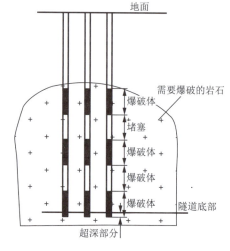

图 2.2-32　厚度 3.5m 以内基岩装药结构　　　　图 2.2-33　厚度 3.5m 以上基岩装药结构

（4）爆破施工工序流程

按照深孔爆破安全专项施工方案，首先用潜孔钻机进行钻孔，横向为隧道轮廓往外 0.5m，钻孔深度为隧底 1m，成孔后安装 PVC 套管，套管两端用堵头盖进行封堵，防止泥水及杂物进入管子给装药带来困难，然后按照爆破设计的要求进行装药。为防止药包上浮，利用直径不大于 5mm 的小米石进行定位，然后堵塞管口；为防止爆破时泥浆飞溅，对爆破区进行防护，疏散爆破区所有人员，引爆爆破装置。爆破完成后利用地质钻机进行抽芯取样，检查爆破效果，根据取样情况调整爆破参数。

爆破施工工序流程如图 2.2-34 所示。

图 2.2-34　爆破施工工序流程图

爆破后产生的高压气体会将炮孔内的泥浆压出孔外,为了防止涌出的泥浆飞溅,孔外采取如图 2.2-35 所示联合防护体系。

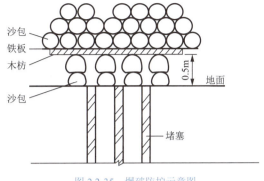

图 2.2-35　爆破防护示意图

(5) 爆破风险及应对措施

主要风险:

①爆破时可能会对刀盘产生挤压破坏;

②爆破震动可能会对盾构机内部传感器或其他部件产生影响。

应对措施:

①通过给土仓加压,同时收缩推进油缸,使刀盘离开掌子面,避免爆破时岩石的直接挤压;

②爆破前向土仓内填充高浓度膨润土,使之有效地减缓石块的撞击,同时防止泡沫管口被碎石堵塞。

(6) 爆破区加固措施

爆破完成后,在爆破区进行袖阀管注浆(见图 2.2-36),注浆范围为:可塑状砂质黏性土与砂层分界面以下 1m 到地面,纵向为整个爆破区,横向为隧道边线往外 0.5m。重新在爆破区进行钻孔,插入 PVC 袖阀管,对隧道上方土体进行水泥浆固结,确保盾构通过时土仓压力的可控性及地面监测的稳定性。

图 2.2-36　爆破区加固处理

(7) 盾构掘进参数的初步设定

①推进时,由于爆破孔、注浆孔封堵效果不能保证,因此土仓压力不容易保持,但至少要控制在 0.6~0.7bar,主要以推进时为主,停机时可保至 0.8bar;

②扭矩控制在 1700~2200kN·m;

③推进速度控制在 15mm/min 以内;

④同步注浆量 5.5m³/环,二次注浆采用双液浆并且及时跟进;

⑤防止土仓温度较高,刀盘转速控制在 1.0r/min。

(8) 爆破区掘进应急措施

盾构通过爆破区时,要密切关注刀盘扭矩的变化,如果遇到较大的长条状岩石卡住刀盘,可采取以下三种方案处理:

①上方土体较稳定时,人工进仓,利用风镐进行破碎或利用取芯钻将岩石分割成小块,通过螺旋输送机排出;

②上部土体稳定性较差时,在盾壳顶部或土仓隔板上预留注浆孔,对掌子面进行注浆加固,之后再进行开仓处理;

③上部土体稳定性较差时,利用地面加固的方式,对掌子面及上方土体进行双液浆加固,加固完成后再进行开仓处理。

2.2.3 实施效果及小结

本区间所处沿海滩涂地层，线路周边建（构）筑物较多。通过有效控制钻孔间距及装药量，确保爆破后，岩石碎块直径小于30cm，为盾构掘进提供了良好的条件，控制了房屋沉降，对消除业主顾虑顺利开展施工提供强有力的支持，确保了全线关键工点机福区间的顺利贯通和11号线的顺利开通。

2.3 车红盾构区间遇孤石施工关键技术

2.3.1 工程概况

1）设计概况

车公庙站—红树湾站区间东起车公庙站、西至红树湾站，线路出车公庙站后，在深南大道、白石路和白石四路下穿越，直至红树湾站。区间左线起讫里程为ZDK3+424.102～YDK9+033.853，全长5491.882m，区间右线起讫里程为YDK3+424.110～ZDK9+033.853，全长5480.374m；线路最小曲线半径600m，线间距13～37.6m；隧道最大纵坡28‰、最小纵坡4‰，隧道轨面埋深13.0～28.65m；采用4台φ6980大盾构机由中部始发井向两端车站掘进。

隧道开挖直径6.98m，采用C50、P12混凝土预应力管片衬砌，管片厚度35cm，衬砌后成洞外径6.7m，内径6m，环宽1.5m，为标准加转弯环管片，采用错缝拼装，转弯环管片楔形量为36mm，防水采用三元乙丙止水条和遇水膨胀型止水条。车红区间平面位置示意图如图2.2-37所示。

图2.2-37　车红区间平面位置示意图

2）孤石分布与地质概况

（1）孤石分布

本区间遇孤石群频繁。孤石主要表现为球状风化体，即残积土或全、强风化花岗岩体中存在球状中、微风化岩体。孤石性状各异，孤石大小1～5m不等，单轴抗压强度大部分在60～180MPa之间，存在单个孤石和孤石群，以及风化差异形成的中、微风化岩块，同时填海块石在局部地段侵入隧道顶板。相对周边的风化土体，孤石强度要大很多，其分布具有较大的随机性。在地质详勘和补勘过程中，被勘察到的侵入隧道开挖面内的孤石有6处，在实际掘进过程中遇到的孤石群高达45处。

其中，在上跨1号线竹侨区间段，为保证1号线既有结构安全，地质钻孔未布置在1号线正上方，而在其两侧布置，在详勘和补勘过程中均未发现孤石。但在盾构掘进过程中，在右线里程YDK5+398.2～YDK5+387.7段共遇到10.5m的连续孤石群（见图2.2-38），从渣样中取到大量粗粒微风化花岗岩（见图2.2-39），从螺旋输送机输出60余块尺寸为30cm×50cm的花岗岩，最大块径达53cm×39cm×33cm，强度高达150MPa。根据深圳地质特点判断盾构遇到的是风化球状体或回填抛石（孤石）。

图2.2-38　右线上跨1号线段遇到的孤石群　　　　　图2.2-39　渣样中取出的孤石碎片

（2）地质概况

车红区间隧道通过地层主要为砾质黏性土，全、强风化花岗岩，从地面至下地层依次为①$_1$素填土、①$_2$填砂、①$_4$填块石、①$_6$杂填土、②$_1$淤泥、②$_4$含有机质砂、③$_5$黏土、③$_{12}$砾砂、④$_3$淤泥质黏土、④$_{11}$砾砂、⑦$_{1-1}$可塑状砾质黏性土、⑦$_{1-2}$硬塑状砾质黏性土，盾构隧道主要位于⑦$_{1-1}$可塑状砾质黏性土、⑦$_{1-2}$硬塑状砾质黏性土层中，主要卧于⑦$_{1-2}$硬塑状砾质黏性土之上。局部洞顶位于砂层或砾砂层内，球状微风化花岗岩（孤石）频发，围岩等级以Ⅴ、Ⅵ级围岩为主。上跨1号线孤石群地质剖面图详见图2.2-40。

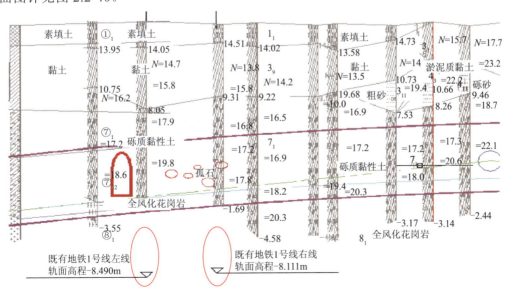

图2.2-40　上跨1号线孤石群地质剖面图

2.3.2 施工难点

（1）由于孤石的分布和大小是随机的，很难通过地质钻孔完全探明其分布情况，故给盾构施工造成了较大困难。

（2）容易造成隧道轴线偏移。

（3）若土质太软，固定不住孤石，不能产生足够的破碎反力，孤石就会随着土体滚动，在刀盘前面循环，挡在刀盘前面并损坏刀具，造成刀具大面积损坏，甚至会造成刀盘散架、失效。

（4）掘进速度慢，出渣控制难，容易造成沉降过大及坍塌。

（5）掘进参数控制不当，刀具容易受到较大的冲击和推力，造成损坏。

（6）小块孤石可从刀盘开口处进入土仓（见图 2.2-41），但螺旋输送机出渣困难。

图 2.2-41 土仓中的孤石

2.3.3 关键技术

1）未探明孤石判断方法

盾构遇到未探明孤石时，首先要从盾构掘进参数上去判断，一般情况下，遇到孤石时盾构掘进参数扭矩波动大、总推力增大、速度减慢，刀盘前面有异常响声，渣温升高；然后抓取渣样，看是否存在微风化花岗岩，可根据岩石性状、体积、所占比例、刀盘响声位置、扭矩变化规律来判断孤石大小。

2）盾构机适应性设计

根据深圳地区相似地质条件的盾构隧道工程实例，新制中铁装备 67、68 号土压平衡盾构机，为适应这种多样化的地层，在盾构机设计时做了相应的适应性设计，主要体现在以下几个方面：

（1）刀盘适应设计

中铁装备 67、68 号盾构机刀盘采用辐条＋面板形式，刀盘开口率 33%，中心开口率 38%；配置 17 英寸中心双联滚刀 6 把，17 英寸单刃滚刀 38 把，共 50 刃；周边刮刀 12 把，刮刀 49 把。滚刀高 175mm，刮刀高 135mm、宽 250mm，中心滚刀刀间距 90mm，正滚刀最大刀间距 80mm、最小刀间距 75mm。刀盘最外两个边滚刀轨迹分别布置 2 把滚刀。所有单刃滚刀均属同一规格，所有滚刀均可以更换为撕裂刀。

刀盘外圈梁表面和面板表面堆焊了耐磨复合钢板，搅拌棒、刮刀刀座等堆焊耐磨层。刀盘磨损检测装置 4 个。渣土改良管路 8 路，其中泡沫管路 6 路，膨润土管路 2 路，紧急情况下泡沫与膨润土管路可以进行互换使用。

（2）主驱动适应性设计

①主驱动设计

主驱动采用变频电驱动，装机功率达1120kW，额定转速为1.37r/min，最大转速为3.6r/min，额定扭矩为7778kN·m，脱困扭矩为9720kN·m；主轴承寿命大于10000h，内、外唇形密封数量分别为4道和5道，密封最大承压能力5bar。

②主驱动适应性分析

主驱动功率较高，在上软下硬、孤石群等地层能够提供低速大扭矩。

主驱动密封承压能力达到5bar，保证了主轴承等关键部件自身安全。

（3）推进系统适应性设计

最大推力为50600kN，最大推进速度为80mm/min，油缸数量32根，最大工作压力为350bar。

（4）螺旋输送机适应性设计

螺旋输送机为中心驱动，轴式螺旋带，最大通过石块尺寸为340mm×530mm，驱动功率为315kW，最大扭矩为210kN·m，转速范围为0～25r/min。

3）刀具配置及管理

（1）刀具配置

该区间所穿越的地层主要为全断面的砾质黏性土层、上软下硬地层，孤石频发，且岩石强度较高，洞身上方多为砾质黏性土和砂层，盾构通过时风险较大，对刀具配置使用要求较高，既要保证顺利破岩掘进通过，又要考虑刀盘周边大轨迹刀具耐磨，减少进仓换刀次数，降低松软地层换刀施工风险。盾构刀具配置为周边13把边滚刀采用1英寸重型宽刃刀圈，中间正滚刀及中心刀采用3/4英寸标准刀圈。中铁装备67号盾构机刀盘及刀具配置见图2.2-42。

图2.2-42　中铁装备67号盾构机刀盘及刀具配置

（2）刀具更换标准

根据本工程盾构在孤石群的掘进情况，正常磨损情况下刀具更换按如下标准进行：当边滚刀刀圈磨损10～15mm、正滚刀和中心双刃滚刀刀圈磨损20～25mm时就需要更换。刀具磨损到此种程度时刀圈的刀刃变薄变尖，其冲击压碎和切削岩石的能力降低，盾构掘进时的推力和扭矩就会增大，掘进速度就会变得更慢，同时加大了盾构液压系统和电机系统的负荷。刀圈的刀刃与刀盘间的距离缩小，切削下来的岩石也会磨损刀盘面板，降低刀盘的使用寿命，严重时则需要加固刀盘面板或者更换。而如果在小于上述更换标准的情况下频繁更换刀具，则会降低刀具的利用效率，增加刀具的费用投入，增加成本，同时浪费掘进时间。

刀具发生非正常磨损时应及时进行更换（见图2.2-43），严禁盲目推进，否则会加重相邻刀具挤压切削岩石的负荷，不仅影响正常掘进，而且还会影响到其他相邻刀具的正常使用，造成刀具连锁性大量破坏。

图 2.2-43　刀具更换

（3）定期和不定期刀具检查

盾构掘进中，每掘进完成一段距离后，应进行刀具的磨损常规检查。在孤石段掘进，本工程每 20 环进行一次刀具的定期检查，通过检查对照决定刀具是否更换。停机检查时，应尽量避开软弱地层和地表有建筑物地段，地质条件不允许时，可采用带压进仓方式进行检查。

不定期刀具检查：现场盾构主司机、土木值班工程师通过掘进过程中的总推力、扭矩、掘进速度等参数异常以及刀盘发出的响声、出渣情况及渣土中是否含有破损刀具等情况判断刀盘的运转和刀具的磨损情况，开仓对刀具进行检查。

（4）加强刀具更换培训

刀具更换需要在土仓中进行，作业空间狭小，而一把滚刀质量达 150kg，人工拆卸、吊运、安装难度比较大，突发事件多，尤其是中心刀，更换难度更大。为加快刀具的更换速度，在盾构始发前，对刀具更换人员进行现场拆装刀培训，训练其拆装刀的能力，提高其作业水平及熟练程度，同时加工拆装刀辅助刀架（见图 2.2-44）方便安装刀具，从而加快刀具更换速度，保证换刀人员的人身安全，提高施工效率。

图 2.2-44　设计换刀辅助工具

4）施工准备

（1）设备检修及保养

在穿越孤石前，对盾构机及后配套设备进行一次全面、细致的检修。重点对盾构机的同步注浆系统、二次注浆设备、控制电路及液压系统、龙门吊刹车系统、行走系统、电瓶车刹车及电路进行检修。

对于损坏的部件立即更换，对存在故障隐患的部位及时排除，各润滑部位及时加注润滑脂或润滑油。特别是对注浆管路进行清洗疏通，避免输送管在盾构穿越孤石时堵塞，导致无法同步浆液，从而造成盾构机停机。

检修前制订详细的设备检修计划，由机械总工程师牵头，安排经验丰富的机修人员对设备进行彻底的检修，将检修任务落实到个人，确保盾构穿越孤石前所有设备均处在最佳的工作状态，能保证 24h 连续推进。且在穿越期间加强对整个设备系统的检修和保养工作，以防止由于设备故障而造成长时间停机，导致地表出现沉降。

（2）刀具更换

为保障盾构顺利上跨 1 号线通过孤石段，在做好各项技术准备工作的同时，采取常压换刀的方式，对刀具的磨损情况进行全部检查，根据刀具更换的标准，对磨损超限的刀具和损坏的刀具进行更换。

5）掘进过程控制

本盾构区间对已探明的孤石未提前进行预处理，而是采用盾构掘进直接通过的施工方案，掘进参数以"低速度、低转速、控扭矩、适推力、勤检查、控出渣"的思路进行制定，控制孤石对刀具的损坏，使地面沉降可控，安全通过孤石群。具体掘进参数控制如下：

（1）刀盘转速

孤石强度较高，平均强度为 94MPa，刀盘转速越快，孤石对滚刀的冲击力越大，所以刀盘转速不宜过快，施工时控制在 1.0～1.2r/min，且应控制贯入度，以减少刀具受到的瞬时冲击力；刀盘转速较小，还可以减少施工对地铁 1 号线的扰动。左线 2151～2165 环段通过孤石时刀盘转速变化曲线见图 2.2-45。

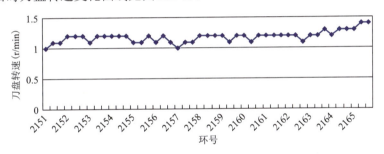

图 2.2-45　左线 2151～2165 环段通过孤石时刀盘转速变化曲线

（2）掘进速度

孤石群强度较大，掘进速度应控制在 12mm/min 以内，以减少单位时间内刀具切削的岩石量，将岩石切削成较小块；否则，会造成扭矩增大，岩石对刀具的破坏也大，严重时岩石会卡住刀盘，破坏刀盘主轴承，甚至使刀盘无法转动，造成严重后果。左线 2151～2165 环段通过孤石时掘进速度变化曲线见图 2.2-46。

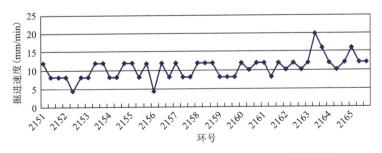

图 2.2-46　左线 2151～2165 环段通过孤石时掘进速度变化曲线

（3）刀盘扭矩

刀盘扭矩是刀具受到冲击力大小的直接体现，所以在掘进过程中应适当降低刀盘的扭矩，以减少刀具所受到的冲击力。掘进时密切关注刀盘扭矩情况，通过减小总推力和掘进速度，以及做好渣土改良来降低刀盘扭矩，控制扭矩不大于600kN·m。当扭矩波动至800kN·m时，应立即停止推进，停止刀盘转动，进行换向，并降低掘进速度；当扭矩长时间波动到1300kN·m以上时，应停机，并根据地质情况选择带压进仓或常压进仓方式进行刀具的检查。多数情况下，扭矩居高不下时，刀具均受到不同程度的磨损，需要更换新刀。左线2151～2165环段通过孤石时刀盘扭矩变化曲线见图2.2-47。

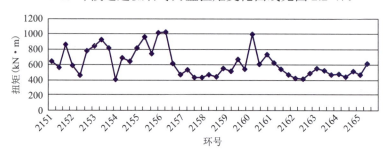

图2.2-47　左线2151～2165环段通过孤石时刀盘扭矩变化曲线

（4）总推力

总推力不宜过大。施工时，应依据掘进速度及刀盘扭矩选择适宜的总推力。本区间通过孤石时总推力控制不大于25000kN，一般情况下推力为14000～20000kN。左线2151～2165环段通过孤石时总推力变化曲线见图2.2-48。

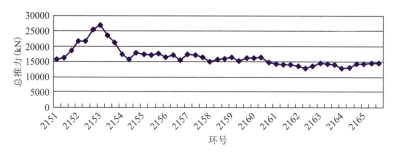

图2.2-48　左线2151～2165环段通过孤石时总推力变化曲线

（5）土压控制

本区间孤石段隧道顶部大部分为砾质黏性土，具有遇水易软化、崩解、强度急剧降低的特点，但在正常掘进时一定时间内具备一定的自稳性，这就需要在开挖面建立一定的土仓压力防止地下水涌入土仓，减少水土流失；在该孤石群段掘进，盾构机采用半敞开模式，即在土仓内保留1/2～2/3的渣土，在土仓内注入空气及泡沫保持气压维持土仓压力，施工时可在隧道埋深计算的土压力的基础上提高0.1bar的土仓压力。

掘进过程中土压保持均匀性，波动范围在±0.05bar以内，防止忽高忽低，确保盾构掘进开挖引起的沉降在允许范围之内，具体压力值根据地表监测情况适当调整。在停机时主司机应注意土压的变化，当土压过低时，应及时采取措施进行保压。

（6）渣土管理

本区间盾构隧道每环理论出渣量 = $\dfrac{\pi}{4} \times D^2 \times L = \dfrac{3.14}{4} \times 6.98^2 \times 1.5 = 57.4 m^3$

式中，D 为盾构机刀盘直径，L 为每循环掘进距离。

实际每环出渣量控制在 90 m³/环，渣土的松散系数取 1.6。

避免渣土的少出、多出为重中之重。掘进过程中每环出渣量按 5 车余 100mm 油缸行程进行控制，即每掘进油缸行程 280mm 出渣一车（16m³），每环出渣 85m³，并根据地质情况及掘进过程中的加水和土压情况，对出渣量进行适当的调整，如孤石群段出渣量 80～90m³，控制良好。左线 2151～2165 环段通过孤石时出渣量变化曲线见图 2.2-49。

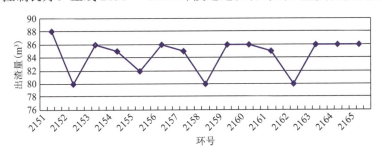

图 2.2-49　左线 2151～2165 环段通过孤石时出渣量变化曲线

（7）盾构姿态控制和调整

孤石段掘进时，一定要控制好盾构姿态。一旦盾构姿态出现偏离，要遵循"长距离、缓纠偏"的思想，而不能通过猛纠，造成刀具磨损，甚至导致盾构机受困，难以前行。

（8）螺旋输送机压力

螺旋输送机最大压力设定为 100bar。掘进时，密切关注螺旋输送机压力，压力超限时，应立即停止转动，进行反转，防止土仓内孤石卡住螺旋输送机。

（9）同步注浆

管片背后注浆遵循"同步注入，快速凝结，信息反馈，适当补充"的原则。因为掘进速度较慢，清理孤石对周围地层扰动大易造成地层缺失，出渣量难于控制，可能存在超挖现象，所以同步注浆时应尽可能多注。本区间每环理论注浆量为 4.5m³，为防止地表及既有线出现较大沉降，以及既有线后期隆起，需保证同步注浆效果。同步注浆量充填系数一般为 1.4～1.8，注浆量 6.5～7.5m³，注浆压力 2～4bar，浆液初凝时间控制在 3～5h，注浆过程中注浆速度与掘进速度同步，必须保证 6 管同时注浆，并根据地表沉降情况适当调整注浆量。同步注浆示意图见图 2.2-50。

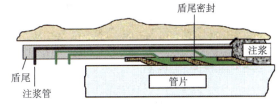

图 2.2-50　同步注浆示意图

（10）二次注浆

管片二次注浆从盾尾倒数第 5 环开始，与同步注浆同步进行，对下穿段管片进行浆液补注，注浆点位为每环的上半圆点位，注浆顺序由下至上，注浆浆液采用水泥—水玻璃双液浆，水灰比为 1∶1，水泥浆∶水玻璃体积比为 1∶1，玻美度控制在 35～40°Bé 之间，双液浆凝固时间为 45s 左右，注浆压力 0.3～0.4MPa，注浆量按注浆压力进行控制。

注浆时应密切关注土仓压力的变化情况，防止水泥浆注入土仓内部。若土仓压力在二次注浆过程中升高，则根据施工经验判断水泥浆可能穿过止浆板，由盾壳与围岩间隙流入土仓内，凝固后的浆液易糊住刀具，使刀具不能正常旋转，从而降低刀具破岩力度，造成刀具偏磨和不正常破坏，故在二次注浆过程中，若发现土仓压力升高，则应立即停止二次注浆，同时转动刀盘，正反转各一圈，通过刀盘旋转将黏在刀具上的浆液与土仓内的土体摩擦掉。

（11）渣土改良

在孤石段掘进时，盾构刀盘、刀具磨损量大，温度高，需要增加泡沫的掺入量，起到润滑刀盘刀具的作用，减少渣土对刀具的摩擦，从而延长刀盘和刀具的使用寿命，同时降低刀盘和刀具的温度；刀盘前方的泡沫注入孔很容易被渣土堵塞，要经常检查和清通泡沫注入孔，确保泡沫系统的正常工作，每环注入泡沫100～130L。

在孤石段掘进时喷涌现象严重，一般采取向土仓内注入膨润土的方法处理。膨润土与土仓内的岩石混合，使岩石处于一种悬浮状态，有利于岩块出渣，防止或减轻螺旋输送机排土时的喷涌现象。膨润土采用钠基膨润土，制备高浓度泥浆，相对密度达到1.15～1.20，黏度达到80～100s，每环注入约 $10m^3$。

（12）渣土温度

渣土温度是土仓内渣土状态的一个重要参数。渣土温度升高，是土仓内堵仓、刀盘结泥饼、糊刀的先兆，将严重影响正常掘进。掘进时应勤量渣温，每环测量渣温3～5次，当环渣温升高2℃时，应立即检查加水系统、泡沫系统是否完好，一经发现渣温超过35℃，则应立即停机分析，并加水正反转刀盘，直至状态好转。孤石群段渣温一般为28～30℃。

（13）信息化施工

建立明确、有效的监测信息反馈机制，确保孤石段掘进期间监测信息的有效传递。现场成立信息室，自动化监测现场办公。在盾构掘进过程中，每2h进行一次自动化变形监测，现场监测人员将监测数据迅速传达给土木总工程师，土木总工程师对地面监测数据进行综合分析，得出结论及时通过电话传达给盾构工作面，指导盾构施工参数的设定，然后通过地面变形量的监测进行效果的检验，从而反复循环、验证、完善，保证施工过程安全。

（14）地表巡视

在盾构穿越孤石段期间应加强地表巡视工作。本项目安排2人进行24h不间断地表巡视，并对每天盾构机到达的位置进行标识，发现异常情况，及时上报，加快了信息传递和应急响应，确保了地面安全。盾构机到达位置地面标志如图2.2-51所示。

图2.2-51 盾构机到达位置地面标志

2.3.4 遇到的问题及处理措施

1）右线上跨1号线时遇孤石

本工程区间隧道从既有运营1号线上方斜交通过，左线隧道穿越长度约83m，右线隧道上跨长度约68m，盾构开挖面距1号线结构实际净距仅1.36m。

2013年12月8日区间右线掘进至YDK5+398.2（990环）时，盾构机刀盘在1号线正上方，盾构机出现总推力、扭矩增大，（总推力最大达26000kN，扭矩最大达3000kN·m），速度减慢（小于10mm/min），刀盘及螺旋输送机跳停，从渣样中取到大量粗粒微风化花岗岩，最大块径达53mm×39mm×33mm，强度高达150MPa。根据深圳地质特点初步判断盾构遇到风化球残留体或抛石层（孤石），如图2.2-52所示。

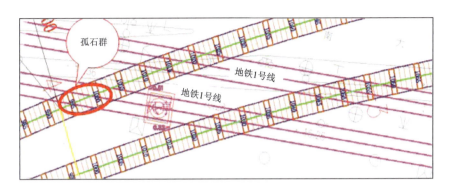

图2.2-52　右线上跨1号线孤石位置

出现孤石的位置恰好在既有线隧道的上方，为了不在既有线隧道上方长时间停机，经分析研究采取了以下措施：

（1）掘进时密切关注刀盘扭矩情况，推进时扭矩不大于600kN·m，当扭矩波动至800kN·m时，立即停止推进，停止刀盘转动，进行换向；刀盘转速控制在1.0r/min以内；放慢掘进速度，控制在15mm/min以内；依据掘进速度及刀盘扭矩选择适宜的总推力，总推力不大于20000kN。

（2）采用半敞开模式，即在土仓内保留1/2～2/3的渣土，在土仓内注入空气及泡沫保持气压维持土仓压力，在隧道埋深计算的土压力的基础上提高0.2bar的土仓压力，即顶部土仓压力设定为1.2bar左右；铰接压力不能持续上涨，最大铰接压力不能超过300bar。

（3）控制加水量，使渣土与平时相比处于偏干状态，根据渣土状态适当调整泡沫用量和加气量。螺旋输送机最大压力设定为100bar，掘进时，密切关注螺旋输送机压力，压力超限时，立即停止转动，进行反转，防止土仓内孤石卡住螺旋输送机。

（4）同步注浆，每环注浆量6.8～8.2m³，注浆压力2～4bar，浆液初凝时间控制在3～5h。

通过采取以上措施，经过5d的掘进，顺利并安全通过YDK5+398.2～YDK5+387.7段共10.5m的连续孤石群，1号线结构沉降控制在4mm以内，未影响其正常运营。右线上跨1号线通过孤石群段盾构掘进参数见表2.2-5。

右线上跨1号线通过孤石群段盾构掘进参数　　表2.2-5

序号	项目	参数	序号	项目	参数
1	推进速度（mm/min）	4～12	8	出土量（m³）	80～90
2	刀盘转速（r/mim）	1	9	螺旋输送机转速（r/mim）	1～8
3	刀盘扭矩（kN·m）	500～900	10	螺旋输送机压力（bar）	30～100
4	总推力（kN）	16000～23500	11	铰接油缸压力（bar）	90～250
5	顶部土仓压力（bar）	1.0～1.1	12	渣土温度（℃）	27.5～30
6	注浆量（m³）	7.2～8	13	泡沫剂（L）	80～135
7	注浆压力（MPa）	1.0～3.0	14	盾尾油脂（kg）	32

2）左右线下穿 1 号线时遇孤石

该段隧道以 9°斜下穿 1 号线车竹区间，左线隧道穿越长度约 175m，右线隧道穿越长度约 192m，左线隧道底板与 1 号线最小净距约 1.473m。

在左线穿越 1 号线掘进中，分别在 1946～1947 环、1955～1956 环、1964～1969 环、2098～2100 环遇到 4 处孤石。在右线穿越 1 号线掘进中，分别在 1940～1942 环、1964～1972 环、1984～1990 环、2011～2012 环、2095～2098 环、2122～2126 环掘进中遇到 6 处孤石。左右线下穿过程中共遇到 10 处孤石，孤石累计长度 68m，孤石平均强度 100MPa。孤石平面分布详见图 2.2-53。

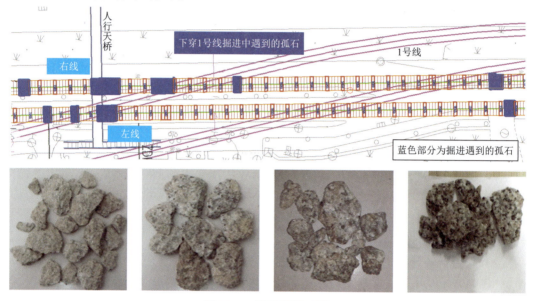

图 2.2-53　孤石平面分布图

遇到孤石后，盾构掘进时刀盘前面有明显的异响，掘进速度降低，为 10～20mm/min，扭矩波动至 1300kN·m 左右，推力增大至 25000kN。

处理措施：

（1）刀盘转速控制在 1.2～1.5r/min；放慢掘进速度，控制在 10mm/min 以内；掘进时密切关注刀盘扭矩情况，扭矩控制 600～1000kN·m。当扭矩波动至 1000kN·m 时，立即减少推力，降低速度；若扭矩仍然很大，应停止刀盘转动，进行换向。

（2）密切关注螺旋输送机压力，降低螺旋输送机最大压力为 100bar，压力超限时，立即停止转动，进行反转，避免大块孤石困住螺旋输送机；刀盘刚启动时，不宜立即推进，应缓慢转动刀盘一段时间后，再进行推进；根据油缸行程严格控制出渣量，防止渣土少出或多出。

（3）为控制 1 号线结构沉降，根据自动化监测情况，增大注浆压力，增加注浆量，做到信息化施工，并在从盾尾第 5 环开始及时进行二次注浆。

（4）密切关注渣土温度，测定渣温与水温的差值，每环测定 5 次，一旦发现超过预警值，则立即停机分析，并加水正反转刀盘，直至状态好转。切忌盲目掘进，以免发生糊刀堵仓现象，导致盾构机受困。

3）搅拌棒脱落

在右线隧道上跨 1 号线掘进孤石群过程中，994 环掘进至 900mm 时，刀盘扭矩突然逐步上升，最大扭矩达到 4000kN·m，主司机立即停止掘进，停止刀盘转动。初步判断为孤石原因，采取反转刀盘，降低刀盘转速，降低掘进速度方案重新掘进。刚掘进 5min，土仓隔板搅拌棒处发生喷浆现象，土仓压力急剧下降至 0bar。对搅拌处进行检查，判断为刀盘在转动过程中，大块孤石与搅拌棒发生碰撞，造成搅拌棒从土仓隔板上脱落。搅拌棒长 800mm，最大直径 300mm，见图 2.2-54。

图 2.2-54 脱落的搅拌棒

处理措施：

（1）采用 20mm 厚的钢板对搅拌棒与土仓隔板的连接口进行焊接封堵；检查其他搅拌棒与土仓隔板的连接情况，并通过焊接进行加固；螺旋输送机最大压力设定为 100bar，掘进时，密切关注螺旋输送机压力，压力超限时，立即停止转动，进行反转，防止土仓内脱落的搅拌棒卡住螺旋输送机。

（2）密切关注刀盘扭矩情况，推进时扭矩不大于 600kN·m，当扭矩波动至 800kN·m 时，立即停止推进，停止刀盘转动，进行换向；防止搅拌棒卡住刀盘；掘进过程中，由保养工在前体附近查看搅拌棒外侧情况，发现漏水、漏气等异常情况，立即通知主司机停机。

（3）地面巡视人员，加强对地表的巡查工作，准确确定刀盘的地面位置，发现异常情况及时通知调度人员，同时在刀盘附近设警戒带，严禁人员进入；主司机及值班工程师，应提高掘进敏感度，发现异常问题，及时上报；盾构机通过 1 号线后进行常压开仓，将搅拌棒打捞上来，避免了搅拌棒在土仓卡刀盘、破坏刀具、卡住螺旋输送机的风险。

4）螺旋输送机被卡

在右线隧道上跨 1 号线掘进孤石群过程中，在 995 环位置，由于孤石（见图 2.2-55）块径较大，螺旋输送机输送能力有限，出现螺旋输送机被卡死的情况。螺旋输送机不能转动，其压力瞬间突增被跳停，中部响声很大，同时渣土出不来，整个盾构机振动较大。

图 2.2-55 渣样中取出的孤石

处理措施：螺旋输送机最大压力设定100bar不做调整，当其压力超限跳停时，立即进行螺旋输送机反正，反复操作，使孤石在螺旋输送机中能缓慢移动，防止越卡越死；把仓口前仓门开至最大，同时关闭仓口后仓门，不出渣，使螺旋输送机后部压力增大到1bar以上后，螺旋输送机调整为正转，同时迅速打开后仓门，利用螺旋输送机中的泥浆及压力把孤石向仓门口移动；使螺旋输送机在土仓口前后移动，防止孤石在土仓螺旋输送机口处卡住仓口。

经过多次反复尝试，排出了螺旋输送机中被卡的石头，对排出的石头进行量测，尺寸达53mm×39mm×33mm，已经达到螺旋输送机的排石能力极限；盾构机通过1号线后开仓检查刀具时发现土仓内仍存在3块较大的孤石未能排出，最终通过带压进仓人工打捞的方式把孤石捞取上来。

5）中心刀具磨损严重

2014年6月10日，在左线掘进2151环时，刀盘正好位于丰盛町地下商业街过街通道下方。掘进速度较慢，掘进速度为4～8mm/min；刀盘扭矩较大，最大扭矩高达1500kN·m，扭矩波动大于1000kN·m；总推力较大，超过23000kN；土仓内响声较大，整个盾构机振动较大；渣土温度较高。2151环掘进用时433min，此环掘进完成后停机。

后采用带压进仓方式对刀具进行检查，发现掌子面前方有一块直径4m的孤石挡在刀盘前方，孤石即将磨损至刀盘。4把双刃中心刀已出现不同程度的偏磨和崩边。其中1把严重偏磨，刀体被磨损掉1/3；1把刀刃脱落；正滚刀及边滚刀绝大部分磨损严重，最大磨损量为28mm。刀盘前孤石情况见图2.2-56，中心刀具磨损情况见图2.2-57。

图2.2-56　刀盘前孤石

图2.2-57　中心刀具磨损严重

处理措施：

根据刀具检查情况，决定更换全盘刀具，采用全盘重型3/4英寸刀圈滚刀。中心刀及正滚刀磨损严重，旧刀拆掉后，因孤石距刀盘距离较近（最近距离仅 8cm），无法安装新刀，需要将刀盘后退 12cm，使刀盘距孤石面距离有 20cm，具备新刀安装空间。将土仓加气压增加 0.4～0.6bar，同时将推进油缸对称依次全部收回 20cm，用铰接油缸缩回拉动盾构主机后退，从而使刀盘后退，反复施作，根据导向系统测定刀盘里程后退 13cm，刀盘前方具备安装新刀的空间。

安装新滚刀前，对新滚刀逐个检查，确保刀具正常转动和质量完好；滚刀安装完成后，对所有刀具螺栓重新进行检查复紧，螺栓保护帽安装齐全。另外，新滚刀刀刃与孤石间距离缩短，为防止孤石卡住刀刃，开始转动刀盘时，应缓慢转动，防止转速过快，孤石对刀具的瞬间冲击力过大对新安装刀具造成损坏。

恢复掘进后，降低刀盘转速，控制在 1.0～1.2r/min；掘进速度控制在 4～8mm/min；降低刀盘扭矩，最大扭矩不大于 800kN·m；总推力不宜过大，依据掘进速度及刀盘扭矩选择适宜的总推力，最大推力不大于 26000kN。

在 2152 环掘进至 1600mm 后，采取带压进仓方式对刀具重新进行检查，新更换的刀具完好没有损坏，关闭仓门后重新恢复掘进；通过 15 环的掘进，在 2165 环通过了孤石群，掘进参数恢复正常；在 2175 环开仓进行刀具检查，刀具正常磨损，磨损量在 8mm 以内，未出现刀具损坏。

2.3.5 监控量测分析

孤石群段主要采取了地表沉降监测和既有线洞内自动化监测来实时监控地表及洞内变化信息，通过信息反馈及时调整相关掘进参数，本工程安全通过所有孤石群段，地表及隧道上方建筑物沉降均在规范要求范围内，未发生沉降超限现象。既有线自动化监测隧道拱顶累计沉降变化曲线见图 2.2-58。

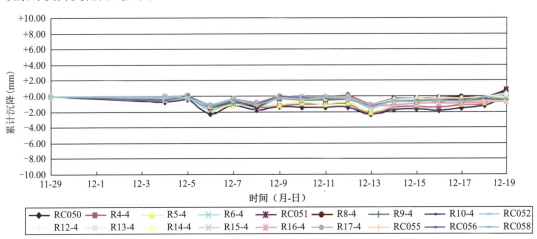

图 2.2-58　既有线自动化监测隧道拱顶累计沉降变化曲线

以右线隧道上跨地铁 1 号线竹侨区间孤石群段为分析对象，于 2013 年 12 月 8～12 日通过了地铁 1 号线孤石群段，历时 5 天，在穿越期间，地表沉降在规范要求范围内，且保证了地铁机车的正常通行，未对 1 号线的运营产生任何不良影响。截至 2013 年 12 月 19 日 18:00 时，上跨 1 号线孤石群段自动化监测最大累计沉降值为 +0.83mm（R8-3），最

大累计位移值为 -1.21mm（R6-4），监测结果值小于设计及运营要求值，上跨 1 号线孤石群施工不影响既有线运营。

2.3.6 实施效果及小结

本区间孤石群 45 处，孤石频繁，地质勘察出的孤石数量有限，大部分孤石是在未探明的情况下遇到的。

盾构遇到未探明孤石时，首先要从盾构掘进参数上去判断是否遇到孤石，并抓取渣样，根据掘进情况来判断孤石大小，调整盾构施工掘进参数；遇到孤石，盾构掘进参数应主要从刀具保护角度来选择，避免孤石损坏刀具，使地面沉降可控，安全通过孤石群。通过孤石时，做好已经通过孤石群掘进刀具磨损量的统计，提前预判，及时更换刀具；孤石段掘进时，严格控制出渣量，确保开挖面的稳定。

主司机及值班工程师要掌握当前掘进地层地质情况，严格执行掘进参数管理，及时总结，提高现场处理问题的能力。施工过程中应重视监控量测和信息反馈，做好地面巡查工作，并做好应急准备工作。

第 3 节
穿越既有线施工技术

3.1 福车区间浅覆土段上跨 1 号线施工技术

3.1.1 工程概况

1）工程位置

11 号线福车区间盾构隧道位于深圳市福田区，东起福田站，西至车公庙站盾构吊出井，如图 2.3-1 所示。区间单线总长度为 4886.551m，区间中间线间距约 5.00～19.5m，隧道最大纵坡 26‰、最小纵坡 2‰，隧道轨面埋深 10.65～18.58m。

图 2.3-1 11 号线福车区间线路平面示意图

2）穿越段位置关系

盾构在 YCK1+550～YCK1+610（ZCK1+530～YCK1+590）段上跨运营中的 1 号线购香区间，新建隧道左右线距离 1 号线购香区间矿山法竖井结构约 4.5m（距离矿山法竖井锚杆约 1.5m），竖向与既有隧道净距 1.8m，覆土厚度为 6.6m，为浅覆土区间，详见图 2.3-2、图 2.3-3。

3）地质情况

由于既有 1 号线隧道的存在，本区间在上跨 1 号线的位置未进行地质勘探，相邻地质钻孔 MKZ3-TFC-125 揭示情况如图 2.3-4 所示，在该段新建隧道附近从上至下地层主要为素填土、砾质黏性土、全风化粗粒花岗岩。

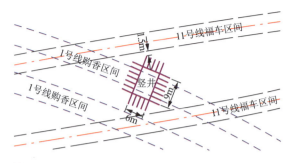

图 2.3-2　11 号线福车区间与 1 号线购香区间平面位置关系图

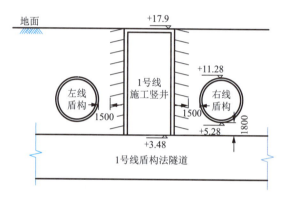

图 2.3-3　11 号线福车区间与 1 号线购香区间竖向位置关系图（尺寸单位：mm）

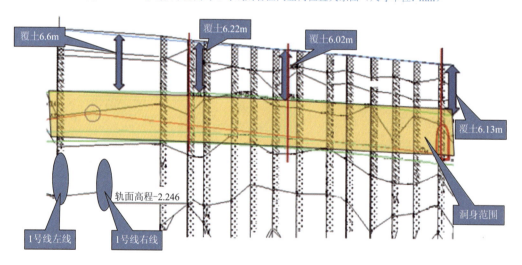

图 2.3-4　盾构上跨 1 号线部分区域埋深示意图

3.1.2　施工难点

（1）上跨 1 号线区段未进行地质勘探，结合 1 号线具体施工情况，区间穿越地层极有可能存在基岩隆起，如何确保盾构快速上跨是难题；

（2）本区间隧道在上跨段埋深仅 6.6m，实属浅覆土盾构施工，且上覆地层较软、透水性极不连续，盾构在上跨1号线过程中如何确保地面安全并快速上跨是难题；

（3）区间盾构在上跨1号线隧道前已完成近1km的掘进，期间穿越地层主要为砾质黏土及全、强、中等风化岩，刀具已有磨损，如何确保盾构正常、连续掘进是难题；

（4）本区间隧道拱底与1号线拱顶的垂直距离最近仅1.8m，左右线斜穿水平长度达60m，而且在本区间施工过程中，1号线作为深圳市的主要交通枢纽需要保证正常运营，如何确保既有1号线隧道的稳定及运营安全是难题。

3.1.3 关键技术

1）穿越前地质勘探情况

（1）探测范围

相关文件要求不允许在1号线隧道上方进行地质勘探，该地质盲区采取雷达探测，探测范围如图 2.3-5、图 2.3-6 所示。

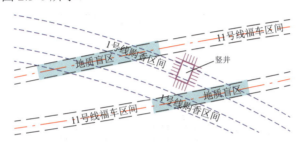

图 2.3-5 地质雷达探测范围平面图

图 2.3-6 地质雷达探测范围立面图

（2）探测结果

在左线隧道地质探测过程中未发现孤石，但局部存有致密层；右线隧道地质探测过程中于里程YDK1+596处发现存有小直径孤石，掘进过程中需重视参数变化。

2）超前筹划开仓方案

本区间2号联络通道中心里程为YCK1+350（ZCK1+350），上跨1号线起始里程为YCK1+550（ZCK1+530），2号联络通道距离上跨1号线起始位置200m（左线180m），为浅覆土施工，盾构在此段穿越地层全部为砾质黏性土，因此盾构机在此区段掘进刀具磨损较少。筹划在2号联络通道处检查刀具和土仓泥饼情况，凡是刀具磨损超过10mm的均进行更换处理，凡是刀箱存有泥饼现象的均进行高压冲洗处理。

提前对2号联络通道进行加固处理，加固完成后对其进行垂直取芯送检，检验结果显示其平均抗压强度为 3MPa，取芯探孔用水泥浆进行封堵。当盾构机到达预定开仓位置后，按照"开仓令"的有关要求实施开仓，对相关刀具进行更换（见图 2.3-7），对刀盘中心泥饼区域进行高压冲洗处理（见图 2.3-8）。

图 2.3-7　现场更换刀具前后对比图

图 2.3-8　利用增压泵冲洗泥饼

3）掘进参数选择

（1）掘进参数：结合浅覆土地段施工经验，确定表 2.3-1 示最优参数范围。

掘 进 参 数　　　　　　　　　　表 2.3-1

项　目	数　值	单　位	项　目	数　值	单　位
掘进速度	40～50	mm/min	泡沫注入压力	0.18～0.37	MPa
上部土压	0.05～0.06	MPa	泡沫注入量	24	m³/环
刀盘转速	1.2～1.4	r/min	同步注浆量	5.0～5.5	m³
刀盘扭矩	≤1.0	MN·m	同步注浆压力	≤0.3	MPa
出土量	60	m³	二次注浆	结合监测实际	

（2）刀盘转速：此掘进段刀盘转速基本维持在 1.3r/min 左右，掘进过程中速度较稳定，当出现渣土改良较差或其他特殊情况而导致推力变大时，在控制刀盘扭矩不大于 0.9MN·m 的前提下适当提高刀盘转速到 1.45r/min 左右。

（3）渣土改良：此掘进段地层主要为砾质黏土层，改良以 4 根泡沫管为主，局部地段辅以注入水。考虑为黏性土体改良，土仓中搅拌挤压后易成团变干，泡沫的设置偏稀，发泡倍率为 8 左右，单根管的泡沫流量在 200L/min 左右，单环泡沫总量在 24m³ 左右；同时为防止刀箱及刀盘开口处在高推力挤压过程中结泥饼，结合螺旋输送机出土的负荷情况，适当往土仓中加水搅拌降温，改变土体的流塑性。

（4）出土量：出土量控制在60m³（92t左右）以内（松散系数按1.25～1.3考虑），以体积进行衡量，严防超挖，一旦出现超挖，则迅速二次补浆保证地层的稳定性。

（5）同步注浆量及压力：覆土较浅，为防止地面冒浆及后续的隆起，严格控制注浆压力在3.0bar以内，注浆量结合推进速度同步达到5.5m³左右即可。

4）实际施工主要控制参数

借助于浅覆土段的掘进控制思路，对土压及同步注浆进行实时调控。对出渣量实施"红线"管理，即出渣总量不可超过64m³（理论出渣量46.44m³，松散系数最大按1.3考虑，超挖系数最大按1.05考虑），不可低于55m³（理论出渣量46.44m³，松散系数最小按1.25考虑，欠挖系数最小按0.95考虑）；平均每进尺1cm需出渣0.37～0.43m³，结合螺旋输送机转速及实际渣土斗的存量进行确认。

右线665～670环，在扭矩基本不变的情况下，扭矩逐渐增大，速度逐渐降低，结合实际出渣情况分析地层特性，由此判断：地层基本为砾质黏土，局部含全、强风化土质，密实偏干，需对渣土改良做出适当调整。右线683～690环，扭矩增大，推力和速度均降低，综合考虑趋于平衡，结合实际出渣情况分析地层特性，由此判断：地层基本为强风化土质，局部含有中风化土质，排除了孤石存在的可能性，在做好渣土改良的基础上需控制扭矩，平衡各项参数。右线上跨1号线主要参数对比如图2.3-9所示。

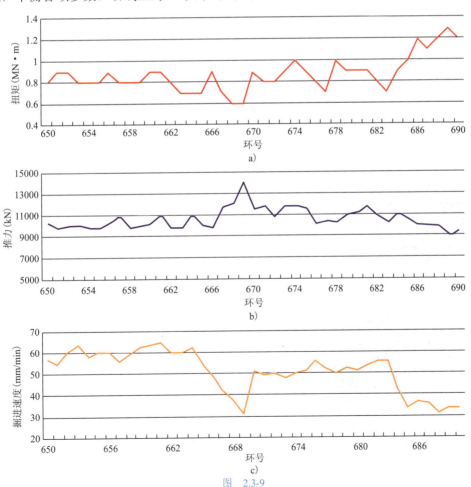

图 2.3-9

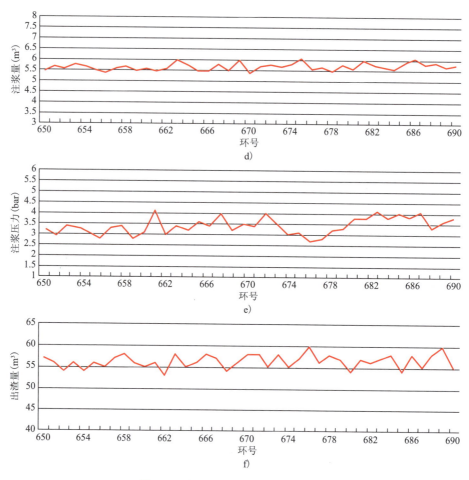

图 2.3-9 右线上跨 1 号线主要参数对比图

5）渣土改良

针对出渣效果利用浅覆土段的改良经验对其进行相关控制，提高渣土的流塑性，以达到快速掘进的目的。但在实际上跨过程中，在上跨1号线的后半段（对应里程 YCK1+575～YCK1+610，ZCK1+570～ZCK1+600）出现了渣土明显密实偏干的现象，导致螺旋输送机出土时常过载不畅（见图 2.3-10）。

此时，仅靠向土仓中添加循环的污水及泡沫对渣土实施改良已经不能满足快速掘进要求，且从图 2.3-9b）、c）中可明显看出推力有逐渐增大、速度有逐渐减小的趋势，出来的渣土温度也由之前的30°增大到39°，由此可以判断刀盘中心已有结泥饼的迹象。为此，迅速启动了刀盘中心喷水系统对土仓进行渣土改良，出渣效果明显得到改善（见图 2.3-11），各项掘进参数逐渐恢复正常。

本区间左线盾构机为海瑞克 S437，设备通过一

图 2.3-10 螺旋输送机出土不畅

系列的改造增加了刀盘喷水系统，右线盾构机为中铁装备 CREC137，出厂选型增设了该系统。

下面重点介绍刀盘喷水系统的工作原理。该系统主要是在台车上增设一增压泵，将外循环水高压喷入土仓中，其喷水接口分为5路，均匀地布置在中心回转体周围，每根管路可通过压力（最大10MPa）控制其流量，此5路进水可有效冲洗刀盘的中心区域，从而防止刀盘中心产生泥饼。其管路布置如图 2.3-12 所示。

图 2.3-11　渣土流畅

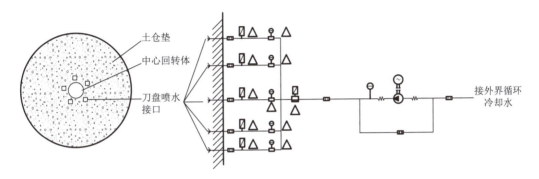

图 2.3-12　刀盘喷水系统管路布置图

6）重叠区段的后期稳固保障

盾构机顺利完成 1 号线的上跨掘进后，对重叠区段进行了二次注浆加固，以确保该区段的后期稳固。运营隧道四周已做好防水层，在重叠段的上洞成型隧道中设置特殊的"三孔"管片（见图 2.3-13），利用这些富余的注浆孔可实现多个角度的均匀注浆。

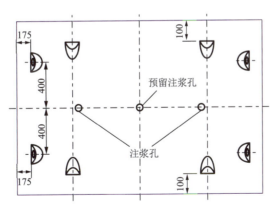

图 2.3-13　"三孔"管片（尺寸单位：mm）

对夹层土体实施强化加固，注浆的位置重点选取管片的下半部。因此，利用特殊钢花管穿过管片深入地层一定深度对夹层土体进行二次注浆，防止管片背后同步注浆的浆液发生局部固结而干扰二次注浆。

特殊钢花管取与预留注浆孔（即拼装螺栓孔）直径一样的 ϕ32 无缝钢管加工制作，杆段预留300mm长的止浆端（不钻孔），顶端加工成锥形，中间每隔100mm间距梅花形布置ϕ10钻孔。

左右线钢花管深入地层的深度和角度如图2.3-14所示，其注浆角度根据实际"三孔"的位置就近选取。

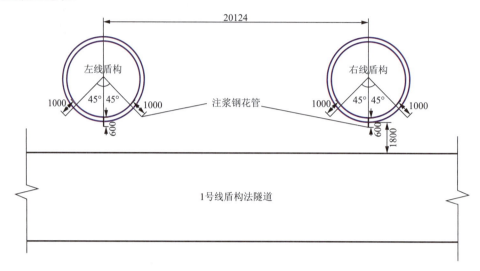

图2.3-14　左右线钢花管深孔注浆示意图（尺寸单位：mm）

浆液采用水泥—水玻璃双浆液，注浆压力为0.5～1MPa，每孔注浆量不小于1.8m³，水泥为P.O42.5级普通硅酸盐水泥，加固范围为上跨处前后各10环，加固后的土体无侧限抗压强度不小于0.4MPa。

3.1.4　实施结果

1）控制标准

根据相关规范及设计要求，本项目变形监测控制指标见表2.3-2。

变形监测控制指标一览表　　　　表2.3-2

序　号	监测项目	预警值（黄色）	报警值（橙色）	控制值（红色）
1	结构绝对变形量	6.0mm	8.0mm	10.0mm
2	差异变形	2.4mm/10m	3.2mm/10m	4.0mm/10m

依据深圳市《城市轨道交通安全保护区施工管理办法》（2011年版），当实际变形值达到最大允许变形值的60%时，须向有关单位发出黄色预警；当达到最大允许变形值的80%时，应发出橙色报警；当超过最大允许变形值时，应发出红色报警。且首次报警后，若测点仍以较大的速率继续下沉变形，则应视情况继续报警。

2）监测点布置和埋设

（1）监测点布置

本项目上跨1号线购香区间影响段左右线共布置了41个监测断面，167个测点，每断面按4点布置，编号为1～4号，其中1、3号点布置于侧壁，2号点布置于道床，4号点布置于拱顶。另外，左右线各布置了8个接触网监测点。监测平面及断面图详见图2.3-15。

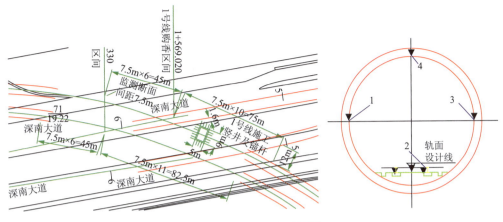

图 2.3-15 监测平面及断面图

左右线在施工影响监测范围之外分别设置了 7 个基准点，测站点和监测点的垂直角小于 10°，直线距离控制在 150m 以内。购香区间布点情况详见表 2.3-3。

购香区间布点统计表　　　　　表 2.3-3

线路名称	监测里程	隧道结构监测断面个数/点数	接触网监测断面个数/点数	测点总数量
购香区间左线	ZDK9+883～ZDK9+998	21个/77点	8个/8点	85点
购香区间右线	ZDK9+883～ZDK9+998	20个/74点	8个/8点	82点

（2）监测点埋设

在设计监测位置处用电钻钻孔，然后打入膨胀螺栓，再将棱镜固定在膨胀螺栓上，并对准测站方向。布设监测点严格注意避免设备侵入限界。人工监测与自动化监测均采用同一监测点标志。

3）观测成果分析及结论

各累计沉降、位移变化最大值统计见表 2.3-4、表 2.3-5，未出现预警。

沉降分析统计表　　　　　表 2.3-4

线路名称	统计项目	里程	观测点号	变形量（mm）	速率（mm/d）
购香区间左线	累计沉降变化最大值	ZDK9+958	L7-4	+2.7	+0.0
购香区间右线	累计沉降变化最大值	YDK9+917	R6-4	+0.7	+0.0

水平位移分析统计表　　　　　表 2.3-5

线路名称	统计项目	里程	观测点号	变形量（mm）	速率（mm/d）
购香区间左线	累计位移变化最大值	ZDK9+948	L9-4	-2.2	+0.1
购香区间右线	累计位移变化最大值	YDK9+927	R4-4	+1.0	-0.1

根据自动化监测结果，购香区间左线隧道 -1 号点累计沉降断面曲线见图 2.3-16、购香区间左线隧道 -3 号点累计位移断面曲线见图 2.3-17。

左线监测点 ZD95（对应里程 ZDK1+530）累计沉降最大为 +3.71mm，右线监测点 YD100（对应里程 YDK1+580）累计沉降最大为 +4.61mm。上跨 1 号线购香区间影响段隧道结构及道床变形均未超控制指标，结构未出现开裂及渗漏水现象，施工期间未出现预警、报警现象。

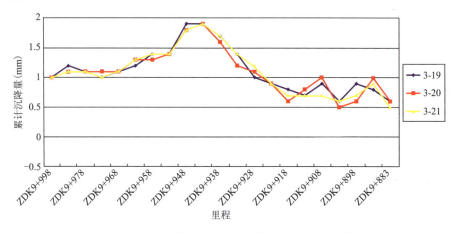

图 2.3-16　上跨 1 号线购香区间左线隧道 -1 号点累计沉降断面曲线

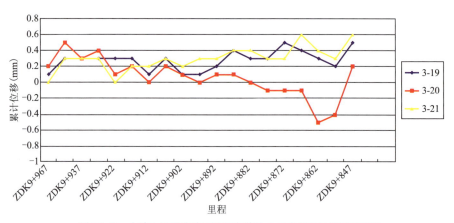

图 2.3-17　上跨 1 号线购香区间左线隧道 -3 号点累计位移断面曲线

3.1.5　实施效果及小结

11 号线福车区间盾构机于 2014 年 3 月 13 日左右线安全顺利上跨既有地铁 1 号线购香区间，针对 1 号线上方土体稳定性差、透水性强，局部含有中风化硬岩的地层特点，盾构掘进过程中及时对各项参数不断进行分析、总结和优化，使得盾构机的各项参数达到最佳匹配，最终实现了地表沉降控制在 5mm 以内，既有运营线隧道变形控制在 3mm 以内的目标，为今后类似工况提供了宝贵的施工经验。

3.2　南前区间盾构下穿平南铁路施工技术

3.2.1　工程概况

1）隧道线路特征

11 号线南山站—前海湾站区间，左线设计里程为 ZDK14+682.685～ZDK17+898.300，左线长度为 3232.182m；右线设计里程为 YDK14+683.104～YDK17+898.300，右线长度为

3209.986m。线路由直线段和曲线段构成,线路最小曲线半径550m,线间距13.0～9.6m;隧道最大纵坡24‰、最小纵坡2‰,隧道埋深16～31m。掘进采用土压平衡盾构机,刀盘直径6.98m。区间隧道外径6.7m,管片拼装衬砌对象为单洞圆形隧道,区间采用2台中铁装备 ϕ6980 盾构机从前海湾站始发掘进,从南山站接收吊出。

2）南前区间隧道与平南铁路关系

区间隧道于YDK16+300处,左、右线下穿平南铁路,即在盾构机通过3号联络通道约30m后下穿平南铁路。平南铁路运行三股道。穿越范围内铁路为有砟道床,无道岔,穿越段长度约50m,穿越范围内平南铁路线路位于直线上,靠近深圳西站,车速较慢。盾构隧道下穿平南铁路平面、纵面示意图分别如图 2.3-18、图 2.3-19 所示。

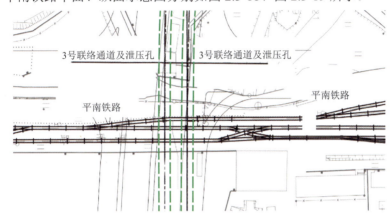

图 2.3-18 盾构隧道下穿平南铁路平面示意图

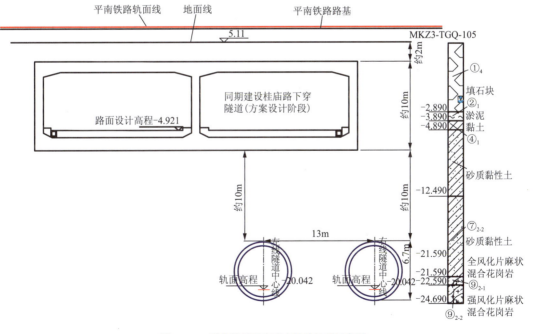

图 2.3-19 盾构隧道下穿平南铁路纵面示意图

3）工程地质

盾构在月亮湾大道西侧垂直下穿平南铁路,盾构隧道穿越的地层为全、强风化片麻状混合花岗岩，埋深29m；上方地层为填块石、淤泥、黏土和砂质黏性土。南前区间盾构隧道下穿平南铁路段左线地质断面图如图2.3-20所示。

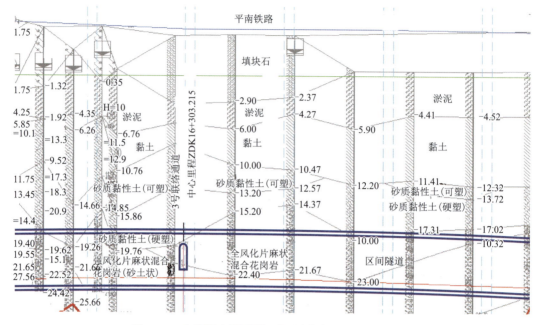

图2.3-20　南前区间盾构隧道下穿平南铁路段左线地质断面图

3.2.2　掘进过程控制

1）施工准备

在盾构通过该区域的过程中，深圳平南铁路有限公司派铁路专业人员及时检查铁路线路轨距、方向、水平、高低等几何姿态，判断盾构隧道影响范围内的铁路是否完好。与监测单位及时沟通，实时监测，随时反映测量监测数据。通过制定合理的掘进参数，指导后序盾构施工。

成立下穿施工应急领导小组，时刻保证隧道内的二次注浆材料充足，确保注浆及时，与深圳平南铁路有限公司签订配合施工合同，下穿期间由深圳平南铁路有限公司专职安全人员在安保区内实行安全防护，及时将平南铁路各种情况进行上报。

2）盾构施工参数设定

盾构在下穿平南铁路之前，选取地质情况相似的地段作为试验段，设定各项施工参数，保证下穿期间各项参数满足要求。

采用土压平衡模式进行隧道掘进，维持开挖土量与排土量的平衡，以保持正面土体稳定。根据情况选择不同的土压平衡模式，掘进过程中始终保证土仓压力与作业面水土压力的动态平衡。结合地质条件，下穿期间，土压力设定值进行逐环交底，根据监测数据及时动态调整。

盾构掘进出土量控制在理论出土量的99%～100%，即56.79～57.37m³，对于出现的超挖现象，及时采取二次补浆、地面注浆等加固措施。根据以往其他区间下穿铁路的成功经验，初步取7～9m³/环，并依据监测结果及时调整。同步注浆材料配比详见表2.3-6。

同步注浆材料配比 表 2.3-6

水泥（kg）	粉煤灰（kg）	膨润土（kg）	砂（kg）	水（kg）	外 加 剂
120	652	195	60	430	按需要根据试验结果加入

3）掘进技术措施

（1）施工参数控制

根据平南铁路区域的工程地质条件，掘进时匀速、连续、均衡施工，土仓压力控制在 0.26～0.29MPa，掘进速度控制在 20～30mm/min，壁后注浆填充率控制在理论计算值的 200%～250%，即 7～9m³/环，注浆压力宜控制在 0.25～0.40MPa。在沉降区内管片背后二次注浆，并提高地面监测频率。

选用优质盾尾油脂，在盾构下穿铁路段加强盾尾油脂的注入，防止盾尾漏水。正常油脂注入量为 25～30kg/环，穿越铁路地段时，油脂注入量调整为 40～45kg/环。

盾构机操作人员严格执行指令，谨慎操作，对初始出现的小偏差及时纠正，尽量避免盾构机走"蛇"形，以减少对地层的扰动，并为管片拼装创造良好的条件。

（2）渣土改良

资料显示铁路段隧道处于砾质黏性土层，利用刀盘上的加泥孔，向前方土体加入膨润土和泡沫，以改善渣土的流塑性和减少排土扭矩。

（3）径向注浆

为了保证盾构通过期间铁路稳定，利用径向注浆孔（位于盾构机中部），通过盾构机内的膨润土系统进行注浆，填补盾构机掘进时刀盘与盾体之间产生的间隙，减少土体的沉降。径向注浆采用 1:1 水泥浆液，注浆压力控制在 0.2～0.4MPa，注浆量控制在 3.28m³/环，并根据隧道监测情况适时调整。

（4）同步注浆与补浆措施

①同步注浆

考虑曲线施工，提高注浆填充率至 200%～250%，每环注浆量为 5.55～6.15m³，同时适当提高同步注浆压力，注浆压力控制在 0.25～0.4MPa。此外，利用同步注浆系统的补压浆措施，掘进中同步注浆机的 1、4 号管通过盾构机 1、4 号注浆孔进行水泥砂浆注入，同时使用同步注浆机的 2、3 号管通过管片注浆孔在管片脱出盾尾后同步注入水泥砂浆。即在同步注浆完成后、在完成本环管片拼装后且尚未开始下一环管片的掘进前，采用盾构机的同步注浆系统进行补压浆，补压浆压力控制在 0.6MPa 内。补压浆一般可影响到盾尾 4～10 环范围。

②二次注浆与跟踪注浆

注浆压力控制在 0.6MPa 内，注浆量随注浆压力进行控制，持续注入，二次注浆位置选取在盾尾后 5 环位置。当盾尾脱出位置单次沉降超过 1.5mm 或盾尾发生渗漏现象，选取盾尾后部 5～15 环位置进行注浆加以控制。根据地面沉降检测反馈，对沉降明显地段进行跟踪注浆。跟踪注浆位置选取在沉降位置附近，由两侧开始向中间补充注入。跟踪注浆坚持平稳、持续的注入原则，以地面沉降检测情况为指导，注浆压力先低后高，逐步提升，平稳注入。

（5）轨道修复措施

在盾构通过该区域过程中，派铁路专业人员及时检查铁路线路轨距、方向、水平、高低等几何姿态，对沉降区进行二次注浆补强，采用42.5级普通水泥浆作为注浆材料，水泥浆的水灰比为1:1。为加快凝结速度，浆液中加入速凝剂等外加剂。选用水玻璃和氯化钙，其用量为水泥质量的1%～2%，以控制沉降；在铁路附近预备道砟，当铁路路基沉降过大时，及时通过填筑道砟来调整轨道至合适位置。

3.2.3 施工监测

1）监测内容

（1）监测范围

在平南铁路布设沉降观测点、位移观测点，监测点布置详见图2.3-21。

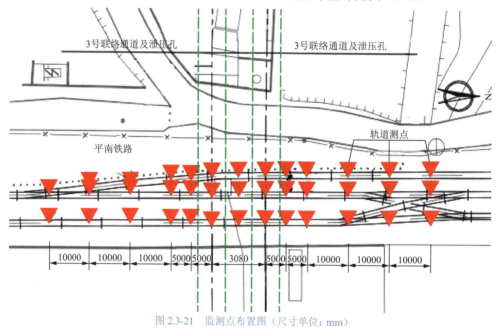

图 2.3-21 监测点布置图（尺寸单位：mm）

（2）监测频率及周期

监测频率应根据监测数据、盾构施工、监测断面距掘进面的距离等情况综合考虑，当出现监测速率发展变化较大等异常情况时，应及时增大监测频率。

本工程按设计要求给定的监测频率进行监测（施工关键期指盾构正式下穿铁路线路期间，一般施工状态指盾构穿越铁路前的准备期和穿越后的稳定掘进期）：

①自动化监测：施工关键期1次/h；一般施工状态1次/2h；之后1次/1d，视变形稳定情况进行调整。

②在日常推进过程中，亦应结合施工情况和变形速率来确定监测频率。

2）监测结果

盾构下穿平南铁路期间，通过加密监测频率对地表沉降进行实时监测。在监测过程中，通过监测数据指导盾构掘进施工，调整各项掘进参数，并严格控制出土量，严禁超挖导致多出土，确保盾构顺利通过平南铁路。整个监测过程中，监测数据稳定，最大波动范围在-10mm左右，监测数据正常。图2.3-22为沉降槽断面时态曲线。

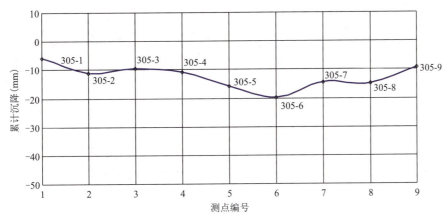

图2.3-22 沉降槽断面时态曲线

3.2.4 实施效果及小结

由于平南铁路为运营中的铁路线路，并且位于前海湾内，为填海片区，地质条件较为复杂，因此南前区间盾构下穿平南铁路具有较大的风险性。针对铁路受扰动性较敏感、地质条件差、不能进行预加固等特点，掘进过程中不断对各种参数进行分析，并在下穿前通过"试验段"进行各项掘进参数的收集工作，通过期间严格控制各项掘进参数，加大监测频率，通过实时监测数据反馈来进行各项掘进参数的调整，同时加大同步注浆及二次注浆量，确保地表沉降在允许范围之内，保证了盾构快速、平稳的通过，为今后类似工况积累了宝贵的施工经验。

3.3 前宝区间复合地层盾构下穿5号线施工技术

3.3.1 工程概况

1）线路概况

（1）前宝区间线路概况

11号线前海湾站—宝安站区间线路出前海湾站后，穿越填海区，下穿规划中的南坪快速路，穿过双界河和正在施工中的湖滨西路，以及5号线前临区间，旁穿规划中的新安医院，下穿新圳河后沿海秀路向西北前行，横穿新安一路、甲岸路、兴华路，旁穿施工中的中兴国际酒店，穿越5号线宝华站、宝安市民广场及待建的海滨地下车库，横穿宝兴路、裕安一路，沿创业路下穿西行，进入宝安站。11号线前宝区间线路如图2.3-23所示。

（2）下穿既有线段线路概况

前宝区间盾构段在YDK19+086～YDK19+149、ZDK19+103～ZDK19+158下穿运营中的5号线前海湾站—临海站区间，下穿区段与既有线斜交，右线全长63m、左线全长55m，最小垂直距离仅2.04m。11号线前宝区间与5号线前临区间之间位置关系详见图2.3-24、图2.3-25。

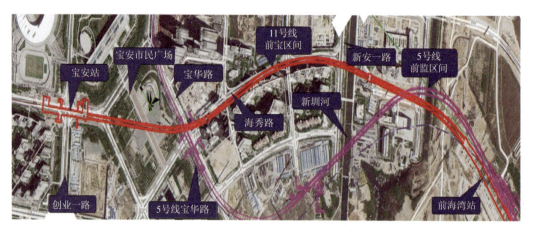

图 2.3-23　11 号线前宝区间线路图

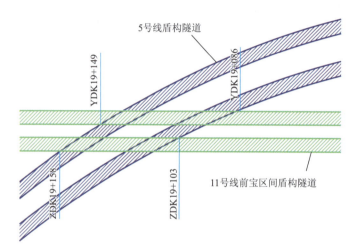

图 2.3-24　11 号线前宝区间与 5 号线平面关系图

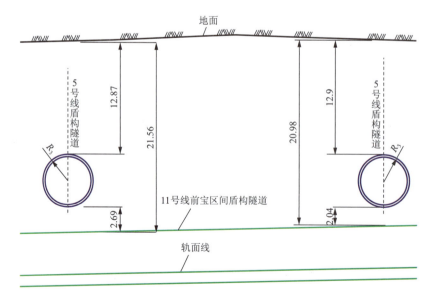

图 2.3-25　11 号线前宝区间与 5 号线位置关系剖面图（尺寸单位：m）

2）工程环境

（1）地理位置与地形地貌

下穿段地面为临时道路及空地，路面较少有车辆及行人通行。下穿段东侧120m为双界河，西侧350m为新圳河，南侧距离前海湾海水约800m。地面附近其他建筑主要有北侧（距离35m）在建新安医院（主楼18层，地下3层），南侧（距离33m）在建宝安医学预防大楼（主楼高度分别为9层和15层）。下穿段地面环境具体情况如图2.3-26所示。

图 2.3-26 下穿地段地面环境

（2）地质情况

前宝区间下穿5号线前临区间地段，地质情况从上往下依次为杂填土，淤泥，黏土，砾质黏性土，全、强风化花岗岩。前宝区间隧道掘进断面范围内地质及拱顶地质为全风化花岗岩及硬塑状砾质黏性土，地质相对较均匀。盾构下穿段地质纵断面见图 2.3-27。

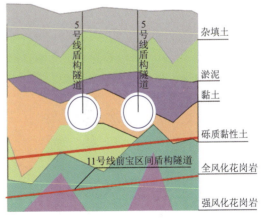

图 2.3-27 盾构下穿段地质纵断面图

（3）水文情况

① 地表水

下穿段地表水主要是双界河（ZDK18+920.3～ZDK18+966.5）和新圳河（ZDK19+411.7～ZDK19+456.0）河水。水位受前海湾海水潮汐影响，与海水联系紧密，水质均不同程度受污染。

② 地下水类型

下穿段涉及的人工填土和残积土的含水性和透水性相对较差，属弱含水、弱透水、性地层，水量较小。拱顶以上覆盖层中局部存在的有机质砂、中砂、粗砂、砾砂层含水性和透水性较好，具有中等～强富水性及中等～强透水性。隧道范围内可塑（硬塑）状砾质黏性土及全风化花岗岩均为弱透水地层。

3）施工策划

11号线盾构左右线先后同方向下穿5号线前临区间施工，施工组织安排时，要求前后掘进的两工作面相距不小于100m，一台盾构机安全下穿通过，待11号线隧道和既有线隧道沉降变形稳定后，方可安排另一台盾构机下穿掘进施工。

3.3.2 施工风险

既有地铁5号线隧道结构及道床沉降控制标准在±10mm内。施工前在下穿段既有线下方的地质无条件详尽勘探，土石分界线上遭遇上覆基岩或球状中、微风化花岗岩等上软下硬地质风险可能性很高；既有线自动化监测数据一次信息更新反馈间隔时长需45～60min，盾构下穿施工中若控制措施不当，出现异常情况，将会造成重大经济损失和社会影响，因此盾构下穿既有线施工安全风险较大。

3.3.3 施工准备

1）下穿段地质补勘

为准确掌握下穿段地质情况，便于研究和确定盾构下穿既有线隧道施工掘进方案和技术参数，根据现场实施条件，在左右线下穿区段及区段前后线路中线位置，布设8个地质补充勘探孔。通过补勘验证，实际地质情况与详勘地质描述基本吻合，隧道断面内没有发现上软下硬地质及孤石等不良地质，隧道顶为砾质黏性土及黏土，覆土厚度约13m（5号线）。

2）下穿前刀具检查

（1）换刀点地面加固

为保证开仓及更换刀具施工安全，在ZDK19+057.996处设检查换刀地面加固点。换刀位置地面加固采用φ600@450mm×450mm双管旋喷桩，竖向加固范围为隧道顶以上3m至隧道底以下3m，横向加固范围8m，纵向加固范围5m。施工完毕后采用钻芯取样检验旋喷加固效果，保证开仓安全。地面旋喷加固施工及加固效果（取芯）见图2.3-28。

图2.3-28 地面旋喷加固施工及加固效果（取芯）图

（2）刀具检查及更换

盾构掘进至加固范围时，开仓检查、更换刀具。盾构机停机位置为控制切口环进入加固体范围 1.2m，以保证刀盘前面有足够加固的土体支撑和开仓安全。根据地层情况及加固效果，此次开仓采用常压开仓方式，对刀具进行检查、更换。

下穿既有线前，左右线盾构机均在 1 号联络通道加固区内进行了刀具检查，36 把滚刀全部进行了检查。经检查发现，刀具正常，基本未发生偏磨，最大磨损量为 5mm，平均磨损量为 3mm，不需要换刀。现场盾构换刀处掌子面及刀具检查见图 2.3-29。

图 2.3-29 现场盾构换刀处掌子面及刀具检查图

3）下穿前 5 号线现状调查

盾构下穿前，在 5 号线运营结束后，会同监理、地铁运营公司、自动化监测单位人员，对 5 号线前临区间结构管片错台、裂缝、渗漏水、道床裂缝等缺陷进行调查，进行详细记录描述、拍照，留存。按照设计图纸要求及地铁运营公司文件要求进行远程自动化监测布点。下穿前既有线隧道自动化监测布点及缺陷排查见图 2.3-30、图 2.3-31。

图 2.3-30 下穿前既有线隧道自动化监测布点　　　图 2.3-31 下穿前既有线缺陷排查

4）盾构机性能对下穿段地质的适应性

11 号线前宝区间使用的是德国海瑞克公司制造的 EPB6250 复合式土压平衡盾构机，其设备性能具有以下主要特点：

（1）设计扭矩大、推力大

盾构机设计最大扭矩 5300kN•m，掘进总推力可达 36400kN。

（2）配有渣土改良装置

盾构机配备有泡沫和膨润土添加系统，可通过刀盘面板上的 8 个孔道、土仓隔板上的 4 个孔道及螺旋输送机筒壁上的 3 个孔道分别或同时向开挖面、土仓、螺旋输送机内部多方位注入泡沫或膨润土，并且在刀盘背面和土仓隔板上各安装了 3 根搅拌臂，用于改善渣土的流塑性和防止泥饼的产生。

(3) 刀盘耐磨性较好

刀盘母体采用耐磨性、焊接性、冲击韧性极好的 16MnR 材料制作,在刀盘外缘设有 3 圈可更换的耐磨条,面板外缘和正面也用了高硬度耐磨焊丝拉网堆焊了 5mm 厚的保护层,极大地提高了刀盘母体的耐磨性。同时,所有的齿刀和刮刀均镶装了用高强度合金钢制成的刀头。

(4) 防水性能良好

本盾构机采用了轴式螺旋输送器,在卸土口处配备有双开门装置和保压泵渣装置,完全满足本工程在不良地质条件下掘进时发生涌水、涌泥时保压掘进的需要。另外,主轴承密封、中盾和尾盾铰接处密封、盾尾密封最大设计工作压力可达 6 bar,完全满足盾构机在高水压地质条件下掘进时的防水需要。

(5) 气压工作装置可靠

盾构机在保压工作系统方面的特殊设计,可满足人员在带压情况下进入土仓工作的需要。本盾构机设计了人仓工作系统,包括双供气系统、双通信系统、可靠的操作装置。

(6) 刀盘合理

前宝区间投入使用的 2 台盾构刀盘设计的开口率达 31%,并且其开口前面小后面大,有利于渣土顺利流入土仓,刀盘面板上布置有 8 个泡沫注入孔,辅以注入添加剂,可以杜绝泥饼的发生。

盾构刀具配置合理:单刃刀 31 把,双刃刀 4 把,边刮刀 8 把,齿刀 64 把,超挖刀 1 把,滚刀高出面板 175mm,高出齿刀及刮刀 35mm,有利于刀盘前面渣土的流动。刀具可以根据地层软硬不同进行互换。在硬岩地段采用单刃滚刀,在软岩地段可以更换为相应的齿刀。所有的刀具都可以在刀盘的后面进行更换,适应前宝区间地层的掘进需要。

以上海瑞克盾构机设计,具备防结泥饼,在涌水、涌泥的情况下仍能提供较好保压掘进的功能,能满足 11 号线前宝区间复杂地质特点和下穿 5 号线地段掘进施工需要。

5) 5 号线隧道防护措施

(1) 对受影响地段进行检查整修,拧紧轨道扣件,检查校正轨距及轨面高程。

(2) 在受影响段安装警示标志牌,提醒列车司机注意。

(3) 根据地铁运营公司组织召开的盾构下穿前临区间协调会意见,盾构下穿施工期间,在 5 号线受影响地段,盾构施工产生的影响较小,沉降没有达到预警值时,列车按不限速正常行驶;若达到预警值,列车是否限速,则根据相关专题会或地铁运营公司决议要求办理。

6) 5 号线洞内远程自动化监测

在既有线隧道内采取远程自动化监测,监测项目包括 5 号线前临区间受 11 号线下穿施工影响的既有线轨道及盾构隧道主体结构的水平位移和沉降,监测里程为 5 号线前临区间 YDK1+113～YDK1+198、ZDK1+059～ZDK1+154。

(1) 既有线变形监测控制指标

根据相关规范及设计要求,以及深圳市《城市轨道交通安全保护区施工管理办法》(2011 年版),本项目变形监测控制指标见表 2.3-2。

(2) 既有线监测频率

施工风险期:无间断连续循环监测(正施工隧道掌子面与既有运营隧道最近距离不大

于10m)。实际施工中，受列车运行的影响和测量数据处理时间的需要，监测频率最短时间约为45min/次。

施工危险期：4次/d（正施工隧道掌子面与既有运营隧道最近距离10～20m）；

施工影响区：2次/d（正施工隧道掌子面与既有运营隧道最近距离20～30m）；

一般施工状态：1次/3d（即施工影响区之外的范围，至合同要求或业主同意停止监测的时段止）。

除参照以上监测频率标准组织监测外，当出现工程事故或其他因素造成监测数据变化、累计变化值接近或超过报警值等情形时，应及时调整相应的监测频率。

（3）既有线监测布点

根据现场条件，结合相关规范及设计要求，在5号线前临区间受11号线前宝区间施工影响区域上下行左右线共布置30个监测断面，每个监测断面布置4个监测点，分别是道床1个（监测点1）、侧壁2个（监测点2和监测点3）、拱顶1个（监测点4）。洞内自动化监测布点如图2.3-32所示。

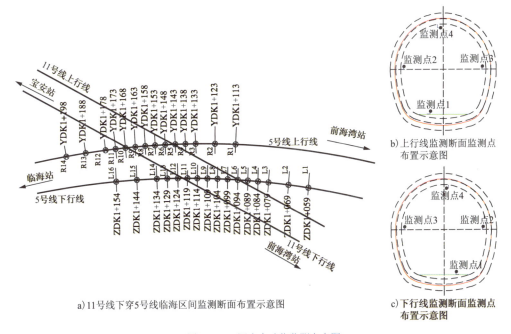

图 2.3-32　洞内自动化监测布点图

说明：
1. 根据相关规范及设计要求，5号线临海区间监测里程为YDK1+113~YDK1+198、ZDK1+059~ZDK1+154。
2. 在受下穿影响重点区段YDK1+133~YDK1+178、ZDK1+079~ZDK1+134每5m布置一个监测断面，其余区段每10m布置一个监测断面。
3. 上行线和下行线共布置监测断面30个，分别是上行线14个（R1~R14）、下行线16个（L1~L16）。
4. 上行线和下行线共布置监测点120个，即在每个监测断面各布置4个监测点（道床1个、侧壁2个、拱顶1个）。
5. 具体监测点的编号要求为：上行线R1号监测断面的监测点1编号为R1-1，下行线L1号监测断面的监测点1编号为L1-1，以此类推。
6. 本图尺寸除有特殊说明外，均以m为单位

（4）既有线监测技术与方法

对5号线采取远程自动化监测和人工监测两种监测方法，其中以自动化监测为主，人

工监测为辅。人工监测的目的是对自动化监测数据进行校核以及作为应急监测储备。为了保证观测数据的连续性及可比性，人工监测与自动化监测均采用同一监测点标志，且在同一时间采集初始值。自动化监测用徕卡 TS30 测量机器人配合 GeoMoS 专业监测软件进行。人工观测用徕卡 DNA03 水准仪配合水准尺（沉降观测）、用徕卡 TS30 全站仪配合 L 型棱镜（水平位移观测）进行。

3.3.4 掘进过程控制

2014 年 5 月 23～30 日，前宝区间右线隧道正式下穿既有线正下方（第 236～278 环，计 43 环），平均每天掘进 7 环，掘进过程基本顺利，没有遇到中、微风化下伏基岩或球状微风化岩体。

现场实际主要控制参数如下：

（1）总推力

盾构机到达既有线时会对前方的土体产生挤压效应，造成既有隧道下方土体压力增大，导致既有隧道产生变形。通过既有线时，应控制总推力，减少盾构机对前方土体的挤压力。右线下穿段总推力曲线如图 2.3-33 所示，基本控制在 14000～16000kN 范围内。

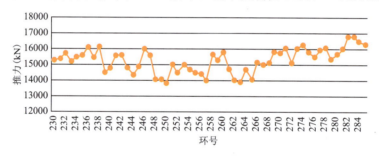

图 2.3-33 右线下穿段总推力曲线

（2）土压控制

掘进过程中土压根据变动埋深计算压力，提高 0.1bar，保持均匀性，在 ±0.1bar 范围内波动，防止忽高忽低；且掘进过程中，根据既有线自动化监测情况对盾构司机和土建工程师值班人员下达调整指令，做到信息化施工。右线下穿段土仓压力曲线如图 2.3-34 所示，基本控制在 1.9～2.0bar 之间。

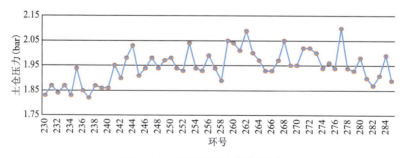

图 2.3-34 右线下穿段土仓压力曲线

（3）掘进速度

掘进时需选择适宜的速度保证在下穿时"连续掘进、匀速通过"，把对地层的扰动降至最小。右线下穿段掘进速度曲线如图 2.3-35 所示，下穿段地质基本均匀，掘进速度基本为 45～50mm/min。

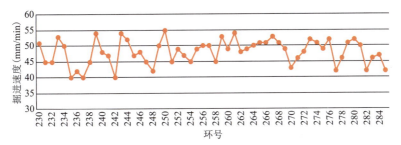

图 2.3-35　右线下穿段掘进速度曲线

（4）刀盘扭矩

右线下穿段刀盘扭矩曲线如图 2.3-36 所示，基本在 0.7～1.2MN·m 之间。

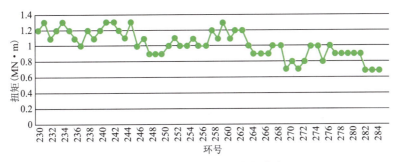

图 2.3-36　右线下穿段刀盘扭矩曲线

（5）渣土管理

掘进过程中对出渣量进行动态控制，合理控制每个掘进段落的出渣量，以确保开挖面的稳定，同时根据地质情况及掘进过程中的加水和土压情况，对出渣量进行适当的调整。右线下穿段每环出渣量曲线如图 2.3-37 所示，每环 60～64m³，出土渣正常，未出现多出渣现象。

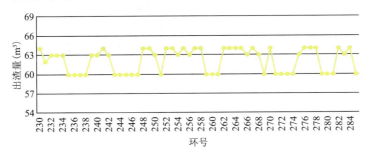

图 2.3-37　右线下穿段每环出渣量曲线

（6）同步注浆

根据此段地质情况，防止既有线工后沉降增大，注浆量 6～7m³，注浆压力 2～4bar，最大为土仓压力的 2 倍，浆液初凝时间控制在 6～8h 之内。

注浆过程中注浆速度与掘进速度同步，上下 4 管同时注浆，重点控制好上部注浆，减小上部注浆压力，增大上部注浆孔注浆量，减少对既有线的扰动，同时减少下部注浆孔注浆量，保证总注浆量不减少。

（7）盾构姿态控制

在盾构下穿期间，为确保盾构推进轴线与设计轴线相吻合，姿态调整控制在±50mm范围内。严格控制4个分区推进油缸及铰接油缸行程差，合理进行管片选型，使管片姿态与盾构姿态相吻合，防止因盾尾间隙过小造成管片错台。

下穿段盾构姿态正常，最大偏差发生在右线第238环，最大偏差为水平前−21mm/后−32mm，垂直前+31mm/后+6mm，满足规范要求。

（8）管片拼装

下穿段管片拼装正常，基本无破损，无渗漏，最大错台9mm（第240环），隧道线形及外观满足要求，成型质量较好。

（9）二次补充注浆

盾构下穿掘进通过既有线时，在保证同步注浆的同时，在距盾尾10环处，盾构机连接桥架平台位置，及时进行了二次补充注浆，有效控制工后沉降的发展趋势。注浆采用双液浆，配比1∶1（其中，水泥浆水灰比为1∶1，水玻璃按1∶2与水稀释），双液浆初凝时间控制在60s左右，注浆压力控制在0.4MPa，根据自动化监测信息指导补充注浆的施工。在隧道两侧2～3点位和9～10点位安装注浆管，每环进行补充注浆，左右交替进行。一遍双液浆注浆完成后，若沉降仍不稳定，则根据监测结果，对下穿段全部或局部再按上述要求继续补充注浆，直至沉降基本稳定为止。且通过一段时间的连续观测，月累计沉降量小于1.0mm时，可视为既有线工后沉降已稳定。下穿段既有线盾构二次注浆施工现场如图2.3-38所示。

图2.3-38　下穿段既有线盾构二次注浆施工现场

盾构掘进通过既有线后，盾构掘进地层土体受到一定扰动影响，恢复稳定需要一段时间，因此采取后期补充注浆措施时应严格控制注浆压力，根据自动化监测数据指导注浆施工。

3.3.5　左线大管棚支护和设计变更

1）大管棚与5号线位置关系

根据详勘地质情况，前宝区间左线盾构空推段终点以后约30m长，地质变化复杂，因5号线限制详勘点间距大，补勘又无法进行，不排除存在基岩上浮情况，盾构从前海湾掘进至此段施工安全风险较大，因此在此段设计时考虑利用盾构空推段的矿山法暗挖终点提供的管棚工作平台，在ZDK19+169～ZDK19+135长34m范围内设直径108mm的大管棚，以保证5号线隧道施工及运营安全。大管棚与5号线的位置关系如图2.3-39、图2.3-40所示。

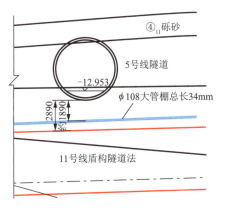
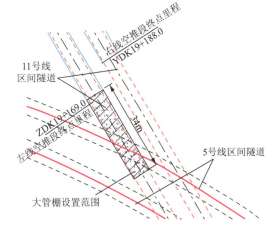

图 2.3-39　大管棚与 5 号线位置关系剖面图（尺寸单位：mm）　　图 2.3-40　大管棚与 5 号线位置关系平面图

2）大管棚施工方案的实施

2014 年 8 月 6 日大管棚施工前，11 号线右线盾构下穿既有线已经完成（5 月 30 日下穿完成），工后沉降已经稳定。据远程自动化监测数据反映，至 8 月 6 日，盾构下穿前临区间右线最大累计沉降值为 -7.9 mm，为测点 R08-4（YDK1+158）。远程自动化监测点布置图及大管棚与既有线监测点相对位置关系分别见图 2.3-41、图 2.3-42。

2014 年 8 月 7 日，1 号竖井左线小里程大管棚开始施工，至 8 月 13 日依次施工完成 11、9、10、8、4、7、1 共 7 个孔，既有线前临区间监测沉降变形一直呈下沉增大趋势。

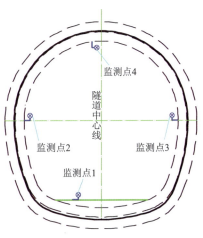

图 2.3-41　远程自动化监测点布置图

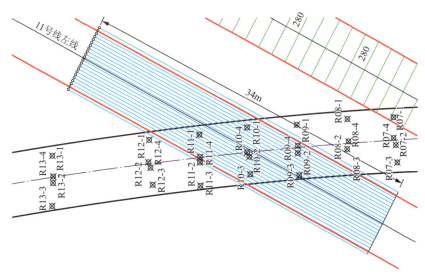

图 2.3-42　大管棚与既有线监测点相对位置关系图

5号线前临区间右线 R8～R11 三个断面，部分监测点累计沉降值超出控制值（±10mm），为 R9-4 测点（YDK1+163）。发布了既有线沉降红色预警报告。分析因管棚施工产生的沉降量，最大值 R9-4：-4.94mm，R8-4：-3.95mm。

沉降产生原因主要有以下两方面：

（1）施工沉降主要发生在管棚施工钻机成孔过程中，钻机成孔扰动地层、地下水流失等，造成既有线下围岩应力损失，加之列车频繁行驶震动，即产生沉降，并逐渐累加增大。

（2）管棚注浆后能保持沉降稳定，减缓发展速率，但注浆抬升既有线效果基本没有，后续管棚开钻，则沉降继续发展，前 7 根管棚施工完成后，产生沉降达到 -2～-5mm，与 11 号线右线隧道下穿已经造成的变形沉降叠加，造成沉降超限。

3）变更取消大管棚及后续相关措施

（1）在监理单位组织的"前宝区间左线下穿地铁 5 号线前临区间大管棚施工既有线沉降红色预警专家分析论证及安全评估会"上，参会人员和专家一致同意建议取消剩余大管棚施工。

（2）既有线隧道沉降主要是由于大管棚钻孔过程扰动地层、水土流失所致，取消剩余 14 根大管棚施工，防止因大管棚施工引起既有线继续沉降。

（3）后续技术措施：

①对沉降超限的点位利用右线管片注浆孔插钢花管注水泥—水玻璃双液浆，注浆压力不超过 0.5MPa，水泥—水玻璃浆液配比 1：1（体积比），初凝时间 25～35s。同时根据信息化监测指导施工，防止抬升过猛。

②在空推段掌子面隧道底部，间距 1～1.5m、深度 8m 补打水平探孔，探明盾构隧道断面范围内上浮硬岩高度及强度情况。经探测，隧道底部 8m 范围内浮起基岩高度范围从 1m 逐渐降至 0.2m，经试验试压围岩强度达到 50MPa。

③现场采取措施进行处理，每 20～30cm 间距采用密排风钻打孔进行预先破碎，使岩石粒径基本小于 30cm，对上断面软弱围岩（8m 范围）进行超前深孔双液浆注浆加固。

4）大管棚施工效果及结论

根据左线大管棚施工过程及专家意见，大管棚施工对于预防隧道坍塌有较好的作用，但成孔施工期间难以避免出现沉降，尤其是对变形异常敏感的既有线，会起到反面作用，增大施工难度及安全风险。下穿既有线隧道施工应慎重考虑使用大管棚施工工法。

3.3.6 左线上软下硬异常地质段掘进

11 号线前宝区间左线下穿 5 号线前临区间左线正下方时，盾构推进至 262～276 环，遇到上软下硬地层。在掘进 262 环最后 0.2m 时，出现推力偏大（17000～18000kN）、扭矩波动大（0.9～1.8MN·m），推进速度 5～12mm/min，刀盘前方有间歇性沉闷的"轰隆隆"滚刀破岩的异响声，结合详勘地质岩层走向判断，盾构掘进方向的底部偏左下方，遇到了上浮的中、微风化花岗基岩。掘进 262～264 环时抓取的渣样见图 2.3-43。

发现异常情况后，立即降低刀盘转速，严格控制扭矩，及时调整各项掘进参数。掘进土仓压力调整到 2.1～2.2bar、转速控制在 1.0r/min、扭矩 0.9～1.1MN·m，263～265 环掘进速度为 8～15mm/min，266 环、269 环、272 环、276 环掘进速度逐步提高，分别为 20mm/min、30mm/min、20mm/min、40mm/min，通过上浮基岩段后，恢复正常掘进；同时严密掌握沉降自动化监测数据，适当加大注浆量和注浆压力，最终安全通过了软硬不均异常地质段，既有线沉降得到有效控制。

图 2.3-43　掘进 262～264 环时抓取的渣样

3.3.7　盾构下穿 5 号线之后的技术措施

盾构下穿 5 号线后，继续保持 5 号线洞内监测项目及监测频率，直至 5 号线隧道完全稳定（1 月内沉降变形小于 1.0mm）为止。

根据监测信息，及时对 11 号线洞内管片背后实施二次注浆，二次注浆采用体积比 1∶1 双液浆，保证浆液有效填充管片背后与土体之间的空隙。注浆压力及注浆量根据 5 号线隧道监测数据分析决定，确保二次注浆不使 5 号线隧道发生隆起。

监测数据稳定，变形基本不再发展后，再次对受影响的 5 号线地段进行全面整修，拧紧轨道扣件，校正轨距及轨面高程。

检查下穿既有线范围的 11 号线洞内渗漏水情况，在相应位置管片背后双液注浆封堵，或化学注浆堵漏，防止地下水流失造成 5 号线的沉降不稳定。

根据监测情况，在工后沉降监测稳定后，对 5 号线盾构隧道结构进行现场踏勘检查，对影响情况进行综合分析评估，对隧道管片结构因下穿产生的影响或受损（渗漏水、管片受损）进行修复。

3.3.8　远程自动化监测数据分析

前宝区间盾构下穿既有线沉降变形详见图 2.3-44～图 2.3-47。

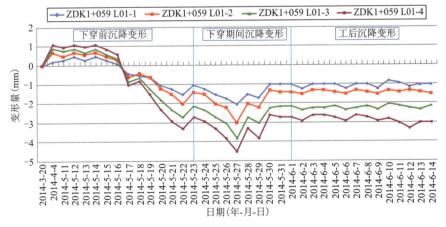

图 2.3-44　前宝区间右线隧道下穿既有线左线沉降曲线

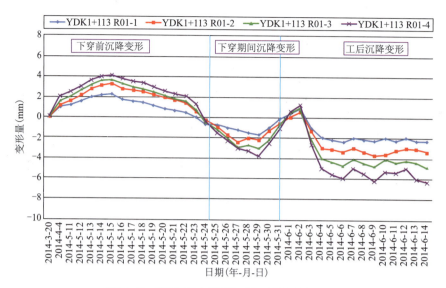

图 2.3-45　前宝区间右线隧道下穿既有线右线沉降曲线

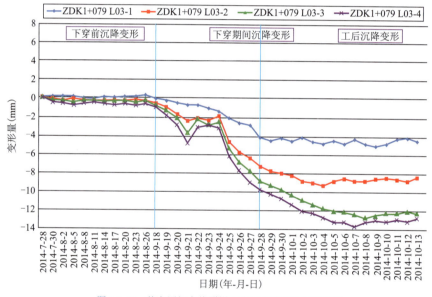

图 2.3-46　前宝区间左线隧道下穿既有线左线沉降曲线

由上述图示监测曲线可以看出，盾构下穿前，变形较小，因盾构推力的影响，盾构刀盘前方普遍产生 -2～+4mm 的变形，最大隆起约 4.5mm。

盾构下穿过程中，因对土体扰动，应力损失，前隆起量逐渐回落，并开始产生沉降，因刀盘前加气（泡沫剂）保压，控制土渣量，并同步注浆，沉降变形平缓，普遍沉降 0～-3mm，盾构通过后，虽及时二次补充注浆，但变形较大，速率较快，沉降 -2～-5mm，一般至少需要 7～14d 才能逐渐稳定不再发展。

左线大管棚施工时，因大管棚钻孔失水造成沉降 -2～-5mm，形成二次扰动，加之前面右线下穿时已造成扰动变形，变更取消大管棚后，左线正式下穿既有线又造成第三次扰动。三次施工，三次扰动，造成既有线最终沉降超标。2014 年 9 月 30 日～10 月 27 日，经过 4 次重复补充注浆，既有线变形及工后沉降基本不再发展，并通过 1 个月观察和继续监测，以及地铁运营公司反馈相关信息，虽沉降超标，但地铁正常运行没有受到影响。至 2014 年 11 月 27 日，经地铁公司、设计、自动化监测等单位确认，安全完成既有线下穿施工。

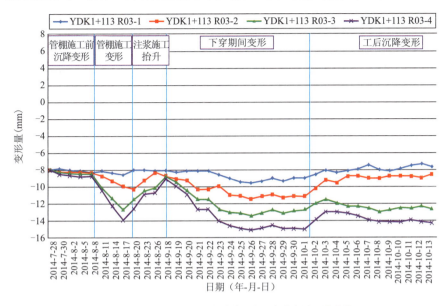

图 2.3-47　前宝区间左线隧道下穿既有线右线沉降曲线

3.3.9　实施效果及小结

11 号线前宝区间左右线两次下穿既有 5 号线前临区间的施工过程中，既有线最终最大沉降量为 ZDK1+104，L08-4：-14.2mm，既有线处于安全、正常的运行状态，施工没有对既有线运营带来任何影响，对隧道结构、道床质量、设备使用等没有带来安全和功能使用方面的问题，为项目获得了较好的声誉评价。

新建隧道下穿段线形轴线偏差符合要求，隧道注浆完成及变形稳定后，管片姿态测量中线最大偏差 +19mm（左线第 264 环），高程最大偏差 -23mm（右线第 246 环）；下穿段管片拼装正常，管片基本无破损，无渗漏，最大错台 7mm（右线第 240 环），隧道线形及外观满足要求，成型质量较好。

3.4　车红区间小角度小净距长距离下穿 1 号线施工关键技术

3.4.1　工程概况

1）区间隧道与 1 号线位置关系

（1）平面位置关系

11 号线车公庙站—红树湾南站区间左线在里程 ZDK3+966 ～ ZDK3+791（1944 ～ 2060 环）、右线在里程 YDK3+910 ～ YDK3+718（1983 ～ 2110 环），以约 9° 斜下穿运营 1 号线车公庙站—竹子林站区间，左线穿越长度约 175m，右线穿越长度约 192m。

11 号线车红区间隧道与 1 号线车竹区间隧道平面位置关系详见图 2.3-48。

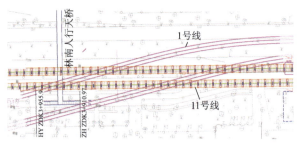

图 2.3-48　11 号线车红区间隧道与 1 号线车竹区间隧道平面位置关系示意图

（2）剖面位置关系

1 号线车竹区间在下穿地段为矿山法施工，断面尺寸为 6.3m×6.705m，初期支护厚度 0.25m，二次衬砌厚度 0.3m，埋深约 16m，底板基本位于砾质黏性土层。11 号线区间隧道在 K3+900 附近与 1 号线车竹区间约 9°斜向下穿时，与 1 号线左线隧道底板最小净距约 1.473m，详见图 2.3-49。

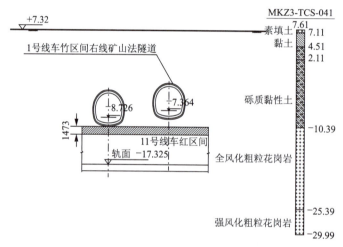

图 2.3-49　11 号线车红区间隧道与 1 号线车竹区间隧道剖面位置关系示意图（尺寸单位：mm）

2）地质情况

因受地面环境（深南大道）和地下运营线路（1 号线）影响，无法对下穿 1 号线车竹区间段进行地质补勘。根据详勘和附近补勘资料，判断该段隧道主要为全风化花岗岩和砾质黏性土，局部存在多处孤石，详见表 2.3-7，车红区间右线、左线地质剖面详见图 2.3-50、图 2.3-51。

下穿段左右线地质情况　　　　表 2.3-7

位　　置	主要地层	备　　注
左线下穿 1 号线车竹区间段	0～3.4m 为素填土； 3.4～6.5m 为粗砂夹填石； 6.5～14.8m 为残积土； 14.8～21.6m 为全、强风化花岗岩（洞身范围）	隧道顶部埋深 19.5～21.2m，隧顶为全风化花岗岩
右线下穿 1 号线车竹区间段	0～2.6m 为素填土； 2.6～7.1m 为坡积土； 7.1～18.4m 为残积土； 18.4～27.6m 为全风化花岗岩（洞身范围）	隧道顶部埋深 18.2～20.2m，隧顶为全风化花岗岩及砾质黏性土

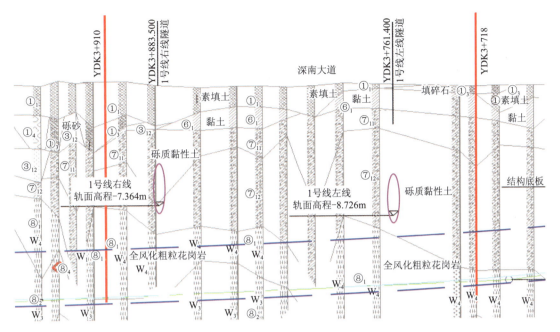

图 2.3-50　11 号线车红区间右线地质剖面图

左、右线下穿过程中共遇到 10 处孤石（见图 2.3-51），孤石累计长度约 68m，下穿段孤石频发。

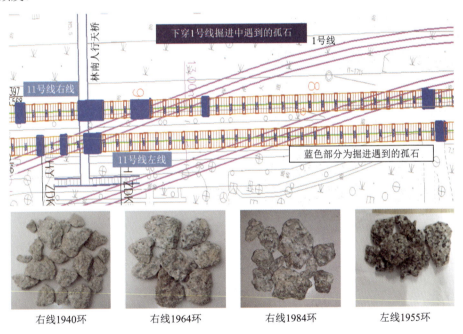

图 2.3-51　左右线下穿施工中所遇孤石平面分布图

在左线下穿 1 号线掘进中，分别在 1946～1947 环、1955～1956 环、1964～1969 环、2098～2100 环遇到 4 处孤石。

在右线下穿 1 号线掘进中，分别在 1940～1942 环、1964～1972 环、1984～1990 环、2011～2012 环、2095～2098 环、2122～2126 环掘进中遇到 6 处孤石。

3.4.2 施工难点

(1) 11号线车红区间小角度斜下穿1号线车竹区间,下穿距离长,左线穿越长度175m,右线穿越长度192m。

(2) 车红区间隧道与1号线车竹区间隧道垂直净距近,最小净距约1.473m,夹层覆土主要为砾质黏性土,自稳性差,减小对地层扰动是下穿掘进的难点。

(3) 既有线沉降控制要求高,下穿段存在多处孤石,制定合理掘进参数,控制既有线的变形是难点。

(4) 此段地层隧顶为全风化地层,自稳性差,地层气密性能差,带压进仓风险大。

3.4.3 关键技术

1）施工准备

(1) 既有线调查和第三方鉴定

在施工前,对下穿段范围内1号线结构现状进行详细调查,对其安全性进行论证,并委托有关部门对该段区间进行第三方鉴定,以制定其安全状态,同时制定出变形预测及沉降允许控制值。

(2) 复测与既有线位置关系

通过测量组实测既有线平面位置及底板高程(见图2.3-52),准确确定既有线与隧道的位置关系,确定其垂直净距,并计算出下穿1号线的里程和对应的管片环号,以便提前采取相应措施。

图2.3-52 既有线复测

(3) 核查监测点,制定监测预警制

重新检查1号线隧道内和地面监测点的状况,加密监测点位,通过多点测量数据及时进行分析,彻底掌握地铁内沉降动态,同时制定合理的预警制。

(4) 检修既有线轨道

对受影响地段进行全面整修,轨道扣件拧紧,轨距、水平调正,受影响地段每隔3对短轨枕设置一根绝缘轨距拉杆,受影响地段钢轨内侧安装防脱护轨,受影响地段设置警示标志,采用调高垫板调整轨面高程。

(5) 检查、更换刀具

为保障盾构顺利下穿1号线,在做好各项技术准备工作的同时,在下穿前及下穿中采取带压换刀的方式,对刀具进行全面检查更换(见图2.3-53)。

(6) 对开仓位置进行二次补充注浆

刀盘进入下穿1号线重叠段前,对带压进仓换刀的停机位置进行二次注浆(特别是停机刀盘位置,应重点进行补注浆),注浆采用水泥单液浆,采用水泥—水玻璃双液浆进行封孔,注浆以压力控制,最大注浆压力注至0.3MPa。二次注浆施工见图2.3-54。

带压泥膜试验　　带压进仓换刀　　更换的刀具

图 2.3-53　带压进仓刀具更换

（7）设备检修

进入下穿段前，对盾构机的推进系统、同步注浆系统、二次注浆设备、控制电路及液压系统进行检修，对龙门吊、砂浆站等配套设施进行全面检修保养，确保盾构穿越1号线前所有设备均处在最佳的工作状态，保证盾构机以良好的状态实施下穿作业。

（8）储备足量膨润土

进入下穿段前，在盾构机上提前搅拌好一罐膨润土备用，并准备160包膨润土放置盾构机上，以便在意外停机时，及时向土仓内注入膨润土。

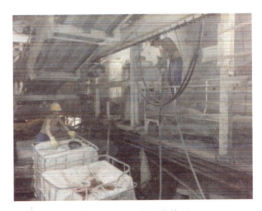

图 2.3-54　二次注浆施工

（9）增加管片注浆孔

下穿既有地铁1号线的特殊地段，邻接块、标准块均增设2个注浆孔。

2）掘进过程控制

（1）掘进参数控制

盾构施工对周边土的扰动程度受多种因素影响，主要为土仓压力、推进速度、总推力、出土量、刀盘转速、注浆量和注浆压力等。为了实现在盾构机通过时既有线有微小隆起，盾尾脱出后沉降在控制范围内的目标，在制定盾构机掘进参数时遵循"超土压、控出渣、饱注浆、勤监测、动态调整"的原则。

①土仓压力

土仓上部土压按照理论值提高0.3bar控制，保持均匀性，使波动范围尽量控制在±0.05bar之内，防止忽高忽低，确保盾构掘进开挖引起的沉降在允许范围之内，并根据地表监测及自动化监测情况进行适当的调整。停机时要派人密切注意土压的变化，低于预定值时要及时保压。1940~2060环盾构掘进土压统计详见图2.3-55。

由图2.3-55可以看出，1975环以前，实际土压比理论土压高0.2bar左右；1975环以后，实际土压比理论土压高0.4~0.5bar，此段掘进时，刀盘位置隆升2~3mm。

②掘进速度

盾构下穿时，需严格控制掘进速度，避免出现速度的较大波动，因为速度过快易造成土压增大、注浆欠饱满等一系列问题；速度过慢则延长了对地层的扰动时间。根据类似地层试验段掘进情况，速度控制在 40～50mm/min，保证盾构下穿时匀速地通过 1 号线，把对地层的扰动降至最小。1940～2060 环盾构掘进速度统计详见图 2.3-56。

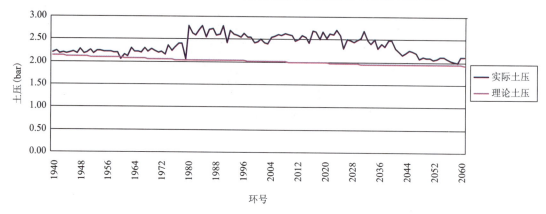

图 2.3-55　1940～2060 环盾构掘进土压统计（左线）

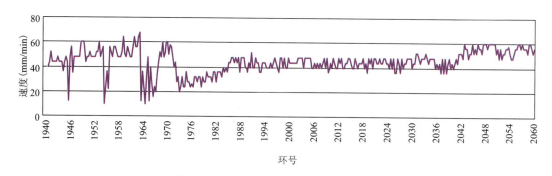

图 2.3-56　1940～2060 环盾构掘进速度统计

由图 2.3-56 可以看出，1975 环之前速度波动较大，在遇到孤石后，对掘进参数做出了调整，降低了掘进速度；1975 环以后，速度相对平稳，基本在 40～50mm/min 之间，是为控制既有线沉降，降低了掘进速度。

③同步注浆

为确保管片与围岩的间隙及时填充密实，有效控制既有线沉降，该段适当增大同步注浆量，根据注浆压力控制注浆量，注浆过程中必须保证 6 管同时注浆；浆液初凝时间控制在 3～5h。同步注浆配比见表 2.3-8。

同步注浆配比表（根据现场实际情况适当调整）　　表 2.3-8

水泥（kg）	膨润土（kg）	砂（kg）	水（kg）	外　加　剂
250	140	1200	401	需要根据试验加入

同步注浆压力一般为 1.5～2 倍的土仓压力，即注浆压力控制在 3.0～4.5bar；注浆量取环形间隙理论体积的 1.5～2.2 倍，即每环注浆量为 6.75～10m³，当注浆量达到要求，注浆压力未达到设定要求时，应增大注浆量，以注浆压力控制注浆量，并根据监测情况适当进行调节。若盾尾通过后，沉降仍不能得到控制，则应继续增大注浆量。1940～2060 环同步注浆量统计详见图 2.3-57。

由图 2.3-57 可以看出，1975 环以前，同步注浆量为 7～8m³，1975 环之后，为控制既有结构沉降，提高注浆压力，增大注浆量，保证管片壁后填充饱满，平均注浆量为 10.4m³，远远大于理论空隙量。

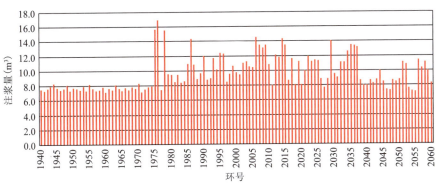

图 2.3-57　1940～2060 环同步注浆量统计

④总推力

根据前期掘进情况，以及刀盘扭矩、盾尾铰接情况，选择适宜的总推力，总推力不大于 25000kN。1940～2060 环总推力统计详见图 2.3-58。

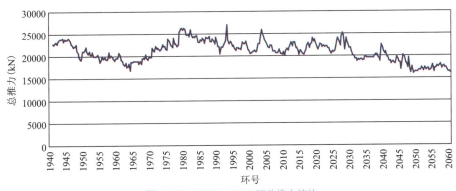

图 2.3-58　1940～2060 环总推力统计

由图 2.3-58 可以看出，下穿段推力波动相对较大，在 19000～24000kN 间波动。

⑤出渣量

严格控制出渣量，避免渣土的少出、多出，根据加水量、土仓内蓄渣情况及监测情况适当调整。

⑥刀盘转速

刀盘转速不宜过快，宜控制在 1.6～1.8r/min 之间，以减少对地层的扰动。

⑦刀盘扭矩

扭矩控制在 1300kN·m 以内，当超过 1300kN·m 时应及时报警，得到新指令后方能进行掘进，防止因为堵仓、糊刀盘或刀具造成扭矩增大。掘进时，应密切关注扭矩情况，以便在遇到孤石造成扭矩突增时能及时停机上报。

⑧盾构姿态

盾构姿态调整应遵循"及时、连续、限量"的原则，不宜过大、过频，减少纠偏，特别是较大纠偏，姿态调整控制在±9mm/m 范围内，减少超挖和对土体的扰动。严格控制 4 个分区推进油缸及铰接油缸行程差，合理进行管片选型，确保盾尾间隙满足施工需要。

⑨渣土改良

适当增加泡沫及水的用量,避免发生堵仓、糊刀盘或刀具现象。

(2) 掘进参数统计

以"超土压、控出渣、饱注浆、勤监测、动态调整"的思路,制定掘进参数,保证连续推进。盾构掘进具体参数统计详见表2.3-9。

盾构掘进参数统计表　　　　表2.3-9

项 目	参 数	项 目	参 数
推进速度(mm/min)	40～50	出渣量(m³)	80～90
刀盘转速(r/mim)	1.6～1.8	螺旋输送机压力(bar)	30～40
刀盘扭矩(kN·m)	550～620	铰接油缸压力(bar)	50～110
总推力(kN)	19000～24000	渣土温度(℃)	28～30
顶部土压(bar)	2.0～2.6	泡沫剂(L)	130
注浆量(m³)	10.4	盾尾油脂(kg)	50
注浆压力(bar)	3.0～4.0	加水量(m³)	0～6

(3) 加强施工监测

自动化监测平面如图2.3-59所示。

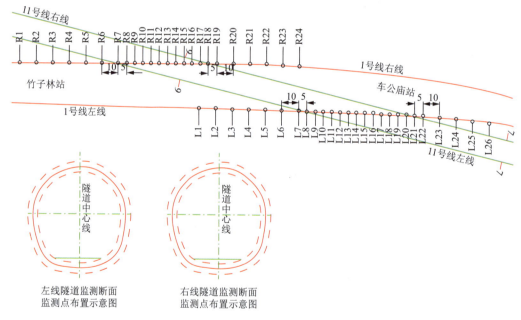

图2.3-59　自动化监测平面示意图(尺寸单位:m)

①在穿越施工过程中,贯彻信息化施工的原则,制定详细的信息传递网络,对施工全过程制定有针对性的监测措施,特别是对地面沉降变形和建(构)筑物的沉降变形,以及隧道的位移变形和收敛等进行及时准确的监测,并通过监测数据信息化指导施工。

②信息化施工中,将盾构机的各项信息接入地面监控室,同时通过网络实时接收自动化监测数据,确保信息的畅通,通过对数据的科学分析制定出符合适宜的掘进模式及参

数，提高施工的安全性。

③监测控制指标建议，见表2.3-10。

既有线沉降监测控制值及监测频率　　　　　表2.3-10

名　称	控　制　值		备　注
	累计值	变化速率	
结构绝对隆起	≤10mm	≤4mm/d	自动化监测项目频率：施工关键期1次/30min；一般施工状态1次/2h（从开工前一周至数据稳定为止）。人工监测项目频率：1次/d（从开工至竣工后数据稳定为止，夜间停运后运行）
纵向变形曲线半径	≥15000m		
隧道相对形曲率	≤1/2500		
左右轨不均匀沉降值	≤10mm		
接触网距离轨面高度	接触网距离轨面高度≥4000mm，纵向坡度≤0.6%，与结构体和列车的静态净距≥150mm，动态净距≥100mm，绝对最小动态净距≥60mm		
轨道变形控制	正线：轨距-2～+4mm，水平：3mm，方向：3mm		

（4）二次补充注浆

为了有效控制既有线的沉降，特别是盾尾脱出后的沉降，从盾尾倒数第5环开始，对每环进行二次补充注浆。注浆采用水泥—水玻璃双液浆，注浆以压力控制，最大注浆压力至0.3MPa。盾尾二次补注浆见图2.3-60。

图2.3-60　盾尾二次补充注浆

3.4.4　遇到的问题及处理措施

1）孤石群

在左右线下穿1号线车竹区间过程中，先后遇到10处孤石，累计长度68m。遇到孤石后掘进时刀盘前面有明显的异响，掘进速度降低至10～20mm/min，扭矩波动至1300kN·m左右，推力增大至25000kN。孤石图样详见图2.3-61。

a) 左线1955环孤石

b) 右线1964环孤石

c) 右线1984环孤石

图2.3-61　孤石图样

处理措施：

（1）刀盘转速控制在1.2～1.5r/min以内。

（2）放慢掘进速度，控制在12mm/min以内。

（3）掘进时密切关注刀盘扭矩情况，推进时扭矩控制在600～1000 kN·m之间，当扭矩波动至1000 kN·m时，立即减少推力，降低速度；若扭矩仍然很大，则应停止刀盘转动，进行换向。

（4）掘进时，密切关注螺旋输送机压力，降低其最大压力为100bar，压力超限时，立即停止转动，进行反转，防止大块孤石堵住螺旋输送机。

（5）刀盘刚启动时，不立即推进，在刀盘缓慢转动一段时间后，再行推进。

2）地面冒浆

2014年4月26日晚22时，左线盾构机掘进至1975环，地面深南大道南侧辅道绿化带对应刀盘盾尾位置发生了冒泡现象，冒泡范围直径约30cm，主要为气，无泥浆冒出，见图2.3-62。

图2.3-62　南侧辅道绿化带冒泡

分析判断：初步判断为地层密实度低，漏气性大，气体沿着裂隙击穿地面，后右线通过该段时确定冒浆处为1号线施工时未对降水井进行有效封堵所致。

处理措施：停机向土仓内填注膨润土浆液，至凌晨2点，地面冒气泡现象消失。但停机时土压仍有下降的趋势，土仓加气量达到4500L/min左右；直至28日19∶00，共注入膨润土浆液36m³，土压仍不稳定，后采用自动保压系统进行保压，以确保掘进的连续性。

3）沉降超限

在11号线左线隧道通过1号线右线隧道时，4月24日下午25号监测断面预警，沉降值为-8mm；25日下午23号监测断面报警，沉降值为-10.74mm；4月26日沉降加剧，连续11个断面沉降值超过预警值，最大沉降-24.0mm，此时盾构机刀盘位于1980环，刚好出既有1号线结构。

立即停机，对沉降超限点进行二次补充注浆，并召开专家会讨论，决定采取以下处理措施：

（1）停机时向土仓内注入高浓度膨润土（见图2.3-63），注满土仓，用膨润土来保持土仓压力，以土压模式维持掌子面的稳定，至5月2日恢复掘进时，共注入膨润土45m³；停机过程中，刀盘位置既有线沉降稳定，未发生较大沉降。

图2.3-63　向土仓内注入高浓度膨润土

（2）调集2台注浆机，组织人员对沉降超限位置对应管片进行壁后二次补充注浆（见图2.3-64），注浆浆液采用水泥—水玻璃双液浆，初凝时间45s左右。至5月2日恢复掘进时,共补充注浆 102m³,使用水泥 36t。至 5 月 2 日 8:00,监测数据回升,21 号断面最大回升为 2.2mm,并基本趋于稳定。

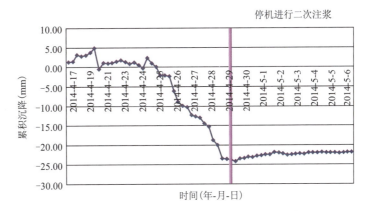

图 2.3-64　管片壁后二次注浆

(3)注入克泥效。采用克泥效水玻璃注浆是为有效减小盾构切口环和盾体之间的间隙所采取的一种措施,从而达到控制沉降的目的。

5 月 2 日,管片壁后二次注浆完成后恢复掘进前,在盾构机中盾 1 点位置注入克泥效,首次注入时注入量为 2.5m³,确保盾体与土体间隙填充饱满。

克泥效浆液包含 A 液和 B 液。A 液为克泥效和水的混合液,配比为克泥效:水=400kg:825kg;B 液为水玻璃,50L,凝结时间 4.5s。A、B 液采用盾构机上自带的二次注浆泵注入,通过调节阀来控制 A 液和 B 液的注入量。

盾体首次注入克泥效至饱满后,在掘进时,同步注入克泥效,保证掘进时,盾体与开挖面的间隙填充饱满。每环平均注入 1.5m³ 左右。盾体注入克泥效施工照片见图 2.3-65。

图 2.3-65　盾体注入克泥效施工照片

(4)提高同步注浆压力,增加注浆量。

因地层松散失水、空洞、漏气情况严重,根据前期同步注浆及二次注浆情况,注浆量远大于设计量,注浆压力也难以提升,管片壁后地层需要填充的空腔较大,提高顶部注浆压力到 3.0~4.0bar。根据同步注浆压力控制注浆量,同时同步注浆填充系数调整至 2.0,每环注浆量不少于 9m³。

调整砂浆配比,提高水泥用量,初凝时间由原来的 3~4h 调整至 2h。同步注浆量统计详见图 2.3-66。

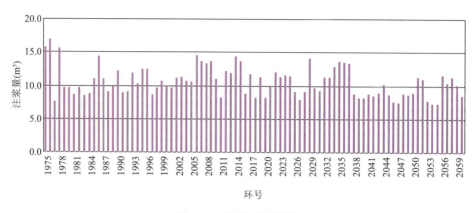

图 2.3-66 同步注浆量统计

根据图 2.3-66 同步注浆量统计数据，恢复掘进后最大单环注浆量为 17m³，平均同步注浆量为 10.4m³，是理论填充量的 2.3 倍。

（5）管片壁后补充注浆。

从盾尾倒数第 5 环开始，与同步注浆同步对每环管片进行浆液补注。由于盾体注入克泥效及同步注浆比较饱满，盾构通过后，自动化监测情况均为隆升，平均隆升 5mm，最大隆升 8mm，故未进行二次补充注浆，监测情况相对稳定。

其他掘进参数调整情况详见表 2.3-11。

其他掘进参数调整统计表　　表 2.3-11

序　号	项　　目	原参数/措施	调整后参数
1	土压（bar）	2.15～2.40（在理论量的基础上提高约 0.2）	在理论量的基础上提高 0.3
2	速度（mm/min）	40～60	①正常地段 30～40；②孤石等异常地段小于 12
3	推力（kN）	不大于 20000	按原方案执行
4	扭矩（kN·m）	不大于 1000	遇到孤石地层时可以不高于 1500

（6）加快信息反馈，实现信息化施工。

由项目经理和技术负责人在监控信息室 24h 轮流值班，对既有地铁 1 号线时进行监控，每 2h 采集一次数据，根据数据变化，下达每环掘进的控制指令，并根据监测数据的变化规律，进行分析总结，确保后续沉降稳定。

对发生沉降超限段进行 R21-2 断面自动化监测沉降情况分析，见图 2.3-67。

沉降分析：盾构机通过前，未隆起，通过时沉降 -2.1mm，脱出盾尾后，由于管片壁后注浆不饱满，沉降加剧，累计沉降 -24.1mm，通过二次补充注浆后，隆起 2.2mm。

采取措施后，对 L23-1 断面进行自动化监测沉降情况分析，详见图 2.3-68。

沉降分析：盾构机通过前，刀盘位置隆起 2～3mm，盾体通过时隆起 1mm，累计 4mm，脱出盾尾时，由于同步注浆饱满，隆起 3mm，累计 7.2mm，当脱出盾尾 38h 后，由于砂浆的凝固收缩，开始沉降，60h 后沉降 2.7mm，然后趋于稳定，稳定在 4.2mm。

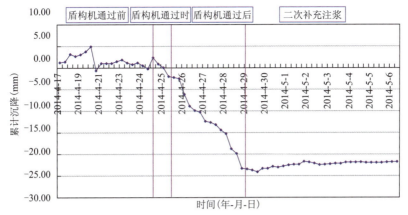

图 2.3-67　R21-2 断面自动化监测沉降情况分析

图 2.3-68　L23-1 断面自动化监测沉降情况分析

4）连续遇到降水井

（1）历次遇到降水井情况

11 号线右线下穿 1 号线过程中，共遇到 7 口降水井，其中 6 号、7 号降水井在盾构机到达前进行了探明和封堵。图 2.3-69 为降水井分布与线路位置关系示意图。

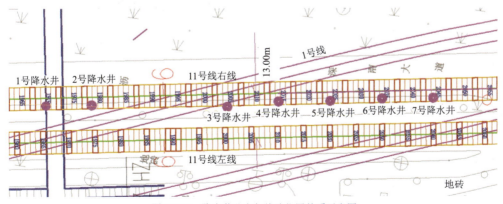

图 2.3-69　降水井分布与线路位置关系示意图

①第一次

2014 年 7 月 2 日，右线掘进至 1965 环时，在螺旋输送机出渣口有被绞断的钢筋排出，钢筋直径为16mm、8mm两种（见图2.3-70），立即停止掘进，刀盘注入膨润土停机保压，并在7月4日组织专家会上进行专家分析，判断为1号线施工时开凿的降水井。至7月3日1：40，在施作泥膜的过程中，土压从2.6bar骤降至1.7bar，此次地面无漏浆冒泡发生。在7月4日带压进仓检查时，从土仓内又打捞出一根长2.5m左右的钢筋（见图2.3-71）。

图2.3-70 右线1965环排出的钢筋图　　　图2.3-71 开仓检查时土仓内打捞的钢筋

②第二次

2014年7月12日14：40，右线掘进至1974环时，在地面刀盘位置发生冒浆，土仓压力从2.5bar瞬间降至0.7bar，地面冒浆处，可以清晰地看到是遇到1号线施工时开凿的降水井（见图2.3-72）。迅速启动应急措施，一方面，采用水泥—水玻璃双液浆、砂袋对降水井进行封堵（见图2.3-73）；另一方面，根据地面冒浆情况，降低土压至2.0bar进行掘进，快速通过。经过3环掘进，地面停止冒浆，经过7环后，土压提升至2.4bar正常掘进。

图2.3-72 冒浆处的降水井　　　图2.3-73 降水井封堵

③第三次

7月20日0：00，掘进至2000环时，遇到第三口降水井（土仓内有钢筋排出），刀盘位置处地面由沥青路面施工缝处冒浆（见图2.3-74），土压从2.5bar骤降至1.6bar，采用同样措施，降低土压至2.0bar快速通过，经过6环后，土压调整至2.3bar正常掘进。

图2.3-74 第三口降水井地面冒浆处

④第四次

7月21日1：00，2010环掘进1400mm时，遇到第四个降水井（土仓内有钢筋排出），地面开始冒浆，地面土压由2.3bar骤降至1.7bar，掘进

1800mm 时又遇到孤石，2011 环通过孤石。

⑤第五次

7月22日9：00，2020 环掘进 1300mm 时，遇到第五个降水井（土仓内有钢筋排出），地面开始冒浆，土压由 2.3bar 跌至 0.2bar，掘进 1600mm 时，打开泡沫系统 6 路加气系统，每路气体流量调至最大，土压仍然保不住，上部土压仅在 0.55～0.65bar 之间徘徊，上部注浆压力也降至 1.0～1.5bar。

2021 环掘进时，继续采用堆土保压模式掘进，土压能维持在 1.0～1.1bar，2022、2023 环土压提高至 1.4bar，2024 环土压由 2.0bar 逐渐提升至 2.3bar，土压恢复正常。

（2）自动化监测情况

每次遇到降水井，地面发生冒浆后，由于土压失稳，盾构机前后对应 1 号线自动化监测断面出现较大沉降变化，变化量在 -2.4～-9.29mm 之间，R4、R5 断面最大累计沉降 -13mm，多个断面超出报警值。既有线 R12-2、R7-2 监测点累计沉降分析如图 2.3-75、图 2.3-76 所示。

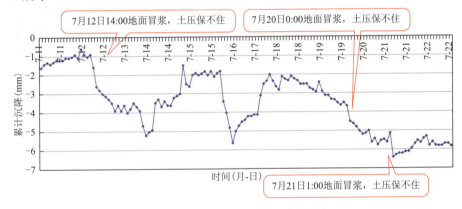

图 2.3-75　R12-2 监测点累计沉降分析图

图 2.3-76　R7-2 监测点累计沉降分析图

根据既有线监测点累计沉降分析图可知，每次地面发生冒浆，土仓压力保不住发生突降时，既有线结构就会发生较大沉降，在盾构机位置所在处的监测点沉降量最大，向刀盘前方和盾尾后方,沉降量逐渐减少;当土仓压力建立起来后,结构沉降趋于稳定,并有所回升。

(3)处理措施

①对后续降水井进行探明、封堵。

根据1号线车竹区间降水井施工相关图纸,咨询当时参与降水井施工的相关人员,沿线路范围内采用金属探测仪又探明出两口降水井,并开挖出来。

封堵:采用双管旋喷钻机进行钻孔注浆封堵,每个降水井处施作两个钻孔,钻孔间距300mm,加固深度从隧道中部至地面,注浆浆液采用水泥—水玻璃双液浆(见图2.3-77)。

图2.3-77 降水井注浆封堵

降水井封堵后,盾构机通过时,掘进参数正常,未发生地面冒浆现象,既有线未发生较大沉降。

②当遇到降水井发生地面冒浆土压失稳时,采用堆土保压模式掘进,降低土压,以地面不冒浆为准,使刀盘快速通过降水井。刀盘通过3～4环后,根据地面冒浆情况,注浆提高土压压力直至恢复正常土压状态。

③地面冒浆处,采用水泥—水玻璃双液浆进行封堵,周边采用砂袋对泥浆进行围闭,防止泥浆污染更多的路面,并设立临时围挡。

④盾体注入克泥效。克泥效和水玻璃可有效填充盾构切口环和盾体之间的间隙,从而达到控制沉降的目的。

⑤提高同步注浆压力,增加注浆量。

⑥及时进行管片壁后二次补充注浆,控制既有线结构沉降。

3.4.5 实施效果及小结

11号线车红区间左线于4月23日～5月15日,右线于7月13日～8月9日顺利完成下穿1号线施工,沉降控制良好,未对既有线结构产生影响,完成大直径盾构在复杂地质下、小角度、长距离、近间距成功下穿既有运营线,为类似工程积累了丰富经验。

施工过程中还存在以下不足:

(1)在11号线左线先行下穿1号线左线区间时,同步注浆量按大于正常段注浆量考虑进行注浆,未考虑到1号线施工时对地层已经产生影响,地层松散失水、空洞、漏气情况严重,注浆填充量远远大于正常段注浆量,造成脱出盾尾后,沉降加剧;在后续下穿1号线右线区间时,由于过于保守,使部分监测点隆起过大,超过预警值。

（2）在11号线右线下穿1号线时，由于设计资料未显示在线路范围内存在降水井，封堵效果不好，并且在下穿前对周边建（构）筑物调查不够彻底，未能发现线路范围内的降水井，造成掘进时地面冒浆，土压失稳，既有结构沉降较大。

3.5 车红区间孤石地层小净距上跨既有1号线施工技术

3.5.1 工程概况

1）区间隧道与1号线位置关系

（1）平面位置关系

11号线车公庙站—红树湾站盾构区间小里程段，左线隧道在里程ZDK5+363～ZDK5+280上跨1号线竹子林站—侨城东站区间，穿越长度约83m；右线隧道在里程YDK5+408～YDK5+340上跨1号线竹侨区间，上穿越长度约68m。上跨段平面线路为800m半径的圆曲线，竖直线路在由上坡24‰下坡13‰过渡的竖曲线上。

11号线左线隧道与1号线风亭距离仅为754mm，而盾构实际刀盘开挖面与风亭距离仅为614mm；右线距离风亭围护结构最近距离仅为286mm，盾构实际刀盘开挖面与风亭距离仅为146mm。11号线车红区间隧道与1号线竹侨区间隧道平面位置关系详见图2.3-78。

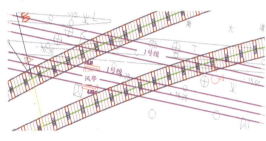

图2.3-78 11号线车红区间隧道与1号线竹侨区间隧道平面位置关系示意图

（2）剖面位置关系

1号线竹侨区间在上跨地段为矿山法施工，断面尺寸为6.2m×6.61m，初期支护厚度0.25m，二次衬砌厚度0.3m，结构顶埋深约16m。11号线与1号线左线隧道最小净距仅为1.5m，11号线盾构开挖时实际净距只有1.36m，具体位置关系见图2.3-79。

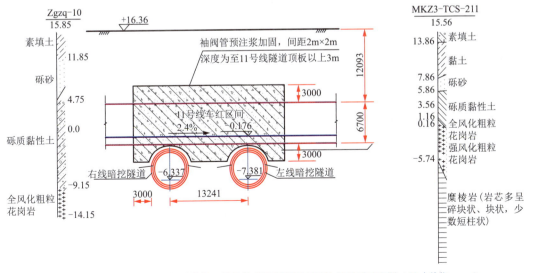

图2.3-79 11号线车红区间隧道与1号线竹侨区间隧道剖面位置关系示意图（尺寸单位：mm）

2）地质情况

上跨1号线地质情况详见表2.3-12及图2.3-80、图2.3-81。

上跨1号线竹侨区间段地质情况表　　　表2.3-12

位 置	主要地层	备 注
上跨1号线竹侨区间段左线	0～1.5m为素填土； 1.5～7.4m为黏土； 3.4～18m为砾质黏性土（洞身范围）； 18～22m为全风化粗粒花岗岩	
上跨1号线竹侨区间段右线	0～1.8m为素填土； 1.8～7m为黏土； 7～17.5m为砾质黏性土（洞身范围）； 13.5～21m为全风化粗粒花岗岩（洞底一部分）	在实际掘进中，发现一段长度约11m的孤石群

图 2.3-80　上跨1号线地质补堪钻孔岩芯

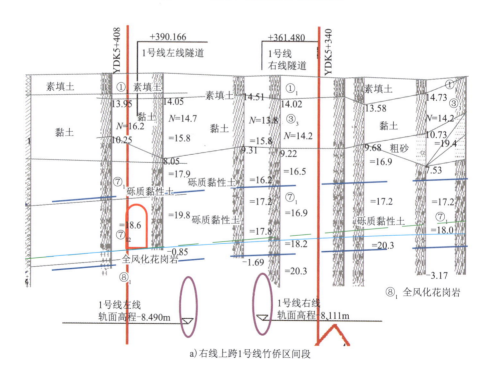

a) 右线上跨1号线竹侨区间段

图 2.3-81

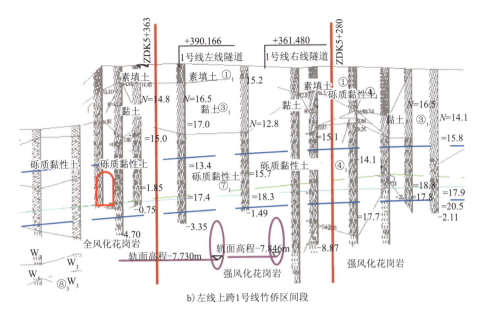

b) 左线上跨1号线竹侨区间段

图 2.3-81 上跨1号线段左右线地质剖面图

3.5.2 施工难点

（1）隧道埋深浅，与既有线垂直距离近，夹层土体稳定性差

穿越区段盾构区间顶板与1号线底板最小距离仅为1.2m，且夹层覆土为⑧$_{2-1}$强风化粗粒花岗岩，裂隙极发育，遇水浸泡极易软化、崩解，避免较大的扰动是施工重点和难点。

（2）为确保1号线的运营安全，对盾构掘进时产生的既有线结构沉降、变形控制等要求极高，合理控制掘进参数是重点。

盾构掘进时，采用的是土压平衡控制模式，数据反馈修正有时间上的滞后性，实际土压力的控制必然与理论设定值存在一定的偏差。故盾构机的参数控制必须要有超前性，要合理地选择盾构掘进参数，根据监测情况进行适当的调整，做到信息化施工，避免土压设定不合理、推力过大、出土量过多等对地表隆沉产生不良后果，极大影响工程质量。

（3）盾构曲线穿越施工，增加了对土体的扰动，控制好盾构掘进姿态是施工的重点。

上跨1号线段为在800m曲线段转弯半径上（上下坡交点）施工，盾构掘进姿态的改变对周围的影响很大。掘进时，由于各种不确定因素，盾构轴线产生偏差，而盾构在曲线推进、纠偏、抬头或磕头时，实际开挖断面是椭圆形，盾构轴线与隧道轴线偏角越大，对土体扰动也就越大。同时，盾构掘进姿态的调整势必造成对土体的超挖，引起地层的损失。

（4）上跨1号线竹侨区间部位，在1号线施工时发生过塌方事故，摸清塌方段回填范围及施工时的状况也是穿越期间技术准备工作的重点。

1号线竹侨区间采用的是矿山法施工，开挖时发生过塌方，后及时用回填石和混凝土进行了回填，探清混凝土回填范围和盾构机开挖断面的地质情况，是前期技术准备工作的重点；在初期支护施工时打设了斜向锚杆，锚杆可能侵入盾构开挖范围内，损坏刀具，导致盾构机无法向前掘进，另外也可能使锚杆顶入既有线结构，造成结构破坏。

这些不确定的因素，加大了盾构穿越施工的难度，是施工控制的重点。

3.5.3 关键技术

1）施工准备

（1）既有线内部结构调查

联合监理单位、地铁运营单位对1号线内部结构（接触网、道床、轨道）现状进行了调查（见图2.3-82），对既有结构缺陷进行了统计和拍照，并编制了既有线结构现状调查报告，调查结果为：道床裂缝横向裂缝较多，宽度一般为1～2mm；隧道二次衬砌结构拱圈有少量裂缝，不贯通；隧道渗漏水点较少；轨道扣件无松动，轨距偏差在允许范围内；各种线缆、网架无松动。通过与运营单位沟通，一致确认：既有线隧道结构及内部设施无须提前加固处理。

图2.3-82　上跨1号线内部结构现状调查

（2）管线调查

对上跨1号线地段的管线现状提前进行了调查，并编制切实的管线调查与保护方案，在盾构通过时严格控制掘进参数及地表沉降，防止建筑物及管线变形破坏。

（3）既有线隧道高程复测

为准确确定11号线车红区间上跨段与1号线的位置关系，对1号线隧道顶板高程及风亭位置进行了复测。通过复测确定了区间隧道与1号线最近竖向距离为1.5m，左线隧道距离1号线风亭754mm，右线隧道距风亭围护结构最近距离为286mm。

（4）地质补勘

为准确了解上跨1号线段的地层情况，在开工前期对此段进行了地质补勘（见图2.3-83）；地质补勘施工前要先与1号线运营单位及管线单位签订保护协议，并由监理组织开工条件验收，准确复核既有线隧顶高程和地面高程，补勘钻孔按照先进行物探、再用洛阳铲探3m、挖探沟等方式进行，确保了既有线和地下管线的安全，避免打穿既有线。

（5）地面加固

对隧道重叠部位的地层采用袖阀管注浆，通过改善土体密实度，以降低盾构浅埋段冒顶的施工风险，提高加固范围内地层的抗渗能力和承载能力，以确保施工安全顺利进行。同时

图2.3-83　地质补勘施工

有利于降低盾构掘进时对既有隧道产生的附加应力。注浆加固区为11号线隧道边线外放3m，加固深度为11号线隧道顶以上3m至隧道底以下3m位置，如图2.3-84所示。

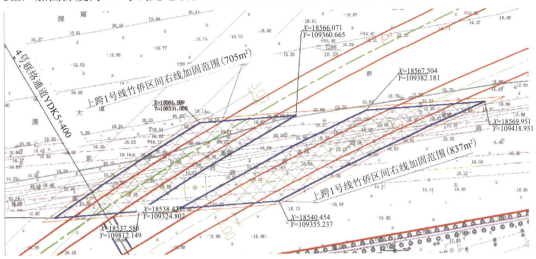

图2.3-84　上跨1号线加固平面示意图

袖阀管注浆布孔间距为2m×2m，梅花形布置，钻孔深约21.8m，浆液采用水泥浆，水灰比0.75∶1～1∶1，注浆压力0.5～1.0MPa；由于区间隧道与既有地铁1号线间距只有1.2m左右，故注浆时1号线隧道范围正上方要避开，同时现场配备经验丰富的技术人员和管理人员对每个钻孔的深度进行复核，以保证既有线隧道的安全。上跨1号线地质加固剖面如图2.3-85所示，地面加固如图2.3-86所示。

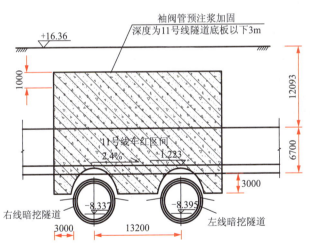

图2.3-85　上跨1号线地质加固剖面图（尺寸单位：mm）

图2.3-86　上跨1号线地面加固

（6）上跨段分区划分及人员组织

根据上跨段与1号线的位置关系，对上跨段进行分区划分（见图2.3-87），以便更加有效地指导盾构掘进施工；对作业人员进行施工技术交底（见图2.3-88），确保关键控制点能够传达至每一个作业人员；跨越施工的主要管理和技术人员须熟知线路走向、地表建（构）筑物、管线、隧道埋深和地质情况等；做好人员的组织安排，确保能连续施工。

图 2.3-87 上跨 1 号线分区划分图　　　　图 2.3-88 对作业人员进行施工技术交底

（7）穿越前开仓换刀、设备检修

在盾构机上跨 1 号线前，根据地质情况，选择合理的刀具检查点，开仓对刀具进行检查、更换（见图 2.3-89），为掘进通过车辆段提前做好刀具准备工作；同时对盾构机各个系统及常规配套设备进行检修，且在穿越期间加强对整个设备系统的检修和保养工作，防止由于设备故障而造成长时间停机，导致地表出现沉降。

图 2.3-89 跨越前刀具更换及设备检修

2）掘进过程控制

盾构上跨 1 号线施工遵循"连续掘进、匀速通过"的原则，选用施工经验丰富的主司机、专业水平较高的土木技术值班人员，动态优化调整主要掘进参数（如土仓压力、推进速度、刀盘转速和推力等），做好渣土改良，控制出渣量，加强盾构的同步注浆。

（1）土压

由于隧道埋深由 11.8m 向 10.4m 过渡，土仓压力控制和及时调整是掘进控制的重点。土压过低将很难控制地表沉降，土压过高将对既有线造成冲击。在分区控制管理的基础上，根据隧道覆土埋深将每环的土仓压力进行了计算和明确，掘进过程中土压根据变动埋深计算压力，提高 0.1bar，保持均匀性，在 ±0.05bar 范围内波动，防止忽高忽低；且过程中结合自动化监测情况，由土木总工程师专门负责监测每一环的地表情况，根据地表监测情况对主司机和土木技术值班人员下达调整指令，做到信息化施工。

（2）出渣量

掘进过程中对出渣量进行动态控制，合理控制每个掘进段落的出渣量，尽量将其波动制控制在最小的范围内，以确保开挖面的稳定。避免渣土的少出、多出为重中之重，出渣量按 5 车余 100mm 油缸行程进行控制，即每掘进油缸行程 280mm 出渣一车，每环出渣 85m³，根据地质情况及掘进过程中的加水和土压情况，对出渣量进行适当的调整。上跨 1 号线出渣量 80～90m³。

（3）掘进速度

盾构下穿时，遵循"连续掘进、匀速通过"的原则，选择适宜的掘进速度。速度过快、出渣不及时易造成土压增大，导致前方隆起。另外，注浆浆液不能及时初凝，导致后方地层沉降。速度过慢，则给地层充分的时间进行应力释放，延长了对地层的扰动时间，从而引起较大的地层位移。因此，掘进时需选择适宜的速度保证在跨越时均匀快速的通过，把对地层的扰动降至最小。上跨 1 号线一般地质段掘进速度为 40～50mm/min。

（4）同步注浆

本区间每环理论注浆量为 4.5m³，根据此段地质情况，基于对地面及既有线的保护，防止地表及既有线发生较大的沉降，防止既有线后期隆起，保证同步注浆效果，注浆量 6.5～7.5m³，注浆压力 1～3bar，浆液初凝时间控制在 3～5h，注浆过程中注浆速度与掘进速度同步，必须保证 6 管同时注浆。为减小注浆压力对既有线的影响，应减小底部注浆流速，降低底部注浆孔压力，减少底部注浆孔注浆量，同时增加中部及顶部注浆孔注浆量，确保总注浆量不减少。

（5）总推力

盾构机到达既有线时会对前方的土体产生挤压效应，造成既有隧道上方产生超孔隙水压力、土体压力增大，导致既有隧道发生下沉。通过既有线时，应控制总推力，减少盾构机就对前方土体的挤压力。上跨一般地段总推力为 14000～17000kN。

（6）刀盘转速

为减少对土体及既有线结构的扰动，保证开挖面稳定，应适当降低刀盘转速。上跨 1 号线时刀盘转速为 1.5r/min。

（7）刀盘扭矩

刀盘扭矩是盾构正常掘进的关键参数，刀盘扭矩过小，不能使滚刀转动，造成滚刀偏磨；刀盘扭矩过大，对刀具的损伤也较大，同时也是掘进异常的重要表现，直接影响掘进速度。由于既有地铁 1 号线隧道初期支护施作的斜向锚杆有可能侵入盾构开挖面，掘进时应密切关注刀盘扭矩情况，控制刀盘扭矩，推进时可通过减小总推力、掘进速度、刀盘贯入度及做好渣土改良来降低刀盘扭矩。上跨 1 号线时刀盘扭矩为 400～600kN·m。

（8）渣土改良

渣土改良是保证盾构施工安全、顺利、快速的一项不可缺少的重要技术，良好的渣土改良可以使渣土具有较好的流动性，使切削下来的渣土顺利快速地进入土仓，并利于螺旋输送机顺利排土；可以有效防止渣土黏结刀盘而产生泥饼；使渣土具有较好的土压平衡效果，利于开挖面的稳定；可以防止或减轻螺旋输送机排土时的喷涌现象；可以降低刀盘扭矩，降低对刀盘、刀具和螺旋输送机的磨损。上跨段泡沫用量每环 50～70L。

（9）渣土温度

渣土温度是土仓内渣土状态的一个重要参数，像人体体温一样，是施工状态好坏的重要指标。渣土温度升高，则有可能发生土仓内堵仓、刀盘结泥饼、糊刀等事故，将严重影响正常掘进。掘进时应勤量渣温，当渣温升高 2℃时，应立即检查加水系统、泡沫系统是否完好，当渣温超过 35℃时，应立即停机，找到原因后，再恢复掘进。上跨 1 号线渣温 28～30℃。

（10）姿态控制和盾构间隙

盾构掘进过程中进行严格的线路控制和姿态控制。盾构姿态不好，易造成盾尾处漏浆，地面沉降。姿态调整遵循"及时、连续、限量"的原则，不宜过大、过频，减少纠偏，避免较大纠偏造成对土体的超挖和扰动。因此在盾构上跨期间，要确保盾构推进轴线与设计轴线相吻合，姿态调整控制在 ±50mm 范围内。

根据线路设计情况，严格控制 4 个分区推进油缸和铰接油缸行程差，合理进行管片选型，使管片姿态与盾构姿态相吻合，防止因盾尾间隙过小造成管片错台。

（11）管片拼装

首先进行盾尾间隙的测量，然后根据油缸行程、线路、盾构姿态趋势进行管片类型（直环、左转环、右转环）和 K 块位置的选择。

管片拼装时，操作拼装机尽量柔和，防止管片之间发生剧烈撞击而损坏止水胶条和管片。纵向和环向管片平面平整，不错台。在整环拼装完成后要对整环管片的螺栓用风动扳手进行紧固。下一环掘进 900mm 后、1700mm 前，即在倒数第二环管片脱出盾尾前再次进行管片螺栓的复紧。

（12）二次补充注浆

在上跨地段为了有效防止既有隧道上浮及地表过大沉降，上跨段采用三孔注浆管片，对上跨段实施加强型二次注浆。上跨段前后 10 环范围内管片背后注双液浆，使隧道周围土体快速达到强度，并起到止水效果。对上跨段范围每环管片背后注单液浆。二次注浆压力控制在 0.2～0.4MPa 之间。

（13）盾构掘进参数统计

上跨 1 号线盾构掘进参数统计见表 2.3-13。

上跨 1 号线盾构掘进参数 表 2.3-13

序号	项目	参数	序号	项目	参数
1	推进速度（mm/min）	40～50	8	出土量（m³）	80～90
2	刀盘转速（r/mim）	1.5～1.6	9	螺旋输送机转速（r/mim）	7～10
3	刀盘扭矩（kN·m）	400～600	10	螺旋输送机压力（bar）	45～65
4	总推力（kN）	14000～17000	11	铰接油缸压力（bar）	130～170
5	顶部土仓压力（bar）	1.0～1.25	12	渣土温度（℃）	28～30
6	注浆量（m³）	6.5～7.5	13	泡沫剂（L）	50～70
7	注浆压力（MPa）	1.0～3.0	14	盾尾油脂（kg）	28

3）监控量测分析

针对上跨段主要采取地表沉降监测和既有线洞内自动化监测的方法，来实时监控地表及洞内变化信息，通过信息反馈及时调整相关掘进参数。由地表变形监测结果可以看出，盾构通过前，刀盘前方 0～5m 范围为微隆起，证明掘进参数恰当，盾构上跨过程中，地表隆起量加大，但基本控制在 10mm 以内，地表无明显变化。盾构上跨完成后隆起量基本稳定，说明同步注浆及二次补充注浆参数控制得当。此段埋深浅，为确保安全通过，造成地表适量隆起，属于正常现象。地表沉降累计变形值与盾构上跨施工关系曲线详见图 2.3-90。

图 2.3-90　地表沉降累计变形值与盾构上跨施工关系曲线

1号线竹侨区间自动化监测左线最大累计沉降值为 +1.47mm（L5-2），最大累计位移值为 -0.87mm（L18-2），右线最大累计沉降值为 -1.17mm（RC50），最大累计位移值为 +0.68mm（R14-4）；监测结果均小于设计及运营要求值，上跨施工没有影响既有线运营。既有线自动化监测沉降及位移累计变化曲线详见图 2.3-91。

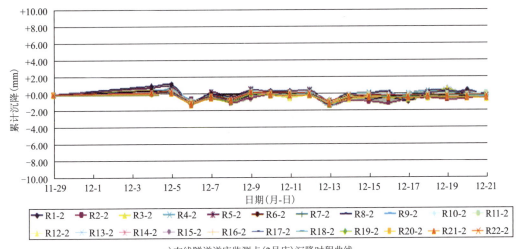

a) 右线隧道道床监测点(2号店)沉降时程曲线

图　2.3-91

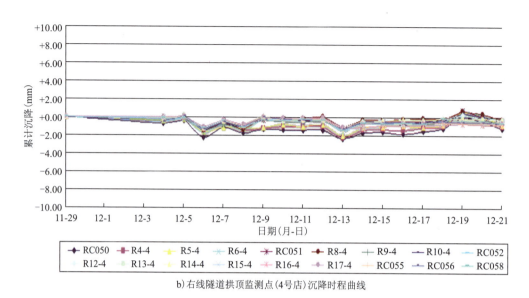

b）右线隧道拱顶监测点(4号店)沉降时程曲线

图 2.3-91　既有线自动化监测沉降及位移累计变化曲线

3.5.4　遇到的问题及处理措施

1）孤石群

2013年12月8日区间右线掘进至YDK5+398.2时，盾构机出现总推力、扭矩增大，速度减慢，总推力最大达26000kN，扭矩最大达3000kN·m，刀盘及螺旋输送

图 2.3-92　渣样中取出的微风化花岗岩

机跳停，速度小于10mm/min，从渣样中取到大量粗粒微风化花岗岩，最大块径达53cm×39cm×33cm。根据深圳地质特点初步判断盾构遇到风化球残留体或抛石层（孤石），渣样中取出的微风化花岗岩见图2.3-92。

出现孤石的位置恰好位于既有线隧道的上方。为了不在既有线上长时间停机，经研究采取了以下措施：

（1）掘进时密切关注刀盘扭矩情况，推进时扭矩不大于600kN·m，当扭矩波动至800kN·m时，立即停止推进，停止刀盘转动，进行换向；刀盘转速控制在1.0r/min以内；放慢掘进速度，控制在15mm/min以内；依据掘进速度及刀盘扭矩选择适宜的总推力，总推力不大于20000kN。

（2）采用半敞开模式，即在土仓内保留1/2～2/3的渣土，往土仓注入空气及泡沫保持气压维持土仓压力，在隧道埋深计算的土压力的基础上提高0.2bar的土仓压力，即顶部土仓压力设定为1.2bar左右；铰接压力不能持续上涨，最大铰接压力不能超过300bar。

（3）控制加水量，使渣土与平时相比处于偏干状态，根据渣土状态适当调整泡沫用量和加气量；螺旋输送机最大压力设定为100bar，掘进时，密切关注螺旋输送机压力，压力超限时，立即停止转动，进行反转，防止土仓内孤石堵住螺旋输送机；管片背后注浆遵循"同步注入，快速凝结，信息反馈，适当补充"的原则。

(4）因为掘进速度较慢，孤石对周围地层扰动大造成地层缺失，出渣量难于控制，可能存在超挖现象，同步注浆应尽可能多注。每环注浆量6.8～8.2m³，注浆压力2～4bar，浆液初凝时间控制在3～5h。

通过采取以上措施，经过5d的掘进，顺利并安全通过YDK5+398.2～YDK5+387.7共10.5m的连续孤石群。通过孤石群的盾构掘进参数见表2.3-14。

通过孤石群的盾构掘进参数　　　表2.3-14

序号	项目	参数	序号	项目	参数
1	推进速度（mm/min）	4～12	8	出土量（m³）	80～90
2	刀盘转速（r/min）	1	9	螺旋输送机转速（r/min）	1～8
3	刀盘扭矩（kN·m）	500～900	10	螺旋输送机压力（bar）	30～100
4	总推力（kN）	16000～23500	11	铰接油缸压力（bar）	90～250
5	顶部土仓压力（bar）	1.0～1.1	12	渣土温度（℃）	27.5～30
6	注浆量（m³）	7.2～8	13	泡沫剂（L）	80～135
7	注浆压力（bar）	1.0～3.0	14	盾尾油脂（kg）	32

2）地面冒浆

2013年12月7日区间左线掘进至1037环时，地面刀盘位置出现少量冒浆现象，土仓压力下降加快，冒浆位置位于上跨1号线树林绿化区域内，冒浆点直径约2m范围。

发生冒浆后，项目相关领导立即到现场查看情况，判断此位置位于1号线开挖时塌陷位置，后用回填石和混凝土进行回填，可能当时回填不密实，盾构掘进通过时，土仓气压穿透回填层空隙，造成地面冒浆。

为不在既有线上长时间停机，经研究采取了以下措施：

（1）在降低开挖面土仓压力的情况下继续推进，并适当加快掘进速度，提高管片拼装效率，使盾构尽早穿越冒浆区。

（2）冒浆孔位于绿化带内，用快速水泥及棉布进行封堵，同时清理浆液，然后用土进行覆盖。

（3）地面加大巡视力度，扩大巡视范围；清点地面应急物资、设备是否齐全，安排专门应急人员现场待命。

（4）盾尾通过后，控制同步注浆压力，防止注浆压力造成对地面的二次破坏；增大同步注浆量，防止后期沉降。

（5）增加地面沉降监测频率，根据地面监测情况及时进行二次补充注浆。

3.5.5　实施效果及小结

11号线车红区间始发井—车公庙站段左线于2013年12月5～9日通过1号线竹侨区间，历时5d；右线于2013年12月8～14日通过1号线，历时7d。在上跨期间，克服了1号线上方土体稳定性差、透水性强，地面冒浆，孤石群等困难。过程中及时对各项参数进行分析、总结和优化，使得盾构机的各项参数达到最佳匹配，最终实现了地表沉降控制在5mm以内的目标，既有运营线隧道变形控制在3mm以内的目标，保证了地铁列车的正常通行，未对1号线的运营产生任何不良影响，为今后类似工况积累了宝贵的施工经验。

3.6 松岗车辆段出入线区间上跨松碧区间施工技术

3.6.1 工程概况

1）线路概况

松岗车辆段出入区间盾构部分起点为松岗车辆段出入线明挖区间端头，终点为松岗站大里程端端头井。出段线里程为CDK0+264.257～CDK1+350.0，全长1085.743m；入段线里程为RDK0+265.234～RDK1+355.158，全长1089.924m。区间盾构部分总长度为2175.667m，不设联络通道及疏散平台。松岗车辆段出入线在左线278～455环（ZDK50+221.634～ZDK50+476.6）、右线274～423环（YDK50+209.08～YDK50+432.36）上跨已成型松碧区间。

松岗车辆段出入线区间与松碧区间平面位置关系如图2.3-93所示。出入线隧道出松岗站后，与松碧出入线正线隧道一起沿宝安大道前行，出入线在上，松碧区间在下，逐渐拉开距离，隧道下穿一过街天桥后向西北方向转入沙浦围村，穿越大量民房，并下穿沙圃围工业区部分厂房。出入线隧道与正线隧道平面上拉开，正线隧道向北沿朗碧路穿行，进入碧头站；出入线隧道向西北方向下穿松福大道后进入车辆段。

图2.3-93 松岗车辆段出入线区间与松碧区间平面位置关系图

出入线区间隧道埋深8～9m，与既有隧道的最小净距为2.55m，重叠段区域出入线隧道区间间距5.38～5.82m。

2）地质情况

重叠区域地质主要分为前后两部分，开始重叠区域以硬塑状砂质黏性土和全风化片麻状花岗岩为主，逐步过渡到淤泥质粉质黏土和粗砂，如图2.3-94所示。出线和入线地质情况基本类似。

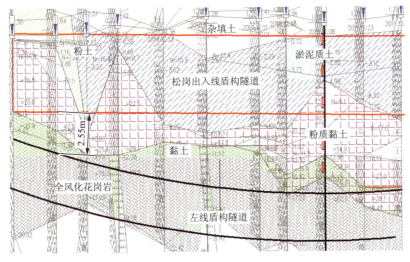

图 2.3-94 地质剖面图

3.6.2 施工重难点

(1) 出入线盾构区间上跨松碧区间时,该区间上跨区域仅结束施工 1 月,地面沉降尚未趋于稳定,局部是否有因注浆不足而脱空现象,难以判定,掘进时盾构机容易突然非正常沉降或栽头。

(2) 由于与松碧区间近距离最短仅为 2.55m,且重叠区域出线长 168m,入线长 292m,上跨区域较长,出入线在掘进过程中因土体扰动对松碧区间产生额外的附加力,如何确保已成型隧道不发生管片破损、渗漏,也是施工控制的难点。

(3) 由地质剖面图 2.3-94 可知,该上跨区域及已成型隧道区域,大部分为淤泥质土,如何防止在淤泥质土中掘进时的上浮,以及两条隧道后期运行因震动造成的土壤液化,也是考虑的重点。

3.6.3 施工控制技术

1) 掘进前土体加固技术

通过比较,采用土体加固技术可以使土体的物理性质得到极大改变,有效防止在淤泥质土中掘进时的上浮,以及两条隧道后期运行因震动造成的土壤液化,减轻新建盾构隧道在掘进过程中对土体产生的二次扰动,确保地面沉降有效控制,同时保证新建盾构在推进过程中的安全。

(1) 加固措施、范围及施工流程、质量验收

①加固措施

根据施工经验,采用常规的高压旋喷桩对淤泥质土进行加固,既能起到良好的加固效果,又经济可行。实际施工选用 $\phi 450$ 旋喷桩,间距按 600mm 控制。

②加固范围

平面位置区域方面,按照 1/2 洞径范围即在 3.5m 范围内进行加固,加固深度则在淤泥质层下 1m 范围。松岗车辆段出入线上跨加固平、剖面示意图如图 2.3-95、图 2.3-96 所示。

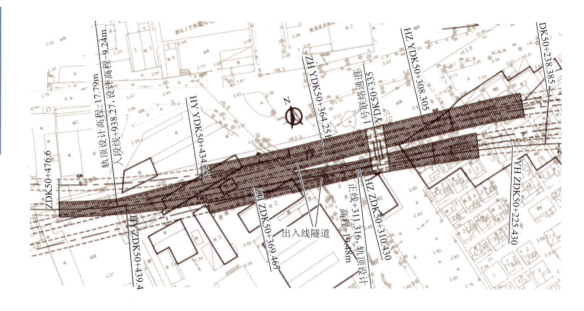

图 2.3-95 松岗车辆段出入线上跨加固平面示意图

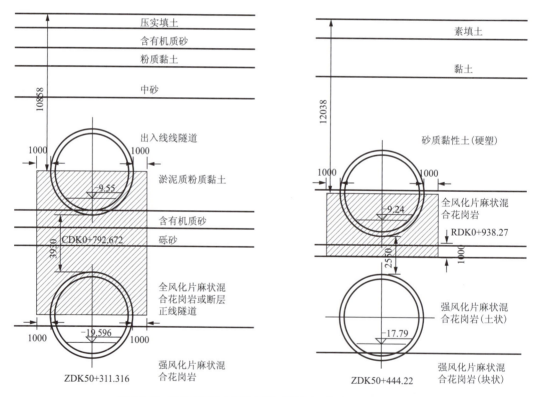

图 2.3-96 松岗车辆段出入线上跨加固剖面示意图（尺寸单位：mm）

③施工流程

出入线重叠段采用旋喷桩加固，按照测量定位、确定孔位、钻机造孔、钻进到位、下注浆管、旋喷提升的流程施工。

图 2.3-97 为松岗车辆段出入线地面旋喷加固现场。

图 2.3-97　松岗车辆段出入线地面旋喷加固现场

④加固质量验收

高压旋喷桩验收标准为注浆 28d 无侧限抗压强度大于 1.0MPa，注浆压缩模量大于 80MPa。注浆加固截面能很好吻合，桩径大小均匀，无断桩、漏桩现象。注浆均匀，压力控制良好，达到加固效果。加固完成后，通过按比例取芯验证表明加固效果良好，达到了设计效果，取芯验证如图 2.3-98 所示。

图 2.3-98　松岗车辆段出入线地面旋喷加固取芯验证图

（2）取得的成效

对整个区域采用高压旋喷桩对土体进行加固改良：一方面，合适的加固范围保证了在重叠区域掘进对土体的扰动大大降低，地面沉降得到了很好控制；另一方面，合适的加固深度保证了已成型隧道受力部位土体改良后，能使新建隧道盾构机身重量、推力等外部产生作用力均匀传递到成型隧道管片上。为后期盾构安全有效的掘进创造了良好的地质条件，极大地降低了掘进过程中的风险。

2）掘进中既有隧道液压支护技术

虽然土体在松碧区间盾构掘进前进行了加固处理，但松碧区间掘进时，对加固土体仍造成了扰动，同时因管片顶部注浆难以饱满，而沉降尚未趋于稳定，且松岗车辆段出入线区间上跨掘进时，松碧区间仍在继续掘进，故一方面需保证松碧区间正常施工，另一方面又得考虑对松碧区间成型隧道进行保护。基于这两方面原因，最后决定采用移动式液压支护台车进行保护，从而达到既不影响成型隧道通行，又能随出入线上跨掘进同步进行加固保护的目的。

（1）液压支护台车及支护流程

①台车设计说明

a. 整个支撑台车由3节台车组成,每节台车长3m,台车间通过顶推油缸串联。

b. 台车门架间距为1.5m,与管片宽度相同,每个断面有5个支撑轮组,每轮组由2个聚氨酯钢轮组成。

c. 支撑轮组利用液压油缸提供支撑力,每轮组可承受的最大支撑力为250kN。

d. 整个台车的行走采用液压油缸顶推,全台车共6个顶推油缸,每个油缸最大顶推力为250kN。

e. 每节台车（3m）重约12t,整个台车重约36t。

顶推式液压支护台车如图2.3-99～图2.3-101所示。

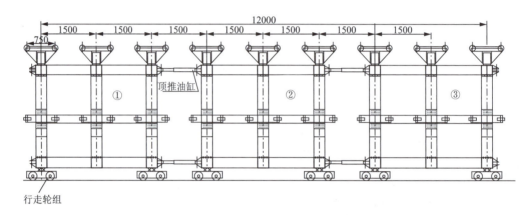

图2.3-99　顶推式液压支护台车纵面图（尺寸单位：mm）

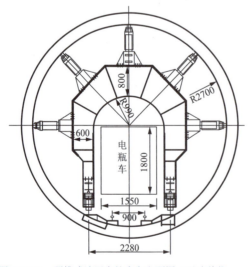

图2.3-100　顶推式液压支护台车立面图（尺寸单位：mm）　　图2.3-101　顶推式液压支护台车

②液压支护台车工作原理流程

控制成型隧道变形,考虑的就是如何降低工作状态下盾构机机头对其的影响,因盾构机机头长9m,而每掘进一环为1.5m,故台车按照总长度12m设计,应通过建立有效的联络机制,确保掘进中的盾构机机头始终位于液压支护台车的上方。

台车移动过程中,应充分控制、默契操作顶推油缸,台车两边受力均匀,移动通畅。台车移动至指定里程后,对台车各受力点进行严格操作,使台车牢靠支撑管片。具体按以下三个步骤操作,如图2.3-102所示。

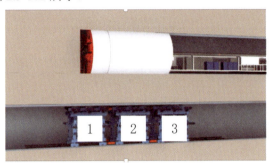

图2.3-102　液压支护台车行走图

a. 1、2号台车间的顶推油缸将1号台车往前推(2、3号台车为反力台车);

b. 1、2号与2、3号台车间的顶推油缸将2号台车往前推(1、3号台车为反力台车);

c. 2、3号台车间的顶推油缸将3号台车往前推(1、2号台车为反力台车)。

(2) 取得的成效

通过采用设计的顶推式液压支护台车,确保了盾构掘进工程中对既有成型隧道的保护,同时又大大减少了对其继续施工的干扰。上跨掘进结束后,对该成型隧道进行复检,未发现管片有错台破损、渗漏的现象发生,证明采用该支护技术能有效起到保护的作用。

3) 新建隧道掘进控制技术

出入线盾构上跨松碧区间掘进,虽然土体已经加固改良,下部已成型隧道有液压支护台车保护,但仍需在方式、参数上较常规设定更加严格。一是对已成型隧道壁后进行全面检测,防止脱空盾构突然栽头;二是控制盾构姿态,避免突然沉降;三是严格控制推力、速度等,防止参数变化大,对土体扰动增大,从而导致成型隧道受到破坏。

(1) 准备工作

盾构掘进前,首先需完成松碧区间上跨区域前后30环管片螺栓的二次复紧工作,复紧程度达到设计要求,起到进一步加固保护的目的,同时需对上跨区域增加一次壁后填充注浆,防止已掘进区域存在空洞;其次在盾构掘进时因该段为5‰的下坡,掘进前需保持前盾抬头掘进,防止出现意外;最后需对设备系统进行一次全面系统的检查,保证上跨掘进过程中机械正常工作。

(2) 掘进参数选择

在盾构掘进参数方面,采用中推力、中速度、调整优化同步注浆配合比的原则,保证盾构顺利掘进。具体操作时,在重叠段掘进前50环严格控制盾构姿态,将姿态控制在0~+30mm进入重叠段区域,减少在重叠段掘进纠偏的问题。土仓上部压力0.08~0.09MPa,全、强风化及旋喷加固地层推力不大于19000kN,出土量控制在50~55m³/环,注浆压力控制在0.25~0.3MPa,注浆量5.5~6m³/环,刀盘扭矩2500~3000kN·m。重叠段主要掘进参数统计分析如图2.3-103~图2.3-105所示。

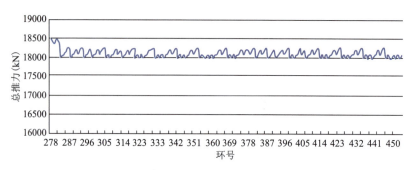

图 2.3-103　重叠段掘进总推力变化曲线

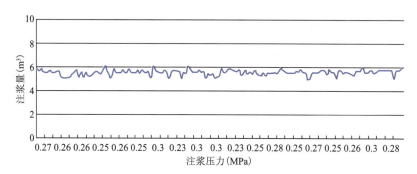

图 2.3-104　重叠段注浆量变化曲线

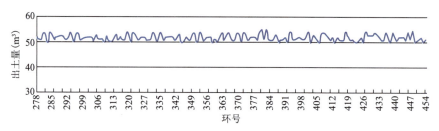

图 2.3-105　重叠段出土量变化曲线

总推力、注浆量、出土量的变化曲线都在控制范围内，变化稳定，表明该段掘进过程控制良好。监测数据也表明该段沉降稳定。说明按照此技术控制取得了良好的效果。

3.6.4　实施效果及小结

出入线区间出线于10月16日～11月20日、右线于10月29日～12月5日顺利完成上跨松碧区间施工。通过与地面加固技术、液压台车支护技术的有效结合，各掘进参数变化平稳，保证了重叠段盾构区间的安全掘进。从监测数据来看，无论是地面沉降，还是洞内管片变形均在有效控制范围内，无管片破损、渗漏现象发生。盾构在淤泥地质条件下，长距离、小间距成功上跨新建成型隧道，为今后类似工程积累了丰富经验。

第4节
盾构穿越建（构）筑物施工关键技术

4.1 福车区间近距离侧穿桥桩基施工技术

4.1.1 工程概况

1）穿越结构概况

11号线11301-1标福田站—车公庙站区间位于深南大道下，起于福田站，终于车公庙站，区间全长2440m。区间盾构左、右线施工时，侧穿新洲立交桥，左线与其最小距离仅3m，如图2.4-1所示。新洲立交桥桥桩为直径1.2m的混凝土灌注桩，桥体易发生变形，其与隧道立面位置关系如图2.4-2所示。

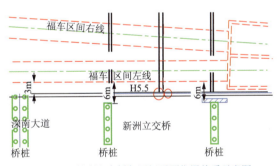

图2.4-1 新洲立交桥与区间平面位置关系示意图

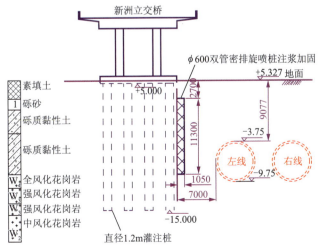

图2.4-2 新洲立交桥桥桩与隧道立面位置关系示意图（尺寸单位：mm）

2）工程水文地质概况

侧穿范围地层自上而下：第四系全新统人工填土（石）、冲洪积黏土、粗砂、砾砂，中更新统残积砾质黏性土，基岩为燕山晚期全、强、中等、微风化岩及碎裂岩，上覆软弱土层厚1～10m。

隧道顶板为砾质黏性土；侧壁为砾质黏性土、全风化岩层，局部为强风化岩层；底板为全、强风化岩层。新洲立交桥桩底处于强风化花岗岩地层。

地下水主要赋存在第四系砂层，全、强、中等风化岩以及碎裂岩孔隙中，上覆隔水层不连续，略具承压性，透水性、富水性好，地下水对混凝土具有微腐蚀性，稳定地下水高程0.08～7.86m。

4.1.2 主要施工难点及风险

从新洲立交桥与区间位置关系图及地质情况可见，盾构侧穿新洲立交桥时存在以下三个主要风险点：一是侧穿新洲立交桥时水平距离最近为3m，可能存在对桥桩产生明显扰动；二是新洲立交桥车流量大，汽车动荷载可能会对盾构施工产生明显影响；三是盾构隧道上方存在较厚砾砂层，地层稳定性差。

4.1.3 盾构侧穿新洲立交桥控制技术

1）新洲立交桥的加固处理

对每个影响范围内的桥桩进行咬合型双管旋喷桩加固，桩径为600mm、桩心间距为450mm。水平加固至桥桩两侧各3m，纵向加固至隧道拱顶以下3m。双管旋喷桩咬合布置如图2.4-3所示。

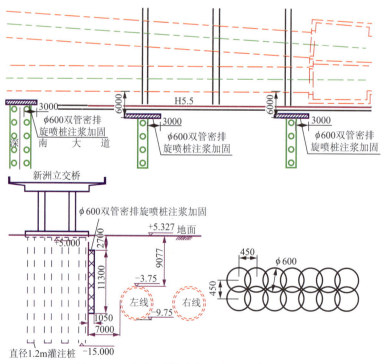

图2.4-3 双管旋喷桩咬合布置图（尺寸单位：mm）

2）侧穿新洲立交桥施工过程控制

（1）掘进参数控制

①土压力

侧穿新洲立交桥，当土压力过大或者过小都会对桥桩基产生不利影响。土仓内的土压力大于地层土压力和水压力时，地表可能会隆起，同时对桥桩基有向外的挤压力；当土仓内的土压力小于地层土压力和水压力时，地表可能下沉，同时桥桩基外侧有向内的挤压力。因此，土仓内的土压力应与桥桩基附近地层土压力和水压力保持动态平衡。停机过程中向土仓中不间断加入已发酵的膨润土（黏度40s），以维持土压稳定不变，保证桩基受力平衡。

②掘进速度

掘进速度过快或过慢都会对土体产生较大的扰动。根据盾构机整体性能，在满足掘进土压力以及同步注浆速度的同时，提高掘进速度，会减小对桥桩基的影响。即尽可能减少施工间歇，从物资供应、设备保障、后勤服务等各方面尽可能保证连续施工，快速稳步穿越风险源。根据盾构机在始发前30环的掘进经验，确定在侧穿新州立交桥桥基时的掘进速度为45～55mm/min，同时保证掘进速度的匀速性。统计侧（下）穿风险源段34～100环掘进速度变化曲线如图2.4-4所示。

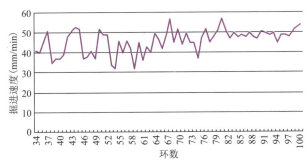

图 2.4-4　34～100环掘进速度变化曲线

③注浆

隧道开挖直径6.28m，管片外径6m，管片宽1.5m，每环理论注浆量4m³。根据地层特点及施工经验，侧穿新洲立交桥过程中注浆量按理论注浆量的130%～150%设定（即5.5～6m³）。

当同步注浆量难以达到5.5m³以上或者同步注浆效果不佳而出现管片漏水或地基沉降等现象时，在盾尾后3～5环利用二次注浆泵随着盾构机的掘进往管片背后注入水泥单液浆。侧穿新洲立交桥过程中注浆点位选取在左上方，注浆控制标准为3bar。统计侧（下）穿风险源段34～100环同步注浆量变化曲线如图2.4-5所示。

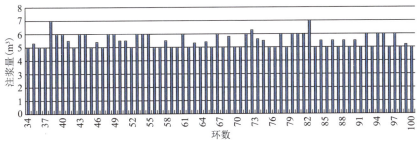

图 2.4-5　34～100环注浆量变化曲线

整个穿越段盾尾同步注浆量均控制在 5m³ 以上，局部控制在 5.5m³ 以上。由于种种原因当同步注浆量未达到 5.5m³ 时，地层的后期沉降较大，为此脱出盾尾后的跟随式二次注浆显得尤其重要。

盾构掘进相关参数见表 2.4-1。

盾构掘进相关参数汇总表   表 2.4-1

项　目	单　位	数　值	备　注
掘进速度	mm/min	45～55	
上部土压	MPa	0.11～0.14	
刀盘转速	N/min	1.3～1.5	
刀盘扭矩	MN·m	≤1.0	
出土量	m³	≤62	膨胀系数按 1.25～1.30 计
泡沫注入压力	MPa	0.30～0.45	
泡沫注入量	m³/环	30	
同步注浆量	m³	5.5～6.0	
同步注浆压力	MPa	≤0.4	
二次注浆		结合监测实际	

（2）盾构姿态控制

盾构侧穿新洲立交桥时，应严格控制盾构姿态，及时有效地纠正推进偏差。根据掌子面情况及时调整掘进参数，调整推进方向时应设置警戒值和限制值。

掘进过程纠偏时，应勤纠缓纠，减少对土体的扰动。每推进一环的纠偏量不超过 5mm，降低管片拼装困难及对土体产生过大的扰动。

盾构推进时，通过调整推进油缸使盾构纵坡尽量接近隧道纵坡，以降低管片拼装困难。当调整盾构及推进油缸编组的方法达不到纠偏要求时，可利用超挖刀调整开挖面大小，以此实行纠偏。

（3）渣土改良

此掘进段地层主要是砾质黏土层，改良以 4 根泡沫管为主，辅以注入水。考虑改良后黏性土体搅拌挤压易成团变干，泡沫发泡倍率设定为 8 左右，单根管的泡沫流量在 200L/min 左右，单环的泡沫总量在 30m³ 左右；同时为防止刀箱及刀盘开口处在高推力挤压过程中结泥饼，主要结合螺旋输送机出土的负荷情况，适当往土仓中加水搅拌降温，改变土体流塑性。

4.1.4　盾构侧穿新洲立交桥监控测量

地表沉降监测点沿监测横断面中轴线按间距 5m 布设，每 30m 布置一个监测横断面。横向地表桩设置在隧道中心轴线两侧 30m 的沉降槽内。对新洲立交桥沉降、倾斜、裂缝监测进行布点，布点不少于 10 个，其中倾斜测点 2 组，每组 2 个测点。

1）监测报警值及预警

根据相关规范及要求，确定新洲立交桥沉降量报警值控制在 −20～+10mm，倾斜警戒值控制在 1/500 以内。盾构区间地面沉降量报警值控制在 -30 ～ +10mm。一旦超出沉降量报警值，即按三级预警管理要求根据预警级别启动相应的应急措施。

2）监测结果

从侧穿开始即建立监测数据实时反馈机制，每天针对反馈的测量数据及时调整土压及注浆参数。选取针对性的 3 个测点，测点位置如图 2.4-6 所示，现简述监测情况。

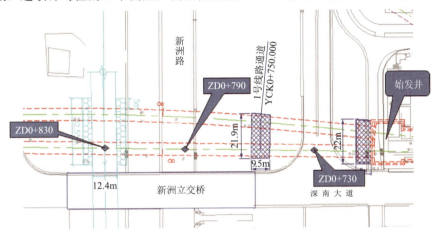

图 2.4-6　测点位置示意图

①测点 ZD0+730 为盾构侧穿新洲立交桥前 30m 一测点，该测点在盾构通过前、中、后的监测数据如图 2.4-7 所示。

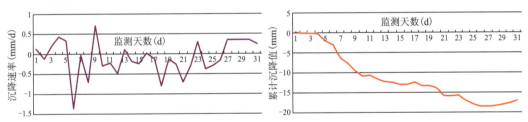

图 2.4-7　测点 ZD0+730 沉降速率（左）及累计沉降量（右）变化曲线

②测点 ZD0+790 为盾构侧穿新洲立交桥过程中一测点，该测点在盾构通过前、中、后的监测数据如图 2.4-8 所示。

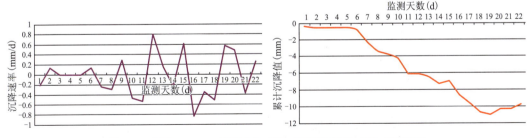

图 2.4-8　测点 ZD0+790 沉降速率（左）及累计沉降量（右）变化曲线

4.1.5　实施效果及小结

新洲立交桥的监测数据表明：提前对桥梁进行加固，并在盾构施工时采取积极的保护措施，最终盾构施工对桥桩基的影响非常小，未对附近环境及交通造成影响。盾构掘进过程中及时对各项参数不断地进行分析、总结和优化，使得盾构机的各项参数达到最佳匹配，最终实现了地表沉降控制在 5mm 以内的目标，取得了良好的社会、经济效益，为以后类似工况积累了宝贵的施工经验。

4.2 红后区间紧邻红树西岸小区重叠隧道施工技术

4.2.1 工程概况

1）隧道线路概况

11 号线 11302 标红树湾站—后海站区间线路大体显东西走向，东起深湾一路，西至前海德三道路口，全长约 2.6km。区间线路出红树湾站后西行，侧穿深圳南山外国语学校与红树西岸小区，下穿沙河高尔夫别墅、深圳湾，经在环北路到达后海站，区间平面图如图 2.4-9 所示。

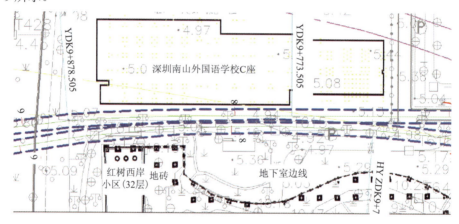

图 2.4-9 区间平面图

盾构隧道里程桩号 YDK9+573.753～YDK9+977.853（ZDK9+573.753～ZDK9+976.053）为红后区间重叠隧道段。重叠隧道段原始地貌为滨海滩涂，部分地段现已填筑或推平，现状为道路、学校和居民小区等，地形平坦，盾构重叠隧道段地面现状如图 2.4-10 所示。

图 2.4-10 盾构重叠隧道段地面现状

盾构以左右线小净距上下重叠隧道在深圳南山外国语学校教学楼和红树西岸小区居民楼间穿过。深圳南山外国语学校教学楼为 20 层框架结构，基础为 $\phi500$ 预应力管桩基础（摩擦桩），长 24~28m 桩基距盾构隧道净距最近处为 3.05m；红树西岸小区居民楼，共 32 层，桩基础为 $\phi1500$ 钻孔灌注桩，扩底 2.9m，桩长 27~36m，嵌入强风化岩长度不小于 2D（D 为桩径，下同）。钻孔扩底灌注桩直径 1900mm，扩底 3.6m，桩长 7~36m，嵌入强风化岩长度不小于 2D，盾构与桩基础的最小净距为 3m。盾构隧道穿越的地层为砾砂层、硬塑状砾质黏性土和全风化粗粒花岗岩，左线埋深 19m，右线埋深 27m。图 2.4-11 为红树西岸小区（32 层）与盾构隧道断面关系示意图。

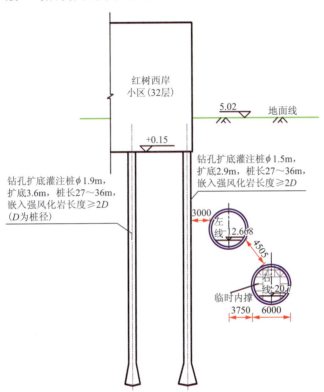

图 2.4-11 红树西岸小区（32 层）与盾构隧道断面关系示意图（尺寸单位：mm）

2）地质概况

区间地层有第四系全新统人工填土（石）、海积淤泥、冲洪积黏土、砾砂，上更新统冲洪积黏土、砾砂，中更新统残积砾质黏性土，基岩为燕山晚期全、强风化岩。地下水主要赋存在第四系砂层，上覆隔水层不连续，略具承压性，透水性、富水性好。地下水水质对混凝土结构具有弱~中等腐蚀性，水文地质与工程地质条件复杂。隧道局部在冲洪积砾砂层中穿越，砾砂层中含有 2~20cm 石英质卵石，地下水水量丰富，上部地层软弱，应严格控制降（排）水，避免地面下沉。

3）地表沉降（隆起）允许值

盾构施工时，一般情况下，区间地表沉降不超过 30mm，地表隆起不超过 10mm，对于空旷地段可以考虑适当放宽该值。

根据《建筑地基基础设计规范》（GB 50007—2011）的规定，周边建（构）筑物最大沉降允许值如下：
（1）砖混结构、条形基础：基础倾斜方向两端点的沉降差与其距离的比值为 0.004。
（2）框架结构、桩基础：$0.002L$，L 为相邻桩基的中心距离（mm）。

4.2.2 工程难点及处理方案

1）工程难点

（1）重叠隧道施工的相互影响分析

根据以往地铁施工经验，在重叠隧道段后施工的隧道（即上部左线隧道），对已有的下部右线隧道有一定的影响，表现为隧道周围土体的竖向移动和结构内力的变化。上部隧道施工将引起下部已建隧道处地层向上的隆起，表现为卸载过程。但因加固土体的作用，这种位移不是太大。同时，已有的下部右线隧道弯矩和轴力减小。由于加固区土体强度与未加固土体性质差异较大，故在其边界附近产生较大应力。

（2）近距离施工对建（构）筑物的影响

周边的红树西岸小区属于高端小区，房屋损坏引起的后期补偿及索赔风险大，紧邻的深圳南山外国语学校教学楼属于施工敏感建（构）筑物，施工期间学生仍正常上课，重叠隧道施工时对盾构施工控制的要求更高。

2）总体施工方案

（1）重叠隧道总体施工顺序

根据以往地铁施工经验，对于红后区间重叠隧道，采用先施工下洞（右线）后施工上洞（左线）的施工工序，具体为：

下部右线隧道施工→对下部隧道周边岩土二次注浆加固→对下部隧道进行临时支撑加固→上部左线隧道施工→左线隧道二次注浆加固→下部隧道临时支撑拆除。

对于红后区间重叠隧道，必须在保证下部右线隧道管片背后注浆饱满的基础上，再进行上行左线隧道的施工。而在上行左线隧道施工过程中，除了正常的施工监测外，将增加对右线隧道变形（位移和收敛）的监测，并根据监测结果，及时调整盾构施工参数。

（2）周边建（构）筑物保护

两幢建筑楼基础均为桩基，根据基础形式、地质情况和桩入土深度，可基本判定深圳南山外国语学校教学楼对地层扰动更敏感，洞外在隧道与深圳南山外国语学校教学楼之间设置一排 $\phi900@700mm$ 三管高压旋喷咬合桩隔离墙，以减少盾构掘进时地层失水固结沉降和对地层扰动引起的沉降，如图 2.4-12 所示。

4.2.3 控制变形技术措施及盾构施工方案

1）房屋沉降变形防治措施

（1）洞外措施

为减少盾构施工对周边建（构）筑物的扰动，在建（构）筑物与隧道之间设计隔离墙，采用三管法旋喷，将水泥浆与压缩空气同时喷射，除可延长喷射距离、增大切削能力外，还可促进废土的排除，减轻加固体单位体积的重量，加固范围为上至淤泥以上 1m，下至隧道底 1m。旋喷桩施工工艺流程如图 2.4-13 所示。

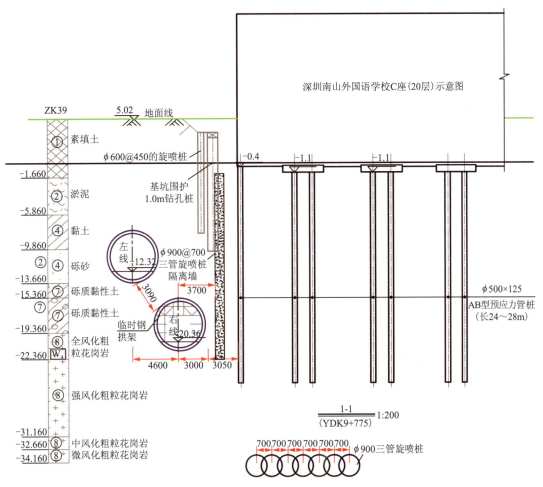

图 2.4-12 旋喷桩隔离墙大样图（尺寸单位：mm）

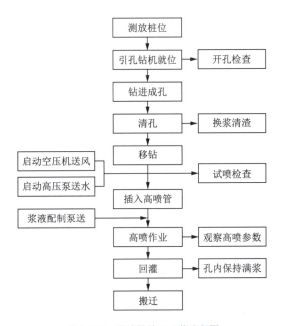

图 2.4-13 旋喷桩施工工艺流程图

（2）洞内措施

提前设置一处换刀点，全面检查盾构机，更换和检查刀具等；加强盾构控制与姿态调整，及时有效地纠正推进偏差，减少对土体的扰动。

右线盾构先通过该区域，加大同步注浆与二次注浆量；右线盾构区间内搭设临时钢架支撑，防止左线盾构通过时产生偏压，对右线盾构隧道造成不良影响。左线盾构通过该区域时加大同步注浆和二次注浆量。

由于左线隧道位于富水的砾砂地层，施工中容易造成喷涌，采取对背后同步注浆二次补充注浆的方式，对管片背后空隙进行密封，能有效防止管片背后汇水通道的形成。施工中，在桥架和1号台车连接位置每隔10m施作二次注浆封水环，二次注浆采用水泥—水玻璃双液浆，注浆压力为 0.2～0.3MPa。

2）重叠隧道衬砌设计调整

先行施工的下部隧道通过有效的壁后注浆和二次注浆后，其周边土体已经加固。然后再通过上部隧道施工过程中采取相应的辅助措施，包括正面土仓压力、出土量、壁后注浆量（二次注浆）、盾构姿态的控制等。为防止下部隧道变形，在盾构进入重叠段前，需在下部隧道内进行临时支撑。为了下部隧道的安全，上部隧道施工前，准备足量的临时支撑，一旦监测发现较大的隧道变形，则对下部隧道进行加强支撑工作。

根据隧道施工的相互影响分析，以及右线隧道自身较大的覆土深度，对红后区间重叠隧道段的衬砌进行必要的设计调整。主要表现为钢筋的调整，即原管片配筋形式由标准块管片内侧 $4\phi20+8\phi18$、外侧 $12\phi16$ 变为 ST 下行隧道内侧 $12\phi22$、外侧 $4\phi20+8\phi18$，SQ 上行隧道内侧 $8\phi20+4\phi18$、外侧 $12\phi16$ 的形式。

3）红后区间下部右线隧道施工

（1）盾构掘进参数

红后区间右线隧道中心覆土厚度为 12～29m。由于穿越软弱地层，采用土压平衡模式掘进。在掘进过程中，首先要保证盾构的顺利推进；其次应在保证地面建（构）筑物安全的前提下，积极调整掘进参数，以快速掘进匀速通过该地层。掘进期间要经常、有计划地检查刀具、刀盘状况。

盾构掘进参数控制：土仓压力 1.2～2.0bar，转速 1.0～1.5r/min，贯入量 15～50 mm/r，扭矩 1200～1500 kN·m，总推力 9000～15000 kN。

（2）洞内保护措施

为保证下部隧道的安全，在下部隧道贯通后，再施工上部隧道。上部隧道施工过程中，在下部隧道设置临时移动保护支架进行支撑。为预防右线隧道出现径向变形，采取隧道内临时架设支撑的控制措施，如图 2.4-14 所示。

（3）下部右线隧道的变形监测及辅助保护措施

为了直观了解左线隧道施工对右线隧道的影响，在左线重叠隧道段掘进时，对下部右线隧道进行直接监测，监测内容包括隧道纵向沉降监测（水准测量）、隧道水平位移监测（全站仪小角度法）、隧道径向变形监测（收敛仪测量）。

根据上述监测信息，采取相应的辅助保护措施。

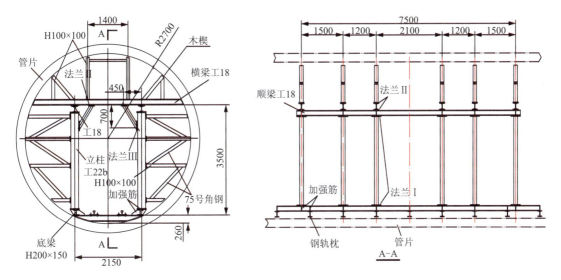

图 2.4-14 临时支撑架设平面图（尺寸单位：mm）

一旦右线隧道出现纵向沉降和水平位移，则采取隧道内选点注浆的措施控制该变形。浆液采用双液浆，配合比和同步注浆浆液相同，注浆量将根据监测信息现场确定，施工程序与隧道内二次注浆相同。

为预防右线隧道出现径向变形，可采取隧道内临时架设支撑的措施控制该变形。为保证下部隧道的安全，在下部隧道贯通后，才能施工上部隧道。上部隧道施工过程中，在下部隧道设置临时移动保护支架进行支撑。本工程采用轮式台车支撑方案。

4）红后区间上部左线隧道施工

（1）盾构掘进参数

左线隧道地质情况主要为黏土、砾砂，隧道中心覆土厚度为 8～18m。其掘进模式和掘进参数，根据覆土厚度的不同而有所不同。

盾构掘进参数控制：土仓压力 0.2～0.5bar，转速 0.8～1.2r/min，贯入量 5～8mm/r，扭矩 1100～1300 kN·m，总推力 9000～12000 kN。

（2）盾构掘进施工措施

根据红后区间地质资料，在地面 ZDK7+383.1～ZDK7+470.1 处有深圳南山外国语学校 C 座（地面 20 层位于隧道北侧）和红树西岸小区（地面 32 层位于隧道南侧）。在掘进过程中，首先要保证盾构的顺利推进，其次要保证地面建（构）筑物的安全，所以需对掘进参数进行调整。在全断面砾砂地层掘进，为保护盾构及其刀具，不宜追求太快的施工进度。在此地层掘进必须控制掘进参数，推力不宜太大，刀盘转数不宜太快，刀具贯入量不宜太深。掘进期间要经常、有计划地检查刀具、刀盘状况。

后施工的左线隧道对右线隧道的影响，主要表现为左线隧道周围土体的竖向移动和结构内力的变化，将引起下部右线已建隧道处地层向上的隆起。所以左线隧道施工时，应避免隧道出现竖向移动和结构内力的变化，严格以土压平衡状态下的土压力计算值为盾构掘进施工的土压设定值，严格以理论出土量为盾构弃土控制值，每环出土偏差不得超过 2m³，避免大幅度的轴线纠偏动作；同步注浆及时、足量，在此地段掘进应加强地面隆降监测，调整盾构掘进参数和注浆压力。

4.2.4 监控测量

1) 地面隆降监测方案

（1）监测点的布设及监测方法

在所设的测试断面上沿监测断面方向每 5m 设一个沉降监测点，点号需与平面布置图中点号一一对应，见图 2.4-15。按《建筑变形测量规范》（JGJ 8—2007）测站高差中误差不大于 0.5mm 的精度要求，按二等水准测量技术要求，用精密电子水准仪、铟钢尺对高程监测网的控制水准点进行逐点量测。

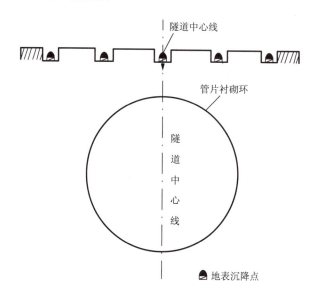

图 2.4-15 地表沉降点埋设图

监控量测管理基准值是根据有关规范、规程、计算资料及类似工程经验制定的，当监测数据达到相应安全限制时，按管理级别采取相应控制措施。安全判别标准见表 2.4-2。

安全判别标准　　　　　　　　　　　　　　表 2.4-2

监测项目	允许值	安全判别标准		
		Ⅲ级管理	Ⅱ级管理	Ⅰ级管理
地表沉降	30mm	10mm 以下	10～30mm	30mm 以上
地表隆起	10mm	5mm 以下	5～10mm	10mm 以上
管线沉降	20mm	10mm 以下	10～20mm	20mm 以上
桩基建筑物不均匀沉降	0.002L	0.001L	0.001L～0.002L	0.002L

注：L 为相邻桩基的中心距离。

Ⅲ级管理——按照施工组织正常作业，按照正常频率进行施工监测，作周报表。

Ⅱ级管理——加密施工监测频率，作日报表，并适当调整施工步序。

Ⅰ级管理——停止施工作业,加强施工监测,作时报表,同时调整施工组织计划,反馈设计,必要时进行设计变更。

(2)监测结果

地表沉降监测结果见表 2.4-3、图 2.4-16。

地表沉降监测结果　　　　　　　　　　表 2.4-3

测点编号	累计沉降值（mm）	测点编号	累计沉降值（mm）	测点编号	累计沉降值（mm）
YCK9+515-1	-19.03	YCK9+605-4	-8.09	YCK9+855-3	-9.88
YCK9+515-2	-26.55	YCK9+605-5	-9.37	ZCK9+900-1	-2.91
YCK9+515-3	-39.70	YCK9+605-7	-5.25	ZCK9+900-2	-5.61
YCK9+515-4	-35.50	YCK9+605-11	-8.23	ZCK9+900-3	-8.91
YCK9+515-5	-36.96	YCK9+605-12	-10.53	ZCK9+900-4	-10.28
YCK9+515-6	-36.36	YCK9+715-1	+3.02	ZCK9+900-5	-10.08
YCK9+515-8	-17.10	YCK9+715-2	+1.28	ZCK9+900-6	-7.70
YCK9+515-9	-14.70	YCK9+715-3	+0.53	ZCK9+900-9	+5.42
YCK9+515-11	-16.32	YCK9+715-4	-6.88	ZCK9+900-10	+8.20
YCK9+515-12	-11.85	YCK9+715-5	-1.05	ZCK9+900-11	+0.68
YCK9+515-13	-10.16	YCK9+855-1	-10.72	ZCK9+900-12	+0.33
YCK9+605-1	-3.18	YCK9+855-2	-12.26		

注:"+"表示测点隆起,"-"表示测点下沉。

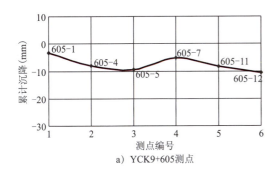
a) YCK9+605测点

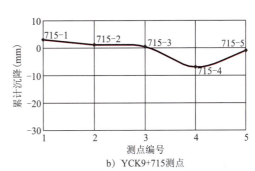
b) YCK9+715测点

图 2.4-16　YCK9+605 及 YCK9+715 断面地表沉降时态曲线

2)管线沉降监测方案

(1)监测点的布设

所有管线的监测点均应布设在管线的端头和有转点的地方,如图 2.4-17 所示。为了取得经验性数据,在试验段影响线范围内的所有管线上均埋设了监测点。在一般盾构段则根据试验段取得的数据综合分析后,以管线调查确定的重点管线为主进行测点的埋设。按二级变形测量精度等级,用精密电子水准仪、铟钢尺等设备,采用与地面沉降监测相同的方法进行量测。

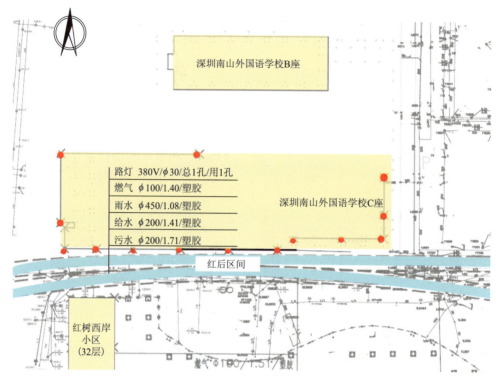

图 2.4-17 管线监测布点图

（2）监测结果

监测结果见表 2.4-4、图 2.4-18。

红后盾构区间管线（燃气）沉降统计表　　　　表 2.4-4

测点编号	累计沉降值（mm）	测点编号	累计沉降值（mm）	测点编号	累计沉降值（mm）	测点编号	累计沉降值（mm）
GX-1	-6.86	GX-5	-7.61	GX-9	-12.01	GX-13	-6.48
GX-2	-10.48	GX-6	-10.14	GX-10	-11.18	GX-14	-4.66
GX-3	-2.57	GX-7	-7.02	GX-11	-8.35		
GX-4	-11.85	GX-8	-6.05	GX-12	-12.09		

注："-"表示测点下沉。

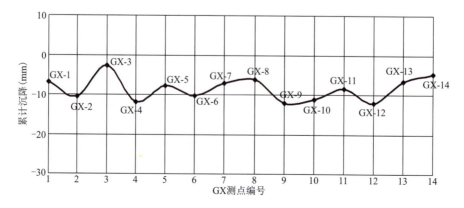

图 2.4-18 管线沉降变形各监测点累计沉降时态曲线

3）地面建筑物沉降、倾斜和水平位移监测

（1）监测点的布设及监测方法

根据建筑物的分布情况分三类进行布设：第一类为重点监测建筑物、预加固处理的建筑物等；第二类为重要建筑物，指位于隧道正上方的建筑物；第三类为一般性建筑物，指隧道施工影响较小，只在隧道施工影响线范围内的建筑物。所有监测点必须埋设牢固可靠。

①对于第一、第二类建筑物，视建筑物规模、形状，在建筑物的四角、大转角处沿外墙10～15m或每隔2～3根柱基上埋设监测点。

②对于第三类建筑物，只在建筑物相邻的三个屋角埋设监测点。

本标段建筑物主要为隧道施工影响线范围内的一般性建筑物，即第三类建筑物。监测点布置如图2.4-19、图2.4-20所示，在红树西岸小区建筑物处共设置6个监测点，在深圳南山外国语学校建筑物处共设置20个监测点。沉降监测按二级变形测量精度等级用精密电子水准仪、铟钢尺进行量测。与地面沉降共用高程监测控制网。

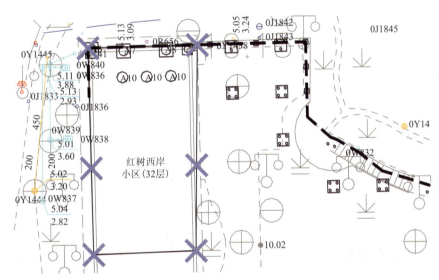

图2.4-19 红树西岸小区建筑物监测点布置图

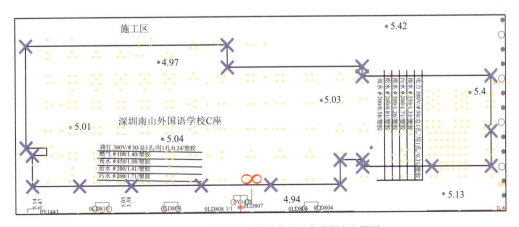

图2.4-20 深圳南山外国语学校建筑物监测点布置图

（2）监测结果

监测结果见表 2.4-5、图 2.4-21 和图 2.4-22。

建筑物沉降监测结果　　　　　　表 2.4-5

测点编号	累计沉降值（mm）	测点编号	累计沉降值（mm）	测点编号	累计沉降值（mm）
红后盾构区间红树湾西岸小区围墙					
WQ-1	-5.18	WQ-3	-5.61	WQ-5	-2.74
WQ-2	-5.43	WQ-4	-5.72		
红后盾构区间深圳外国语学校建筑物					
J-W-1	-8.23	J-W-5	-7.82	J-W-10	-8.07
J-W-2	-7.26	J-W-7	-7.92	J-W-11	-7.63
J-W-3	-5.97	J-W-8	-7.86	J-W-12	-7.65
J-W-4	-8.50	J-W-9	-8.49	J-W-13	-8.19

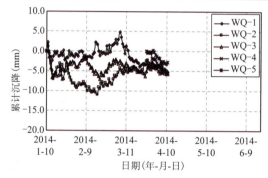

图 2.4-21　红后盾构区间红树西岸小区围墙累计沉降监测曲线

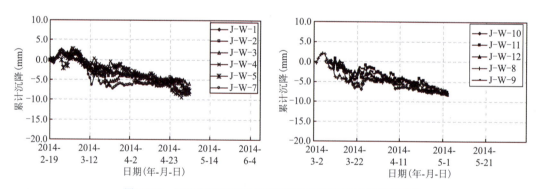

图 2.4-22　红后盾构区间深圳外国语学校建筑物累计沉降监测曲线

4.2.5　实施效果及小结

11 号线红后区间盾构于 2014 年 4 月左右线安全顺利通过红后区间紧邻红树西岸小区重叠隧道。针对重叠隧道间距小、周边建（构）筑物复杂、隧道距离建（构）筑物距离近等情况，采取了一系列针对性措施，克服了种种困难。过程中及时对各项参数不断进行分析、优化和总结，使得盾构机的各项参数达到最佳匹配，最终地表沉降及建（构）筑物沉降有效控制在允许范围内，取得了良好的社会、经济效益，为今后类似工况积累了宝贵的施工经验。

4.3 车红区间浅覆土下穿车辆段施工技术

4.3.1 工程概况

1）穿越车辆段概况

11号线车公庙站—红树湾站盾构区间小里程段，全长3.5km；区间自盾构始发井始发向东掘进，过中风井后向北掘进，在白石路与侨城东路交叉处进入1号线竹子林车辆段。左线在里程ZDK5+866.7～ZDK5+405.5处下穿竹子林车辆段，穿越长度461.2m；右线在里程YDK5+913.3～YDK5+450.7处下穿竹子林车辆段，穿越长度462.6m。车红区间隧道与竹子林车辆段平面位置关系如图2.4-23所示。

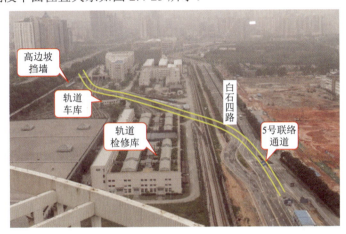

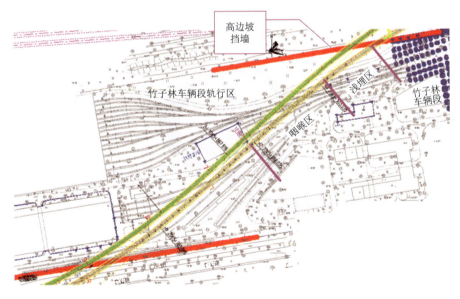

图2.4-23 车红区间隧道与竹子林车辆段平面位置关系示意图

1号线竹子林车辆段是负责列车车辆的调度、整备、停放及检修保养的重要工作场地，期间盾构将侧穿车辆段改造工程、检修库，下穿轨道车库、混合变电所、咽喉区轨道线、浅埋段、北边高边坡挡墙及轨道接触网立柱，如果盾构机在下穿期间控制不当，将

图 2.4-24　竹子林车辆段地面环境

会导致1号线停运，对整个深圳的交通产生重大影响。竹子林车辆段地面环境如图2.4-24所示。

2）车辆段咽喉区概况

（1）与隧道的位置关系

竹子林车辆段咽喉区主要为多条轨道的道岔结合点，如图2.4-25所示。区间右线隧道在里程YCK5+636.9～YCK5+550段从咽喉区正下方穿越，穿越长度约86.9m，此处隧道埋深约7.2m；左线隧道在里程ZCK5+624～ZCK5+497.5段从咽喉区正下方穿越，穿越长度约126.5m，此处隧道埋深约7.5m。

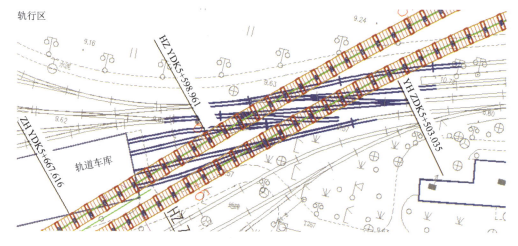

图 2.4-25　区间隧道与竹子林车辆段咽喉区平面位置关系示意图

（2）施工影响

盾构通过的咽喉区是机车轨线道岔变轨区域，机车运行相对密集。盾构掘进过程中，如果掘进参数控制不到位，造成地表沉降，则将对整个运营段的车辆产生较大的影响；同时，由于通过此区域的机车较多，地表承受的荷载也较大，故控制地表沉降、防止轨道不均匀沉降是施工控制的重点。

3）浅埋段与高边坡挡墙概况

（1）工程概况

区间右线隧道在YCK5+515.9～YCK5+443.28段进入浅埋和高边坡挡墙段，穿越长度约72.62m；区间左线隧道在ZCK5+490.85～ZCK5+393.15段进入浅埋和高边坡挡墙段，穿越长度约97.7m。如图2.4-26、图2.4-27所示。此段隧道覆土只有5.03～6.7m，不足1倍的洞径，属于浅埋隧道。地表环境为闲置绿地。竹子林车辆段北侧高挡墙墙高约8.75m，厚450～700mm，基础为ϕ1000泥浆护壁钻孔灌注桩，有效桩长大于10m。

（2）施工影响

盾构通过浅埋段时对地表的影响十分明显，需要控制好土压防止击穿地表；同时，从浅埋段向高边坡挡墙段过渡，需要及时提高土压，否则会由于土压过低而导致地表塌陷，因此需要合理地选择土压调整变动的结合点。

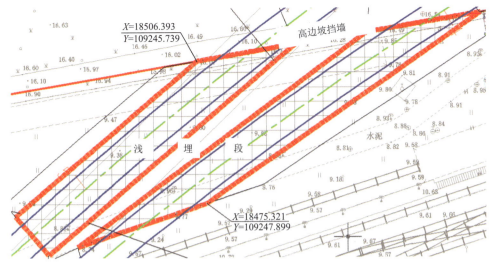

图 2.4-26　隧道通过浅埋段与高边坡挡墙平面示意图

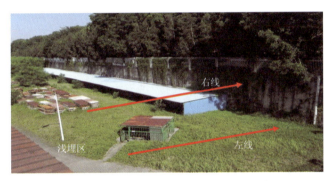

图 2.4-27　隧道通过浅埋段与高边坡挡墙地表情况

4）地质情况

地铁隧道下穿竹子林车辆段埋深由 12.5m 向 5.03m 过渡，地层自上向下依次为①$_1$素填土、④$_1$黏土、④$_{11}$砾砂、⑦$_{11}$砾质黏性土（可塑状）、⑦$_{12}$砾质黏性土（硬塑状）、⑧$_1$全风化粗粒花岗岩、⑧$_2$强风化粗粒花岗岩。隧道开挖范围内主要地层为⑦$_{11}$砾质黏性土（可塑状）、⑦$_{12}$砾质黏性土、⑧$_1$全风化粗粒花岗岩，隧道顶部主要地层为⑦$_{11}$砾质黏性土（可塑状），部分地段为④$_{11}$砾砂。地质情况详见图 2.4-28、图 2.4-29。

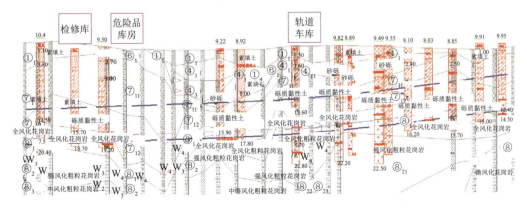

图 2.4-28　穿越车辆段段左线地质剖面图

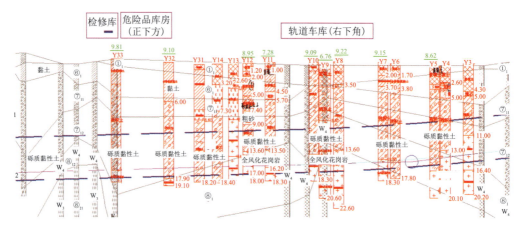

图 2.4-29 穿越车辆段右线地质剖面图

4.3.2 施工难点

（1）监测控制标准高，有效的沉降控制难。

下穿车辆段施工监测控制标准高，地表、接触网立柱、既有轨道、建造物沉降控制标准均为10mm，比一般地段控制标准高，对盾构掘进各参数的选择要求较高。

沉降控制的关键之一是开挖面的稳定控制。开挖面稳定的控制是个系统控制过程，涉及土压力控制、出土量控制、渣土改良控制等掘进参数的控制和优化，而掘进参数优化的基础又来源于施工过程中对沉降数据的分析、沉降规律的掌握、土压波动的控制程度和稳定程度的评估等，是一种动态的施工控制过程。应总结到达车辆段前的掘进参数，以此来指导施工，并在过程中不断的优化。

（2）隧道埋深由12m向5m过渡，土仓压力合理选择和及时调整较难。

由于隧道线路坡度较大，隧道埋深由12m向5m过渡，土仓压力控制和及时调整是掘进控制的重点。如果土压设置不合理，土压设定不能根据埋深及时地进行调整，土压设置过高，将造成地面隆起，严重时将击穿地面，造成地面冒浆；土压设置偏低，土渣量增加，将造成地面沉降，严重时发生塌陷。

（3）长距离穿越，地面建筑物复杂，掘进控制难，过轨道咽喉段风险较大。

本区间下穿竹子林车辆段左右线各460多米，穿越距离长，先后通过车辆段改造工程、检修库、轨道车库、混合变电所、咽喉区轨道线、浅埋段、北边高边坡挡墙及轨道接触网立柱等，地面建造物复杂，有效地控制其沉降较难。

车辆段咽喉区主要为多条轨道的道岔结合点，是机车通往车库的轨线道岔变轨区域，若此区域轨道出现问题，将使1号线所有车辆无法入库或从车库驶出，位置极为关键。区间右线隧道穿越咽喉段长度约86.9m，左线隧道穿越咽喉段长度约126.5m。此处埋隧道深10～7.2m。

（4）浅埋段掘进易造成地面隆起、冒浆，甚至塌陷，掘进控制难。

隧道埋深最浅为5m，不足1倍的隧道开挖直径，地层以素填土和砾质黏性土为主，地质稳定性差，开挖风险较大，易造成地面隆起、击穿地面，甚至塌陷，掘进控制难。

（5）高边坡挡墙前后高差大，施工风险大。

盾构斜穿高边坡挡墙，其高度7m，与浅埋段高差相距较大，如果掘进控制不当，将造成高边坡挡墙向内侧倒塌，或者击穿地面，甚至坍塌。

（6）穿越段部分土体为黏性土，渣土改良是控制的重点。

穿越时掌子面部分地层为黏土地层，掘进过程中容易出现诸如堵仓、糊刀盘、刀具异常损坏等诸多问题，造成施工无法正常进行。掘进过程中控制好掘进参数、做好渣土改良是控制的重点。

4.3.3 关键技术

1）施工前措施

（1）地质补勘

为准确了解下穿竹子林车辆段的地层情况，在开工前期对此段进行了钻孔补勘。经过芯样对应比对，地质补勘查明的地质情况与设计详勘查明的地质情况吻合，盾构段部分地段位于可塑和硬塑状砂质黏性土、全风化和强风化地层中，未见异样地质。

（2）咽喉段扣轨加固

拆除部分轨道和接触网等设施后进行地面加固对1号线运营的影响较大，故为保证咽喉段轨道稳定性，确保盾构隧道施工不影响地面车辆段的正常运营，在盾构通过前对咽喉区轨道进行扣轨加固处理，并对轨道进行全面整修，轨道扣件拧紧，轨距、水平调正；对碎石道床及时进行补渣。咽喉段扣轨平面布置见图2.4-30。左右线咽喉区进行扣轨加固的共有9股轨道，累计长度650m，包含道岔8个。

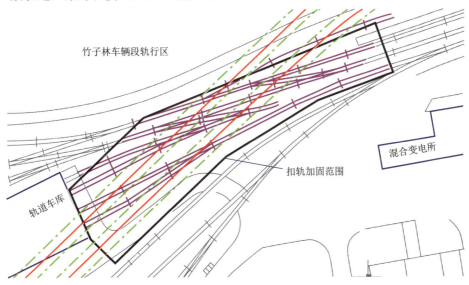

图2.4-30 咽喉段扣轨平面布置图

扣轨方式：扣轨轨道采用43kg/m的钢轨，沿每条轨道纵向在左、中、右布置3道平行于线路方向的纵向扣轨，并将扣轨与轨枕以扣件连接固定；扣轨两层，上层1扣2，纵轨每隔1.2m用U形箍绑紧一次。咽喉段扣轨剖面图见图2.4-31，咽喉段扣轨施工现场见图2.4-32。

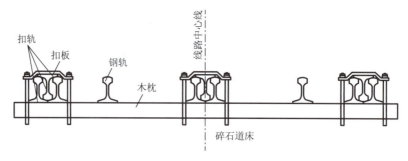

图 2.4-31　咽喉段扣轨剖面图

图 2.4-32　咽喉段扣轨施工现场

扣轨拆除，待左右线盾构机通过此咽喉段区域 2 周后，地表及轨道监测情况稳定，再对扣轨进行拆除，并按要求对碎石道床进行补渣填实，并继续进行施工监测。

（3）浅埋段地面加固

浅埋段最小隧道埋深只有 5m，盾构通过时容易冒顶和击穿地面。首先进行袖阀管注浆加固，平面加固范围为隧道边线外 1.5m，竖直方向为隧道中线至顶板以上 2m 范围，孔间距 2m×2m。注浆浆液采用双液浆，水灰比 0.5:1～1:1，水玻璃采用 35°Bé，双液浆凝结时间为 50～60s；注浆压力 0.5～1.5MPa，注浆扩散半径为 1～1.2m。注浆完成后在地面铺设 $\phi 8@150mm×150mm$ 的钢筋网，浇筑 20cm 厚 C20 混凝土硬化，硬化完成后进行袋装土堆载，增加地面荷载，堆载高度 3m。浅埋段注浆加固剖面图见图 2.4-33，浅埋段注浆加固现场见图 2.4-34。

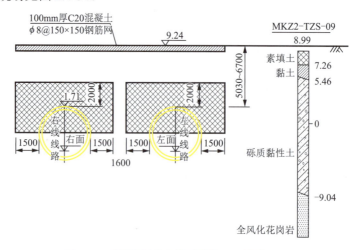

图 2.4-33　浅埋段注浆加固剖面图（尺寸单位：mm）

（4）高边坡挡墙加固

竹子林车辆段北侧高边坡挡墙墙高约 8.5m，厚 450～700mm，基础为 ϕ1000 泥浆护壁钻孔灌注桩，有效桩长 10m。高边坡挡墙前后高差较大，如果掘进控制不当，将造成高边坡挡墙向内侧倒塌，或者击穿地面，导致地面坍塌。

图 2.4-34　浅埋段注浆加固现场

在高边坡挡墙内侧设置混凝土挡墙支撑，起到顶推防止往内侧倒塌的作用，混凝土框架支撑与高边坡挡墙非刚性连接，以避免由于地面沉陷后拉垮挡墙，支撑挡墙截面尺寸为 0.5m×3.5m，间距 2m。高边坡挡墙支撑及浅埋段加固见图 2.4-35，高边坡挡墙支撑加固及地面硬化见图 2.4-36。

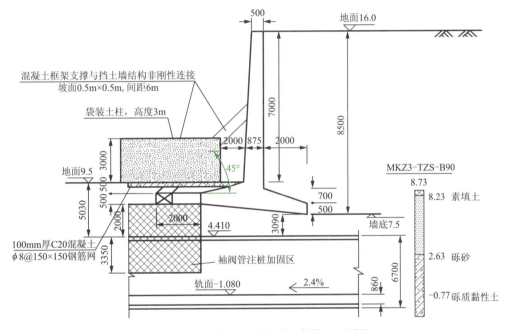

图 2.4-35　高边坡挡墙支撑及浅埋段加固示意图（尺寸单位：mm）

图 2.4-36　高边坡挡墙支撑加固及地面硬化

（5）穿越前设备检修

在穿越竹子林车辆段前，制订了详细的设备检修计划，以对盾构机及后配套设备进行一次全面、细致的检修,如图 2.4-37 所示。重点对盾构机的同步注浆系统、二次注浆设备、控制电路及液压系统、龙门吊制动系统、行走系统、电瓶车制动及电路进行检修,确保盾构穿越孤石前所有设备均处在最佳的工作状态,能 24h 连续推进。在穿越期间加强对整个设备系统的检修和保养工作,防止由于设备故障而造成长时间停机。

a)开仓换刀

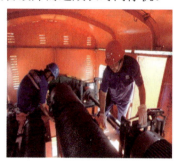
b)设备检修

图 2.4-37　盾构到达前开仓换刀及设备检修

2)掘进过程控制

盾构穿越竹子林车辆段施工应遵循"连续掘进,匀速通过"的原则,选用施工经验丰富的主司机、专业水平较高的土木技术值班人员,动态优化调整主要掘进参数(如土仓压力、推进速度、刀盘转速和推力等),做好渣土改良,控制出土量,加强盾构的同步注浆,盾构掘进参数统计见表 2.4-6。

盾构掘进参数统计表　　　　　　　　　　表 2.4-6

序　号	项　目	参　数
1	推进速度(mm/min)	50～70
2	刀盘转速(r/mim)	1.5～1.7
3	刀盘扭矩(kN·m)	550～620
4	总推力(kN)	13000～14000
5	顶部土仓压力(bar)	0.6～1.4
6	注浆量(m³)	7～7.5
7	注浆压力(bar)	2.0～3.0
8	出土量(m³)	80～90
9	螺旋输送机转速(r/mim)	8～12
10	螺旋输送机压力(bar)	50～70
11	铰接油缸压力(bar)	80～100
12	渣土温度(℃)	28～30
13	泡沫剂(L)	60
14	盾尾油脂(kg)	40
15	加水量(m³)	3～5

(1)土压

由于隧道埋深由 12m 向 5m 过渡,土仓压力控制和及时调整是掘进控制的重点。在分区控制管理的基础上,根据隧道覆土深度将每环的土仓压力进行了计算和明确,并使实际土压值比计算值高 0.1bar 左右,即使盾构机通过时,地表表现为适当的隆起;在浅埋段实际土压值与理论计算值保持一致，且掘进过程中结合自动化监测情况，由技术人员专门负责监控每一环地面监测情况，并根据地表监测情况动态调整，做到信息化施工。掘进过程中土压保持均匀性，土压波动控制在 ±0.05bar 范围内，防止忽高忽低。土压变化曲线如图 2.4-38 所示。

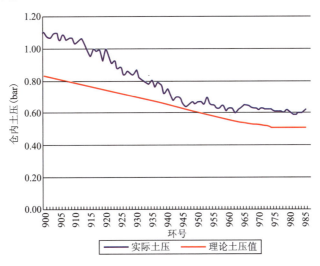

图 2.4-38　土压变化曲线

（2）渣土

掘进过程中对出渣量进行动态控制，合理控制每个掘进段落的出渣量，尽量将其波动控制在最小的范围内，以确保开挖面的稳定。出渣量按 5 车余 100mm 油缸行程进行控制，即每掘进油缸行程 280mm，出渣 1 车；每环出渣 85m³。根据地质情况及掘进过程中的加水和土压情况，对出渣量进行适当的调整。下穿竹子林车辆段出渣量 80～90m³，出渣量统计详见图 2.4-39。

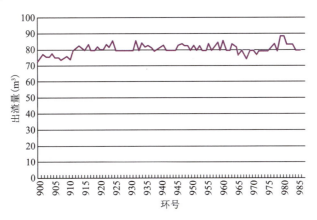

图 2.4-39　出渣量统计

（3）掘进速度

盾构下穿时，遵循"连续掘进、匀速通过"的原则，选择适宜的掘进速度。掘进速度过快，若出渣不及时，则易造成土压增大，导致前方隆起；掘进速度过慢，则给地层充分的时间进行应力释放，延长了对地层的扰动时间，将引起较大的地层位移。因此，掘进时需选择适宜的速度保证在下穿竹子林车辆段时均匀快速通过，把对地层的扰动降至最小。

下穿竹子林车辆段掘进速度为 50～60mm/min，掘进速度统计详见图 2.4-40。

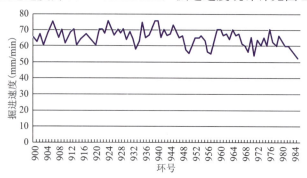

图 2.4-40　掘进速度统计图

（4）同步注浆

本区间每环理论注浆量为 4.5m³。根据此段地质情况，基于对地表、轨线及建筑物沉降的控制，既要防止注浆压力过大造成地表隆起，又要防止因注浆量不足造成后期沉降超限。为保证同步注浆效果，注浆压力控制在 2～3bar，注浆量 7～7.5m³，同时调整砂浆配比，缩短砂浆初凝时间（初凝时间 4h 左右），有效控制后期地表沉降。注浆过程中必须保证 6 管同时注浆，注浆速度与掘进速度同步。注浆量统计详见图 2.4-41。

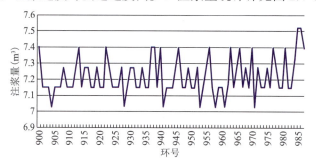

图 2.4-41　注浆量统计图

（5）总推力

在正常掘进状态下，总推力与掘进速度之间近似呈线性关系。推进速度越快，对应的总推力就越大。总推力依据掘进速度而定，但同时因刀具磨损、刀盘糊刀及铰接压力、拖车拉力、土仓压力大等问题，会影响推力与速度的关系。当推力超过 15000kN 时，应停止掘进，分析原因。下穿竹子林车辆段总推力为 13000～14000kN，总推力统计详见图 2.4-42。

图 2.4-42　总推力统计图

（6）刀盘扭矩

刀盘扭矩是盾构正常掘进的关键参数，刀盘扭矩过小，不能使滚刀进行转动，造成滚刀偏磨；刀盘扭矩过大，对刀具的损伤也较大，同时也是掘进异常的重要表现，直接影响掘进速度。掘进时应密切关注刀盘扭矩情况，控制刀盘扭矩。盾构下穿竹子林车辆段时刀盘扭矩为 550～620kN·m，刀盘扭矩统计见图 2.4-43。

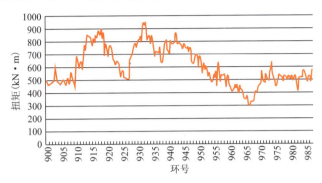

图 2.4-43　刀盘扭矩分析图

（7）刀盘转速

为减少对土体的扰动，较小对既有线结构的扰动，保证开挖面的稳定，应适当降低刀盘转速。下穿竹子林车辆段刀盘转速为 1.5～1.7r/min，刀盘转速分析详见图 2.4-44。

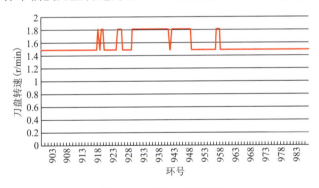

图 2.4-44　刀盘转速分析图

（8）渣土改良

渣土改良是保证盾构施工安全、顺利、快速的一项不可或缺的重要技术。渣土改良可以使渣土具有良好的流动性，可以有效防止渣土黏结刀盘而产生泥饼；可使渣土具有较好的土压平衡效果，利于开挖面的稳定；可使切削下来的渣土顺利快速地进入土仓，利于螺旋输送机顺利排土，并可以防止或减轻螺旋输送机排土时的喷涌现象；可以降低刀盘扭矩，降低对刀盘、刀具和螺旋输送机的磨损。下穿竹子林车辆段时，泡沫每环平均用量约为 60L。

（9）渣土温度

渣土温度是土仓内渣土状态的一个重要参数。渣土温度升高，是土仓内堵仓、刀盘结泥饼、糊刀的先兆，将严重影响正常掘进。掘进时应勤量渣温。当渣温升高 2℃时，应立即检查加水系统、泡沫系统是否完好；当渣温超过 35℃时，应立即停机，找到原因后，再恢复掘进。下穿竹子林车辆段渣温控制在28～30℃。

(10) 姿态控制和盾构间隙

盾构掘进时应进行严格的线路控制和姿态控制。姿态调整遵循"及时、连续、限量"的原则，姿态调整不宜过大、过频，应减少纠偏，避免较大纠偏造成对土体的超挖和扰动。盾构推进过程中，盾构姿态不好易造成盾尾处漏浆、地面沉降。因此，在盾构穿越期间，应确保盾构推进轴线与设计轴线相吻合，姿态调整控制在±50mm的范围内。

根据线路设计情况，严格控制4个分区推进油缸及铰接油缸行程差。合理进行管片选型，使管片姿态与盾构姿态相吻合，防止盾尾间隙过小造成管片错台。

(11) 管片拼装

①首先进行盾尾间隙的测量，然后根据油缸行程、线路、盾构姿态及趋势进行管片类型（直环、左转环、右转环）的选择及K块位置的选择。

②管片拼装前，应检查管片、止水胶条有无破损情况，清理止水胶条上的泥沙等杂物（包括已拼装和待拼装的管片），清理盾尾内沉积的泥沙和污水。

③拼装时，操作拼装机尽量柔和，防止管片之间剧烈撞击而损坏止水胶条和管片。纵向和环向管片平面应平整，不错台。在整环拼装完成后，要对整环管片的螺栓用风动扳手进行紧固。下一环掘进900mm后、1700mm前，即在倒数第二环管片脱出盾尾前再次进行管片螺栓的复紧。

下穿段整个成型隧道管片无错台、无漏水、无破损，成型质量良好。

(12) 二次补充注浆

盾构通过期间，根据施工监测情况，对地面沉降、接触网立柱、轨道沉降等超出允许值的位置，通过管片注浆孔对管片壁后进行二次补强注浆，填充同步注浆的残留空隙及加固密实隧道周围土体，达到控制后期地表及接触网立柱沉降的目的。二次注浆浆液可以采用单液浆和双液浆。二次注浆压力控制在0.2～0.4MPa。

3) 掘进控制管理

(1) 技术方案保障

在盾构穿越前，根据竹子林车辆段地表环境及地质情况，编制切实可行的施工方案和应急预案，并在下穿前由监理单位组织建设单位、设计单位、勘察单位召开下穿施工筹备会，确保施工方案、应急预案全面、实用、有较强的指导意义。

(2) 车辆段区段划分及人员组织

根据竹子林车辆段地表环境和隧道埋深，对车辆段进行区段划分管理（见图2.4-45），以便更加有效地指导盾构掘进施工。对穿越期间要经过的所有建筑物及地表设施的起止里程（或者环号）进行确定，确定各个建筑物关键控制点，并对重要程度进行划分。对作业人员进行施工技术交底，确保关键控制点能够传达至每一位作业人员；做好人员的组织安排，确保能连续施工。

(3) 信息化施工

建立明确、有效的监测信息反馈机制，确保穿越期间监测信息的有效传递。在盾构穿越竹子林车辆段的过程中，每半小时进行一次自动化变形监测，并将监测数据迅速地传送给技术人员。技术人员对地面监测数据进行综合分析，得出结论后及时通过电话传达给盾构工作面，指导盾构施工参数的设定，然后再通过地面变形量的监测进行效果的检验，从而反复循环、验证、完善，保证施工过程安全。

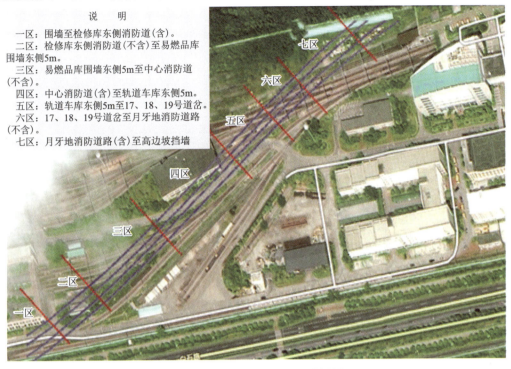

图 2.4-45　过竹子林车辆段区段划分图

（4）掘进控制管理

为加强掘进管理，根据本标段的实际情况，项目部编制了切实可行的《盾构值班工程师细则》《盾构主司机操作细则》《盾构施工汇报和报警制度》《盾构穿越车辆段概况和管理办法》等相关制度，确保了盾构掘进施工的可控。

（5）地面24h巡视

在盾构下穿竹子林车辆段期间安排2人进行24h不间断地表巡视，并对每天盾构到达的位置进行标识，见图2.4-46。若发现异常情况，则及时进行上报。

（6）应急措施

根据既有线结构现状，对盾构机通过竹子林车辆段时对既有线可能造成的伤害，编制针对性的应急预案。根据应急预案成立应急小组，并对应急小组人员及施工人员进行专业的安全培训；相应的应急物资准备充分，并存放在指定位置。

根据应急预案启动领导值班制，建设单位、运营单位、监理单位、监理管理单位、

图 2.4-46　盾构到达位置地面标志

施工单位联合现场值班，确保24h各单位有1名领导及10名应急人员现场备班，对可能发生的异常情况能够第一时间进行处理。

4）监控量测分析

针对下穿段主要采取了施工监测和既有线自动化监测来实时监控地表、轨道、接触网立柱及高边坡挡墙沉降，通过信息反馈及时调整相关掘进参数。

通过地表变形监测结果（见图2.4-47～图2.4-49）可以看出，盾构机通过时，刀盘前方表现为微隆起，但基本控制在10mm以内，对轨道及接触网立柱无明显影响。

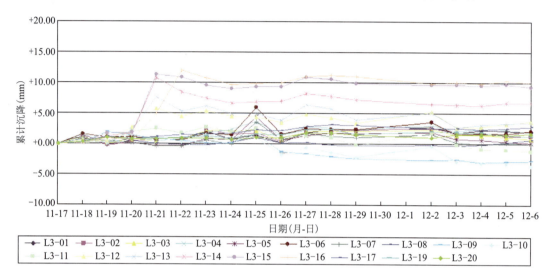

图2.4-47 自动化监测3号轨道监测点沉降变化曲线

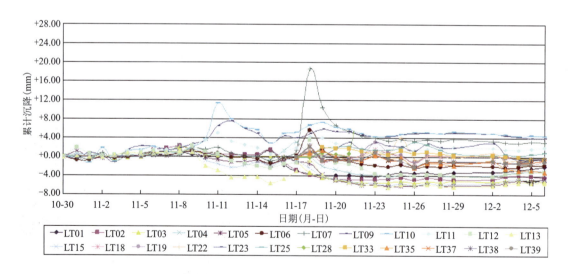

图2.4-48 自动化监测沉降板监测点沉降变化曲线

盾构机通过后隆起量适当回落，整体表现为隆起，最大沉降-8.87mm，沉降控制说明同步注浆及二次补充注浆参数控制得当。浅埋段，土压及同步注浆对地面的影响比较敏感，为确保安全通过，造成了地表适量隆起，并未对轨道产生严重影响，未影响车辆段的正常运营。

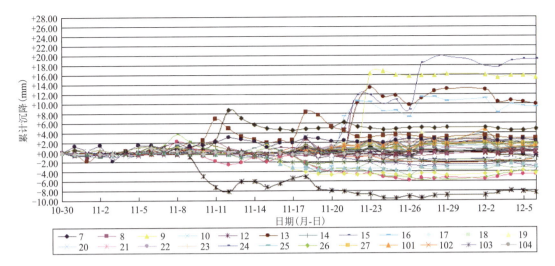

图 2.4-49 自动化监测接触网立柱监测点沉降变化曲线

4.3.4 遇到的主要问题及处理措施

2013年11月22日左线盾构机掘至927环时，对应的盾尾921环地表位置出现隆起，后来逐渐升高，最大隆起22mm。921环位置已经通过轨道咽喉段，进入浅埋段。经分析，判断为921环已位于浅埋段，同步注浆压力较大，在注浆过程中，造成地面的隆起。经分析研究采取了以下处理措施：

（1）减小底部注浆流速，降低同步注浆顶部的注浆压力，提高底部及中部的注浆压力，注浆压力1～3bar，保证总注浆量不变，注浆量6.5～7.5m³，防止注浆量不足，造成后期沉降。

（2）适当降低顶部土仓压力，降低0.1bar，减少土压对地面的冲击力。

（3）统计每一环的隧道埋深，分别计算每一环的顶部土压力，并根据每一次的自动化监测情况，及时的进行调整。

4.3.5 实施效果及小结

经过周密安排、严格管控、精心组织，通过34d的连续施工，车公庙站—红树湾站盾构区间左右线安全顺利地穿越1号线竹子林车辆段。通过过程中，采取了一系列针对性措施，克服了种种困难。过程中及时对各项参数不断地进行分析、优化和总结，使得盾构机的各项参数达到最佳匹配，最终地表沉降及建（构）筑物沉降有效控制在允许范围内，穿越车辆段后，地表的车辆段改造工程、检修库、轨道车库、混合变电所、咽喉区轨道线、浅埋段、北边高边坡挡墙及轨道接触网立柱沉降均控制在10mm以内，保证了地铁机车的正常通行，未对车辆段的运营产生任何不良影响，取得了良好的社会、经济效益，为今后类似工况积累了宝贵的施工经验。

第 5 节
盾构穿越水体关键施工技术

5.1 红后区间下穿深圳湾海域施工技术

5.1.1 工程概况

1）基本概况

11 号线红树湾站—后海站区间全长约 2.6km，区间线路出红树湾站后西行，下穿深圳湾，经环北路到达后海站。区间线路由直线段和曲线段构成，线路最小曲线半径 650m，线间距 9.0～32.4m；隧道最大纵坡 28‰、最小纵坡 2‰，隧道埋深 17.4～35.0m。区间线路如图 2.5-1 所示。

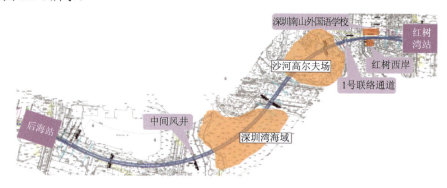

图 2.5-1 区间线路示意图

盾构区间为圆形隧道，采用通用型管片，管片外径 6.0m、内径 5.4m，厚度 300mm，宽度 1.5m，分块数为 6 块。两台盾构机（内径 5.4m）从红树湾站始发，后海站接收，区间约 460m 位于海域。盾构过海域段线路及地面现状如图 2.5-2、图 2.5-3 所示。

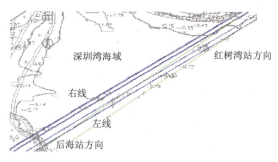

图 2.5-2 盾构过海域段线路图

图 2.5-3　盾构过海域段地面现状图

2）地质概况

隧道下穿海域段原始地貌为滨海滩涂，现状为后海海域，水深 0～2.5m，隧道埋深 17.5～33.5m，自上而下揭露的地层有海积淤泥、含有机质砂，上更新统冲洪积砾砂，中更新统残积砾质黏性土，燕山晚期全风化岩，局部有构造岩。海域段地质情况详见图 2.5-4、图 2.5-5。

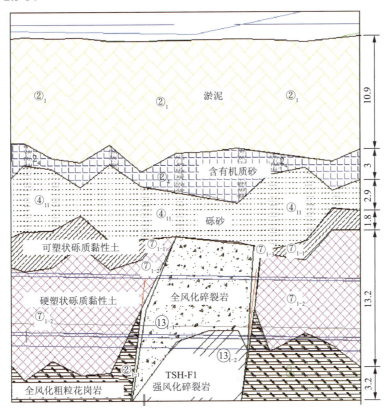

图 2.5-4　海域段地质断面图（尺寸单位：m）

图 2.5-5　海域段地质勘查芯样图

地下水主要赋存于第四系砂层中，上覆隔水层不连续，略具承压性，透水性和富水性良好，水量丰富。地下水水质对混凝土结构具有中等腐蚀性，水文地质条件较复杂。隧道下穿海域部分地下水补给充沛，上覆砂层厚度大，透水性好，地下水与海水有一定水力联系，且不排除砂层局部侵入结构底板的可能性，施工时应考虑其不利影响，做好隔水，避免海水侵入隧道，特别是隧道穿越 TSH-F1 断层破碎带地段地下水十分丰富。

5.1.2　盾构下穿深圳湾海域风险分析

1）潮汐变化对盾构施工的影响

根据潮汐观测资料，海水深 2～5m，历史最高水位 2.66m，最低水位 -1.56m。深圳湾海域 2014 年潮汐时刻表见表 2.5-1。

深圳湾海域 2014 年潮汐时刻表　　表 2.5-1

时间（农历）	退潮时间（时:分）	涨潮时间（时:分）
初一、十六	6:00	12:12
初二、十七	6:48	13:00
初三、十八	7:36	13:48
初四、十九	8:24	14:36
初五、二十	9:12	15:24
初六、二十一	10:00	16:12
初七、二十二	10:48	17:00
初八、二十三	11:36	17:48
初九、二十四	12:24	18:36
初十、二十五	13:12	19:24
十一、二十六	14:00	20:12
十二、二十七	14:48	21:00
十三、二十八	15:36	21:48
十四、二十九	16:24	22:36
十五、三十	12:23	23:24

潮汐变化引起海平面高度变化，导致隧道开挖受动水压力（渗透压力）的作用，潮汐

反复变化，隧道上方覆土反复受动水压力（渗透压力）的作用。砾砂、砾质黏性土及全、强风化碎裂岩位于地下水水位以下，动水压力（渗透压力）作用范围内，容易产生流沙、涌土等不良现象。

2）地质破碎带对盾构施工的影响

根据地质勘察资料，隧道穿越深圳湾断裂带，构造岩为全、强风化碎裂岩，宽55m。受构造影响，断裂带附近的岩体裂隙极其发育，风化程度加剧，基岩风化界面加深，区段内基岩完整性较差，岩体较破碎，且碎裂岩顶部位于砂层，地下水含量增多，可能形成了含水层和地表水的下渗通道，盾构掘进困难。

由于断裂带岩体裂隙发育，施工中扰动太大的情况下很可能出现掌子面坍塌，与海水直接贯通，从而导致海水涌入隧道的情况。同时由于断裂带围岩情况复杂，残积土以及全、强风化类围岩因软硬不均对盾构通过造成不利影响。

3）高水压对盾构施工的影响

盾构机的铰接密封、螺旋输送机密封和盾尾密封在高水压下易发生漏水、漏泥事故。过海隧道盾构法施工时若疏于补充油脂，渣土改良不合理，或管片拼装前在盾壳内的杂物清理不干净，将引发窜浆、漏水、喷涌等事故。过海域段各类地质钻孔若侵入隧道断面内，并在钻孔完成后填充不密实，则存在与海水的水力联系，盾构通过时易引发喷水事故。

5.1.3 盾构机刀盘及后配套优化

1）盾构机刀盘

深圳地区为复合地层，下穿深圳湾海域采用的盾构机为复合式土压平衡盾构机，刀盘主要配置刀具为滚刀、刮刀，掘进过程中主要依靠滚刀破岩掘进，刮刀切削软土掘进。

一般在软岩地层中，利用齿刀开挖掘进，不仅效率高于滚刀，而且耐磨性好，满足下穿海域快速连续掘进要求。

过海段地层既有砾质黏性土，又有全、强风化碎裂岩，为保证盾构下穿海域时、掘进速度，提高盾构掘进效率，同时满足破岩要求，对刀盘进行了改造。将5把边缘滚刀更换为齿刀，正面8把滚刀更换为齿刀，中心刀全部采用滚刀。

表2.5-2为下穿海域段和复合地层段刀盘刀具配置表，表2.5-3为盾构主要技术参数。

刀盘刀具配置表　　　表2.5-2

项　目	下穿海域段刀具配置	复合地层段刀具配置
中心刀	4把双刃滚刀17英寸	4把双刃滚刀17英寸
边缘刀	9把17英寸单刃滚刀+5把齿刀	14把17英寸单刃滚刀
正面刀	8把齿刀+8把17英寸单刃滚刀	16把17英寸单刃滚刀

盾构主要技术参数　　　表2.5-3

项　目	参　数	项　目	参　数
刀盘转速	0～4.5r/min	脱困扭矩	5300kN·m
主驱动功率	945kW	最大推力	34210kN
额定扭矩	4500kN·m	螺旋输送机	ϕ800/200kW，0～22r/min

2）泡沫系统

盾构推进速度快，渣土改良效率须与盾构掘进速度相适应，可通过控制参数提高泡沫注入量或采用高效泡沫的方法提高泡沫注入量,以提高渣土改良效率。

采用高效泡沫提高渣土改良效率的方式简单有效,过海过程中易采取。控制泡沫参数、提高泡沫注入量的方式会使泡沫系统长时间处于高负荷状态,增加设备故障风险,不利于盾构快速连续掘进,需对设备进行改造。

盾构泡沫系统改造主要增设图2.5-6中⑤泡沫原液泵、⑦供料泵,实现单管单泵,即一根泡沫注浆管配备一台⑤泡沫原液泵、一台⑦供料泵,各泡沫注浆管都处于独立工作状态,大大降低了盾构泡沫系统故障的风险,提高了泡沫注入效率。

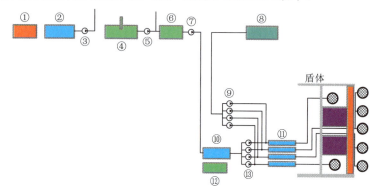

图2.5-6 盾构泡沫系统

①-操作台(主控板);②-混合罐;③-输送泵;④-发泡剂储存罐;⑤-泡沫原液泵;⑥-储存罐;⑦-供料泵;⑧-空压机;⑨-空气控制阀;⑩-储料罐;⑪-泡沫发生器;⑫-操作面板;⑬-注入泵

盾构刀盘及后配套优化前后盾构掘进参数对比见表2.5-4。

盾构刀盘及后配套优化前后盾构掘进参数对比表　　表2.5-4

序号	项目	盾构下穿海域前	盾构下穿海域
1	掘进速度(mm/min)	38~47	50~60
2	推力(kN)	135000~150000	140000~170000
3	扭矩(kN·m)	1300~1550	1500~1600

盾构刀盘及后配套优化后,盾构掘进速度显著提高,但推力、扭矩变化不大,说明对刀盘及后配套的优化合理可行,符合盾构下穿海域施工要求。

5.1.4 施工过程控制

1)海上补勘

(1)海上钻孔布置

为对盾构机进行下穿海域的适应性改造,需掌握详细且准确的地质情况,因此对地层进行了详细的地质勘察,其钻孔布置原则见表2.5-5。

详细勘察钻孔布置原则表　　表2.5-5

类别	简单场地(m)	中等复杂场地(m)	复杂场地(m)	备注
地下区域	100~500	30~50	<30	沿隧道左、右线平行对称布置在隧道中心线外5~8m,设置左、右线路中心线上。软土地段每一断面布置2~6个钻孔,钻孔间距25~50m,残积土和风化岩地段钻孔间距15~30m

由于海上地质补勘精度低，为保证设置在左、右线路中心线上的勘探孔不侵入隧道范围，保持与隧道间足够的距离，增大了左、右线路线间距，由初步设计的 6～7m 调整为 7～9m。

勘察过程中在以下地段加密勘探孔：线路穿越的断裂构造分布地段，多种岩性复合部位的地段，基岩起伏变化较大或硬岩侵入洞身范围的地段，风化球（孤石）分布的地段，厚层软土分布区域，隧道围岩分布有大厚度松散砂层、砂卵石地段，河口地段，海上区域。

（2）海上地质勘察实施

采用一艘小船配合全站仪对补勘孔位进行定位，孔位确定好后，由于此处海水较浅，用竹竿标记，然后测出水深，并根据流向、旋涡、风向等情况决定工程船抛锚作业位置。

按照孔位坐标将船只固定好后，进行钻机补勘作业。首先下一根直径 130mm 的钢套管来保证钻机钻进时的泥浆循环，然后将取芯钻杆下入套管内进行钻进作业。

海上补勘作业示意图如图 2.5-7 所示。

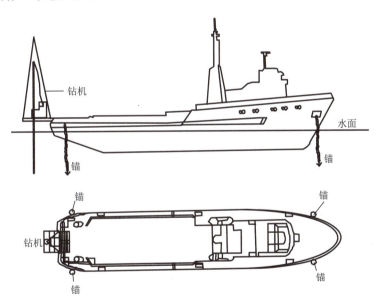

图 2.5-7　海上补勘作业示意图

（3）海上钻探封孔

若地质钻孔侵入隧道断面内，并在钻孔完成后填充不密实，则存在与海水的水力联系，虽勘探孔都布置在隧道范围外，但仍距隧道较近，为保证下次海域施工安全，因而钻孔完成后利用套管进行有效可靠的封堵。水泥浆水灰比为 $W/C=0.8$，选用 P.O32.5 级普通硅酸盐水泥，早强剂掺量为 4%，水泥浆注浆材料每立方用量为水泥∶早强剂∶水 = 879kg∶35kg∶703kg。

2）下穿前盾构检查

在正常掘进情况下，刀具检查及更换地点的选择应在地层稳定、无地质钻孔地区，按刀具检查原则进行定期检查。为保证盾构顺利过海，左右线盾构机过海之前，停机进行设备的全面检查，对可能出现问题的部件进行维修和更换。主要的检修内容如下：

（1）刀盘驱动系统；

（2）刀具的磨损情况及刀具更换；

（3）盾尾尾刷的损坏情况；

（4）螺旋输送机及其闸门的运转及密封情况；

（5）人闸及压气作业系统能否正常工作；

（6）铰接千斤顶的密封；

（7）推进千斤顶及其驱动的运转情况；

（8）盾构机自动导向系统；

（9）后配套设备，包括电瓶车、渣土车、管片车、砂浆站等。

3）下穿海域掘进控制

（1）掘进过程控制

定期、定量、均匀地压注盾尾油脂，确保密封严密，钢丝刷密封油脂饱满；密切注视出土情况，若出现黑色淤泥、涌水量增大或出土量大时，应增加推力和土仓压力，加注浓度高的膨润土，提高推进速度，快速通过。

通过密封仓壁上注入机构向仓前土体内注入浓度高的膨润土泥浆和泡沫，以改善土体性状，减小刀具磨损量，阻止地下水渗透；推进中，要确保注浆压力及注浆量，同时提高同步注浆的质量，要求浆液有较短的初凝时间，防止地面的后续沉降，但注浆压力不要过大，以免引起地面的隆起；并使盾构机适当向前推进，加注高浓度膨润土，待搅拌均匀后再缓慢边掘进边出土，始终保持土仓压力稳定；每10环注一次双液浆，使隧道纵向形成间隔的止水隔离带，防止管片外侧横向贯通。

连续掘进，不换刀一次通过海域段。

与地面监测人员密切联系，并保持通信畅通，以快速应对地面的突发情况；掘进过程中做好出渣量的记录，保证出渣量与掘进速度一致，避免出渣量远大于掘进量而引起"冒顶"事故。

（2）盾构掘进参数

对下穿海域盾构施工参数按照每环编号进行了统计分析，如图2.5-8所示。

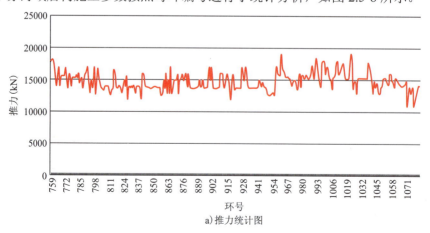

a) 推力统计图

图 2.5-8

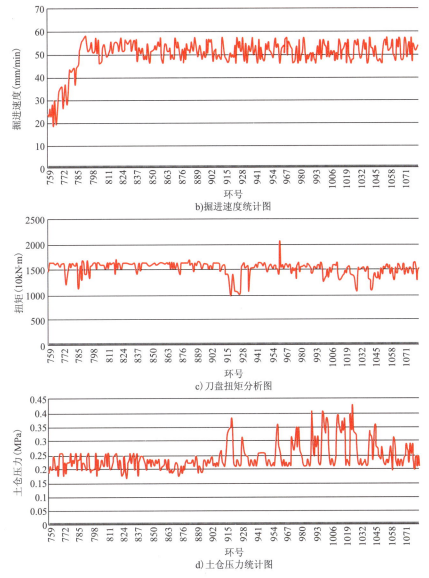

图 2.5-8 盾构施工参数统计表

根据以上参数可以分析得到：

掘进过程中采用土压平衡模式，土仓压力应根据隧道埋深合理控制，为避免出现涌水、涌砂、塌方等事故，土仓土压确保略大于外界水土压力。

盾构机推力满足克服盾构机外壳与围岩、管片等的摩擦力及前方水土压力的水平侧向力，使盾构机能够以 60 mm/min 左右的稳定速度向前推进，以避免泥饼形成，保证掘进的持续性；刀盘转速控制在 1.5～2.5r/min；推力控制在 14000～17000kN；在过海前清理刀盘并调整泡沫和水的注入量和压力，将扭矩控制在 1600kN·m 以内。

注浆压力是在注浆处的水土压力的基础上适当提高；每环注浆量约 4.0m³，同步注浆应采用注浆量、注浆压力双指标控制；发泡剂浓度 3%，泡沫的注入量按开挖方量计算，为 300～600mL/m³。

每环出渣量控制在 64m³ 左右，并根据土压合理调整出土量。

（3）同步注浆浆液选择

同步注浆浆液主要分为惰性浆液和可硬性浆液，性质对比见表 2.5-6。由表可知惰性浆液施工难度小，成本低，而下穿海域盾构施工对地表沉降要求低，因而惰性浆液更适用于盾构下穿海域施工。

惰性浆液与可硬性浆液对比 表 2.5-6

浆液种类	堵管	对盾尾刷的影响	施工沉降	后期沉降	施工难度	成本
惰性浆液	不易	小	正常	大	小	低
可硬性浆液	易	大	略好	较小	相对困难	略高

惰性浆液在主要成分加量不变的情况下，只需调节添加剂的加量就能有效控制、调节浆液的性能。施工过程中，可以比较方便地对浆液的性能进行调整，以适应不同地层、不同掘进进度对浆液性能的要求。

本工程设计了 6 种浆液配比，并对同步注浆浆液进行了验证，性质见表 2.5-7。

同步注浆浆液配比 表 2.5-7

编号	水泥 (kg/m³)	砂 (kg/m³)	粉煤灰 (kg/m³)	膨润土 (kg/m³)	水 (kg/m³)	流动度 (h)	凝结时间 (h)	7d 抗压强度 (MPa)	28d 抗压强度 (MPa)
1	160	779	341	56	466	15	16.15	1.5	3.1
2	150	760	360	80	400	12	16.93	1.4	2.8
3	120	779	381	54	465	14	20.02	1	2.6
4	100	760	380	80	400	11	19.13	1	2
5	80	779	381	56	464	14	22.75	0.4	0.8
6	40	779	461	56	463	13	25.83	0.2	0.3

同步注浆浆液为盾构与管片空隙填充材料，对强度要求不高。综合考虑，下穿海域盾构施工选择了 4 号配比（见图 2.5-9），并根据地层的透水性加入助凝剂调整凝结时间，对于强透水地层，可加入助凝剂缩减凝结时间，提高早期强度。

图 2.5-9 壁后凝固同步注浆浆液

（4）同步注浆参数

①注浆压力（见图 2.5-10）

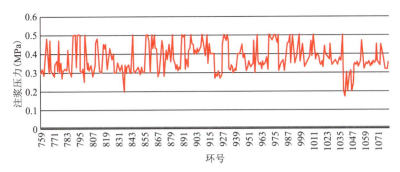

图 2.5-10 同步注浆注浆压力统计

注浆压力应略大于该地层位置的静止水土压力,同时避免浆液进入盾构机的土仓中。注浆压力过大,则会导致地面隆起和管片变形,还易漏浆;注浆压力过小,则浆液填充速度赶不上空隙形成速度,又会引起地面沉陷。注浆压力取 1.1~1.2 倍的静止水土压力,最大不超过 3.0~4.7bar。

由于从盾尾圆周上的四个点同时注浆(见图 2.5-11),考虑到水土压力的差别和防止管片大幅度下沉和浮起的需要,各点的注浆压力将不同,保持合适的压差,以达到最佳效果。

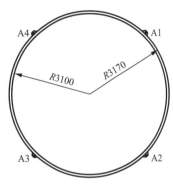

图 2.5-11 同步注浆点位图

②注浆量

同步注浆系数统计如图 2.5-12 所示。

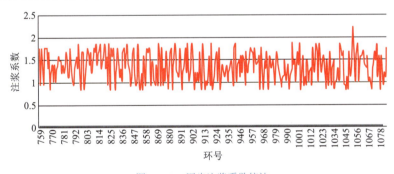

图 2.5-12 同步注浆系数统计

注浆量计算公式如下:

$$V = K \times L \times (D_1^2 - D_2^2) \times \frac{\pi}{4}$$

代入相关数据,可得:

标准盾构注浆量 $V = \frac{\pi}{4} \times (1.5 \sim 2) \times 1.5 \times (39.4-36) = 6 \sim 8 \text{m}^3/\text{环}$

施工过程中,由于下穿海域水土压力较大,注浆压力较大易导致管片错台、破损,因而注浆系数往往波动较大,注浆系数不足 1 的情况较多,因而在施工过程中以控制注浆压力,及时跟进二次注浆为主。

③注浆时间

在不同的地层中需根据不同凝结时间的浆液及掘进速度来具体控制注浆时间的长短。注浆量和注浆压力达到设定值后才停止注浆，否则仍需补浆。做到"掘进、注浆同步，不注浆、不掘进"，通过控制同步注浆压力和注浆量双重标准来确定注浆时间。

④注浆结束标准及注浆效果检查

采用注浆压力和注浆量双指标控制标准，即当注浆压力达到设定值，注浆量达到设计值的 85% 以上时，可认为达到了质量要求。

注浆效果检查主要采用分析法，即根据压力—注浆量—时间曲线，结合管片、地表及周围建筑物量测结果进行综合评价。

（5）二次注浆

同步注浆及二次注浆依照"及时同步注浆，参数控制，适当补充二次注浆"的原则进行。盾尾同步注浆必须与盾构推进同时进行，采用双泵四管路（四注入点）对称同时注浆。每环同步注浆量不得少于 $6.0m^3$，合理调整与控制同步注浆压力，同步注浆量及注浆压力双指标控制。

为了弥补浆液损失、注浆压力不足导致的同步注浆不饱满，在管片脱出盾尾 5 环后通过吊装孔进行二次补注双液浆。双液浆采用纯水泥浆加水玻璃溶液进行配制（水泥浆水灰比为 1∶1，水玻璃溶液的体积比为水∶水玻璃 = 1∶1）。注浆压力控制在 2.5 ～ 3.5bar，二次注浆的终浆压力控制在 3 bar。

5.1.5 提高盾构防水性措施

1）增强盾尾防水性能

下穿海域时，高水压环境将严重降低盾构的密封性，导致盾构尾部形成水力通道，甚至致使尾部发生涌水、涌泥事故。

（1）盾尾防水性

①正确安装盾尾刷。每块尾刷后部的弹簧钢板应该在安装时沿顺时针或逆时针（注意只能是一个方向）一块压住一块，从而形成一个封闭的搭接环。

②充分涂抹油脂。完成盾尾刷安装后要充分涂抹油脂，用钢片将盾尾刷钢丝撬开，再将油脂塞入，使弹簧钢板与钢丝之间、钢丝与钢丝之间油脂充分填满。

③充分同步注浆。盾构推进的同时必须进行同步注浆，同步注浆采用注浆量、注浆压力双重指标控制，做到注浆均匀、饱满。

④盾构机姿态控制。严格控制盾构机的掘进姿态，杜绝方向超差过大和过量纠偏，杜绝管片左右转弯环选用错误及拼装方向有误，造成盾尾与管片外径处的间隙严重不均，损坏密封尾刷而影响尾刷防漏效果。

（2）盾尾油脂选择

由于隧道埋深较深，水压较大，推进过程中及停机状态时油脂流失等原因，局部盾尾油脂压力有可能会下降到接近于甚至小于水压的状态，需不定时检查所有的压力传感器显示值，发现有压力偏低时，应进行及时补注，并每环检查油脂消耗量。下穿海域选用了北京合东双科技有限公司生产的 DW-268 盾尾油脂（泵送型），其主要质量指标见表 2.5-8。

DW-268 盾尾油脂（泵送型）主要质量指标　　　　表 2.5-8

项　目	质量指标	项　目	质量指标
外观	纤维状油膏	3.5MPa 下的密封性	无漏水
25℃密度（g/cm³）	1.35±0.05	80℃,5h 挥发度（%）	≤ 2.5
25℃，150g 稠度（1/10mm）	220～270		

2）螺旋输送机防喷涌

（1）掘进模式选择

过海地段盾构机主要穿越砾质黏性土和全风化花岗岩地层。在此地层中掘进，盾构机选用土压平衡掘进模式，根据隧道上覆水土压力计算被动土压力值。

（2）同步注浆措施

在掘进过程中严格按掘进进尺来控制注浆量，做到盾尾退出空隙与注浆量相吻合，严禁超前或滞后注浆。盾尾同步注浆采取注浆量及注浆压力双指标控制，在操作上以压力控制为主。

（3）二次补充注浆

为了阻止管片背后形成水路通道，防止喷涌以及制约管片上浮，拟在每隔 5 环进行一次管片壁后补充注浆，具体注浆间隔应根据管片上浮情况以及涌水情况进行调整。

（4）添加剂辅助措施

根据以往施工过砂层的经验，在喷涌地层，可以往土仓内注入膨润土等添加剂，混合泥水经搅拌后，可以迅速混合发生化学反应，可使松散砂土、稀泥土黏聚，变成泥团状，从而改良土体，防止喷涌的产生。

5.1.6　实施效果及小结

区间左线于 2014 年 6 月 30 日到达深圳湾海域，8 月 28 日完成下穿掘进施工，月均掘进 270m；右线于 2014 年 11 月 28 日到达深圳湾海域，2015 年 1 月 17 日完成下穿掘进施工，月均掘进 324m。相对于深圳地区盾构一般月掘进 180～200m 的速度有了大幅度的提升。

盾构过海过程中，通过对盾构掘进参数的合理选择和控制，对同步注浆浆液配比的合理设计以及盾构密封的精心研究，过海以"高土压，少扰动，快掘进"为原则，以土压平衡模式建立稍高于水土压力的土仓压力掘进，尽量减少对地层的扰动，确保隔水土层的稳定，以较快的速度连续掘进，克服高水压环境下盾构密封的问题，顺利安全地完成了下穿深圳湾海域施工的任务。

5.2　机机区间下穿鱼塘与淤泥地层施工技术

5.2.1　工程概况

1）设计概况

11 号线机场站—机场北站区间位于深圳市宝安机场扩建区以北，区间线路出 11 号线机场站北端既有明挖段后，沿宝安机场新扩建区接入机场北站，与机场站（T3站）既有明挖段接驳。区间沿线地貌变化较小，地表均为早期人工吹填淤泥形成的滩涂，承载力差，地表植被单一稀少；小里程端由于前期弃土堆积，导致地面高程局部起伏较大，高差约7m；由于区间线路地处机场扩建区，线路需下穿机场调蓄港池。机场站—机场北站区间线路分布如图2.5-13所示，沿线地貌如图2.5-14、图2.5-15所示。

图2.5-13 机场站—机场北站区间线路分布图

图2.5-14 宝安机场接口位置　　　　图2.5-15 线路下穿调蓄港池

区间线路全长1524双延米，其中盾构段长1144.9双延米，衬砌管片外径6m、内径5.4m；地下线拟采用平行双洞双线结构形式，线路最大纵坡15.6‰、最小纵坡3‰；盾构始发井位于区间明挖段大里程端，区间设置两座联络通道。

2）地质概况

本区间隧道洞身范围盾构主要穿越地层为淤泥、含有机质砂、粉质黏土、中粗砂、残积土、全风化和强风化地层，具体详见表2.5-9、图2.5-16~图2.5-19。隧道地下水丰富，渗透性强，隧道顶部覆土厚度14~18m。

机场站—机场北站盾构区间地质详勘统计表　　　表2.5-9

里　　程	地层特征	地质特征	综合围岩分级
YDK33+394.2~ YDK34+070（长链）	顶板：人工填土、淤泥、粉质黏土； 侧壁：粉质黏土、砂质黏性土； 底板：砂质黏性土、全风化岩	顶板围岩为人工填土、海陆交互相软土，开挖时易坍塌，处理不当会发生大坍塌	Ⅵ
YDK34+070（长链）~ YDK34+139	顶板：人工填土、淤泥、含有机质砂、粉质黏土及中粗砂； 侧壁：含有机质砂、粉质黏土、中、粗砂、残积土； 底板：残积土、全、强风化层	顶板围岩为人工填土、海陆交互相软土、砂层，开挖时易坍塌，处理不当会发生大坍塌	Ⅵ

续上表

里　程	地层特征	地质特征	综合围岩分级
YDK34+139～YDK34+668.3	顶板：人工填土、淤泥及粉质黏土； 侧壁：粉质黏土、残积土； 底板：残积土	顶板围岩为人工填土、海陆交互相软土，开挖时易坍塌，处理不当会发生大坍塌	Ⅵ
ZDK33+394.2～ZDK34+070（长链）	顶板：人工填土、淤泥、粉质黏土； 侧壁：粉质黏土、砂质黏性土； 底板：砂质黏性土、全风化岩	顶板围岩为人工填土、海陆交互相软土，开挖时易坍塌，处理不当会发生大坍塌	Ⅵ
ZDK34+070（长链）～ZDK34+139	顶板：人工填土、淤泥、含有机质砂、粉质黏土及中粗砂； 侧壁：含有机质砂、粉质黏土、中粗砂、残积土； 底板：残积土、全风化岩	顶板围岩为人工填土、海陆交互相软土、砂层，开挖时易坍塌，处理不当会发生大坍塌	Ⅵ

图 2.5-16　填土

图 2.5-17　原状淤泥

图 2.5-18　有机质砂

图 2.5-19　砂质黏土

盾构段自上而下为填土（以建筑垃圾、淤泥质土为主）、淤泥（流塑性非常强，含水率达 75.8% 以上，淤泥层最厚的地段有 14m，标贯击数平均只有 1.6 击，无地基承载力），上层 5～6m 为机场建设时人工吹填的淤泥，含有机质砂，黏土，中砂，可塑状砂质黏性土，硬塑状砂质黏性土，全风化、强风化、中风化、微风化片麻状花岗岩。盾构隧道洞身范围为淤泥、砂层、粉质黏土和砂质黏性土、全风化和强风化片麻状花岗岩等。根据初勘、详勘及补勘报告，未发现球状花岗岩发育，或者上软下硬或抛石等不良地质，线路在里程 ZDK34+350（长链）～ZDK34+010 及 ZDK34+100～ZDK34+140 有断层穿越。

联络通道位置自上而下 5～6m 为机场建设时人工吹填的淤泥，含有机质砂，黏土，中砂，可塑状砂质黏性土，硬塑状砂质黏性土，全风化、强风化、中风化、微风化片麻状花岗岩。2 号联络通道顶部为硬塑状砂质黏性土，洞深范围为硬塑状砂质黏性土、全风化和强风化片麻状花岗岩；3号联络通道顶部为砂层，洞深范围为砂层、粉质黏土、硬塑状砂质黏性土。

5.2.2 盾构施工环境特点及难点分析

1）区间沿线地质环境复杂

区间位于机场扩建区，沿线为滨海滩涂地貌，多为填海区，淤泥层厚，工程地质条件复杂；盾构段局部存在砂层，砂层主要被人工填土层及上层淤泥、淤泥质粉质黏土层覆盖，地下水具微承压性；区间洞身范围内的地质多为黏粒较多的黏性土，盾构掘进过程中易结泥饼。

区间盾构将长距离下穿鱼塘与淤泥地层，掘进风险高。在机场北站端，左右线盾构机均需下穿200m以上的鱼塘区，隧道顶部存在淤泥和砂层，施工风险高。

2）始发及联络通道施工风险高

盾构始发井位于明挖段大里程端，盾构吊出井位于机场北站小里程端填塘区，根据地质详勘报告，始发端头位置淤泥层厚14m，地质条件极差，风险极高，端头加固工程极为重要。

盾构段两座联络通道位于淤泥地段，淤泥层厚10m以上，地质条件差，施工风险高。

3）地表场地条件较好

区间位于深圳市宝安机场储备用地内，场地内建筑物及管线较少，对建（构）筑的保护要求低。

5.2.3 施工过程控制

1）地质补勘

由于区间隧道沿线环境条件复杂，为确认地质资料的准确性，并为各种方案的制定提供准确的地质依据，根据详勘孔的平面布置情况、详勘地质断面图，工程地质补勘孔主要分布于勘测盾构进出洞端头、联络通道、初勘孔间距过大、地质条件差、特殊地质地段。

区间沿盾构掘进线路共布置19个地质补勘孔，具体详见表2.5-10。

机场站—机场北站盾构区间地质补勘点统计表　　　　表2.5-10

序　号	编　号	对应里程	隧道埋深（m）	与线路关系	实际钻孔深度（m）
1	BK-10	ZCK33+996.2911	13.68	隧道之间	18.0
2	BK-11	ZCK34+046.8748	18.03	隧道之间	18.0
3	BK-12	ZCK34+097.4028	14.68	隧道之间	17.0
4	BK-13	ZCK34+147.7898	15.25	隧道之间	18.0
5	BK-14	ZCK34+197.7402	15.71	隧道之间	22.0
6	BK-15	ZCK34+256.8265	15.52	隧道之间	20.0
7	BK-16	ZCK34+305.04	15.10	隧道之间	20.0
8	BK-17	ZCK34+354.859	14.25	隧道之间	18.0
9	BK-18	ZCK33+974.0956	13.24	隧道之间	17.0
10	BK-19	ZCK34+024.0064	12.33	隧道之间	17.0
11	BK-20	ZCK34+073.024	11.39	隧道之间	20.0
12	BK-21	ZCK34+122.8727	10.17	隧道之间	18.0

续上表

序 号	编 号	对应里程	隧道埋深（m）	与线路关系	实际钻孔深度（m）
13	BK-22	ZCK34+172.5451	9.70	隧道之间	20.0
14	BK-23	ZCK34+221.5451	8.24	隧道之间	20.0
15	BK-24	ZCK34+270.0609	8.70	隧道之间	15.0
16	BK-25	ZCK34+320.4623	7.60	隧道之间	15.0
17	BK-26	ZCK34+368.3876	6.60	隧道之间	15.0
18	BK-27	ZCK34+419.166	6.20	隧道之间	15.0
19	BK-28	ZCK34+497.1850	6.20	隧道之间	15.0

区间盾构段地质补勘钻孔平面布置图如图 2.5-20 所示。

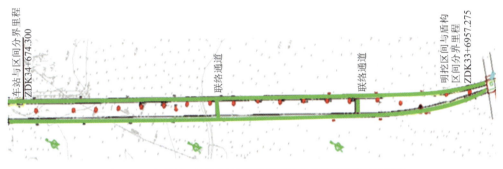

图 2.5-20　机场站—机场北站区间盾构段地质补勘钻孔平面布置图

地质补勘的部分芯样照片如图 2.5-21、图 2.5-22 所示。

图 2.5-21　BK-11 号补勘芯样

图 2.5-22　BK-15、BK-19 号补勘芯样

经芯样比对可知，地质补勘查明的地质情况与设计详勘查明的地质情况吻合，盾构段部分地段位于淤泥层、砂层和黏土层、可塑和硬塑状砂质黏性土、全风化和强风化地层中，未见异样地质。

根据补勘资料，实际地层与设计地层相吻合，故执行设计要求范围的地基处理工作。

2）盾构始发及接收加固

（1）盾构始发端头加固范围及方式

盾构始发端头（见图 2.5-23）位于明挖段大里程端头，加固采用 $\phi600@450mm\times450mm$ 的双管旋喷桩，加固深度为插入基坑底不小于 2m，总加固长度沿隧道纵向 8m，加固实桩总深度 24.29m。加固后土体的抗压强度不小于 1.0MPa。土体加固工作至少应在盾构到达一个月前完成。

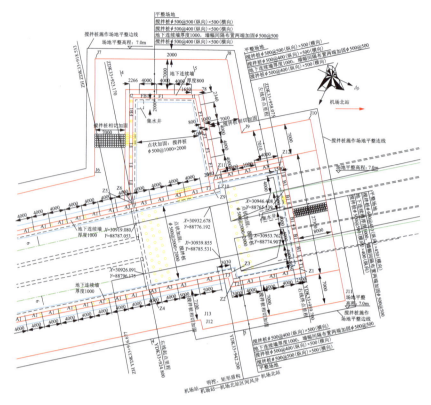

a) 平面图

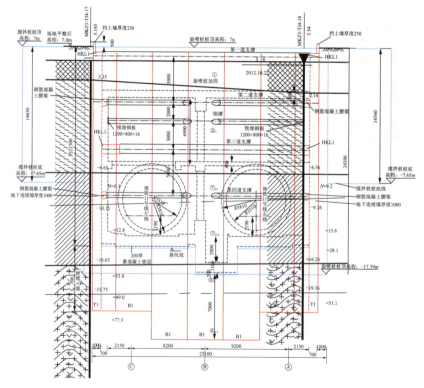

b) 剖面图

图 2.5-23 盾构始发端头加固平面、剖面图（尺寸单位：mm）

（2）盾构到达端头加固范围及方式

盾构到达端头（见图 2.5-24）位于机场北站小里程端头，加固采用素混凝土连续墙＋双管旋喷桩，首先在端头连续墙背后施工素混凝土连续墙，素混凝土连续墙宽 8m，超出隧道两边轮廓线外各 3m，然后再施工 $\phi600@450\times450$ 双管旋喷桩，总加固长度沿隧道纵向 8m，加固深度至隧底以下 2m，实桩总深度 17.59m。加固后土体的抗压强度不小于 0.8MPa。土体加固工作至少应在盾构到达前一个月完成。

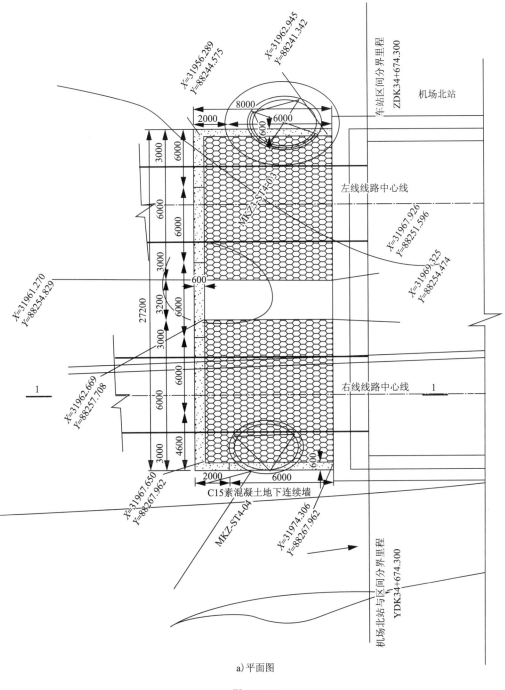

a) 平面图

图 2.5-24

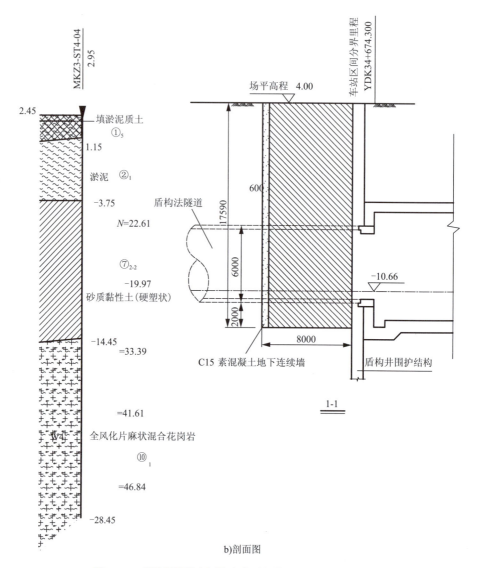

图 2.5-24 盾构到达端头加固平面、剖面图（尺寸单位：mm）

3）盾构掘进参数选择

（1）参数设置原理及依据

本工程采用复合土压平衡式盾构掘进机，其利用压力仓内的土压力来平衡开挖面的土体，从而达到对盾构正前方开挖面支护的目的。平衡压力的设定是土压平衡式盾构施工的关键，维持和调整设定的压力值又是盾构推进操作中的重要环节，这里包含推力、推进速度和出土量三者的相互关系，对盾构施工轴线和地层变形量的控制起主导作用，所以在盾构施工中根据不同土质和覆土厚度、地面建筑物，配合监测信息的分析，及时调整平衡压力值的设定，同时使推进坡度保持相对的平稳，控制每次纠偏的量，减少对土体的扰动，并为管片拼装创造良好的条件。同时，根据推进速度、出土量和地层变形的监测数据，及时调整注浆量，从而将轴线和地层变形控制在允许的范围内。

（2）掘进参数设置

根据地理位置比较，机机区间盾构段位于深圳宝安机场扩建区内，该区域原地貌为滨海滩涂，人工吹填淤泥而成，线路沿途有机场调蓄港池和人工养殖虾塘，地理分布与地貌类似，从详勘资料反映，各断面地层变化细微，基本处于砂质黏土地层，盾构隧道所设置的施工参数根据现场情况细微调整，具体见表2.5-11。

盾构掘进参数设置表　　　　表 2.5-11

项　　目	参　数　值	项　　目	参　数　值
掘进速度（mm/min）	30～50	螺旋输送机转速（r/min）	6.5
刀盘转速（r/min）	1.3	总推力（kN）	7500～9000
土压力（bar）	0.8～1.2	铰接油缸压力（bar）	60～100
刀盘力矩（kN·m）	800～1200	同步注浆压力（bar）	3～4

4）盾构掘进参数控制

（1）掘进参数统计

区间线路在里程 ZDK34+200～ZDK34+410 段附近下穿机场调蓄港池，洞身范围地层为砂质黏性土，隧顶局部地段存在砂层，港池深 1～5m，存在透水风险。为确保该特殊地段的顺利通过，特制定该地段的特殊施工参数。以快速、匀速、高效、安全通过为施工原则，盾构机施工总推力需略大于原设计值，取值区间为 8500～12000kN，下穿段施工参数变化曲线如图 2.5-25 所示。

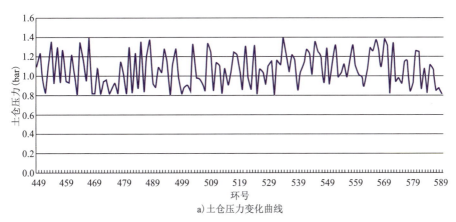

a）土仓压力变化曲线

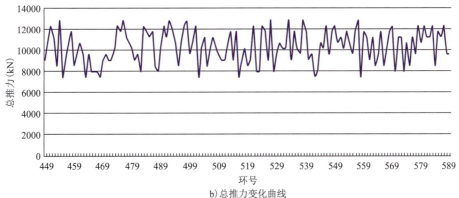

b）总推力变化曲线

图 2.5-25

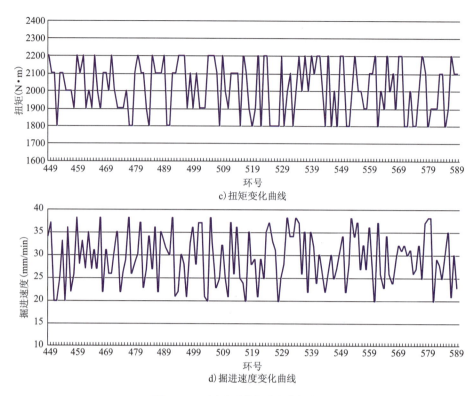

c) 扭矩变化曲线

d) 掘进速度变化曲线

图 2.5-25 下穿段盾构掘进参数变化曲线

（2）同步注浆统计

为及时充填管片与地层间的环形间隙，防止地面沉降，稳定管片结构，管片背后采用同步注浆。在该区段掘进时，由于局部区段存在砂层，含水量高，透水性强，注浆时遵循"同步注入，快速凝结，信息反馈，适当补充"的原则。

为有效充填盾构施工产生的环向空隙，确保管片结构不因注浆产生变形破坏，注浆压力一般控制在 1.1～1.2 倍的静止土压力，即 0.2～0.4MPa。

注浆量 $Q = (6.28^2 - 6^2) \text{m}^2 \times 3.14 \times 1.5\text{m} \times (130\% \sim 180\%)/4 = 5.26 \sim 7.29\text{m}^3$，即理论平均注浆量 $Q = 6.27\text{m}^3/$环，注浆量还应根据地表隆陷监测情况随时进行调整和动态管理，由于下穿区段隧顶局部存在不良地质，渗透性强，含水量高，故实际施工过程中根据注浆压力适当加大注浆量。

本工程采用的浆液为可硬性浆液。浆液配比经确定后基本固定保持不变。同步注浆配比见表 2.5-12，下穿段注浆量变化曲线如图 2.5-26 所示。

同步注浆配比   表 2.5-12

材料名称	规　格	配比（kg/m³）	质量比例（%）	可 泵 性	初凝时间（h）	泌水率（%）
水泥	42.5R	192	12.2	较好	8	2.6
砂	细砂	420	26.6			
粉煤灰	Ⅱ级	375	23.9			
膨润土	钙基	100	5.3			
水	—	500	31.9			

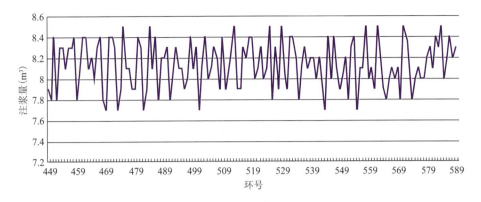

图 2.5-26 下穿段注浆量变化曲线

(3) 姿态测量

施工过程中采用动态实时自动化测量系统全程监控盾构机姿态，严格的工艺要求配合高精度测量系统减小成型隧道施工误差，贯通后人工复测下穿港池段成型隧道，最大偏差为 -71mm [《盾构法隧道施工与验收规范》（GB 50446—2008）要求偏差为 ±100mm 以内]。

(4) 掘进功效分析

区间共计投入两台海瑞克盾构机从机机区间始发，机场北站调出，左线先期右线 20d 始发，左线正常掘进后右线始发。图 2.5-27 为左右线整个施工周期月度掘进环数汇总曲线，其中 2013 年 9 月与 2014 年 1 月分别为盾构始发月和盾构到达月，施工速度普遍较慢，且收尾两月施工时间不足半月，故单月累计环数较少。

由图 2.5-28 可知，夜班月累计施工环数略大于白班月累计施工环数，这是由于盾构土方外运至弃土场运距较远，且运输线路需穿越部分城市主干道，一方面受到交通管制，另一方面车流量大影响运输效率，导致白班施工进度受阻，而夜班施工时以上因素基本得到解决，土方外运畅通，施工效率得到保障；另外，盾构段施工时区间明挖段处于施工阶段，为单班制，白班施工时存在一定的交叉状况，施工效率受到一定影响。

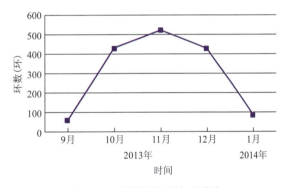

图 2.5-27 月度掘进环数汇总曲线

图 2.5-29 为区间左、右线月累计施工环数。其中，左线 2013 年 9 月始发，12 月到达，右线 2013 年 10 月始发，2014 年 1 月到达，不考虑始发、到达因素的影响，可看出 2013 年 11 月为区间左右线盾构正常掘进阶段，区间左线月累计施工环数大于区间右线月累计施工环数；同时，经计算区间左线单日平均掘进环数为 8.4 环，区间右线单日平均掘进环数为 1.8 环，区间左线掘进效率大于区间右线掘进效率。

根据施工记录，区间右线施工因设备故障、文明施工、倒换班因素造成 4 次停工，且 4 次停工当天几乎无工程量，最终导致右线月累计施工环数小于左线月累计施工环数。

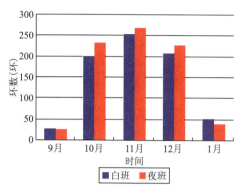

图 2.5-28　白、夜班累计施工环数　　　　图 2.5-29　区间左右线月累计施工环数

5.2.4　施工进度影响及解决措施

盾构施工段地层均为软土地层，对盾构机机况及刀具要求相对较低，因而地层影响盾构掘进速度的因素较小，但软土地层的盾构始发及到达接受是盾构施工中风险较大、影响盾构掘进速度的重要因素，应严格按照设计要求及相关规范要求，重点控制地基加固质量，严格控制施工参数设置，施工时查漏补缺，降低盾构始发及到达风险，确保顺利贯通。

此外，造成区间左右线盾构施工效率出现差异的因素中，施工管理和盾构机机况因素影响较大。项目初期虽制定了严格、详细的管理制度，盾构机下井前也进行过全面的检修、保养，但施工过程中仍出现因文明施工差、盾构机故障导致的停工状况，进一步影响了施工效率。因此，严格、持续不断地执行施工管理制度是提高施工效率的有力保障。

5.2.5　小结

盾构隧道施工质量控制是一个系统工程，施工之前必须制定详细的施工质量控制要点，责任分解到人。施工过程中严格执行质量控制要点，做到程序化、规范化。施工过程中出现偏差时，要深入现场，及时调整，确保"对症下药"。

第6节 其他盾构施工技术

6.1 宝碧区间盾构空推施工技术

6.1.1 工程概况

11号线11303标宝安站—碧海站盾构区间起止里程为DK21+380.2～DK24+437.8,区间长度为3057.6m,区间隧道施工采用土压平衡盾构法施工。盾构施工自碧海站始发,往小里程方向掘进,经中间风井过站后二次始发,掘进至宝安站接收井吊出,宝碧区间线路示意图如图2.6-1所示。

图2.6-1 宝碧区间线路示意图

其中,左线ZDK23+285.0～350.0、ZDK24+040.0～240.0以及右线YDK23+285.0～350.0、YDK24+085.0～240.0段采用矿山法开挖初期支护盾构拼装管片施工,左线矿山法长度分别为65m、200m,右线矿山法长度分别65m、155m,左右线矿山法隧道总长为485m。其中,1号竖井段隧道纵坡为4.4‰(均为上坡),2号竖井段隧道纵坡为4.4‰～12.742‰。

竖井及矿山法隧道平面示意图如图2.6-2所示。

根据地勘报告,1号竖井段上软下硬地层表现为微风化岩侵入隧道1～6m,最高抗压强度达163MPa,拱顶为全、强风化岩,左右线硬岩侵入长度均为65m。2号竖井段隧道底部为微风化花岗岩,上部和拱顶为砂层,主要表现为左线硬岩侵入长度200m,侵入高度最高达3.4m,岩石抗压强度60～80MPa;右线侵入长度为155m,硬岩侵入高度0.6～1.5m，岩石抗压强度40～80MPa。左、右线纵断面示意图如图2.6-3、图2.6-4所示。

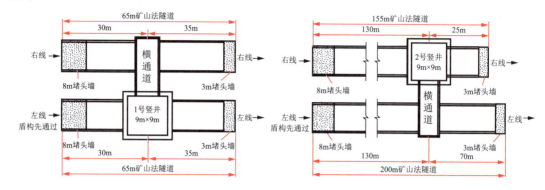

图2.6-2 竖井及矿山法隧道平面示意图

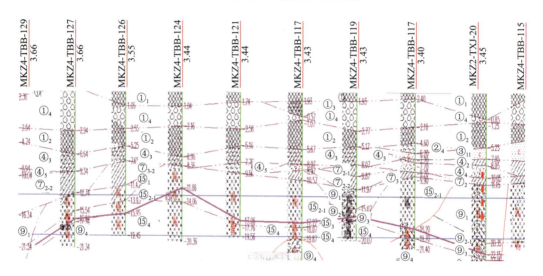

图2.6-3 右线纵断面示意图（粗线为硬岩线）

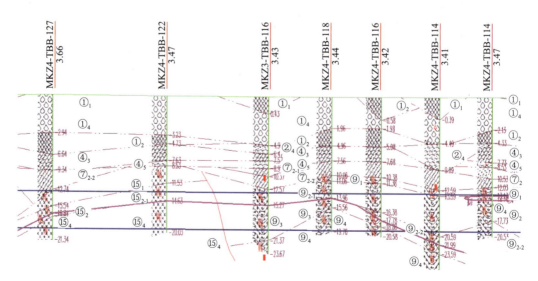

图2.6-4 左线纵断面示意图（粗线为硬岩线）

6.1.2 空推施工方案

盾构过矿山法隧道采用矿山法＋盾构空推相结合的施工工法，即先采用矿山法施工隧道初期支护，初期支护设计内径为 6600mm，然后再利用盾构空推通过本段区间隧道，拼装管片形成矿山法隧道的二次衬砌，二次衬砌和初期支护之间的孔隙采用粒径 5～15mm 级配良好的圆滑豆砾石填充，豆砾石通过混凝土喷射机从刀盘前往盾尾方向喷射，喷射压力控制在 0.2～0.3MPa。喷射完成后及时检查喷射质量，确保管片背后填充密实，能形成对管片有效支撑，防止管片间产生错台。盾尾同步注浆在每环管片喷射豆砾石后进行，同步注浆的参数，包括浆液类型、注浆压力、浆液流量等，根据实际注浆效果进行适当调整。在注浆过程中，需防止浆液渗漏至盾构前方。最终由豆砾石混凝土和管片共同构成矿山法隧道的二次衬砌。

1）矿山法暗挖段施工

矿山法隧道内净空尺寸为直径 6600mm，初期支护 C25 喷射混凝土，厚度 300mm，考虑隧道沉降等因素，实际控制净空尺寸为直径 6700mm，如图 2.6-5 所示。

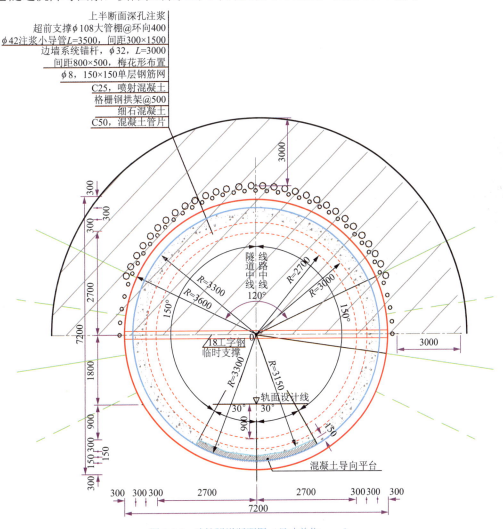

图 2.6-5 暗挖隧道断面图（尺寸单位：mm）

2）矿山法端头墙及联络通道封堵施工

根据设计图纸要求，在矿山法与盾构法交界面处采用C15素混凝土进行全断面回填封堵（见图2.6-6），接收端回填长度为8m，始发端回填长度为3m。在封堵之前，需确认该段里程范围内硬岩处理已全部完成，确认无误后，采用喷射混凝土对掌子面进行临时封闭处理。

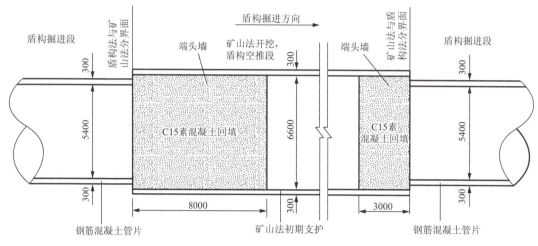

图2.6-6　端头墙封堵施工示意图（尺寸单位：mm）

3）导台施工

在矿山法隧道底部60°范围设有半径3150mm、厚150mm的混凝土导台（见图2.6-7），确保推进过程中具备足够的承载能力，并引导盾构按设计的线路参数推进。考虑到盾构机顺利上导台的需要和后期管片上浮的控制，导台施工相对设计高程降低30mm。

图2.6-7　盾构空推导台

4）堆填豆砾石施工

为保证盾构机通过空推段时的管片拼装质量，盾构机前方必须提供足够的反力（不小于2500kN），以将管片环缝隙挤压密实，确保隧道密封性能良好，管片环之间不漏水。实际施工过程中，采用刀盘前方堆积豆砾石来提供反力。计算时考虑半断面堆积，堆积长度为6m。盾构空推时反力由混凝土导台与盾构机的摩擦阻力F_1、推动刀盘前方豆砾石受到的摩擦阻力F_2、刀盘支承豆砾石所受到的侧向阻力F_3、盾尾刷与管片之间的摩擦阻力F_4和后配套拖车的牵引阻力F_5构成。计算如下：

（1）推进时混凝土导台与盾构机的摩擦阻力

$$F_1 = \mu_{摩} \times W_g$$
$$= 0.3 \times 3410 = 1023 \text{kN}$$

式中：$\mu_{摩}$——导台与盾构机的摩擦系数，根据类似工程经验，取0.3；

W_g——盾构机主机重力，按3410kN考虑。

（2）盾构机推动刀盘前方豆砾石受到的摩擦阻力

$$F_2 = \mu_摩 \times \frac{\pi D^2}{4} \times 0.5 \times L \times \gamma_粒$$

$$= 0.3 \times 3.14 \times \frac{6.6^2}{4} \times 0.5 \times 6 \times 16 = 492 \text{kN}$$

式中：L——回填豆砾石的长度，半断面取 6m 长；

$\gamma_粒$——豆砾石的重度，取 16kN/m^3。

（3）刀盘支承豆砾石所受到的侧向阻力

$$F_3 = k \times \frac{\pi D^2}{4} \times 0.5 \times h \times \gamma_粒$$

$$= 0.39 \times 3.14 \times \frac{6.4^2}{4} \times 0.5 \times \frac{6.4}{2} \times 0.5 \times 16$$

$$= 160.5 \text{kN}$$

式中：k——侧压力系数，根据类似工程经验，取值 0.39。

（4）盾尾刷与管片之间的摩擦阻力（以两环管片作用在盾尾计）

$$F_4 = \mu_摩 \times 2W_管$$

$$= 0.5 \times 2 \times 200 = 200 \text{kN}$$

式中：$W_管$——每环管片的重力，取值 200kN。

（5）后配套拖车的牵引阻力

$$F_5 = \mu_摩 \times W_拖$$

$$= 0.5 \times 1700 = 850 \text{kN}$$

根据以上计算，盾构空推时所能提供给盾构的反作用力总计为：

$$F = F_1 + F_2 + F_3 + F_4 + F_5 = 1023 + 489.4 + 160.5 + 200 + 850 = 2741 \text{kN}$$

F 大于止水条达到最小防水挤压力 2500kN，故刀盘前方堆积的豆砾石设计满足管片环间止水效果要求。

根据盾构空推反力计算结果，考虑足够的安全储备并确保盾构管片拼装质量，采用刀盘前方堆填豆砾石，除接口段 8m 填塞至隧道拱顶，需要人工配合外，其余后续部分均采用机械作业，豆砾石由竖井通过导管转运至井下，井下洞口配装载机负责豆砾石铲运至盾构机前方，在竖井（横通道）处，由于断面扩大，以及豆砾石在盾构空推过程中的消耗，因此，在矿山法隧道内按半断面进行堆填。

图 2.6-8 为豆砾石堆填情况，图 2.6-9 为横通道临时封堵情况。

图 2.6-8　豆砾石堆填情况

图 2.6-9　横通道临时封堵情况

5）盾构到达掘进施工

靠近接收段的 25m 为盾构到达段。盾构机进入到达段时，首先逐步减小推力，降低推进速度，加强每一环掘进的出土量的监控频次。在贯通前的最后 3 环，进一步减小推力，降低推进速度，掘进速度控制在 5～10mm/min。盾构机采用小推力、低速度掘进到达段，进入接收段。

盾构进入空推段时，前方反力减小，为确保管片接缝防水质量，减小后续管片错台，需对到达段 15 环管片进行纵向拉紧，每环管片用 [14 槽钢（上下左右 4 道）与上一环管片相连，并焊接牢固。

（1）在盾构机到达前 50m 和 20m 对矿山法隧道内所有测量控制点各进行一次整体、系统的控制测量复测和联测，对所有控制点的坐标进行精密、准确的平差计算，并对激光经纬仪复检和盾构机机头位置人工测量。盾构贯通前 30m 和 10m 对盾构机姿态进行人工复测。

（2）在盾构机机头进入距矿山法隧道封堵墙 15m 范围后，首先减小推力、降低推进速度和刀盘转速，并控制出土量。控制推力不大于 8000kN，且盾构机推进速度小于 20mm/min。在抵达封堵墙的最后 3 环，进一步减小推力、降低推进速度，掘进速度控制在 5～10mm/min。

（3）盾构机在到达段掘进过程中，土仓上部压力控制在 0.6～0.8bar，距矿山法隧道堵头墙约 2m 范围时，在盾尾后方 4～5 环位置施作止水环箍，防止后方管片外孔隙水前窜引起喷涌，然后进一步降低土仓压力直至空仓掘进，避免由于土仓压力过大造成矿山法堵头墙发生倾斜坍塌。

（4）盾构贯通时以实测洞门中心为贯通中心点，刀盘中心位置以人工测量和自动测量的平均值为准。为了防止盾体无法上导台，盾构进入导台前垂直姿态控制在 +10～20mm。

在盾构机刀盘距封堵墙 0.5m 时应尽量出空土仓中的渣土，减小对洞门端墙的挤压和人工清渣量。封堵墙破除后，会有较多的渣土块掉入矿山法隧道，盾构刀盘停止转动并暂停推进，及时人工辅助螺旋输送机清理，以防盾构在上导台过程中偏向。待渣块清理完毕，确认现场施工一切正常后，拆除边缘刀具滚刀及刮刀。

盾构机盾尾全部脱离端头墙前，为防止素混凝土墙与管片间的空隙漏水，在盾尾脱离端头墙前 3～5 环范围内施工止水环，止水环采用管片壁后注入双液浆施工，注浆压力控制在 0.2～0.3MPa，注浆量控制在 2～3m³/环，止水环施工完成后方可继续掘进施工。

6）盾构空推与豆砾石喷填

盾构在导台上推进时采用敞开模式掘进，姿态出现明显变化或推力明显偏大时，可适当转动螺旋输送机进行出渣，尽量避免转动刀盘，防止导台发生较大扭转，盾构机其他工作按掘进工序循环作业，直接往前顶进。推进过程中密切注意盾构机刀盘周边与初期支护、成环管片与盾尾间的间隙。

根据刀盘与导向平台之间的关系，调整各组推进油缸的行程，使盾构姿态沿线路方向进行推进。然后开始进行管片拼装、管片背衬回填工作。推进时，推进速度不能过快，控制在 10～25mm/min 之间。盾构步进时，派专人在盾构机前方检查、监测盾构机步进情况，主要检查暗挖隧道的开挖是否存在侵入盾构刀盘轮廓的岩石，盾构前体下部与导台的结合情况，盾构机两侧回填豆砾石是否泄漏等。盾构步进时，刀盘前方的监测人员与盾构主司机要紧密配合，使盾构机沿导台或导轨的中心进行前移，也进一步保证盾构前移时管片的受力均匀。

盾构推进时，保持上下推进油缸油压与刀盘前反力符合，使盾构机在导台的导向下往前推进。通过控制盾构盾尾与管片外围的间隙，控制管片符合设计轴线要求。管片拼装工艺与正常掘进时的工艺相同。管片选型时要根据盾尾间隙与油缸行程差结合盾构姿态，选择合适的管片。

豆砾石采用混凝土喷射机进行人工上料喷射，盾构过横通道前，喷射机放置于刀盘前方，随着盾构机步进移动喷射机，盾构过横通道后，喷射机放置于隧道内平板车上，通过软管从人仓孔穿到刀盘前方进行喷射，喷射时尽量保证两侧喷填高度一致，避免由于豆砾石不均匀挤压导致管片产生较大水平位移。豆砾石喷填情况如图2.6-10所示。

图 2.6-10　豆砾石喷填情况

7）盾构二次始发

由于盾体与隧道初期支护之间有一定的空隙，盾体周围没有土体包裹，盾体旋转仅受导台的阻力，且导台阻力很小，导致刀盘切削端墙时盾体容易产生较大的滚动角。因此需要保持刀盘低速旋转，并不停地改变刀盘转动方向，让其慢慢地切入端墙，防止盾体旋转角度过大。当盾体全部进入土体后，因盾体被周围土体完全包裹，土体对盾体旋转产生较大的摩擦阻力，盾体转角明显减小，盾构机即处于正常掘进状态。二次始发掘进参数见表2.6-1。

二次始发掘进参数表　　　　　　　表2.6-1

编号	项目	参数	适应范围
1	土仓压力（bar）	0.8～1.0	盾体完全进入土体，约10m
2	刀盘转速（r/min）	0.5	
3	刀盘扭矩（kN·m）	800	
4	推力（kN）	＜8000	
5	推进速度（mm/min）	15～20	

6.1.3　盾构空推施工重难点及应对措施

1）导台施工精确度控制

在盾构空推前，混凝土导台已经施工完毕，导台的施工质量直接影响盾构机能否保持良好的推进姿态，直接影响管片拼装质量及防水效果，因此导台的精确度是盾构空推段的一个控制难点。

应对措施：

（1）导台施工采用定制钢模板分段浇筑，每段 15～20m，施工前需对导台位置进行准确放样。

（2）绑扎钢筋前将隧道初期支护喷射混凝土表面清理干净，以保证导台厚度及混凝土之间结合紧密。

（3）严格控制钢筋保护层厚度：浇筑混凝土时要严格按照设计高程施工，以保证混凝土导台的高程准确，并要注意振捣到位，保证混凝土的密实性。

（4）空推过程中盾构姿态的控制主要依赖于导台的施工质量，所以在导台施工时必须保证导台的轴线与隧道设计轴线重合，且钢筋混凝土导台对称于隧道中心线。

2）盾构机翻滚及抬头

在盾构空推的过程中，由于充填的豆砾石量大，刀盘前方的豆砾石逐渐堆积压实并与注浆回流的浆液混合固结，造成刀盘转动困难，同时盾壳周围填充不是很密实，与四周的摩擦力很小，盾构机容易出现翻滚及抬头现象。

应对措施：

（1）盾构到达前需对矿山法初期支护的净空尺寸进行复核，欠挖部位提前进行处理。

（2）严格控制注浆压力，每环同步注浆量控制在 3～4m³，间歇性注入，减少浆液反窜到刀盘前方固结豆砾石。

（3）从盾体预留孔处注入低强度水泥浆液，使盾壳与隧道初期支护间空隙尽可能填满，以增加盾壳转动阻力，待水泥浆开始初凝时再继续掘进。

（4）观察盾构机滚动角的变化，发现盾体扭转时应立即停止向前掘进，及时查找原因并采取纠正措施。需转动刀盘时，必须采用低速、低扭矩进行启动。

（5）推进过程中密切注意盾构机刀盘周边与初期支护、成环管片与盾尾间的间隙，盾构姿态出现明显变化或刀盘扭矩、推力明显偏大时，可少量出渣，盾构机其他工作按掘进工序循环作业。

3）空推段盾构机"栽头"、导台破碎

盾构推进过程中，根据洞门复测时的姿态实时调整掘进姿态，当导台高程与洞门高程一致，而刀盘比盾体大时，容易出现盾构机"栽头"、导台破碎现象。应对措施：

（1）控制盾构机进洞前的姿态，盾体竖直偏差控制在 0～+10mm（导台施工时进行高程控制）。

（2）浇筑混凝土导台时严格控制导台精度，进洞位置处导台按2‰（10m长）的上坡至设计高程，引导盾体上导台。

（3）始发端导台浇筑时，底部两侧纵向各预埋一条I16工字钢，防止导台破碎。

4）空推段管片左右摇摆、下沉

盾构推进时，由于管片在各个面上的受力不一样，在左右油缸的推力差较大而管环在上下、左右没有反力支撑时，易出现管片左右摇摆、下沉现象。这主要是由拼装管片时管片螺栓没有拧紧，每一环在脱离盾尾后未采取措施所致。

应对措施：

（1）严格控制推力，通过管片拼装点位调整油缸行程差，尽量保持各组油缸推力均匀；

（2）对脱出盾尾的管片螺栓进行二次紧固，并采用4道[14槽钢进行纵向拉紧；

（3）及时喷射豆砾石并尽量喷填密实，启动同步注浆加强底部豆砾石的固结，及时进行二次注浆。

5）后期管片上浮和侧移

管片与隧道初期支护之间空隙较大且不均匀，注浆时操作难度大，而且填充效果差，从而导致顶部回填注浆难以密实，极易发生管片上浮和侧移现象，直接造成管片错台或崩角，严重时会侵入建筑限界。

应对措施：

（1）加强管片注浆管理，一旦发现管片上浮或侧移，则在管片上浮或侧移处，通过打穿管片吊装孔，打入注浆管进行二次补充注浆，迅速填充管片背后或上部间隙，阻止管片上浮和侧移。

（2）为防止管片上浮，管片脱出盾尾后，严格按照要求安装钢支顶，以抵消管片上浮力，如图2.6-11所示。

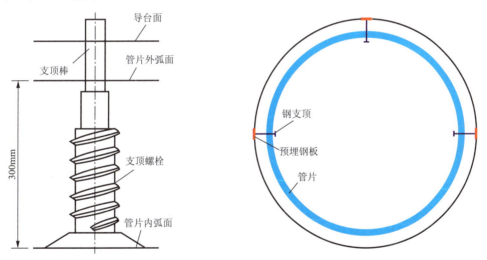

图2.6-11 钢支顶加工及固定示意图

（3）盾尾进入导台3～5环后要对到达端头进行全断面止水注浆，防止地下水大量涌入空推段造成管片上浮。

6）盾构过空推段二次始发控制

盾构机到达矿山法隧道与盾构法隧道接口前，将剩余的砂和豆砾石用螺旋输送机排出。在盾构机破除洞门之前逐步建立土压，尽量建压至0.6～0.8bar。二次始发的重点是盾构机防扭，在刀盘接触堵头墙前20cm左右开始旋转刀盘，安排专人打开土仓门，在人闸内观察前方土体情况，采用小推力、慢刀盘转速进行推进。刀盘转速不大于0.5r/min，扭矩控制在800kN·m以内，一旦扭矩突变，则一定要分析原因，必要时人工清除障碍物，排除后方可继续推进。

当盾尾完全进入土体后，逐步将土压提高至1.0～1.2bar，适当增加推力，恢复正常掘进。盾尾进入土体5～6环时，在矿山法隧道堵头墙位置注双液浆形成止水环箍。

7）空推管片拼装

盾构进入矿山法隧道后，现场各项参数严格按照施工方案进行控制，将安全、质量控制放在第一位，合理控制进度。现场统计分析2号竖井空推段左线成型隧道管片质量总结如下：

（1）管片错台情况

统计左线空推段140环（1.5m/环）管片错台情况，主要错台量在2～8mm之间，整体质量良好，满足规范要求。其中有6处错台较大，错台量在10～17mm，最大环向错台量为17mm、纵向错台量为12mm，最大错台部位主要出现在封顶块位置，分析原因主要有三点：

①拼装过程中有扩大现象，导致封顶块环向缝隙较大，引起封顶块错台；

②空推时盾构受导台限制，姿态控制困难，导致个别管环拼装后盾尾间隙过小，出盾尾时被挤压造成错台；

③部分管片由于豆砾石填充不够密实，导致后期一定量的上浮，管片错台累计增大。

（2）成型管片轴线偏差情况

测量统计空推段及接口段共150环管片轴线情况，水平轴线偏差均在±45mm区间，竖直偏差在-62～+40mm区间，满足规范±100mm要求。总结分析空推段盾构姿态主要受导台影响，因此导台施工的精确度是管片姿态的重要保障之一。

（3）管片破损及渗漏水情况

实际空推施工中，由于总推力在3700～4200kN之间，因此管片挤压破损现象较少发生，几处内弧面边角破损均为吊装、倒运过程中发生磕碰所致。空推段渗漏水共5处，主要渗漏点为封顶块错台较大位置，其中2环为标准块环缝位置，分析原因有两点：

①封顶块错台导致止水条错位，止水效果变差引起渗漏水；

②刀盘前方豆砾石堆填不均匀，个别位置反力不足，导致管片拼装阶段盾体前移，环缝止水条未及时压紧引起渗漏水。

（4）管片上浮和水平位移情况

测量对比空推段管片姿态的变化，左线上浮量基本在10～45mm区间，由于导台施工时将轴线高程控制降低30mm，因此整体上浮处于可控状态。同时，由于及时进行了顶部钢支顶的安装，对管片上浮控制也起到了关键性的作用。由于空推推力较小，且空推段处于线路直线段，在管片与矿山法隧道之间的空隙及时得到喷射回填的情况下，基本未发生后期的水平位移。

6.1.4 实施效果及小结

根据空推段成型管片的质量分析总结，本项目硬岩段盾构空推施工控制比较成功，轴线偏差无超限现象，管片破碎及漏水等均处于可控范围，空推段成型管片质量相对正常掘进段无明显差异。施工过程控制及质量控制较好，为今后盾构空推及类似施工积累了宝贵的经验。

6.2 机场北停车场出入线软弱地层钢套筒盾构始发施工技术

6.2.1 工程概况

1）线路概况

机场北停车场出入线区间位于机场北站—机场北停车场之间，线路出机场北站后，下穿原机场港池、老福永河道、鱼塘及鱼塘回填区后进入机场北停车场。盾构区间设计里程，左线CDK0+298.954～CDK0+886.535，长587.581m；右线RDK0+297.642～RDK0+880.00，长582.358m。区间线路在CDK0+0+805.904、RDK0+829.665处与机场北站—福永站区间左线隧道重叠，重叠段长80m，出入线在上，正线隧道在下，最小净距5.027m，其平面关系如图2.6-12所示。

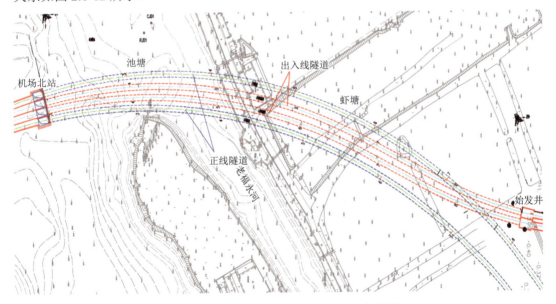

图2.6-12 机场北停车场出入线区间线路平面示意图

出入线盾构隧道采用平行单洞单线预制拼装衬砌，线间距8.525～12.5m。隧道埋深2.46～9.6m（回填后隧道埋深6.28～10.6m）。区间线路最小曲线半径500m，隧道最大纵坡27‰、最小纵坡2‰。

盾构隧道衬砌采用通用型标准环管片，管片外径6m、内径5.4m，环宽1.5m，楔形量为38mm，采用C50（抗渗等级P12）混凝土浇筑；管片与管片之间采用8.8级M27的弯螺栓连接，其中每环纵缝为12根环向螺栓，每环环缝为10根纵向螺栓。

2）始发端头地质水文情况

（1）始发端头地质情况

始发端头位于鱼塘回填区域，隧道洞身范围地质为淤泥、含有机质砂、粗砂和可塑状砂质黏性土，洞身以上地质为素填土、淤泥和粗砂，洞身以下地质为可塑状砂质黏性土。入、出场线始发端头地质纵断面分别如图2.6-13、图2.6-14所示。

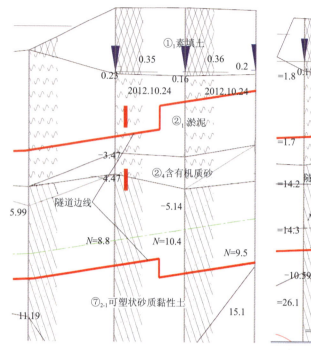
图 2.6-13 入场线始发端头地质纵断面图

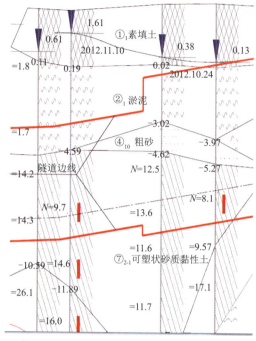
图 2.6-14 出场线始发端头地质纵断面图

(2) 始发端头水文情况

① 地表水

地表水主要分布在出入段线周边的水塘和沼泽地，受海潮及降雨交替补给，水位受潮汐影响。

② 地下水

区间沿线地下水主要存在三种类型：第一种是赋存于第四系人工填土层中的上层滞水；第二种是孔隙潜水；第三种是基岩裂隙水和构造裂隙水。

孔隙潜水主要分布在第四系冲洪积砂土层（含有机质砂、中砂、粗砂层），为沿线主要含水层、透水层。地下水具微承压性，最大承压水头一般为地表。第四系冲洪积砂层水量丰富，具有中等～强透水性及中等～强富水性。

勘察期间测得混合地下水埋深 0.20～5.70m，水文高程 -1.88～3.82m。

3）始发段结构概况

(1) 端头洞门结构

端头洞门连续墙采用 C35 水下玻璃纤维筋混凝土，连续墙厚 800mm。

(2) 施工回填

区间盾构始发井原始地貌为鱼塘，用黏土采用"下压挤淤"分层回填、碾压至设计高程 3.8m，回填区域碾压密实标准控制为 $K_h=0.89$。

(3) 端头加固

始发端头采用 $\phi500@350mm×350mm$ 单轴搅拌桩加固，如图 2.6-15 所示，加固范围沿隧道纵向 10m，横向为隧道边线外 3m，加固深度隧底 2m，搅拌桩采用"四搅两喷"施工工艺，水泥掺量 60kg、水胶比 0.55、氯化钙掺量 3%、粉煤灰掺量 15kg。

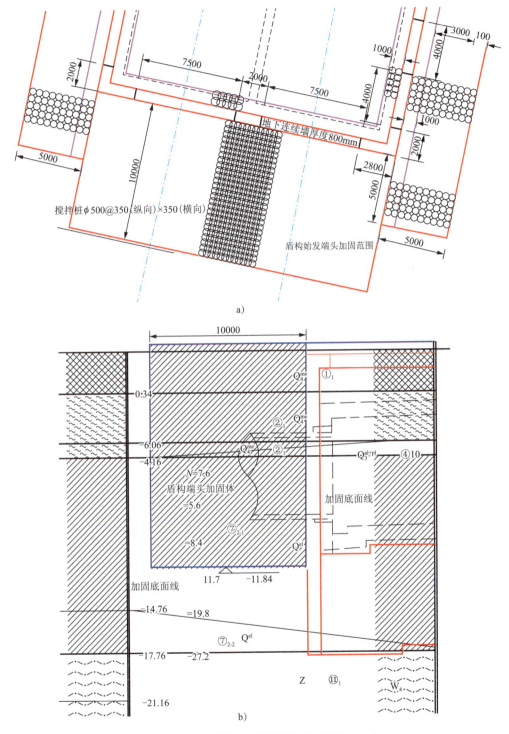

图 2.6-15 始发端头加固示意图（尺寸单位：mm）

6.2.2 施工难点及应对措施

端头加固后经 28d 强度抽芯检测，部分搅拌桩咬合部位芯样不连续，芯样夹砂层，后经注浆加固后取芯，效果仍不明显，该地层盾构正常始发存在以下问题：

（1）始发洞门密封为单层橡胶止水帘布板，盾构机刀盘在通过洞门连续墙进入端头加固体时，因加固体不均匀，砂夹层易形成渗水、涌水通道，盾构始发过程中极易形成涌水、涌砂引起地面沉降超限，甚至发生坍塌事故。

（2）出入线始发井位于珠江口滩涂地带，地下水位受潮汐影响较大，地下水补给充足。正常始发，密封装置发生漏水、漏砂时，在洞门位置注浆、堵塞难度大，难以控制始发安全。

6.2.3 关键技术

盾构始发采用钢套法始发，即在预埋洞门钢环板外安装40cm长的钢套筒，橡胶止水环板外延至钢套筒尾部，始发过程中，刀盘破除连续墙体时，若发生漏水、漏砂，则可利用钢套密封装置阻止土体损失，同时利用预留注浆管注浆封堵渗漏部位，确保始发安全。

1）端头加固

（1）施工工艺

施工工艺流程：

桩位放样→钻机就位→检验、调整钻机→正循环钻进至设计深度→打开高压注浆泵→反循环提钻并喷水泥浆至桩顶高程上0.3～0.5m→重复搅拌下钻至设计深度→反循环提钻并喷浆至桩顶高程上0.3～0.5m→成桩结束→施工下一根桩。

（2）施工参数控制

始发端头加固采用"四搅两喷"施工工艺，施工参数如下：搅拌下沉速度0.8～1.2m/min，喷浆提升速度0.5～0.8m/min，喷浆时管道压力0.4～0.6MPa；喷浆量30L/min，水泥掺量60kg、水胶比0.55、氯化钙掺量3%、粉煤灰掺量15kg、水胶比0.55。

2）钢套筒设计、制作及安装

（1）钢套筒始发特点

在不良地质中，钢套筒法始发和常规加固盾构始发相比，具有以下特点：

①在含水量大的砂层中始发，特别是常规加固效果不明显，不能在形成有效加固体的地层中始发，钢套筒法能有效控制始发安全性，防止始发时涌水、涌砂，防止地表坍塌，影响周边安全。

②在软弱地层，特别是在含水量大的粉细砂层中始发，可有效地节约加固成本，节省始发时间。

③钢套筒法盾构始发关键环节多，如有一个环节出现问题，则将影响整个始发安全。

（2）钢套筒设计制作

钢套筒设计综合考虑洞门预留钢环板尺寸、预留螺栓孔位置、洞门隧道埋深及地下水位等因素，钢套筒采用18mm厚、Q235普通钢板卷加工制作。每套钢环按90°圆心角分为A、B、C、D四块拼接成环，钢套筒长400mm，内径6500mm、外径6800mm，环形钢板上预留120个M20的螺栓孔，采用螺栓与预埋的A板连接固定。筒体的外周焊接钢肋板，筒体的两端头均焊接钢板环，筒体A、B、C、D块均采用高强度螺栓连接，钢板环宽度为150mm，内径为6500mm、外径为6800mm。钢套筒详见图2.6-16、图2.6-17。

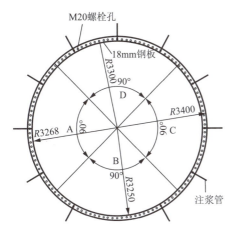

图 2.6-16　钢套筒横断面图（尺寸单位：mm）　　　图 2.6-17　钢套筒试拼装

（3）钢套筒加工质量验收

钢套筒加工质量验收主要有外观质量验收和试拼装验收两种。

外观质量验收包括钢板、肋板厚度，部件焊缝质量，钢套筒外部质量等验收内容。

试拼装验收，内容包括：经试拼装后，测量钢套筒内径、环面平整度；检查预留螺栓孔位置、间距与预留钢环板螺栓孔是否匹配，钢套筒拼装圆度是否满足与预留钢环板的连接要求。

（4）钢套筒安装

试拼装验收合格的钢套筒采用起重设备吊装，人工配合分块与洞门钢环板连接。其安装流程为：搭设安装平台→钢套筒吊装到位→人工对位→安装"O"形密封圈→安装螺栓→其余三块安装→钢套筒分块连接→橡胶帘布安装→止水压板安装→螺栓复紧。

图 2.6-18 为钢套筒密封装置示意图，安装后的钢套筒如图 2.6-19 所示。

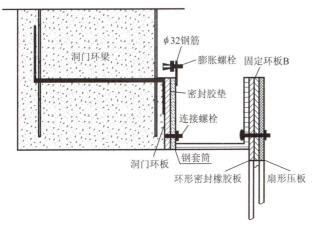

图 2.6-18　钢套筒密封装置示意图　　　　图 2.6-19　安装后的钢套筒

（5）钢套筒安装质量控制

安装前先对预留钢环板螺栓孔检查，清除孔内的混凝土浆体、杂物，对损坏的螺栓孔丝口进行校正，确保钢套筒与预埋钢环板连接；钢套筒安装前，"O"形密封圈采用双面胶与预埋钢环板粘贴，安装过程中应防止"O"形密封圈脱落或外露，确保密封效果；钢环接缝位置采用双面胶密封,并拧紧连接螺栓;安装完成后,对全部连接螺栓进行复紧,并检查各个部位接缝是否全部密封。

3)盾构钢套筒始发施工

(1)钢套筒回填

盾构始发在盾壳进入橡胶止水帘布后15~20cm,停止推进,作业人员从人闸进入土仓到达刀盘前,用棉纱填塞盾壳与钢套筒之间的空隙,填塞长度15cm。经检查符合要求后,恢复推进。

(2)洞门及加固体段掘进

刀盘接触到洞门混凝土后,盾构机采用低转速、小推力破除连续墙混凝土。刀盘转速0.5~0.8r/min,有效推力控制在5500~6000kN,推进速度控制在10mm/min以下。掘进过程加大泡沫注入量,改良混凝土渣土。刀盘在穿过连续墙混凝土时,应特别关注土仓压力变化和钢套筒渗水情况,如出现较大渗、漏水,应立即启动应急预案,采用预留注浆管注双液浆或聚氨酯止水,确保始发安全。

(3)洞门封堵注浆

盾构掘进拼装完成第6环后,利用钢套筒预埋的注浆管对洞门进行注浆封堵。注浆前,先启动盾构同步系统,注入膨润土液,保护盾尾注浆管道。洞门封堵注浆采用双液浆,水泥浆水灰比为1:1,水玻璃(40°Bé)与水按1:3稀释,水泥浆液与水玻璃溶液体积比为1:1。注浆压力不大于0.5MPa。

6.2.4 实施效果及小结

出入线区间两条盾构隧道均采用钢套筒始发,始发过程中,套筒密封仅少量渗水,取得了比较好的效果。在含水量大的软弱地层中,特别是含砂层的软弱地层,采用钢套筒法盾构始发,可以利用钢套筒密封填充物及预留注浆管注浆等措施,有效避免盾构正常始发时洞门密封漏水、漏砂造成地表沉陷、坍塌等风险。同时,在零环拆除前,可以通过管片吊装孔和钢套筒提前预埋的注浆管从正面和侧面两个方向进行注浆,从而保证零环拆除安全。

6.3 深圳复合地层土压平衡盾构带压换刀技术

6.3.1 工程概况

11号线宝安站—碧海站区间隧道总长约3km,采用土压平衡盾构法施工,多次穿越全、强风化花岗岩,砾砂层等地层,刀具出现一定的磨损。为此,计划加固区进行带压开仓检查、更换刀具。穿越地层主要为砾砂,粗砂,全、强风化片麻状花岗岩层及闪长玢岩。隧道上覆地层主要为人工填土、淤泥、淤泥质黏土层,在淤泥层曾进行搅拌桩加固,加固范围为地下2~10m。隧道下伏基岩主要为加里东期中、微风化片麻状混合花岗岩及闪长玢岩。该段水位位于地下3m左右,隧道范围内砾砂层透水性较强。水位高程-1.58~1.68m。换刀点纵断面地质情况见图2.6-20,地层参数详见表2.6-2。

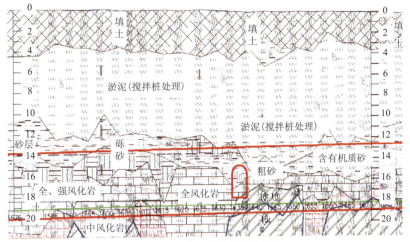

图 2.6-20 换刀点纵断面地质图

换刀预停机点地层参数 表 2.6-2

地层代号	岩土名称	层厚（m）	天然重度（kN/m³）	有效重度（kN/m³）
①₇	压实填土	2.7	19.0	9.2
①₈	水泥土	2.25	16.5	6.7
②₁	淤泥	9.1	16	6.45
④₁₀	粗砂	1.8	20	10.2
⑯₂₋₁	砂土状强风化闪长玢岩	1.12	20.5	10.7
⑯₃	中等风化闪长玢岩	1.4	25	15.2
⑯₄	微风化闪长玢岩		26	16.2

区间盾构经长距离复合地层掘进后，极可能出现刀盘被糊、结泥饼或刀具磨损等情况。为确保后续掘进施工顺利，计划进行开仓检查，必要情况下进行刀具更换。

6.3.2 带压换刀技术的前期基础研究

1）常压状态与带压状态换刀方案分析

根据现场实际情况，分析常压状态与带压状态换刀对该次施工的适宜性。两种状态下换刀方案对比见表 2.6-3。

常压状态与带压状态下换刀方案对比分析表 表 2.6-3

换刀方式	加固方式	加固效果及风险性	对交通的影响	换刀时间	准备时间	加固成本
常压开仓换刀	不加固	无，坍塌风险大	无	不确定	无	无
	地面降水加固	差，坍塌风险大	影响较小	较长	长	较高
	地面注浆加固	一般，坍塌风险大	影响较大	较短	长	较低
	旋喷桩或人工挖孔桩	良好，坍塌风险小	影响较小	短	长	较高
	地面双液浆加固	较好，坍塌风险小	影响较大	较长	较长	高
	洞内双液浆加固	较好，坍塌风险小	无	较长	较短	较高
	洞内聚氨酯加固	较好，坍塌风险小	无	较长	短	高
带压开仓换刀	不加固	无，坍塌风险小	无	较长	较短	无
	结合地面注浆加固	较好，坍塌风险小	无	短	较短	较高
	结合地面双液浆加固	较好，坍塌风险小	无	短	较短	较高

2）工作原理

带压换刀作业的工作原理是：对刀盘前方开挖面土层进行改良加固后，在保证刀盘前方周围地层和土仓满足气密性要求的条件下，利用空气压缩机将压缩空气注入土仓，边出土边注入空气，逐步置换土仓内渣土，以气压代替土压，通过在土仓内建立合理的气压来平衡刀盘前方水、土压力，达到稳定开挖面和防止地下水渗入的目的。作业人员在气压条件下，安全进入土仓内进行检查和刀具更换等作业。

压缩空气对开挖面的稳定作用，主要包括以下三方面：

（1）可阻止来自开挖面的涌水，防止开挖面坍塌；

（2）由于气压作用于开挖面，能够直接加强开挖面的稳定性；

（3）由于气压对围岩缝隙起到排挤水的作用，增加了土层颗粒间的有效应力，提高了强度。

3）工作气压值确定

工作气压 P 指工作时土仓内的气压。压力越高，越能提高掌子面的稳定性。但从作业效率和进仓作业者的健康角度考虑，则取低值较好。所以在确定工作气压时，可先计算出能稳定掌子面的最低气压，计算工作气压时在此基础上考虑一定的安全系数。

隧道埋深约 13m，地下水埋深约 3m。由于隧道埋深较浅，且上覆地层主要以淤泥土为主，不属于松散介质，故不考虑隧道覆土的成拱效应，掌子面水土、压力采用全覆土理论计算。

带压换刀工作气压值应平衡掌子面前方水、土压力，考虑工人在此压力环境下带压换刀的舒适感，考虑上述原因，密封舱压力设定高于开挖面水土压力 10～20kPa。

对比施工记录的盾构土仓压力，全覆土理论计算的压力较为接近施工时的土仓压力，所以建议带压换刀工作时密封舱气压控制在 1.3～1.4bar。

6.3.3 膨润土泥浆的配比及制备

1）膨润土泥浆发酵试验

膨润土泥浆在带压换刀过程中对控制气压和漏气量起到极其重要的作用，为了使泥浆的效果满足施工需要，在带压换刀前应对其配比和效果进行试验。膨润土泥浆的技术指标包括膨润土配比、发酵时间、制备流程。

为了使膨润土泥浆符合施工需要，现场使用流塑性、黏性更优的钠基膨润土制备泥浆，分别对质量比（外掺）6%、8%、10%、12% 的钠基膨润土浆液做了多次泥浆稠度试验，给出了推荐制备方案。将其配制成为不同浓度的膨润土泥浆，分别膨化 30h，以便得到最优配比、最优配比时的膨化浓度以及效果最优时的膨化时间。

不同配比膨润土泥浆初始时状态如图 2.6-21～图 2.6-24 所示。

由图可知，随着膨润土配比的提高，膨润土泥浆的浓度增加，稠度也随之增加，拌和过程中泥浆的黏度也逐渐增大，配比达到 12% 时，拌和好的膨润土泥浆已呈现稠度较高的糊状。

不同配比膨润土泥浆发酵 24h 状态如图 2.6-25～图 2.6-28 所示。

图 2.6-21　6% 的膨润土泥浆初始状态

图 2.6-22　8% 的膨润土泥浆初始状态

图 2.6-23　10% 的膨润土泥浆初始状态

图 2.6-24　12% 的膨润土泥浆初始状态

图 2.6-25　6% 的膨润土泥浆发酵 24h 状态

图 2.6-26　8% 的膨润土泥浆发酵 24h 状态

图 2.6-27　10% 的膨润土泥浆发酵 24h 状态

图 2.6-28　12% 的膨润土泥浆发酵 24h 状态

由图可知，配比大于8%的膨润土泥浆发酵24h后，已呈现稠度较高的糊状，且配比越高，泥浆越黏稠；配比为12%的膨润土泥浆已呈半固态的牙膏状，黏度极高，流动性较差。

对膨润土泥浆进行稠度试验，每隔6h试验一次，由于昼夜班时间因素，未对发酵12h进行试验，试验结果见表2.6-4、图2.6-29。

不同浓度钠基膨润土泥浆黏度随时间变化关系表（单位：s） 表2.6-4

发酵时间（h）	配比			
	6%	8%	10%	12%
0	16.78	20.95	33.80	78.67
6	20.00	31.00	84.82	357.79
18	24.35	33.77	155.62	896.75
24	24.24	46.23	242.52	1018.54
30	25.57	51.52	318.52	

注：漏斗黏度计为500mL，蒸馏水黏度为15s。

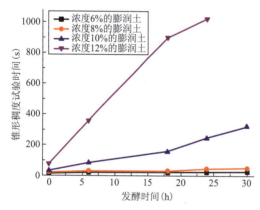

图2.6-29 不同浓度膨润土泥浆稠度与发酵时间的关系

由图2.6-29可以看出，随着发酵时间的增加，膨润土泥浆的稠度均有不同程度的提高，膨润土浓度越高，稠度提高得越明显，12%的膨润土由于稠度过高，发酵30h的锥形稠度试验已无法正常测得试验数据。配比为6%的膨润土泥浆稠度过低，即使发酵30h，稠度试验时间依然低于30s，无法达到现场需求。配比为8%的膨润土泥浆稠度适中，若依据成都地铁砂卵石地层带压换刀施工经验，使用的膨润土泥浆相应的锥形漏斗稠度仪计量值（发酵24h后）约为35s，宝安站—碧海站区间带压换刀使用配比为8%的膨润土泥浆可以达到现场需求。配比为10%的膨润土泥浆稠度较好，若根据现场带压换刀对膨润土稠度90s的要求，10%的膨润土泥浆发酵超过6h即可使用，建议发酵18h使用。配比为10%的膨润土泥浆稠度较高，可作为应急时的配比使用，建议拌和好后发酵时间不超过6h，并立即使用，否则会因为稠度过高，流动性较差，不宜运输输送。

制备过程中，膨润土粉末与水充分反应，需保证膨润土泥浆在搅拌罐保持24h旋转，以防止发生沉淀。

2）隧道掌子面泥膜建立情况

泥膜的形成效果将通过测试土压的气密性进行检测、判定。在往土仓内注入膨润土泥浆后，根据仓内空气压力流失量指标进行衡量，若2h内仓内空气压力流失量小于0.1bar，则判定泥膜气密性合格，泥膜形成的效果良好。一般通过工人进仓对仓内泥膜建立情况进行检查。

由图 2.6-30 可知，合理配比下充分发酵的膨润土泥浆可以有效地建立泥膜，保证仓内气压的稳定。

6.3.4 实施效果及小结

本节以 11 号线宝碧区间隧道土压平衡盾构过复合地层时盾构带压换刀为例，提出了适用于复合地层条件下带压换刀建立泥膜的膨润土泥浆配比及发酵时间。施工过程中严格控制各项参数，规范带压换刀操作流程，顺利完成宝安站—碧海站区间盾构带压换刀工作，可为城市地铁隧道施工中类似问题的出现提供一定的指导。

图 2.6-30 土仓泥膜建立情况

6.4 沙后区间矿山法空推施工技术

6.4.1 工程概况

1）工程位置

11 号线沙井站—后亭站地下区间盾构段沿宝安大道中央布置，下穿新和大道，空推通过衙边涌 5 孔箱涵。隧道埋深最深处约 13.7m，最浅处约 8.7m。隧道最大上坡坡率为 14.885‰、最大下坡坡率及空推段为 6‰，变坡点采用圆曲线顺接，最小半径 4000m；线路最小曲线半径 2500m。采用 1 台中铁装备 CTE6250 盾构机掘进。

盾构起讫里程为：右线 YDK46+269.233～YDK46+982.7（长链 0.013m），长 713.48m；左线 ZDK46+269.187～ZDK46+982.7（短链 0.045m），长 713.468m。其中，由于 YDK46+691.9～YDK46+766.775 段位于 5 孔衙边涌箱涵下方，且地质岩层较硬，采用矿山法施工，盾构空推拼装管片通过。具体情况如图 2.6-31～图 2.6-33 所示。

图 2.6-31 沙后区间位置平面图

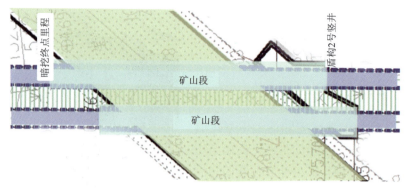

图 2.6-32 空推段平面图

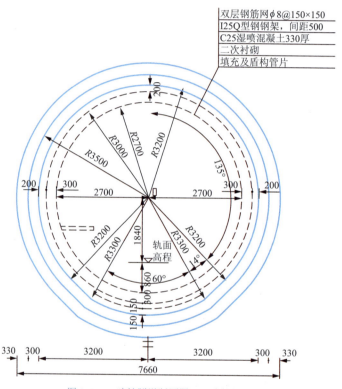

图 2.6-33 暗挖隧道断面图（尺寸单位：mm）

2）水文地质条件

沙井站—后亭站区间为原始地貌主要由海相沉积和河流冲积混合成因形成的平原，地表开辟成连片鱼塘、耕地等，现经人工堆填整平，区内地势平坦。该段线路穿越两处茅洲涌箱涵。

（1）空推段地质

沙井站—后亭站区间隧道以40°角下穿衙边涌箱涵。衙边涌箱涵为5孔结构，宽35.8m，高6.2m，每孔净空为6.5m×5.1m，结构厚度为0.55m。箱涵基础为预应力管桩，桩径0.3m，壁厚70mm，C60混凝土，桩长16m。盾构机直接掘进破除预应力管桩困难，故先施作矿山法隧道支护，再施工二次衬砌，然后盾构在隧道二次衬砌轮廓内进行盾构推进。

空推段地质横断面如图2.6-34所示。

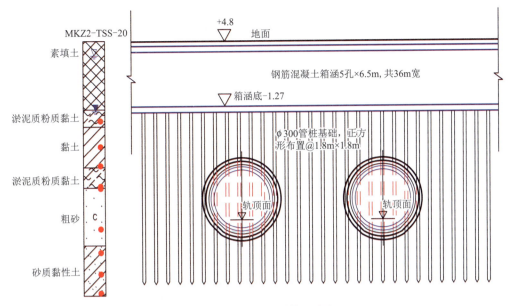

图 2.6-34 空推段地质横断面图

（2）地下水类型及赋存、补给条件

区间范围地下水主要有第四系孔隙潜水、基岩裂隙水。第四系孔隙潜水主要赋存于冲洪积砂层中，砂层主要被人工填土层及上层冲洪积黏土、粉质黏土层覆盖，局部地段被淤泥、淤泥质粉质黏土层覆盖，地下水略具承压性，最大承压水头一般为地表。第四系冲洪积砂层水量较丰富，具有中等～强透水性及中等～强富水性。地下水水位 0.1～8.2m。富水性因基岩裂隙发育程度、贯通度、与地表水源的连通性而变化，主要由大气降水、孔隙潜水补给，局部具有微承压性。

衙边涌地表水对混凝土结构的腐蚀性为中等腐蚀性；对混凝土中的钢筋的腐蚀性，在长期浸水条件下为微腐蚀性。

6.4.2 技术难点及措施

1）混凝土导台精确施工

盾构机在空推段推进时姿态无法由控制室进行控制，而是沿着已经施作好的钢筋混凝土导台向前推进，导台可为盾构机提供精确导向。因此，混凝土导台的精确施工是空推段施工的一个重点。

2）管片防水

空推拼装管片过矿山法隧道的漏水问题是地铁工程中的质量通病。盾构空推段采用矿山法凿除，暗挖时直径较大，空推后留下较大空隙用豆砾石和砂浆难以填满，因此常常出现"水帘洞"现象；盾构空推过矿山法隧道时，盾构机施加在管片上的反力不足，三元乙丙止水条的压缩量不足，也是盾构空推段管片易渗漏水的原因之一。

3）管片浮动错台

管片与隧道衬砌间空隙较大且不均匀，上部豆砾石吹填不密实，注浆时操作难度大，注浆浆液凝固时间长，从而导致顶部回填注浆难以密实，易发生管片上浮和侧移，直接造成管片错台或崩角，严重时会侵入建筑限界，所以控制管片的浮动极其重要。

6.4.3 关键技术

1）空推流程

盾构空推流程如图 2.6-35 所示。

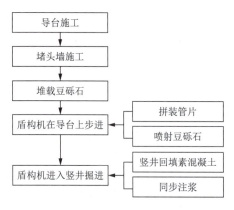

图 2.6-35 盾构空推流程

2）准备工作

（1）导台施工

矿山法隧道二次衬砌施工完成后，在隧道底部施工导台，导台采用 C30 混凝土内配 HPB300ϕ10 及 HPB300ϕ8 钢筋网施工，高度为 15cm，在盾构机上导台的位置预埋钢板 300mm×4200mm 以保护导台，导台从洞门开始，至端墙前方，导台与端墙之间预留 0.8m 长的缺口，使盾构机刀盘在缺口处顺利旋转并切入端墙。施工导台采用定型钢模进行施工，定型钢模每米一节可组装，同时对导台两侧及中间的通长方钢采用每米模板设置 4 处、共 12 处支撑点，支撑点采用 ϕ25 钢筋制作，并采用 U 形卡将模板与通长方钢卡紧。

（2）导台测量及断面超欠挖测量

导台施工模板定位后进行测量复核，混凝土浇筑后进行高程复测，以确保导台的高程施工精度在 0～+10mm 以内。导台施工完成后，测量班对导台进行线路联系测量，测量对象包括水平及竖直方向，同时对已施作的二次衬砌进行测量，对凸出的部分予以凿除。

（3）堵头墙施工

区间隧道初期支护及开挖完成后，对掌子面喷射混凝土并立即施作素混凝土端头墙，混凝土采用 C15 素混凝土，接收端堵头墙浇筑长度为 9m，采用单面侧模 + 后背支撑支护方案，高度方向上采用泵送方式分两次浇筑混凝土，并捣固密实。堵头墙设置示意图如图 2.6-36 所示。

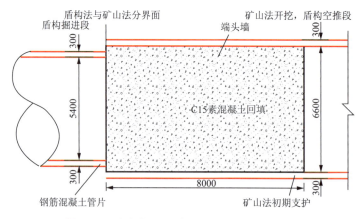

图 2.6-36 堵头墙设置示意图（尺寸单位：mm）

3）进洞施工

（1）进洞前施工控制

盾构机进入暗挖隧道前的 40m 作为盾构机到达段。该段地质条件采用保压模式掘进，盾构机进入到达段时，逐步减小推力、降低推进速度，并加强出土量的监控频次。刀盘转速为 1.5r/min，盾构机总推力小于 8000kN，推进速度不大于 25mm/min。调整盾构姿态，使盾构机轴线略高于导台轴线 10mm，以确保盾构机顺利推上导台。盾构机进入暗挖隧道前的最后 3 环将掘进速度控制在 15mm/min 以内，总推力减少为 6000kN 以内，采用小推力、低速度进入矿山法隧道。

在盾构机进入暗挖隧道前的 100m，对盾构开挖隧道和暗挖隧道洞内所有测量控制点进行一次整体的、系统的复测和联测，对所有控制点的坐标进行精密、准确的平差计算。在盾构机到达暗挖隧道前的 50m、20m，分别人工复测盾构姿态，控制盾构姿态，及时纠正偏差，以确保盾构机顺利进入空推段。

（2）进洞施工控制

盾构机在到达段掘进过程中，派专人负责观察暗挖隧道段的堵头墙变化情况，防止推力过大造成刀盘前部混凝土结构的大面积坍塌。在进入暗挖段前 0.5m 时，尽量出空土仓中的渣土，减小盾构推进对开挖面的挤压，以免引起堵头墙的坍塌，以致造成暗挖段二次衬砌的损坏。

盾构机切削 9m 厚素混凝土堵头墙时，加强对同步注浆及二次注浆的控制，刀盘露出素混凝土堵头墙后，对盾尾外第三环管片进行双液浆二次注浆作业，每推进一环，即封闭一环，待盾尾彻底进入矿山法隧道时，安排专人在盾构机前面检查盾体与矿山法二次衬砌间隙是否有渗漏水，对渗漏点进行双液浆二次注浆，直至无明水渗漏，确保 9m 厚素混凝土堵头墙与管片之间的空隙被同步注浆浆液及二次注浆浆液完全封闭，避免盾构隧道外侧地下水通过该间隙进入矿山法隧道。

4）空推过程控制

（1）回填豆砾石

为保证盾构机通过空推段时的管片拼装质量，盾构机前方必须提供足够的反力（止水条最小防水挤压力 2500kN），以将管片环缝隙挤压密实，确保隧道密封性能良好，管片环之间不漏水。实际施工过程中，采用刀盘前方堆积足够数量的豆砾石来提供足够的千斤顶推进反力。计算时考虑堆积高度 3m，堆积长度为 12m。推进前豆砾石堆放如图 2.6-37 所示，推进中豆砾石变动如图 2.6-38 所示。

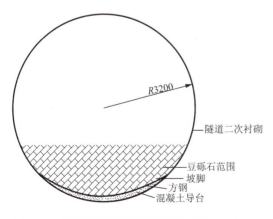

图 2.6-37　推进前豆砾石堆放图（尺寸单位：mm）

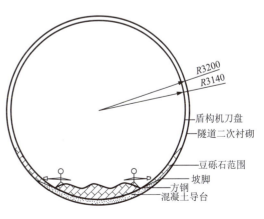

图 2.6-38　推进中豆砾石变动图（尺寸单位：mm）

随着盾构机的不断推进，两侧的豆砾石脱出盾尾后开始向管片下方流动，由于导台与管片存在间隙，流动的豆砾石将填充该区域的间隙，如图 2.6-39 所示。由于受到隧道空间狭小的限制，为保证管片外完全充填满豆砾石，从盾构机前方 1 点钟及 11 点钟位置插入喷嘴，并在盾构机前方用喷射机喷射豆砾石，保证整个盾构机外侧完全包裹豆砾石。待管片完全脱出盾尾后，利用管片的吊装孔向管片外侧与二次衬砌之间喷豆砾石。豆砾石完全填充如图 2.6-40 所示。

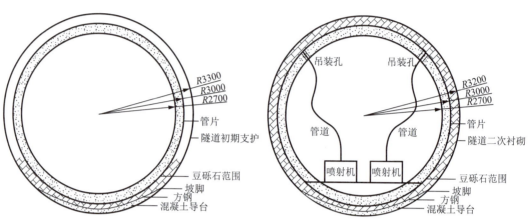

图 2.6-39　推进后豆砾石填充图（尺寸单位：mm）　　图 2.6-40　豆砾石完全填充图（尺寸单位：mm）

（2）矿山段隧道内空推

盾构空推速度一般控制在 10～20mm/min 之间，推进时严禁转动刀盘且下部油缸压力略大于上部油缸压力。派专人在盾构机前方检查、监测盾构推进情况。由于盾构机在导台上前进阻力很小，并且导台已经确定了盾构机的前进方向，为确保盾构机沿导台轴线前进不偏离，并在导台上保持正确的姿态，在盾构推进时交叉使用竖直位置和水平位置两组推进油缸向前推进。操作时使用水平两组油缸推进 30cm 时，停止推进并收缩油缸；再使用垂直两组油缸推进 30cm 后，停止推进并收缩油缸，水平和垂直油缸交叉使用保持盾构姿态稳定。

（3）管片拼装

盾构推进时，保持上下推进油缸油压相等，使盾构机在导台的导向下往前推进。通过控制盾构盾尾与管片的间隙，控制管片符合设计轴线要求。管片拼装工艺与正常掘进时的工艺相同。管片选型时要根据盾尾间隙与油缸行程差结合盾构姿态选择合适的管片。

在安装每一片管片时，先人工将每片管片连接螺栓进行初步紧固；待安装完一环后，用扭力扳手对螺栓进行进一步的紧固；待管片脱出盾尾之后，重新用扭力扳手进行紧固。在安装管片时，推进油缸的压力设定为 60bar。在完成管片拼装之后，用∠60×60×6 的角钢或 ϕ22 钢筋与上一环管片相连，并连接牢固。

（4）注浆

首先对脱出盾尾的管片进行双液二次注浆，以对管片起固定作用。待底部双液浆凝固后再进行同步注浆。最后选择在矿山段管片全部拼装完成，并完成喷射豆砾石回填后进行二次注浆。填充浆液采用单液浆，管片车搭载二次注浆泵通过盾构机注浆孔进行注浆施工。注浆采用手动控制方式，由人工根据情况随时调整注浆流量、速度、压力。为防止管片上浮，浆液从管片中线以上的注浆孔进行压注。注浆既要保证达到对环向空隙的有效填充，又要确保管片结构不因注浆产生位移、变形和损坏，注浆压力取值为 0.1～0.2MPa。注浆过程中随时监控注浆压力、注浆量等指标，当注浆压力达到设定值、注浆量达到豆砾石理论空隙率的 80%（还需在施工过程中通过试验进行调整）时，即可认为达到了质量要求。

为保证盾构管片在隧道推进过程中不发生错动和漏水，每推进 5 环进行一次二次注浆封环作业。二次注浆浆液采用水泥—水玻璃双液浆。

（5）管片复紧

由于盾构机在导台上前进阻力很小，盾构机总推力很小，推进油缸不能有效地压紧管片，造成止水条压缩量不足，管片环向接缝容易漏水。虽然管片背后已填充豆砾石，但管片在沿隧道轴向移动时阻力较小，所以决定采用增大盾构机总推力的方法来重新压紧管片。

在盾构机完成空推段拼装管片后，准备再次进洞前，将盾构机顶在洞门围护桩身，加大所有推进油缸的油压，增加盾构机总推力，使其达到 20000kN 及以上，压紧矿山法隧道内已拼装的管片。保持这个总推力再一次紧固所有的管片螺栓，防止因管片止水条压缩量不足而出现漏水现象。

（6）二次始发

盾构机脱离矿山法隧道，进入竖井段推进时，在竖井内回填 C15 素混凝土，盾构正常掘进通过竖井。填混凝土高度至盾构机顶部 2m 处，约 9m 厚，同时因竖井围护桩在洞口采用的是玻璃纤维筋，盾构可以直接切削，回填后能避免在出竖井进入加固区时二次始发，盾构直接掘进破除围护结构推出 2 号竖井。

刀盘启动前检查刀盘四周有无障碍物和刀盘干涉物，清理刀盘周围的干涉物，使刀盘顺利启动。盾构机在进素混凝土时严格控制推进速度（控制在 1.5mm/min 以下），防止贯入度大引起盾体旋转。

6.4.4 实施效果及小结

经过沙后区间盾构的空推检验，采取的各个措施都很有效，保证了空推后的隧道成型质量，没有出现渗漏水、大的下沉、上浮等问题，为类似的工程积累了丰富的经验。

6.5 福车区间小间距盾构始发施工技术

6.5.1 工程概况

11 号线 11301-1 标段福田站—车公庙站区间以福田站为起点，由东向西沿深南大道敷设，盾构首先在福田站西端头左线始发，掘进 100m 后，相邻右线在西端头右线始发，掘进至车公庙站接收。福车区间范围示意图详见图 2.6-41。

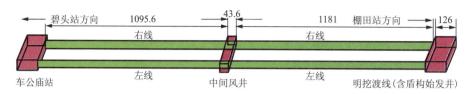

图 2.6-41 福车区间范围示意图（尺寸单位：m）

整段隧道埋设于深圳市主干道路深南大道路面以下，在盾构法施工区段，水平距离始发端头 6.6m 处，一条直径 1.6m 的给水管埋设于盾构隧道拱顶上方 6m 处，且与隧道走形方向成 90°角交叉。

1）水文特征

（1）区间水文特征

区间范围地下水主要有第四系孔隙潜水、基岩裂隙水。

第四系孔隙潜水主要赋存于冲洪积砂层中。第四系冲洪积砂层水量较丰富，具有中等～强透水性及中等～强富水性。地下水水位 1.20～8.60m。

岩层裂隙水较发育，但广泛分布在粗粒花岗岩的中风化和强风化带、构造节理裂隙密集带及断层破碎带中。富水性因基岩裂隙发育程度、贯通度、与地表水源的连通性而变化，主要由大气降水、孔隙潜水补给，局部具有微承压性。

（2）端头水文特征

端头地下水主要为第四系孔隙潜水，主要赋存于冲洪积砂层中，其水位为 2.58m，处于隧道拱顶以上 9m，潜水具有承压性，最大承压水头一般为地表。第四系冲洪积砂层水量较丰富，具有中等～强透水性及中等～强富水性。

2）始发段地层特征

始发段从上到下地层分布主要为素填土、中砂、砾砂、砾质黏土、全风化粗粒花岗岩、块状强风化粗粒花岗岩、中等风化粗粒花岗岩。洞身范围地层主要为全风化粗粒花岗岩，局部为砾质黏土，具体分布如图 2.6-42 所示。

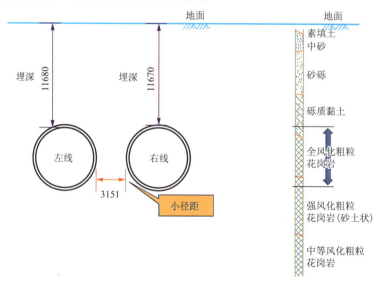

图 2.6-42 始发端头地层分布详图（尺寸单位：mm）

6.5.2 始发段重难点分析

本工程始发工况复杂,具体情况如下:

(1) 盾构井始发端头地质环境差,第四系冲洪积砂层水量较丰富,端头地下水水位较高,具有较强的渗透性。

(2) 水平距离端头掌子面 6.6m 处,隧道拱顶上一直径 1.6m 的给水管与其垂直相交,该水平距离小于盾构机主体长度,意味着在盾尾还未完全进洞的情况下需实现下穿,始发井端头与给水管的水平位置如图 2.6-43 所示,且该给水管埋深 4m,距离隧道拱顶仅 6m。

盾构机在以上工况下始发极易造成端头水土流失过大,导致地面塌陷、盾构机"栽头"、管片变形,然而本工程中的盾构机还需在此复杂工况下实现水平间距仅 3.15m 的双线隧道的安全、顺利始发,工程难度更大。左、右线始发洞口断面图如图 2.6-44 所示。

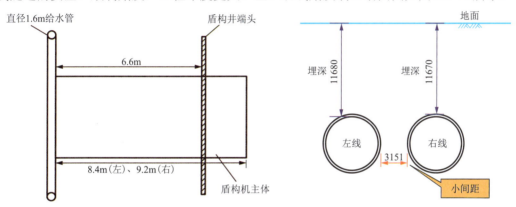

图 2.6-43 始发井端头与给水管的水平位置关系图　　图 2.6-44 左、右线始发洞口断面图(尺寸单位:mm)

始发井端头、盾构机始发位置、给水管的相对位置立面图如图 2.6-45 所示。

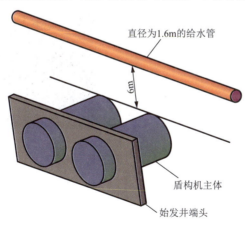

图 2.6-45 始发井端头、盾构机始发位置、给水管的相对位置立面图

6.5.3 盾构始发流程及操作要点

1) 盾构始发流程

左、右线相隔约 100m,盾构先后进洞始发,其始发流程如图 2.6-46 所示。

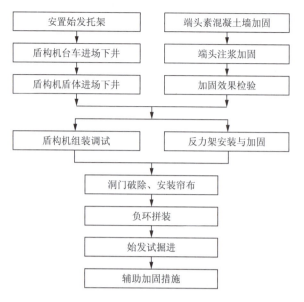

图 2.6-46 盾构始发流程图

2）小间距盾构始发掘进控制

（1）盾构始发掘进准备

①盾构基座安放

盾构基座承载盾构机自身重量，一般采用钢结构，基座上设 2 根钢导轨，导轨的坡度与盾构始发的坡度一致。基座的长度向后延伸到反力架，以满足后盾管片拼装的要求；向前不能超越盾构刀盘，防止刀盘转动时卡住。盾构基座安放如图 2.6-47 所示。

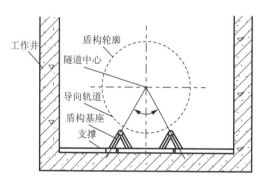

图 2.6-47 盾构基座安放

②盾构机组装及调试

组装顺序：5 号拖车→4 号拖车→3 号拖车→2 号拖车→1 号拖车→连接桥→中体→前体→刀盘→螺旋输送机→盾尾。

盾构机组装完成后进行系统调试。

③反力架支撑安装

盾构反力架一般采用钢结构制作，如图 2.6-48 所示，其计算刚度必须承载盾构始发推进时的最大推力而不能发生变形。反力架一般为负环管片的基准面，必须满足管片拼装的平整度要求。反力架中心的安装采用水准仪配合经纬仪进行，反力架的中心误差控制在

15mm 以内。

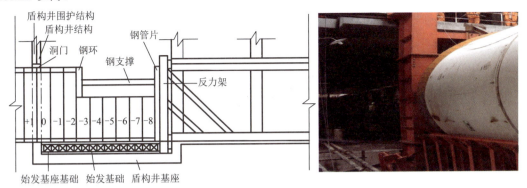

图 2.6-48 反力架

④洞门密封

盾构始发洞门密封装置一般采用橡胶板制作，如图 2.6-49 所示，其由帘布橡胶、扇形压板、防翻板、垫片和螺栓等组成。安装洞门密封之前，应对帘布橡胶的整体性、硬度、老化程度等进行检查，对圆环板的成圆螺栓孔位等进行检查，并提前加工好帘布橡胶的螺栓孔，然后将洞门预埋件的螺栓孔清理干净，最后按照帘布橡胶板、环板、扇形压板、防翻板的顺序进行安装。

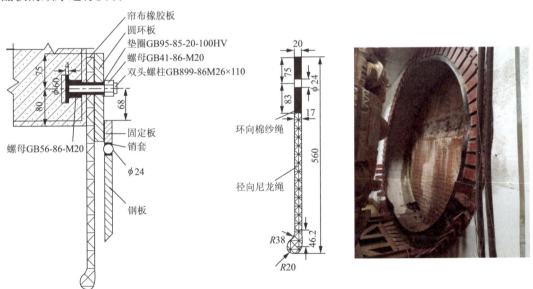

图 2.6-49 盾构始发洞门密封（尺寸单位：mm）

盾构始发时，为防止盾构刀盘损坏帘布橡胶，可在帘布橡胶板外侧涂抹一定量的黄油。随着盾构向前推进，根据现场实际情况对洞门密封压板进行调整，以保证密封效果。

⑤洞门凿除

端头始发井围护结构采用 800mm 厚的地下连续墙，洞门范围为玻璃纤维筋替代结构，分三次凿除围护结构，凿除顺序如图 2.6-50 所示。

⑥负环管片拼装

盾构机调试完成后，盾构向前推进，并安装负环管片。负环管片必须安装准确，在推出过程中必须平稳,防止负环发生翻转。为防止负环在脱出盾尾的过程中擦伤盾尾密封刷,应在盾尾底部加衬垫。

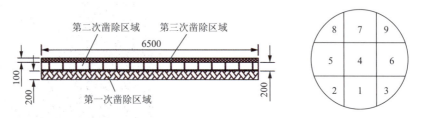

图 2.6-50 洞门凿除顺序图(尺寸单位:mm)

(2)盾构机始发掘进

①切削玻璃纤维筋混凝土掘进

主要参数控制关键点:总推力控制在 4000kN 以内,刀盘转速 0.8r/min 左右,掘进速度控制在 6mm/min 以内,切削过程中螺旋输送机无须出土。

渣土改良控制关键点:在切削玻璃纤维筋混凝土掘进过程中,采用 4 根泡沫管进行渣土改良,每根泡沫管的流量设定为 100L/min,向刀盘前方注入大量的泡沫,泡沫效果调节的偏稀一点,其发泡倍率设定为 8 倍,泡沫混合液的比率设定为 4%,目的在于使刀盘迅速降温并润滑刀具,防止混凝土块在仓内高温板结。

②注浆加固区内掘进

主要参数控制关键点:总推力控制在 6000kN 以内,刀盘转速 0.8r/min 左右,掘进速度控制在 10mm/min 以内,刀盘切削进土的过程中缓慢旋转螺旋输送机开始出土,其转速结合推进速度控制在 0.5~2r/min,严格关注土仓内压力变化,逐渐建立土压至 0.8bar。土压建立过程中,不宜过快或过慢,过快易造成仓内混凝土块混合黏土形成"泥饼",过慢易造成地层超挖,出土量过大。

渣土改良控制关键点:在注浆加固区内掘进过程中,采用 4 根泡沫管进行渣土改良,每根泡沫管的流量设定为 150L/min,向刀盘前方注入大量的泡沫,泡沫调节得偏干一点,其发泡倍率设定为 12 倍,泡沫混合液的比率设定为 4.5%。另外,随着螺旋输送机的转动,向土仓内注入一定黏度的膨润土(黏度 25s 左右,其效果如图 2.6-51 所示)。膨润土选用钠基膨润土,经发酵后送至盾构机膨润土罐内,其注入量结合螺旋输送机出土口处的出渣效果而定(80~150L/min),目的在于携带仓内较大块的混凝土。当土仓内的大块混凝土被携带殆尽后即可停止膨润土的注入,视具体出渣效果调节泡沫的注入量和注入配比。

③切削素混凝土墙掘进

主要参数控制关键点:总推力控制在 8000kN 以内,刀盘转速 0.6r/min 左右,掘进速度控制在 5mm/min 以内,土压控制在 0.8bar 左右。

渣土改良控制关键点:在切削素混凝土墙的过程中,采用 3 根泡沫管进行渣土改良,每根泡沫管的流量设定为 100L/min,向刀盘前方注入大量的泡沫,泡沫效果调节的偏稀一点,其发泡倍率设定为 8 倍,泡沫混合液的比率设定为 4%,目的在于使刀盘迅速降温并润滑刀具。另外一路泡沫管通过膨润土罐向刀盘前方注入适量的膨润土(黏度 30s 左右，其效果如图 2.6-52 所示），目的在于使仓内土体搅拌均匀，提高流塑性并建立起"实压"，减少了因掘进缓慢造成的水土流失，且很好地润滑、冷却了刀盘和刀具。

图 2.6-51　黏度 25s 膨润土效果

图 2.6-52　黏度 30s 膨润土效果

④下穿既有给水管掘进

当盾构机刀盘下穿既有给水管掘进时，盾尾尚处在托架之上，并未完全进入土体。掘进原则为"低转速，小扭矩，低推力，快推进"，总推力控制在 8000kN 以内，刀盘转速 1.0r/min 左右，掘进速度控制在 20～30mm/min，扭矩控制在 0.8MN·m 以内，尽量提高掘进土压至 1.0bar。渣土改良主要使用泡沫剂，视渣土具体情况进行配比的调节。

⑤盾体进入地层后试掘进

主要参数控制及渣土改良控制关键点：以"小扭矩，低推力"的原则平衡其他相关参数，扭矩控制在 0.8MN·m 以内，推力控制在 10000kN 以内。渣土改良主要使用泡沫剂，视渣土具体情况进行泡沫配比的调节及向刀盘或土仓内注入冷却水。

姿态控制：盾构姿态基于盾构刀盘自重的影响，盾构以高于设计轴线 20mm 进洞，盾构位于始发台上时不进行任何姿态调整，待盾尾脱出始发托架进入地层后，若需调整姿态，则原则上每环姿态调整量控制在 6mm 以内，并严格控制盾构机的抬头趋势不小于 4mm。

为防止盾构机机身在未进入土体时产生旋转，在始发台上焊接防滑挡块，同时根据磨桩情况，及时调整刀盘转向。盾构向前推进过程中必须注意防滑挡块的位置，避免损坏帘布橡胶板，待防滑挡块进入防水装置前，将其割除。

同步注浆控制：随着盾体向前推进，盾尾进入帘布橡胶板后，盾尾开始不断地注入同步浆液，以填充洞门圈内的空隙以及洞门附近的地质松散区，注浆压力控制在 3bar 以内，同时要密切关注洞门密封处的折页板，防止其部分长度不够翻转或注浆压力过大导致注浆时漏浆。

浆液配比及主要物理力学指标：根据盾构施工经验，同步注浆材料拟采用表 2.6-5 示配比。施工中，根据地层条件、地下水情况及周边条件等，通过现场试验优化确定。同步注浆浆液的主要物理力学性能应满足下列指标。

同步注浆材料配比　　表 2.6-5

水泥（kg）	粉煤灰（kg）	膨润土（kg）	砂（kg）	水（kg）	外加剂
80～140	380～240	50～30	710～930	460～470	按需要根据试验加入

胶凝时间：一般为 3～10h，根据地层条件和掘进速度，通过现场试验加入促凝剂及变更配比来调整胶凝时间。对于强透水地层和需要通过注浆提供较高早期强度的地段，可通过现场试验进一步调整配比和加入早强剂，进一步缩短胶凝时间。

固结体强度：1d 不小于 0.2MPa，28d 不小于 2.5MPa。

浆液结石率：大于 95%，即固结收缩率小于 5%。

浆液稠度：8～12cm。

浆液稳定性：倾析率（静置沉淀后上浮水体积与总体积之比）小于 5%。

3）小间距盾构始发加固

（1）跟随式二次注浆

始发过程中，随着盾构向前推进而不断扰动地层，且盾构机主体完全进入地层前难以保持土压平衡掘进，端头前 10m 范围内水土流失较大。因此当盾尾完全进入地层后，在盾尾同步注浆的同时，选择盾尾后 3～5 环跟随式注入水泥单液浆（见图 2.6-53），开孔点位选取在时钟 10～14 点的夹角范围内，注浆以压力为控制标准（3bar），以此提高盾构机开挖周边地层的密实度，减少整个端头的沉降量。

图 2.6-53　跟随式二次注浆

（2）地表辅助注浆加固

端头地质断面拱顶以上含有富水的砂层（稳定性极差），砂层之上还存在稳定性较好的隔水黏土层，其地层特性分布如图 2.6-54 所示。

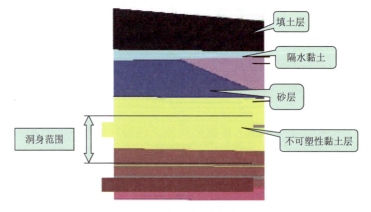

图 2.6-54　端头地层特性分布图

当左线盾构始发进洞后，因扰动砂层会产生瞬时沉降，该沉降由于隔水黏土层的存在不会及时反映到地面，但后期沉降会很大，随后右线小间距始发，对地层产生双重影响，更会加大地面的沉降，仅在盾尾后进行二次注浆不足以控制砂层的松散性。为防止这种大幅的后期沉降，待左线进洞掘进20m以后，及时在左线地表有针对性地打入钻孔，后退式注入水泥—水玻璃双液浆，钻孔注浆范围为砂层所在深度范围（6～10m），注浆以压力为控制标准（5bar），注浆区域断面图如图2.6-55所示。

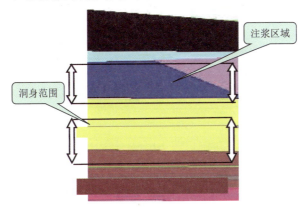

图2.6-55 注浆区域断面图

右线进洞掘进20m以后，同样在其右线地表有针对性地打入钻孔，后退式注入水泥—水玻璃双液浆，加固区内布置两排钻孔，加固区外给水管外布置一排钻孔，每排钻孔孔间距2m，具体平面布置及现场施工如图2.6-56所示。

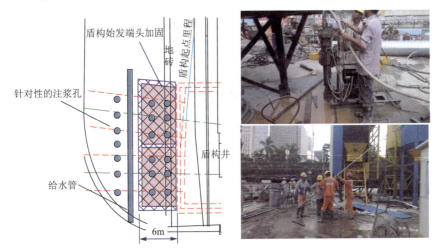

图2.6-56 平面布置及现场施工

（3）夹层土体加固

针对小间距始发，后始发的右线隧道对左线隧道变形的累计影响大，前期素混凝土墙加固中已在左右线始发端头之间设置一缓冲中隔墙，但考虑中隔墙距离隧道边线较近（仅1.5m），左线始发后，随着盾构机向前推进以及盾尾的同步、二次注浆，难免破坏中隔墙。故为了确保左线隧道的结构安全，拟对夹层土体进行局部的水平深孔注浆加固处理。

①特殊形式的管片设计

经与设计单位沟通，对进洞前10环管片专门设计了多个注浆孔，以便于管片周围注浆均匀。其特殊管片设计如图2.6-57所示。

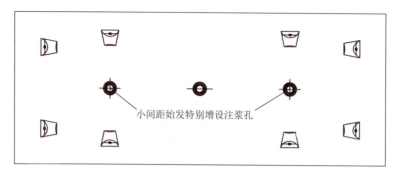

图 2.6-57 特殊管片设计图

②夹层土体的专项加固

待左线盾构机掘进 50m 后，对洞口前 10 环，利用电动注浆泵有针对性地对管片右侧夹层土体深孔注入单液浆。每环选取 3 个注浆孔，均利用管片上特别设计的多个注浆孔进行均匀注浆，其平面注浆图如图 2.6-58 所示。

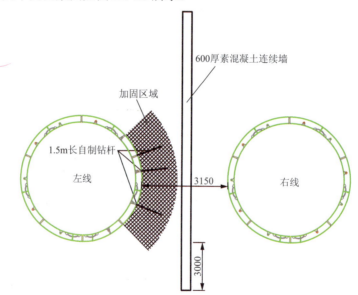

图 2.6-58 平面注浆图（尺寸单位：mm）

每个注浆孔均嵌入自制钻杆（长 1.5m，DN32）。自制钻杆如图 2.6-59 所示。最终注浆结束标准以压力（2bar）和管片成型姿态监测为控制标准。

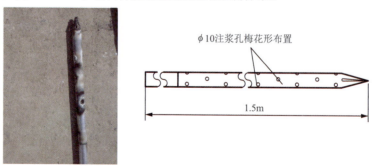

图 2.6-59 自制钻杆

4）地面及管片监测的实时跟踪反馈

（1）选取端头左线中线的两个测点 ZD1 和 ZD2 进行分析

第一个测点靠近端头（ZD1），沉降监测数据如图 2.6-60 所示。

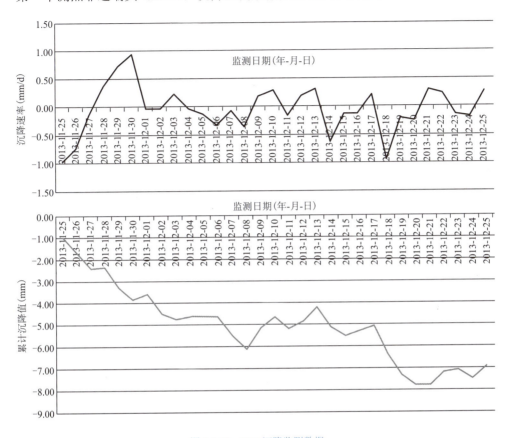

图 2.6-60　ZD1 沉降监测数据

左线盾构始发，盾尾进入地层前，沉降速率逐渐降低，盾尾进入地层后，通过注浆使其有微量的隆起，沉降速率变小，后期沉降趋于稳定；右线盾构始发时，该点再次迅速沉降，之后趋于稳定。

说明：右线始发对左线影响较大，夹层及地表注浆加固尤为重要。

第二个测点靠近素混凝土墙位置（ZD2），沉降监测数据如图 2.6-61 所示。

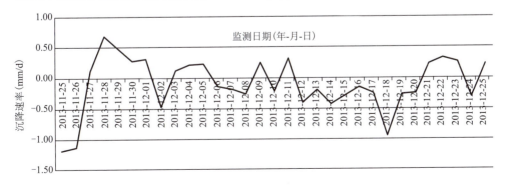

图　2.6-61

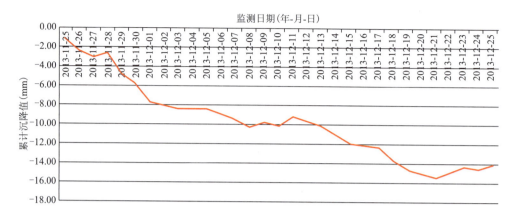

图 2.6-61　ZD2 沉降监测数据

该测点与上一测点沉降速率现象类似，但总体累计沉降较大。

说明：右线始发对左线影响较大，左右线在素混凝土墙掘进过程中速度缓慢，水土流失较大，沉降量较大，盾尾跟随式二次补浆显得尤为重要。

（2）选取始发洞口的第 2 环（ZSL02）进行水平收敛监测分析

该测点在对夹层土体注浆的过程中监测结果如图 2.6-62 所示。

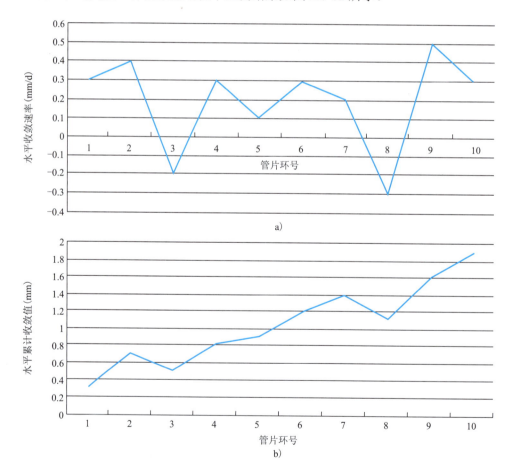

图 2.6-62　水平收敛监测数

该测点每隔 1h 监测一次，由图 2.6-62 可以看出，其水平收敛值在可控范围之内。

6.5.4 实施效果及小结

通过对前期端头加固方案的优化，有效提高了加固效率，与旋喷桩加固相比，节约施工工期 10d。盾构小间距始发过程中，以其关键措施作为安全保障，使得整个始发施工连续、快捷，无须停机进行专门的加固处理，大大节约了施工工期。利用素混凝土墙成环，环内注浆加固端头，与直接在端头进行旋喷桩加固相比，不仅节约成本约 10 万元，而且还获得了较好的加固效果。在小间距隧道间设置中隔墙，以及采取其他相关加固保障措施，以较低的施工成本，确保了小间距始发安全。施工中采用非常规施工方法，有效解决了小间距始发中隧道变形大、地面沉降大等施工难题，且在施工过程中，洞门没有出现掌子面坍塌、漏水、管片变形等现象，周边管线、建筑物未受任何影响，确保了盾构机进洞的施工安全，同时缩短了整个工程的施工工期，取得了良好的社会、经济效益。

第 7 节
盾构施工监测

11 号线的施工监测单独招标，共划分 4 个监测标段，分别委托中铁西南科学研究院有限公司、中铁隧道勘察设计研究院有限公司、中铁西北科学研究院有限公司、廊坊市中铁物探勘察有限公司 4 家有资质的单位承建。

监测 1 标段主要盾构区间为车红区间、农车区间、香车区间、福车区间。监测 2 标段主要盾构区间为南前区间。监测 3 标段主要盾构区间为宝碧区间。监测 4 标段主要盾构区间为沙后区间、后松区间、松碧区间、松岗车辆出入线。

监测的内容主要以设计文件及相应规范为依据，结合 11 号线工程的地质条件、隧道外径、覆土深度和支护类型等综合确定。本工程对隧道洞身及周边两侧 50m 范围内进行监测，主要监测项目包括地表沉降、建筑物沉降、管片沉降、管片收敛、重要管线变形等。

7.1 盾构区间监测成果

7.1.1 盾构法区间地表累计沉降

11 号线盾构区间（含 7、9 号线代建部分）地表沉降测点共计 8862 个，其中隆起测点数为 1043 个（占测点总量的 11.8%），沉降测点数为 7819 个（占测点总量的 88.2%）。略去隆起部分测点后，11 号线 BT 项目盾构区间地表累计沉降值在 0～30mm 的测点有 7528 个，占总沉降测点的 96.28%；而地表累计沉降值大于 -30mm 的测点有 291 个，占总沉降测点的 3.72%。所以建议沉降控制值为 -30mm。详细统计数据见表 2.7-1。

11 号线 BT 项目盾构区间地表累计沉降值统计表 表 2.7-1

累计沉降值分区（mm）	地表沉降点数及比例			
	点数	比例（%）	点数合计	比例（%）
0～-10	4080	52.18	7528	96.28
-10～-20	2459	31.45		
-20～-30	989	12.65		
-30～-40	134	1.71	291	3.72
-40～-50	78	1.00		
-50～-60	42	0.54		
-60～-70	16	0.20		

续上表

累计沉降值分区（mm）	地表沉降点数及比例			
	点数	比例（%）	点数合计	比例（%）
-70～-80	7	0.09	7819	100
-80～-90	4	0.05		
-90～-100	9	0.12		
-100～-120	1	0.01		
合计	7819	100		

11号线BT项目盾构区间地表累计沉降值分布饼状图见图2.7-1。

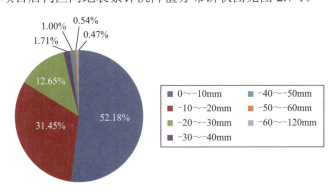

图2.7-1　11号线BT项目盾构区间地表累计沉降值分布饼状图

7.1.2　盾构法区间地表沉降速率

11号线盾构区间（含7、9号线代建部分）地表沉降速率监测点次共计382993次。其中，地表沉降速率在0～-3mm/d以内的有332984次，占总沉降点次的86.94%；地表沉降速率小于-3mm/d的有50009次，占总沉降点次的13.06%。所以建议沉降速率控制值为-3mm/d。详细统计数据见表2.7-2。

11号线BT项目盾构区间地表沉降速率统计表　　表2.7-2

沉降速率分区（mm）	地表沉降点次及比例			
	点次	比例（%）	点次合计	比例（%）
0～-1	199810	52.17	332984	86.94
-1～-2	89462	23.36		
-2～-3	43712	11.41		
-3～-4	23201	6.06	50009	13.06
-4～-5	13920	3.64		
-5～-6	6594	1.72		
-6～-7	2456	0.64		
-7～-8	1432	0.37		
-8～-9	1280	0.33		

续上表

沉降速率分区（mm）	地表沉降点次及比例			
	点次	比例（%）	点次合计	比例（%）
-9～-10	792	0.22		
-10～-12	228	0.06		
-12～-15	50	0.01		
-15～-20	56	0.01		
合计	382993	100	382993	100

11 号线 BT 项目盾构区间地表沉降速率分布饼状图见图 2.7-2。

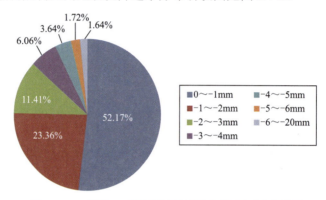

图 2.7-2　11 号线 BT 项目盾构区间地表沉降速率分布饼状图

7.1.3　盾构施工地表纵向沉降规律

地表纵向沉降槽反映了盾构掘进时沿掘进轴线方向对地层的影响，同时它也能反映盾构掘进时不同因素、盾构机不同部位对地层的作用，包括正面土压力、摩擦力及盾尾间隙等。

（1）盾构掘进过程中引起地表隆起的主要因素有两种：正面土压力过大、盾壳与地层之间的摩擦力过大。

（2）盾构掘进过程中引起地表沉降的因素主要有四种：正面土压力不够、盾构姿态的变化、盾构间隙和土体扰动产生的沉降。

对 11 号线盾构区间的 2978 个断面中线点盾尾脱离时的最大变形速率进行了统计分析，各阶段沉降速率测点个数占总测点个数的百分比饼状图如图 2.7-3 所示，盾构区间盾尾脱离期间沉降速率分布曲线如图 2.7-4 所示。

（1）盾尾脱出时沉降速率在 3～20mm/d 的测点占总量的比例约为 65%。因此在砂层及上软下硬不均匀地层中，盾尾脱离后沉降的最大速率控制在 20mm/d 以内均属正常情况。

（2）地表沉降控制值在 40mm 以内均属正常情况，但应严格控制风险等级高、周边环境复杂地段的沉降控制值。

（3）施工过程中应加强同步注浆，盾尾脱出后应及时进行管片后的二次注浆，这对控制地表沉降极为关键。

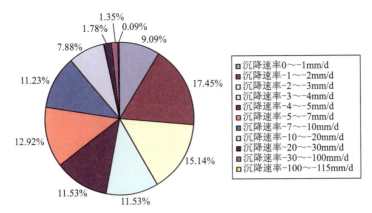

图 2.7-3 各阶段沉降速率测点个数占总测点个数的百分比饼状图

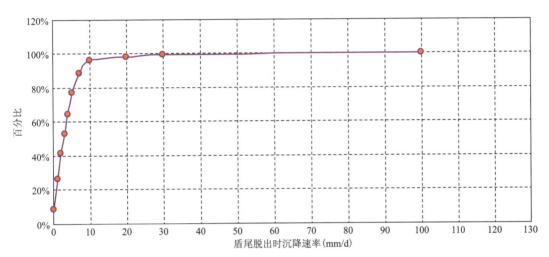

图 2.7-4 盾构区间盾尾脱出期间沉降速率分布曲线

通过对 11 号线盾构区间典型地质条件下盾构施工引起的地层沉降数据的分析可知，盾尾脱出时速率普遍较大，不同地层盾尾脱出时的速率不同。典型地层（如砂层、上软下硬不均匀地层）盾构掘进时监测点沉降量与测点和刀盘的距离关系如图 2.7-5、图 2.7-6 所示，可知砂层中盾尾脱出后的沉降速率明显大于上软下硬不均匀地层中的沉降速率。

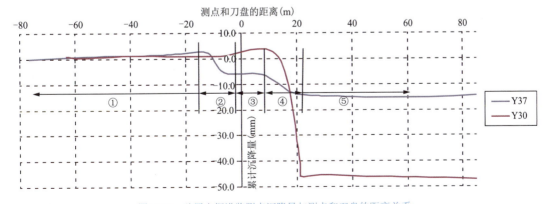

图 2.7-5 砂层中掘进监测点沉降量与测点和刀盘的距离关系

注：①~⑤分别指盾构掘进的初期沉降、开挖面沉降（或隆起）、尾部沉降、尾部空隙沉降和长期延续沉降等五个阶段

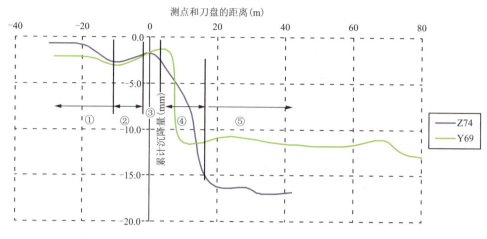

图 2.7-6 上软下硬不均匀地层中掘进监测点沉降量与测点和刀盘的距离关系

注：①~⑤分别指盾构掘进的初期沉降、开挖面沉降（或隆起）、尾部沉降、尾部空隙沉降和长期延续沉降等五个阶段

砂层中掘进盾尾脱出时沉降量占总沉降量的50%~86%，盾尾脱出后到沉降基本稳定一般持续1~2d，盾构掘进影响的范围为切口前10m至切口后20m；上软下硬不均匀地层中掘进盾尾脱出时沉降量占总沉降量的60%~70%，盾尾脱出后到沉降基本稳定一般持续3~4d，盾构掘进影响的范围为切口前20m至切口后20m。因此，控制盾尾脱出时的沉降速率对于控制地表沉降极为重要。

7.2 盾构法区间典型地质断面监测成果

7.2.1 区间典型地质断面监测曲线

1）农车盾构区间

农车盾构区间里程DK12+087.8~DK12+307.8段内隧道穿越地层自上而下依次是素填土、淤泥层、砂层、砾质黏性土、全风化和强风化花岗岩，盾构掘进面以全风化和强风化花岗岩为主，基岩凸起段中风化花岗岩侵入掘进面，是典型的上软下硬地层。在此地层中掘进，刀具磨损严重，进仓换刀频繁，掘进过程对地层的扰动强烈，掘进参数（尤其是出渣量）不易控制，双线隧道交叉施工，相互影响，地面沉降较大，易发生地面塌陷。该里程段内多次发生预警，地面塌陷1次，有22个测点累计沉降值超24mm，最大累计沉降值为-102.4mm。该里程段内地表沉降测点的变形历时曲线如图2.7-7和图2.7-8所示。

2）香车盾构区间

香车盾构区间右线里程YCK8+975~YCK8+580段内隧道穿越地层自上而下依次是填土、粉质黏土、中粗砂、细砂及残积土，砂层较厚，侵入隧道掘进面，且隧道拱部以上砂层最厚约6m。掘进过程中隧道拱部以上砂层易坍塌，引起地面塌陷。施工阶段本段发生过两次险情，地面沉降最大-108mm，出现地面凹陷，后经过地面钻孔注浆填充了地层疏松区。该里程段内地表沉降测点的变形历时曲线如图2.7-9所示。

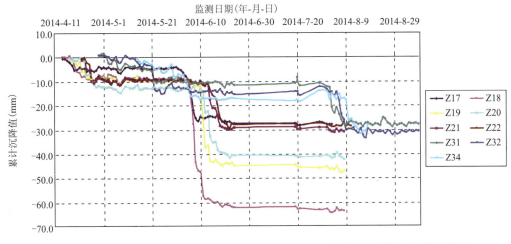

图 2.7-7　农车盾构区间左线里程 DK12+087.8～DK12+307.8 段内地表沉降测点变形历时曲线

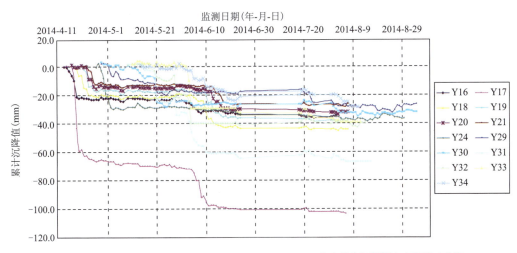

图 2.7-8　农车区间右线里程 DK12+087.8～DK12+307.8 段内地表沉降测点变形历时曲线

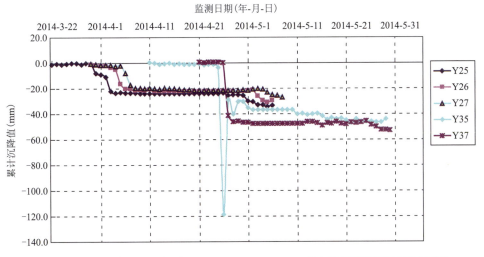

图 2.7-9　香车盾构区间右线里程 YCK8+975～YCK8+580 段内地表沉降测点变形历时曲线

3)车红盾构区间

车红盾构区间在里程 DK6+650～DK6+480 段内,隧道埋深约 22m,隧道掌子面上半部为砾砂,自稳能力极差,下半部为砾质黏性土。该范围内出现大量测点在盾尾脱出后速率超限情况,并且累计值均超过控制值,监测单位通过预警的方式及时提醒施工单位。施工单位采取控制出渣量、加大同步注浆量等措施,进行地表沉降控制,效果比较理想,后续施工中该范围内没有出现超过控制值数据。典型监测点处地表沉降测点变形历时曲线如图 2.7-10 所示。

图 2.7-10　车红盾构区间里程 ZD6+640 和 ZD6+630 处地表沉降测点变形历时曲线

4)后南盾构区间

后南盾构区间里程 DK12+673～DK13+023 段内隧道穿越地层自上而下依次是素填土、软土、砂层、砾质黏性土、全风化和强风化花岗岩,并主要穿越砾质黏性土和全风化花岗岩地层,局部穿越构造岩断裂带等不良地层。隧道围岩等级以Ⅵ级围岩为主。

盾构掘进面以砾质黏性土、全风化花岗岩和碎裂岩为主,隧道埋深 17.4～35m,大部分处于地层交叉处,隧道顶部大部分处于软土地层,底部大部分处于硬岩中,是典型的上软下硬地层。在此地层中掘进,土仓压力不稳,盾构姿态和各项参数难以控制,掘进过程对地层的扰动强烈,双线隧道交叉施工,相互影响,地面沉降较大,易发生地面塌陷。该里程地段发生 1 次险情,地表变化速率最大 -8.15mm/d,累计沉降值 -23.50mm。该里程段内地表沉降测点的变形历时曲线如图 2.7-11 和图 2.7-12 所示。

5)南前盾构区间

南前盾构区间线路较长,需要通过大片填海区到达前海湾站,回填大量块石,直径最大达 2m,且部分地段侵入隧道。回填块石主要为微风化花岗岩质块石,强度高。且月亮湾大道到南前明挖联络线(DK15+650～DK15+870)有花岗岩中微风化突起侵入隧道,部分区域存在孤石。盾构在回填块石及突起基岩中掘进,存在刀具磨损快、掘进功效低,甚至停机处理的施工风险。

在此地层中掘进,土仓压力不稳,盾构姿态和各项参数难以控制,掘进过程对地层的扰动强烈,双线隧道交叉施工,相互影响,地面沉降较大,易发生地面塌陷。该里程地段发生 4 次险情,地面沉降最大值为 -98.50mm,出现过两次地面凹陷,后经过地面钻孔注浆填充了地层疏松区。该里程段内地表沉降测点的变形历时曲线如图 2.7-13、图 2.7-14 所示。

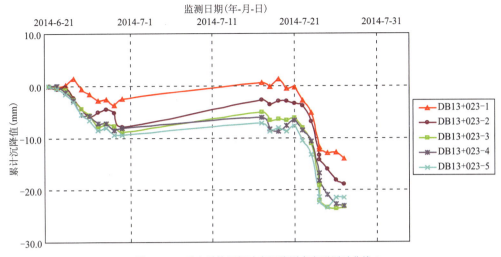

图 2.7-11　后南盾构区间地表沉降测点变形历时曲线 1

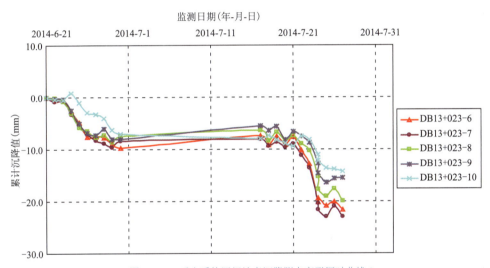

图 2.7-12　后南盾构区间地表沉降测点变形历时曲线 2

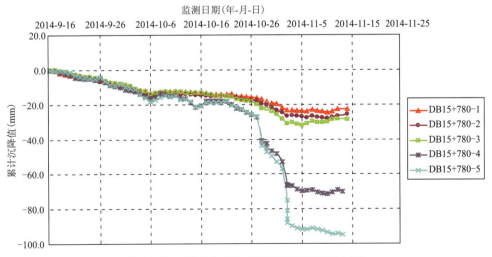

图 2.7-13　南前盾构区间地表沉降测点变形历时曲线 1

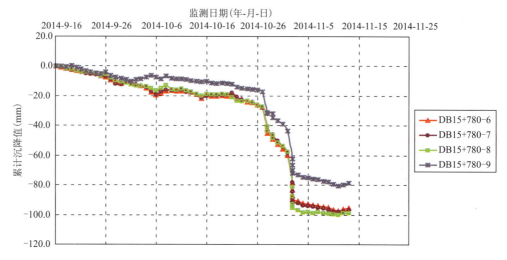

图 2.7-14　南前盾构区间地表沉降测点变形历时曲线 2

6）宝碧盾构区间

宝碧盾构区间里程 YDK23+365.3～DK24+017.8 段内隧道穿越地层自上而下依次是素填土、填石层、黏土、砂层、强风化岩，盾构掘进面以砂层为主。在此地层中掘进，盾构对地层的扰动强烈，掘进参数（尤其是出渣量）不易控制、二次注浆量不及时，双线隧道交叉施工，相互影响，地面沉降较大，易发生地面塌陷。该里程段内多次发生预警，在西乡大道与宝源路交叉口发生地面塌陷 1 次。该里程段内地表沉降测点的变形历时曲线如图 2.7-15 所示。

图 2.7-15　宝碧盾构区间地表沉降测点变形历时曲线

7）沙后盾构区间

沙后盾构区间沿线场地软土主要为第四系海陆交互相淤泥质粉质黏土，第四系上更新统冲洪积黏土、淤泥质粉质黏土、含有机质砂、粉砂、粗砂，残积砂质黏性土、全风化和强风化岩。隧道下穿宝安大道自南向北行进，地表场地较为空旷，隧道施工对周边环境影响较小。在盾构掘进过程中，该段地层隧道上覆全风化和强风化岩，风化严重，结构松散，自稳能力较差，施工单位及时做了同步注浆及二次补强注浆工作，有效控制了地面沉降。盾构机在小里程（YCK46+269～YCK46+585）区域施工过程中引起的沉降较大，局部位置出现坍塌，地表沉降累计值在0～-21.15mm之间。经分析可知，该段地层隧道上部为淤泥及淤泥质黏土，局部存在填碎石、填块石、杂填土，填土成分复杂，并且地下水位较高，土壤含水量丰富，加之该区域施工时有较大降雨，地下形成积水，对该区域松软土体长期浸泡，大大降低了土体自身强度，引起地面下沉。该里程段内地表沉降测点的变形历时曲线如图2.7-16、图2.7-17所示。

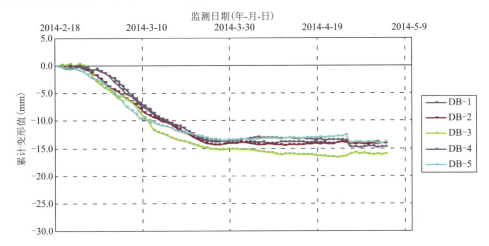

图2.7-16 沙后盾构区间左线里程DK46+340处地表沉降测点变形历时曲线

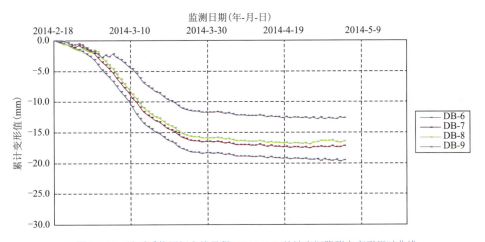

图2.7-17 沙后盾构区间右线里程DK46+340处地表沉降测点变形历时曲线

8）后松盾构区间

后松盾构区间隧道穿越地层主要为混合花岗岩、浅粒岩在风化作用下形成的残积层，上部主要为海陆交互相的淤泥质粉质黏土层、砂层，冲洪积的淤泥质粉质黏土、粉质黏土及砂层，地表为人工素填土。

后松区间盾构掘进到DK49+080断面处，洞内出现较严重漏水，地表连续几天出现较大沉降，在前后几天时间出现最大约40mm的下沉，监测单位及时发送了黄色预警信息。经分析可知，主要原因是该区域位置盾构埋深较浅，埋深不足9m，对地表扰动相对较大，加之掌子面及上层覆土地质条件较差，以松散土、淤泥质黏土为主，自稳能力差，对掘进要求较高，同步注浆不能及时达到加固的效果，导致地表异常沉降。

预警信息发出后，施工单位及时进行了二次注浆工作，并且进行钻孔注浆，沉降得到明显控制。但由于未严格控制注浆压力，注浆过多导致地面冒浆，地表有裂缝隆起异常现象。施工单位在接到监测单位通知后及时进行了地面处理，调整了各项盾构参数和注浆压力，使地面沉降得到了有效控制。直至隧道贯通，未出现突变或变形超限，且趋于稳定。该里程段内地表沉降测点的变形历时曲线如图2.7-18、图2.7-19所示。

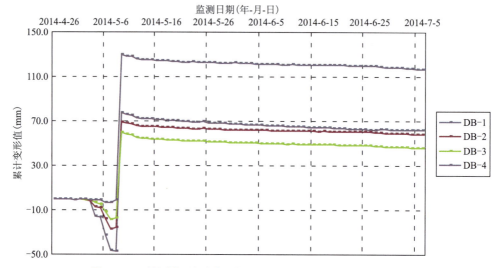

图2.7-18　后松盾构区间左线里程DK49+080地表沉降测点变形历时曲线

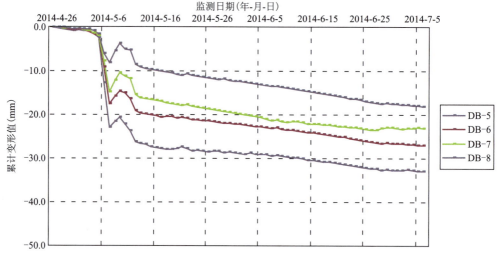

图2.7-19　后松盾构区间右线里程DK49+080地表沉降测点变形历时曲线

7.2.2　区间纵向沉降曲线

对车红、福车、后南、南前、宝碧、沙后、后松等盾构区间沉降数据进行综合统计分析，绘制如图2.7-20～图2.7-26所示沉降曲线。

可知盾构机在通过不良地质时地表沉降趋势会产生突变，左、右线变化规律基本保持一致。

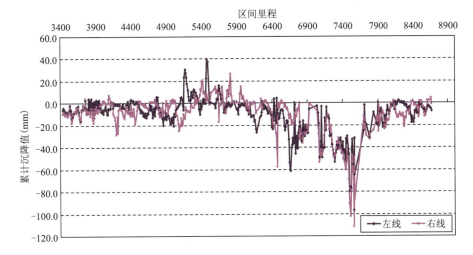

图 2.7-20 车红盾构区间地表沉降曲线

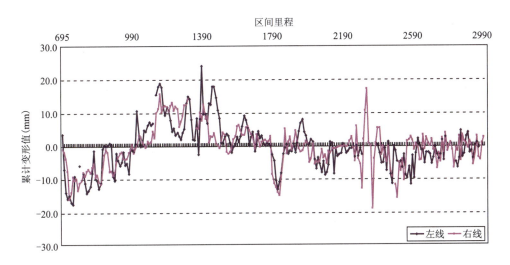

图 2.7-21 福车盾构区间地表沉降曲线

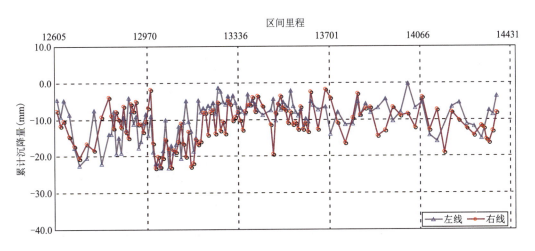

图 2.7-22 后南盾构区间中线点地表沉降曲线

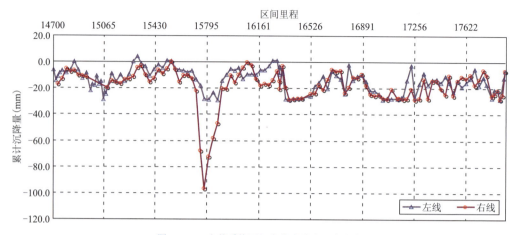

图 2.7-23　南前盾构区间中线点地表沉降曲线

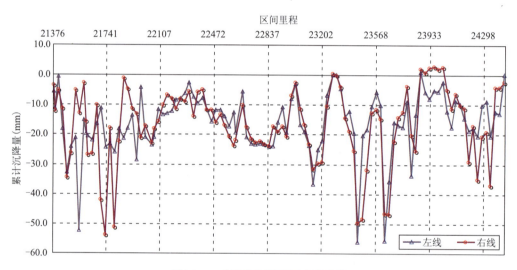

图 2.7-24　宝碧盾构区间地表沉降曲线

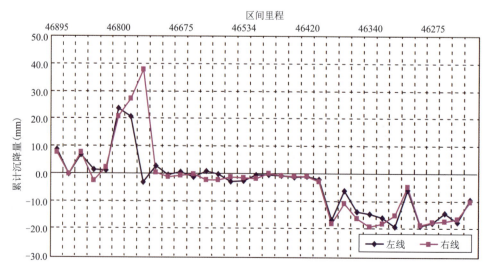

图 2.7-25　沙后盾构区间地表沉降曲线

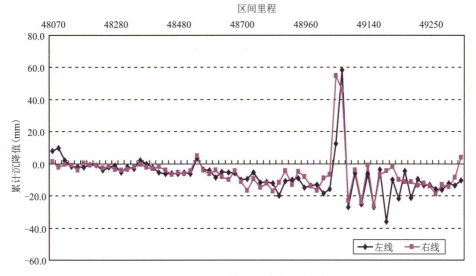

图 2.7-26　后松盾构区间地表沉降曲线

7.2.3　区间横向沉降槽曲线图

横向沉降槽曲线可以反映盾构掘进的横向影响范围。掌握盾构在不同地层的横向影响范围，可以在后续施工过程中对在影响范围内的重要地上及地下建（构）筑物进行必要的预加固或者预处理，保证建（构）筑物的安全。每个监测主断面根据距离隧道"近密远疏"的原则设置 7～9 个沉降测点，部分区间监测横向沉降槽曲线如图 2.7-27～图 2.7-32 所示。

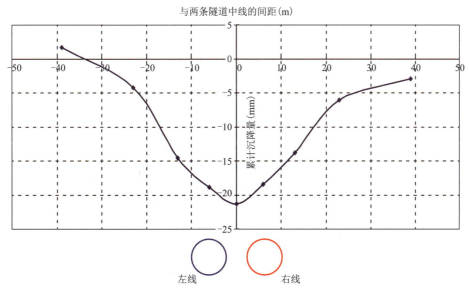

图 2.7-27　农车盾构区间典型断面地表沉降槽曲线

从双线隧道通过后最终的沉降槽曲线来看，沉降槽基本呈典型的正态分布，宽度和深度较小，沉降槽的宽度约 6 倍洞径，主要影响范围在横向 30m 左右，2～3 倍隧道埋深，沉降最大区域发生在轴线两侧 20m 范围内，最大沉降位置偏向于先行隧道。

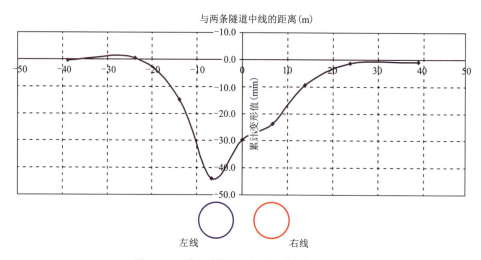

图 2.7-28　香车盾构区间典型断面地表沉降槽曲线

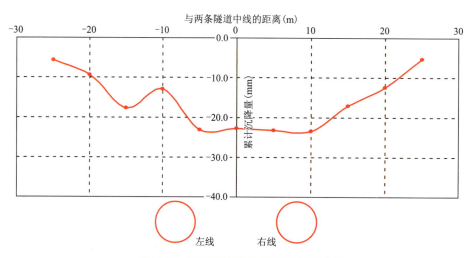

图 2.7-29　后南盾构区间典型断面沉降槽曲线

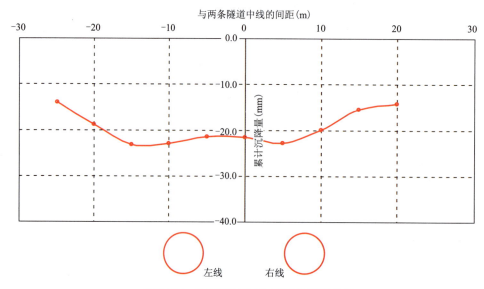

图 2.7-30　后南盾构区间典型断面沉降槽曲线

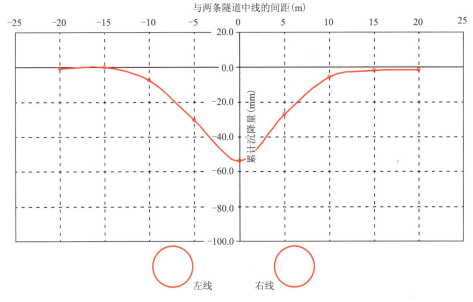

图 2.7-31 宝碧盾构区间典型断面地表沉降槽曲线

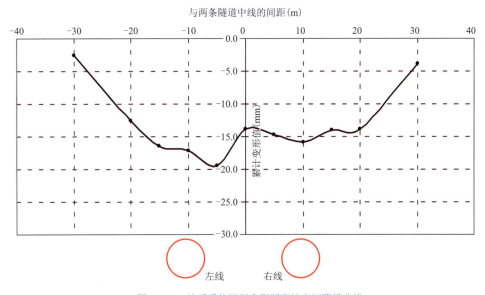

图 2.7-32 沙后盾构区间典型断面地表沉降槽曲线

7.3 监测预警

7.3.1 全线盾构施工监测预警情况

11号线盾构区间（含7、9号线代建部分）共发布预警48次，其中黄色预警42次，橙色预警6次。预警时间、预警级别、预警位置、原因分析及处理措施统计见表2.7-3。

表 2.7-3

11 号盾构区间监测预警统计表

序号	工点	预警时间(年-月-日)	预警级别	预警位置	情况描述	原因分析	处理措施
1	农车区间	2014-4-19	黄色	区间右线地表沉降测点 Y16(95环)、Y17(109环)	4月18日18:00至19日9:00，区间右线地表沉降测点 Y16(95环)、Y17(109环)的沉降分别为-13.3mm、-35.4mm，累计沉降分别为-23.2mm、-42.9mm，沉降异常	可能是掘进过程中土仓压力控制不佳，盾尾通过后二次注浆不及时所致	调整掘进参数，及时进行管片后的二次注浆工作，并对沉降异常的区域进行了空洞探测
2	农车区间	2014-5-29	黄色	区间右线地表沉降测点 Y31(230环)、Y32(235环)	区间右线沉降测点 Y31(230环)沉降-34mm，累计沉降速率为-12mm/d，累计沉降-34mm，均超控制值；测点 Y32(235环)的沉降速率为-14.5mm/d(超控制值)，累计沉降-21mm	出渣量大，导致地层疏松	及时进行管片后的二次注浆，加大同步注浆量
3	农车区间	2014-6-4	橙色	区间右线地表沉降测点 Y31(230环)、Y32(235环)、Y33(249环)	区间右线沉降测点 Y31(230环)的沉降速率分别为-6mm/d 和-7.2mm/d，累计沉降-46mm；测点 Y32(235环)的沉降速率为-40mm/d 和-15.4mm/d，累计沉降-40mm；测点 Y33(249环)的沉降速率分别为-10.2mm/d 和-19.1mm/d，累计沉降-29.1mm。上述测点沉降速率和累计沉降均超控制值(或预警值)，相同位置的盾构左线位置也有不同程度的沉降，最大沉降量为-12.5mm	上软下硬地层，导致地层疏松	进行回填及地面注浆加固
4	农车区间	2014-6-8	黄色	区间左线地表沉降测点 Z18(110环)、右线沉降测点 Y17(109环)	区间左线沉降测点 Z18(110环)的沉降速率-15.9mm/d，累计沉降-43.3mm，均超控制值。巡视路面没有明显的回陷情况。号该同一里程处的右线隧道沉降测点 Y17在4月19日发布了预警，本次左线掘进对其有扰动，沉降量在-8mm左右，累计沉降-79.6mm	盾构在上软下硬地层中掘进，掘进参数不易控制，导致出渣量增大，盾尾脱出后引起地表沉降	及时进行管片后的二次注浆，并对沉降异常区域进行地面注浆加固，填充疏松区
5	农车区间	2014-6-12	黄色	区间左线地表沉降测点 Z19(122环)、Z19-1(128环)、Z20(135环)、区间右线沉降测点 Y18(123环)、Y19(135环)	区间左线沉降测点 Z19(122环)、Z19-1(128环)、Z20(135环)的沉降速率分别为-12.37mm/d、-20.22mm/d 和-8.23mm/d，沉降分别为-37.82mm、-20.22mm 和-22.55mm，沉降速率和累计沉降均超控制值，巡视路面没有明显的回陷情况。本次左线施工对右线的影响变形在-5mm左右，右线沉降测点 Y18累计沉降达-36.73mm，Y19累计沉降-25.21mm	盾构在上软下硬地层中掘进，掘进参数不易控制，导致出渣量增大；盾尾脱出后引起地表沉降	施工单位及时进行管片后的二次注浆，并对沉降异常的区域进行了空洞探测以及地面注浆加固，填充疏松区

续上表

序号	工点	预警时间(年-月-日)	预警级别	预警位置	情况描述	原因分析	处理措施
6	农车区间	2015-1-5	黄色	区间右线790～810环沉降测点Y84、Y85、Y86、Y8	区间右线沉降测点Y84、Y85、Y86、Y87当日沉降量分别为-12.85mm、-18.07mm、-17.94mm、-16.38mm,沉降速率异常,其中测点Y85累计沉降达-24.33mm(超预警值-24mm)	该位置位于香蜜湖路、庙立交引桥路基下,修建年代久,路面重载碾压是原因之一。另外,该位置有7、9号线四条隧道施工重叠区,存在交叉影响	对该区域进行管片后的补充注浆,密实地层,并优化掘进参数,加强同步注浆量,控制地面沉降
7	农车区间	2015-1-20	黄色	区间右线790～820环地表沉降测点Y84、Y85、Y86、Y87、Y88	区间右线790～820环之间地表沉降测点Y84、Y85、Y86、Y87、Y88累计沉降分别为-26.16mm、-31.23mm、-32.15mm、-33.50mm、-30.59mm,以上各测点累计沉降均超控制值	该位置位于香蜜湖路、庙立交引桥路基下,修建年代久,路面重载碾压是原因之一。另外,该位置有7、9号线四条隧道施工重叠交叉影响是本次沉降的主要原因	对该区域进行管片后的补充注浆,密实地层,并优化掘进参数,加强同步注浆量,控制地面沉降
8	农车区间	2015-1-20	黄色	区间左线地表沉降测点7Z1、7Z2、7Z3	区间左线下穿1号线线段,地表沉降测点7Z1、7Z2、7Z3的沉降速率分别为-11.57mm、-9.41mm、-11.01mm,其中测点7Z1(885环位置)累计沉降为-31.7mm(超控制值)	同步注浆量不足	对该区域进行管片后的补充注浆,加强同步注浆量,控制地面沉降
9	香车区间	2014-4-27	橙色	区间右线地表沉降测点Y35(287环)	区间右线地表沉降测点Y35(287环)的沉降速率分别为-30.6mm和-84.5mm,累计沉降-118.6mm(超控制值-30mm)。现场巡视发现沉降异常区域地面明显凹陷,面积约15m²左右,有路面塌陷的可能	右线隧道埋深约8.2m,隧道掘进面及隧道拱部均有砂层,受扰动后自稳能力差,可能导致出渣量大,致使地层疏松引起路面回陷	盾构保持匀速掘进并提高土仓压力,在地面进行钻孔注浆加固,密实地层
10	香车区间	2014-4-29	橙色	区间右线地表沉降测点Y37(317环)	区间右线地表沉降测点Y37(317环)沉降速率为-41.6mm,累计变形值为-40.9mm(超控制值-30mm)	右线隧道埋深约9m,隧道掌子面拱部以下约1/3以及反拱部以上3m左右为中粗砂层,受扰动后自稳能力差,盾构通过后地层中可能有空洞,盾尾通过后地层沉降明显	盾构保持匀速掘进并提高土仓压力,进行管片后二次注浆,加强同步注浆量

续上表

序号	工点	预警时间(年-月-日)	预警级别	预警位置	情况描述	原因分析	处理措施
11	香车区间	2014-4-29	黄色	区间管线地表沉降测点G2（YCK8+940）	连续2日监测数据显示，测点G2（YCK8+940）的沉降速率分别为-8.5mm/d，-5.9mm/d，累计沉降达-27.7mm，超预警值（-24mm）	该区域位于香蜜湖南侧河堤，红荔路北侧，左线掘进面以砾质黏性土为主，上部为素填土层，中间夹杂填石层，可能是盾构施工扰动了上部填土层和填石层，引起地层沉降	优化掘进参数，加强同步注浆量
12	香车区间	2015-5-2	黄色	区间管线地表沉降测点G4（YCK8+905）	连续2日监测数据显示，测点G4（YCK8+905）的沉降速率分别为-8.8mm/d，-5.4mm/d，累计沉降达-26.4mm（超预警值-24mm）	该区域自上而下地层为填土层、填石层、粉质黏土层、砾质黏性土和全风化花岗岩，掘进面以全风化花岗岩为主，属于上软下硬地层，施工扰动上浮的软弱地层，引起地层沉降	优化掘进参数，适当提高土仓压力，加强同步注浆量，及时进行管片后二次注浆
13	香车区间	2015-5-5	黄色	区间管线地表沉降测点G5（YCK8+885）、G6（YCK8+865）	连续2日监测数据显示，测点G5（YCK8+885）的沉降速率分别为-10.9mm/d，-10.7mm/d（超控制值-30mm）；G6（YCK8+865）的沉降速率分别为-8.7mm/d，-13.8mm/d，累计沉降达-36.7mm（超控制值-30mm）	隧道掘进面拱部以下约2m，拱顶以上约6m有砂层，受扰动后自稳能力差，掘进过程中拱部砂层脱落进入土仓，引起地层沉降	适当提高土仓压力，加强同步注浆量，及时进行管片后二次注浆
14	香车区间	2015-5-7	黄色	区间管线地表沉降测点G7（YCK8+845）	连续2日监测数据显示，测点G7的沉降速率分别为-2.8mm/d，-16.4mm/d，累计沉降达-31.5mm（超控制值-30mm）	隧道掘进面拱部以下约2m，拱顶以上约6m有砂层，受扰动后自稳能力差，掘进过程中拱部砂层脱落进入土仓，引起地层沉降	适当提高土仓压力，加强同步注浆量，及时进行管片后二次注浆
15	香车区间	2015-5-10	黄色	区间管线地表沉降测点G8（YCK8+825）	连续3日监测数据显示，测点G8的沉降速率分别为-4.7mm/d，-6.7mm/d，-6.3mm/d，累计沉降达-27.18mm（超预警值-24mm）	隧道掘进面拱部以下约2m，拱顶以上约6m有砂层，受扰动后自稳能力差，掘进过程中拱部砂层脱落进入土仓，引起地层沉降	适当提高土仓压力，加强同步注浆量，及时进行管片后二次注浆

续上表

序号	工点	预警时间(年-月-日)	预警级别	预警位置	情况描述	原因分析	处理措施
16	香车区间	2015-5-12	黄色	区间管线地表沉降测点G9（YCK8+805）、G10（YCK8+795）	连续3日监测数据显示，测点G9的沉降速率分别为-7.65mm/d、-10.41mm/d、-3mm/d（超控制值-3mm），累计沉降达-32.7mm（超控制值-30mm）；测点G10的沉降速率分别为-5.12mm/d、-7.34mm/d、-11.1mm/d，累计沉降达-24.2mm，超预警值	隧道掘进面拱部以上约2m，拱顶以上约6m有砂层，受扰动后自稳能力差，掘进过程中土仓、拱部砂层脱落进入土仓，引起地层沉降	适当提高上仓压力，加强同步注浆量，及时进行管片后二次注浆
17	车红区间	2013-9-12	黄色	区间左右线地表沉降测点	测点YD7+065的沉降速率为-10.35mm/d（超控制值-3mm/d），累计沉降达-32.72mm（超控制值-30mm）；测点ZD7+060的沉降速率为-4.58mm/d（超控制值-3.00mm），累计ZD7+060的沉降速率为-33.57mm（超控制值-30mm）；测点ZD7+090的沉降速率为-1.67mm/d，累计沉降达-31.00mm（超控制值-30mm）；测点ZD7+260的沉降速率为-1.67mm/d，累计沉降达-30.60mm（超控制值-30mm）	可能是掘进过程中土仓压力控制不佳，盾尾通过后二次注浆不及时所致	调整掘进参数，及时进行管片后二次注浆，并对沉降异常的区域进行了空洞探测
18	车红区间	2013-11-11	橙色	区间左线地表沉降测点YD7+540、ZD7+550	自11月10日9：00至11月9：00区间左线地表沉降测点YD7+540沉降-593.16mm，累计沉降-608.71mm；测点ZD7+550沉降-44mm，累计沉降达-49.24mm	上软下硬地层，出渣量大导致土体疏松，降雨后出现塌陷	进行地面深孔注浆，加强同步注浆量
19	车红区间	2014-6-4	黄色	区间右线地表沉降测点YD7+485、ZD7+490、YD7+495、ZD7+500、YD7+515	自11月12日15：00至13日9：00区间右线地表沉降测点YD7+485沉降-3.16mm，累计沉降-38.38mm；测点ZD7+490沉降-7.56mm，累计沉降-61.25mm；测点YD7+495沉降-10mm，累计沉降-90.73mm；测点ZD7+500沉降-6.67mm，累计沉降-65.39mm；测点YD7+515沉降-8.15mm，累计沉降-64.61mm	上软下硬地层，出渣量大，号致地层疏松是沉降的主要原因	及时进行二次注浆，加强同步注浆
20	车红区间	2013-11-28	黄色	区间右线地表沉降测点YD7+545、YD7+550、YD7+555	自11月27日17：00至28日8：00区间右线地表沉降测点349环位置测点YD7+545沉降-16.98mm，累计沉降-30.26mm；测点YD7+550沉降-20.53mm，累计沉降-24.47mm；测点YD7+555沉降-21.5mm，累计沉降-40.72mm	盾构在上软下硬地层中掘进，掘进参数不易控制，可能导致出渣量增大；盾尾脱出后异常引起了地表沉降	施工单位及时进行管片后的二次注浆，并对沉降异常的区域进行地面注浆加固，填充疏松区

续上表

序号	工点	预警时间（年-月-日）	预警级别	预警位置	情况描述	原因分析	处理措施
21	车红区间	2014-12-18	橙色	区间左线地表沉降测点ZD7+555	自12月17日8:00至18日8:00区间左线地表沉降测点ZD7+555沉降-448.87mm，累计沉降-485.40mm	盾构在上软下硬地层中掘进，掘进参数不易控制，导致出渣量增大；盾尾脱出后引起了地表沉降	施工单位及时进行管片的二次注浆，并对沉降异常的区域进行了空洞探测以及地面注浆加固，填充疏松区
22	车红区间	2013-8-1	黄色	区间左线里程D6+640~D6+660段地表沉降测点	左线地表测点D6+660、D6+650、D6+640沉降速率分别为-10.72mm/d、-13.16mm/d、-14.61mm/d，超控制值，且D6+660、D6+650累计沉降分别为-38.74mm、-40.58mm（超控制值）	盾构掘进通过砂层，注浆效果不理想	调整掘进参数，及时进行管片后的二次注浆工作，并对沉降异常的区域进行了空洞探测
23	车红区间	2012-11-13	黄色	区间左线里程Z5+650~Z5+670段地表沉降测点	自11月12日15:00至13日9:00区间地表沉降测点ZD5+670隆升10.09mm；累计隆升18.08mm，测点ZD5+660隆升16.00mm；累计隆升24.18mm，测点ZD5+650隆升26.56mm；累计隆升13.76mm	隧道处于浅埋段，土仓压力较大	降低土仓压力
24	车红区间	2014-11-23	黄色	区间左线里程Z5+470~Z5+500段沉降测点	自11月12日17:00至23日8:00左线地表沉降测点ZD5+490隆升29.53mm，累计隆升34.78mm；11月23日8:00~17:00左线地表沉降测点ZD5+490隆升27.21mm，累计隆升21.71mm，测点ZD5+480隆升9.19mm，累计隆升43.97mm，测点ZD5+480隆升18.15mm，累计隆升45.36mm，测点ZD5+470隆升15.81mm，累计隆升16.42mm	隧道处于浅埋段，土仓压力较大	降低土仓压力
25	车红区间	2014-7-3	黄色	区间右线里程YD3+935、YD3+945、YD3+955地表沉降测点	区间右线盾构机盾尾拖出部位地表测点沉降均较大，其中区间里程YD3+935的沉降速率为-8.82mm，累计沉降-11.64mm；区间里程YD3+945的沉降速率为-18.36mm，累计沉降-10.25mm/d，累计沉降速率为-12.04mm/d，区间里程YD3+955的沉降速率为-7.88mm/d，累计沉降-13.38mm	掘进遇到孤石	施工单位及时进行管片后的二次注浆，并对沉降异常的区域进行地面注浆加固，填充疏松区

续上表

序号	工点	预警时间(年-月-日)	预警级别	预警位置	情况描述	原因分析	处理措施
26	车红区间	2014-7-23	黄色	区间右线里程YD3+875、YD3+885、YD3+895、YD3+905地表沉降测点	区间右线盾构机盾尾拖出部位地表测点沉降均较大，其中区间里程YD3+875的沉降速率为－9.38mm/d，区间里程YD3+885的沉降速率为－15.27mm/d，区间里程YD3+895的沉降速率为－16.41mm/d。区间里程YD3+905沉降速率－11.92mm。地表沉降累计最大值为－11.02mm（YD3+905）	盾构在上软下硬地层中掘进，掘进参数不易控制，可能导致出渣量增大；盾尾脱出后同步注浆不及时及洞通过后二次注浆不及时导致引起了地沉降	施工单位及时进行管片后的二次注浆，并对沉降异常的区域进行了空洞探测以及地面注浆加固、填充疏松区
27	红后区间	2014-1-5	黄色	区间右线大里程YCK9+515（29环）地表沉降测点2～6号	区间右线里程YCK9+515断面，2～6号测点的沉降速率分别为－5.68mm/d、－6.23mm/d、－6.50mm/d、－5.75mm/d、－6.18mm/d。累计沉降分别为－15.93mm、－29.22mm、－29.06mm、－26.99mm、－24.03mm，沉降速率和累计沉降均超限	盾构机还处于始发阶段，日进尺较短，土体受扰动固结周期较长，掘进过程中土仓压力控制不佳和盾尾通过后二次注浆不及时导致	调整掘进参数，及时进行管片的二次注浆，并对沉降异常的区域进行了空洞探测
28	红后区间	2014-5-31	黄色	区间右线里程YDK10+70（400环）地表沉降测点	区间右线里程YCK10+70路面有塌陷情况（发现时间6:00，宽度约4m，深度约1.5m），区间右线里程YDK10+100路面有塌陷情况（发现时间11:00，宽度约5m，深度约1.5m）	地质情况为上软下硬，掘进过程中扰动时间长，扰动影响较大，里程YDK10+70处塌陷路面下方有球场浇灌系统，受沉降影响，水管破裂，水流冲刷周围砂土；球场下方土质为砂土，受前期塌陷雨影响，形成局部空洞	在塌陷区域及时拉好警戒线，对塌陷区域及地面进行修复工作，加强地面巡视工作，密切关注后续变化；及时对塌陷区域进行适当补偿注浆，加强洞内巡视工作，密切关注洞内变化情况
29	红后区间	2014-6-14	黄色	区间右线里程YDK10+125（437环）地表沉降测点1～4号	区间右线里程YCK10+125断面，1号测点的沉降速率为－8.44mm/d，累计沉降－13.14mm；2号测点的沉降速率为－47.24mm，累计沉降－64.05mm；3号测点的沉降速率为－54.26mm，累计沉降－64.78mm；4号测点的沉降速率为－25.17mm，累计沉降－34.06mm。地面出现塌陷情况，右线洞内掌子面开仓换刀时出现涌水涌砂现象	右线盾构上方，属于上软下硬地层，前期盾构掘进时有较大扰动，土体松动，塌陷区域离盾构塌陷区域较近，受其下沉影响；右线开仓换刀，刀盘前注浆量不足，出现涌水涌砂现象；地表塌陷	对塌陷洞内进行相关处理，避免造成二次塌陷；对左线洞内对应塌陷区域及时进行补偿注浆，加强洞内和地面上方的巡视工作，注意掌子面开仓换刀和地面塌陷区域的发展情况

续上表

序号	工点	预警时间（年-月-日）	预警级别	预警位置	情况描述	原因分析	处理措施
30	后南区间	2014-7-24	黄色	区间右线里程YDK13+003（268环）、YDK13+013（274环）、YDK13+023（281环）、YDK13+033（288环）、YDK13+043（294环）地表沉降测点	区间右线里程YCK13+023断面，5号测点的沉降速率为-8.15mm/d，累计沉降-21.31mm；区间右线里程YCK13+003，1号测点的沉降速率为-7.86mm/d，累计沉降-20.49mm；区间右线里程YCK13+013，1号测点的沉降速率为-5.43mm/d，累计沉降-20.61mm；区间右线里程YCK13+033，1号测点的沉降速率为-7.91mm/d，累计沉降-13.29mm；区间右线里程YCK13+043，1号测点的沉降速率为-6.27mm/d，累计沉降-12.07mm。沉降速率超限	本段地质情况较差，前期盾构掘进时扰动较大，受右线盾构尾拖出影响，沉降变形较大	加强地面上方和周边影响区域的巡视工作，洞内注意控制出土量等掘进参数；右线盾构掘进过程中，土体松动需同步注浆和二次补偿注浆；需严格控制地面沉降；对区间已掘进通过区域进行空洞探测，及时处理，做好防塌陷准备措施
31	南前区间	2014-8-17	黄色	区间右线里程YDK15+870（1352环）地表沉降测点4~6号	4号测点的沉降速率为-8.99mm/d，累计沉降-31.68mm；5号测点的沉降速率为-9.25mm/d，累计沉降-32.70mm；6号测点的沉降速率为-8.18mm/d，累计沉降-31.02mm。沉降速率和累计沉降较大	南前区间盾构段地层为杂填土、砂层，盾构掘进过程中容易产生沉降；本段上方为桂庙路，车流量大，动载较大；南前右线盾构正在进行开仓换刀作业，土仓压力波动以及地下水流失，影响较大	加强地面上方和周边影响区域的巡视工作，洞内注意控制土仓压力，出土量等掘进参数；土仓内建立合理的气压未平衡刀盘前水土压力，达到稳定掌子面和防止地下水渗入的作用，及时进行管片背后注浆加固
32	南前区间	2014-9-26	黄色	区间右线里程YDK15+810（1392环）地表沉降测点4~9号	4号测点的沉降速率为-6.02mm/d，累计沉降-32.63mm；5号测点的沉降速率为-6.96mm/d，累计沉降-31.56mm；6号测点的沉降速率为-7.92mm/d，累计沉降-34.00mm；7号测点的沉降速率为-7.04mm/d，累计沉降-39.61mm；8号测点的沉降速率为-7.20mm/d，累计沉降-27.06mm；9号测点的沉降速率为-5.16mm/d，累计沉降-21.96mm。沉降速率和累计沉降均较大	南前区间盾构段为杂填土、砂层，上软下硬地层，盾构掘进过程中易产生沉降；本段上方为桂庙路，车流量大，动载较大；南前左右线盾构机刀盘位置较近，隧道掘进过程中土体扰动较大，受水土流失影响地表沉降变形较大	加强地面上方和周边影响区域的巡视工作，洞内注意控制土仓压力，出土量等掘进参数；盾构通过后，及时进行同步注浆和二次注浆，加固隧道上方土体控制沉降；对隧道上方土体进行空洞物探，发现问题及时处理

续上表

序号	工点	预警时间 (年-月-日)	预警级别	预警位置	情况描述	原因分析	处理措施
33	南前区间	2014-10-28	黄色	区间右线里程YDK15+780断面（右线盾尾拖出段1412环）沉降测点4~9号	4号测点的沉降速率为-13.24mm/d，累计沉降-40.53mm；5号测点沉降速率-14.72mm/d，累计沉降-41.64mm；6号测点沉降速率为-14.45mm/d，累计沉降-42.00mm；7号测点的沉降速率为-12.34mm/d，累计沉降-40.10mm；8号测点沉降速率为-13.16mm/d，累计沉降-40.20mm；9号测点的沉降速率为-14.50mm/d，累计沉降-31.57mm。以上测点累计沉降值、速率均超预警值	南前区间盾构段为杂填土、砂层，上软下硬地层，盾构掘进过程中易产生沉降，本段上方为桂庙路，车流量大，动载较大；南前左右线盾构机刀盘位置较近，隧道掘进过程中土体扰动较大，受水土流失影响地表沉降变形较大	加强地面上方和周边影响区域的巡视工作，洞内注意控制土仓压力，出土量等掘进参数；土仓内建立合理的气压来平衡刀盘前水土压力，达到稳定掌子面和防止地下水渗入的作用；加强补充注浆及二次注浆，并对预警区域附近进行排查，及时处理险情
34	南前区间	2014-11-2	黄色	区间右线里程YDK15+750断面（左线盾尾刀附近1432环）沉降测点4~9号	4号点的沉降速率为-9.69mm/d，累计沉降-15.79mm；5号测点的沉降速率-14.06mm/d，累计沉降-9.48mm/d，累计沉降-9.19mm/d，累计沉降-13.56mm；7号测点的沉降速率为-8.52mm/d，累计沉降-13.55mm；8号测点沉降速率为-8.08mm/d，累计沉降-17.99mm；9号测点的沉降速率为-6.29mm/d，累计沉降-11.67mm。以上测点累计沉降值、速率均超预警值 4号测点的沉降速率为-13.14mm/d，累计沉降-65.98mm；5号测点的沉降速率为-18.29mm/d，累计沉降-75.09mm；6号测点的沉降速率为-18.54mm/d，累计沉降-78.09mm；7号测点的沉降速率为-19.65mm/d，累计沉降-77.82mm；8号测点沉降速率为-23.79mm/d，累计沉降-81.19mm；9号测点的沉降速率为-18.61mm/d，累计沉降-62.03mm 4号测点的沉降速率为-18.66mm/d，累计沉降-44.81mm；5号测点的沉降速率为-19.35mm/d，累计沉降-47.20mm；6号测点的沉降速率为-19.35mm/d，累计沉降-50.94mm；7号测点沉降速率为-17.48mm/d，累计沉降-44.25mm；8号测点沉降速率为-22.72mm/d，累计沉降-53.09mm；9号测点的沉降速率为-16.90mm/d，累计沉降-39.10mm	南前区间盾构段为杂填土、砂层，上软下硬地层，盾构进过程中易产生沉降，本段上方为桂庙路，车流量大，动载较大；南前左右线盾构机刀盘位置较近，隧道掘进过程中土体扰动较大，受水土流失影响地表沉降变形较大	加强地面上方和周边影响区域的巡视工作，洞内注意控制土仓压力，出土量等掘进参数；土仓内建立合理的气压来平衡刀盘前水土压力，达到稳定掌子面和防止地下水渗入的作用；加强补充注浆及二次注浆，并对预警区域附近进行排查，及时处理险情

续上表

序号	工点	预警时间（年-月-日）	预警级别	预警位置	情况描述	原因分析	处理措施
35	后松区间	2014-5-8	黄色	右线区间大里程DK49+167.6（1261环）掌子面位置沉降测点1~3号；区间里程DK49+080断面，1号测点	区间大里程DK49+167.6断面，1~3号测点的沉降速率分别为-31.05mm/d、-25.99mm/d、-20.87mm/d（均大于预警值3mm/d）。区间里程DK49+080断面，1号测点累计沉降-46.43mm	盾构机埋深较浅，推进过程中对土体产生一定的扰动，导致掌子面附近地表沉降超限；近期降雨量较大，加之地表以下杂填土层较厚（约3m），土质松散，扰动后土体易发生沉降变形	严格控制出渣量，合理控制掘进参数，加强同步注浆及二次注浆量，控制地面沉降
36	后松区间	2014-5-12	黄色	右线区间大里程DK49+187.6（1275环）掌子面位置沉降测点1~4号	区间大里程DK49+187.6断面，1~4号测点的沉降速率分别为-25.41mm/d、-16.99mm/d、-11.99mm/d、-5.75mm/d；里程DK49+190断面，1~3号测点的沉降速率分别为-7.53mm/d、-4.96mm/d、-4.89mm/d（均大于预警值3mm/d）。区间里程DK49+080断面，4号测点累计沉降125.87mm（超限）	盾构机埋深较浅，推进过程中对土体产生一定的扰动，导致掌子面附近地表沉降超限；为控制地表异常沉降，对地面进行注浆时未严格控制注浆压力及注浆量，导致部分地面异常隆起	严格控制出渣量，合理控制掘进参数，加强同步注浆及二次注浆量，控制地面沉降，同时严格控制注浆压力，以免地面异常隆起
37	松碧区间	2014-64	黄色	右线区间大里程DK49+971.2（114环），掌子面位置沉降测点DB17-1、DB18-1、DB18-2、DB18-3、DB18-4	区间大里程DK49+971.2断面，测点DB17-1的沉降速率为-62.96mm/d（大于预警值-3mm/d）。里程DK49+960断面，DB18-3、DB18-4的沉降速率分别为-23.53mm/d、-108.11mm/d、-39.74mm/d、-4.36mm/d（均大于预警值-3mm/d），测点DB18-2号的累计沉降-108.34mm（超限）。地表周边巡视发现宝安大道右侧地面有回陷及开裂现象	该地段上覆杂填土及淤泥质土，拱顶上方为砂砾石地层，孔隙率较大，地下水丰富；盾构掘进过程中易产生流沙、流土现象，导致地表急剧下沉。盾构推进过程中出土量偏大，土仓压力控制不当，导致地表下沉	严格控制出渣量，合理控制掘进参数，加强同步注浆及二次注浆量，控制地面沉降
38	宝碧区间	2013-9-15	黄色	区间右线（70环）地表沉降测点DM-04-11	测点DM-04-11（60环）沉降-14.91mm、-27.14mm，沉降速率和累计沉降均异常	盾构推进速度偏快，60环位置出土量有异常	调整掘进参数，及时进行管片后的二次注浆工作，并对沉降异常的区域进行空洞探测

续上表

序号	工点	预警时间（年-月-日）	预警级别	预警位置	情况描述	原因分析	处理措施
39	宝碧区间	2013-10-17	黄色	区间左线管线沉降测点GX-01-01（406环），地表沉降测点DM-21-04（395环）	路面巡视时发现，里程DK23+836处盾构中线上方（宝源路与西乡大道交叉口东侧）路面有积水，并有水渗出，初步判断为给水管接头漏水所致，在给水管漏水的作用下，路面有较明显的沉降；根据监测数据显示，隧道内沉降较小（监测时间为：8：00），当日沉降-68.00mm。	给水管因漏水造成管线上方土体流失，路面沉降较大	对该处沉降较大的位置进行二次注浆。仔细排查周边环境，对有重要管线的区域，应加大同步注浆量，必要时增加二次注浆
40	宝碧区间	2013-10-21	黄色	区间左线地表沉降测点DM-22-02、DM-22-04、DM-22-05（420环）	测点DM-22-02、DM-22-04、DM-22-05（420环）的沉降速率分别为-14.83mm/d、-24.91mm/d、-13.36mm/d，累计沉降分别为-15.82mm、-26.02mm、-15.17mm（均达到预警值）	盾构掘进时地下水较大，地表沉降较大	对该处沉降较大的位置进行二次注浆；对沉降较大的位置进行洞内探测或地表取孔验证，判断背衬注浆情况；盾构处于全断面砂层，建议施工单位加大同步注浆量，必要时增加二次注浆
41	宝碧区间	2014-2-19	黄色	区间左线里程ZDK23+746.80（约465环）地表沉降测点DM-24-02、DM-24-03、DM-24-04、DM-24-05（460环）	盾构中线上方地表沉降测点DM-23-03的沉降速率为-12.75mm/d，累计沉降-14.60mm。盾尾通过后，该断面有3个地表沉降测点沉降超限	盾构机处于砂层区域，盾构通过过程中土体应力状态变化较大，并受多种因素影响，充填不及时注浆，地表下沉较大	根据监测数据重新调整盾构参数，对沉降较大的位置进行二次注浆
42	宝碧区间	2014-2-25	黄色	区间左线里程ZDK23+655（约520环）地表沉降测点DM-27-02、DM-27-03、DM-27-04、DM-27-05、DM-27-06（520环）	测点DM-27-03的沉降速率为-29.14mm/d，累计沉降-32.16mm（监测时间为10：00）。盾尾通过后该断面有5个地表沉降测点沉降速率超限	盾构机处于砂层区域，盾构通过过程中土体应力状态变化较大，并受多种因素影响，充填不及时注浆，地表下沉较大	根据监测数据重新调整盾构参数，对沉降较大的位置进行二次注浆

续上表

序号	工点	预警时间(年-月-日)	预警级别	预警位置	情况描述	原因分析	处理措施
43	宝碧区间	2014-2-26	橙色	左线区间里程ZDK23+625（约540环）地表沉降测点DM-28-03、DM-28-04、DM-28-05、DM-28-06（540环）	测点DM-28-05，25日18:00至26日10:00沉降-27.24mm，累计沉降-26.36mm；26日10:00～16:00沉降-19.18mm，累计沉降-45.54mm，当日沉降-46.42mm，累计沉降-45.54mm。盾尾通过后，该断面有4个地表沉降测点累计沉降超限，3个地表沉降测点沉降速率超限	盾构机处于砂层区域，盾构通过过程中土体应力状态变化较大，并受同步注浆不及时填充等多种因素影响，地表下沉较大	根据监测数据重新调整盾构参数，对沉降较大的位置进行二次注浆
44	宝碧区间	2014-3-7	黄色	区间左线里程ZDK23+463（约650环）地表沉降测点DB-33-01（640环）	测点DB-33-01，6日18:00至7日10:00沉降-29.91mm，7日10:00～16:00沉降-1.66mm，当日沉降-31.57mm，累计沉降-33.46mm	盾构机通过前，土体受挤压地表有隆起现象，当盾尾通过后地表沉降速率较大。结合监测数据及现场施工情况初步分析原因：盾构机处于全断面砂层地质，上部有少量填石层，盾构通过过程中土体应力状态变化较大，并受同步注浆未及时填充等多种因素影响，地表下沉较大	对沉降较大的位置进行雷达探测或地表取孔验证，判断是否存在空洞情况，控制掘进速度，对沉降较大的位置进行二次注浆，增加同步注浆量
	宝碧区间	2014-3-7	黄色	区间左线里程ZDK23+448（约660环）地表沉降测点DM-34-03、DM-34-04、DM-34-05、DM-34-06（660环）	测点DM-34-05，6日18:00至7日10:00沉降-21.08mm，当日沉降-12.91mm，当日沉降-33.99mm，累计沉降-35.57mm。当日盾构机通过该区域后，连续2个断面地表测点沉降速率及累计沉降超限，个别地表沉降测点当日累计沉降大于-25mm，巡视隧道距周边管线及建筑物较远，且沉降较小，路面无明显塌陷，洞内监测无异常	盾构机通过前，土体受挤压地表有隆起现象，当盾尾通过后地表沉降速率较大。结合监测数据及现场施工情况初步分析原因：盾构机处于全断面砂层地质，上部有少量填石层，盾构通过过程中土体应力状态变化较大，并受同步注浆未及时填充等多种因素影响，地表下沉较大	根据雷达探测或地表取孔试验进行雷达探测或地表取孔试验，判断是否存在空洞情况，控制掘进速度，对沉降较大的位置进行二次注浆，增加同步注浆量

续上表

序号	工点	预警时间(年-月-日)	预警级别	预警位置	情况描述	原因分析	处理措施
45	宝碧区间	2014-4-7	黄色	区间左线里程ZDK23+673（约510环）地表沉降测点DB-26-02	测点DB-26-02，6日18:00至7日10:00沉降-7.36mm，7日10:00～17:30沉降-9.94mm，当日沉降-17.30mm，累计沉降-49.86mm	盾构机通过后地表沉降速率较大，且连续2～3d沉降速率较大，累计沉降值超限。结合监测数据及现场施工情况初步分析原因：盾构机处于全断面砂层地质，上部有少量填石层，盾构通过过程中土体应力状态变化较大，并受同步注浆充填不及等多种因素影响，地表下沉较大	施工单位根据监测数据重新调整盾构参数；对沉降较大的位置进行雷达探测是否存在空洞情况；控制掘进速度，对沉降较大的位置进行二次注浆；后续施工过程中增加同步注浆量
46	宝碧区间	2014-11-2	黄色	区间左线里程ZDK23+658（约520环）地表沉降测点DM-27-05、DM-27-06、DM-27-07、DM-27-08（520环）	测点DM-27-06，6日18:00～17:00沉降-27.86mm，7日10:00～17:00沉降-13.01mm，当日沉降-40.87mm，累计沉降-44.52mm。测点DM-27-07，6日18:00～17:30沉降-19.19mm，7日11:00～17:30沉降-29.34mm，当日沉降-48.53mm，累计沉降-49.60mm。盾构区域全断面砂层，盾尾通过该区域后，地表监测点沉降速率及累计沉降值超限，连续地表裂缝及路面塌陷，巡视测缝及隧道内监测无明显异常	盾构机通过后地表沉降速率较大，且连续2～3d沉降速率较大，累计沉降值超限。结合监测数据及现场施工情况初步分析原因：盾构机处于全断面砂层地质，上部有少量填石层，盾构通过过程中土体应力状态变化较大，并受同步注浆充填不及等多种因素影响，地表下沉较大	施工单位根据监测数据重新调整盾构参数；对沉降较大的位置进行雷达探测是否存在空洞情况；控制掘进速度，对沉降较大的位置进行二次注浆；后续施工过程中增加同步注浆量
				区间左线里程ZDK21+556（约1898环）地表沉降测点DM-97-03、DM-97-04、DM-97-05（1900环）	盾构左线上方地表沉降测点DB-97-04，1日16:00至2日16:00的沉降速率为-45.91mm/d，累计沉降-45.96mm。当日盾尾通过后该区域，个别地表监测点沉降速率及累计沉降值当日累计沉降大于-25mm，隧道距周边建筑物较远，3个及建筑物较小，且沉降无异常，巡视路面无塌陷	盾构机通过前，土体受挤压地表有隆起现象，当盾尾通过后地表沉降速率较大。结合监测数据及现场施工情况初步分析原因：盾构机处于砂层地质，上部有少量填石层，盾构通过过程中土体应力状态变化较大，并受同步注浆未及时充填等多种因素影响，地表下沉较大	施工单位根据监测数据重新调整盾构参数；对沉降较大的位置进行雷达探测是否存在空洞情况；控制掘进速度，对沉降较大的位置进行二次注浆；后续施工过程中增加同步注浆量

续上表

序号	工点	预警时间 (年-月-日)	预警级别	预警位置	情况描述	原因分析	处理措施
47	宝碧区间	2014-12-11	黄色	区间左线里程ZDK21+826（约1718环）地表沉降测点DB-87-02（1720环）、DM-88-06、DM-88-07、DM-88-08（1740环）、DM-89-07（1760环）	盾构右线上方地表沉降测点DB-88-07，10日15:00至11日15:00的沉降速率为-42.56mm/d，累计沉降-45.16mm；沉降测点DB-89-07，12日14:00的沉降速率为-36.09mm/d，累计沉降-32.49mm。当日盾尾通过后该区域后，地表监测点沉降速率及累计沉降值超限，盾构进入砂层后，地表沉降明显增大，沉降部位主要位于宝源路，距周边管线及建筑物较远，隧道内监测无异常，巡视沉降位置路面可看到约3mm裂缝	盾构机通过前，土体受挤压地表有隆起现象，当盾尾通过后地表沉降速率较大。结合监测数据及现场施工情况初步分析原因：盾构机处于砂层地质，上部有少量黏土，盾构通过过程中土体应力状态变化较大，并受同步注浆未及时填充等多种因素影响，地表下沉较大	施工单位根据监测数据重新调整盾构参数；对沉降较大的位置进行雷达探测或地表取孔验证，判断是否存在空洞情况；控制掘进速度，对沉降较大的位置进行二次注浆或地面注浆加固；后期的掘进中增加同步注浆量
48	宝碧区间	2014-1217	黄色	区间左线里程ZDK21+766（约1758环）地表沉降测点DM-90-06、DM-90-07、DM-90-08（1780环）	盾构右线上方地表沉降测点DB-90-07，16日16:00至17日8:30的沉降速率为-22.69mm/d，累计沉降-70.58mm。该位置盾尾通过后沉降连续2d沉降速率较大，累计沉降值超限，盾构进入砂层后，地表沉降明显增大，沉降部位主要位于宝源路，距周边管线及建筑物较远，隧道内监测无异常，巡视沉降位置路面暂无异常	盾构机通过前，土体受挤压地表有隆起现象，当盾尾通过后地表沉降速率较大。结合监测数据，现场施工以及地质情况初步分析原因：盾构机处于砂层地质，上部有少量黏土，盾构通过过程中土体应力状态变化较大，并受同步注浆未及时填充等多种因素影响，地表下沉较大	根据监测数据重新调整盾构参数；控制掘进速度，对沉降较大的位置进行二次注浆或地面注浆加固；后期的掘进中增加同步注浆量

7.3.2 典型施工监测预警处理

2013年9月17日,盾构下穿后松区间茅洲河时发生了较为严重的塌方事故,河水及淤泥大量灌入隧道中,致使隧道上方土层水分大量流失。在事故发生地表正上方紧急增加了两组监测断面,并对茅洲河桥台及桥面加强监测,测点变形历时曲线见图2.7-33。

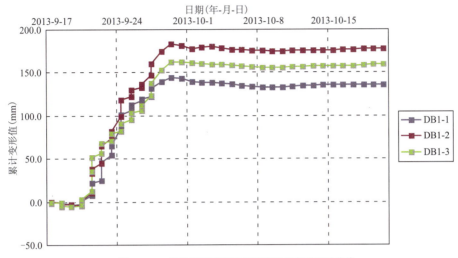

图2.7-33 后松区间新增地表沉降测点变形历时曲线

事故发生期间,每天对新布设地表沉降测点监测2~3次,监测数据显示地表略有沉降,但并不十分剧烈。施工单位抢险时,在洞内喷射混凝土封闭掌子面,并进行全断面注浆止水,同时采取袖阀管注浆对地表进行加固,有效遏制了沉降的继续发展,并且出现明显的抬升效果,由图2.7-33可以看出,大部分测点已经抬升至原始地面。但施工单位在注浆过程中没有控制注浆量,导致地面又发生明显隆起,部分测点隆起超过100mm。随着抢险工作的结束,测点又再次回归稳定状态。

由茅洲河桥面沉降测点的监测数据同样可以看出,事故发生时桥面也发生了明显沉降,注浆加固时桥面又出现隆起。受桥上机动车辆通行影响,桥面沉降点的变形基本呈波浪形态,直至施工结束才最终趋于稳定,变形历时曲线如图2.7-34所示。

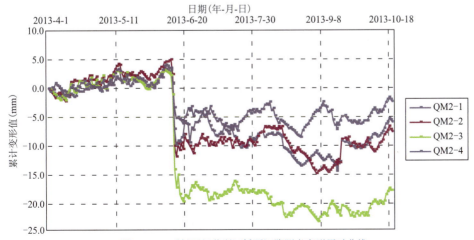

图2.7-34 后松区间茅洲河桥面沉降测点变形历时曲线

7.4　实施效果及小结

11 号线监控量测任务重，在中铁建投集团有限公司的统筹组织下，与土建施工单位、监理单位、第三方检测单位、业主各方形成了成熟的监管体系，发挥了监控量测作为施工的"眼睛"的作用，各盾构施工单位基本能根据监测数据反馈指导施工，对于沉降较大的区域，能主动要求监测单位增加测点加密监测次数，直到变形稳定。从现场巡视的情况来看，盾构操作人员会将前一天的监测数据作为当天掘进的依据，做到了信息化施工。

11 号线施工时，除了利用监测数据指导现场施工外，还对盾构掘进各阶段、各典型地质断面进行了数据分析和总结，对盾构施工地面累计地表沉降、沉降速率、地表纵向沉降、典型地质断面沉降等做了分析，可为各单位盾构施工技术总结及科研分析提供数据支持。并比较了盾构在上软下硬复合地层、砂层中掘进相关沉降监测数据，可为类似地质掘进提供参考。

最后对 11 号线盾构掘进过程中的监测预警情况进行了详细的分类和总结，对预警部位、预警产生的情况、预警原因分析及采取的措施进行了详细的描述，对盾构施工安全及预警指标选定具有重要的指导意义。

第 3 章

11 号线盾构施工及组织管理

第 1 节
盾构组织管理及总体策划

1.1 基本建设管理架构

1.1.1 建设管理模式

11 号线建设采用"融资+设计施工总承包"的 BT 模式，较 5 号线采用的"投融资+设计施工总承包+回报"的 BT 模式有进一步的改进和创新，并将施工用水、用电及临时用地等部分前期工程纳入 BT 工程范围。

BT（Build-Transfer）模式，一般是指政府通过特许协议，对于专属政府公共基础设施项目，通过公开招标的方式确定建设方，由建设方负责项目资金筹措和工程建设，项目建成竣工验收合格后由业主回购，并由业主向建设方支付回购价款的一种投融资建设方式。BT 模式的实质是政府或政府的代理机构与建设方签订特许权协议，即将特定的基础设施项目在一定年限内的物权与项目建设方的资金、先进的技术和管理经验等进行交易的行为。

深圳市城市轨道交通二期工程中，5 号线采用 BT 项模式进行建设，经过三年半建设，5 号线实现工期、安全、质量、投资可控，尤其是工程进度方面，在轨道交通建设领域创造了新的"深圳速度"，被深圳市政府誉为深圳市城市轨道交通二期建设中"开工最晚，建设最快"的线路。

深圳市城市轨道交通三期 7、9、11 号线全面采用 BT 模式进行公开招投标和建设，2012 年 1 月，中国中铁股份有限公司通过投标获得 11 号线 BT 项目，合同范围为全部土建工程、与土建工程密切相关的车站常规设备安装和装修工程以及系统设备安装工程。按 BT 合同约定，深圳市地铁集团有限公司仍为建设单位，承担项目业主的职责，中国中铁股份有限公司作为 11 号线 BT 承办方，履行项目建设投融资、施工总承包、过程管理职能，中国中铁股份有限公司委托旗下中铁建南方建设投资有限公司负责履行合同，成立 11 号线项目管理公司，承担 11 号线建设管理职责。

11 号线 BT 项目建设管理框架如图 3.1-1 所示。

根据合同划分的标段，中国中铁股份有限公司将各施工标段直接发包给其下属的各工程局，并设置标段项目部，各标段项目部是 11 号线 BT 工程施工任务的最终承担者，负责项目现场的施工和管理工作。为提高管理效率，减少管理环节，缩短管理链条，优化管理资源，本项目采用扁平化管理，项目公司对标段项目部进行直接管理，图 3.1-2 为项目公司组织架构图。

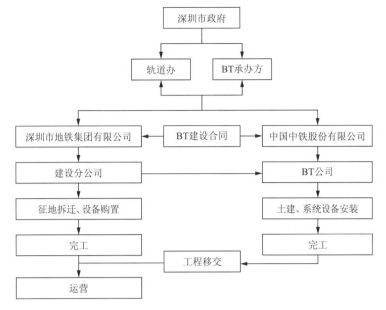

图 3.1-1　11 号线 BT 项目建设管理框架图

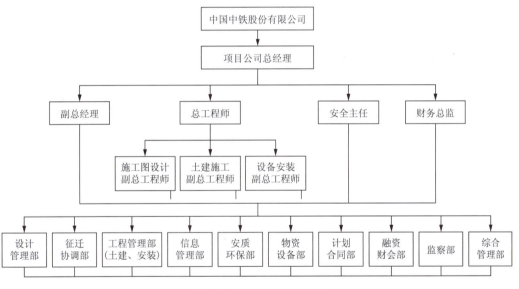

图 3.1-2　项目公司组织架构图

1.1.2　标段划分

按照中国中铁股份有限公司投资发展部《关于报送地铁投资项目施工任务分配方案的通知》的文件精神，充分考虑各参建单位的区域性、专业性、施工业绩、施工资源及股份公司重点帮扶的有关要求，并结根据各参建单位的既有盾构资源情况、施工业绩，特别是深圳地铁 5 号线的施工业绩，进行相应的工程任务分配。

以甲方招标文件制定的标段划分方案为基本依据，在原 8 个土建标段划分的基础上，按"利于施工、减少接口、便于协调"的原则进行任务分配，全线共细分为 18 个土建标段，安排 13 家参建单位负责施工。

1.2 盾构施工资源配置

1.2.1 盾构资源组织

全线共配置盾构机 29 台,其中新购大盾构 6 台,新购标准盾构 2 台,转场调配 21 台。各标段盾构机配置情况见表 3.1-1。

各标段盾构机配置表　　　　表 3.1-1

标　段	掘进区间	编号	盾构机型号	机况	下井时间（年-月-日）	始发时间（年-月-日）	吊出时间（年-月-日）
11301-1 标	福车左线	1	S-436	空闲	2013-7-1	2013-8-1	2014-10-5
	福车右线	2	S-437	转场	2013-8-1	2013-8-31	2014-10-30
11301 标	车红左前	3	中铁(大)	新造	2013-4-16	2013-5-16	2014-11-15
	车红右前	4	中铁(大)	新造	2013-6-15	2013-7-15	2014-12-30
	车红左后	5	中铁(大)	新造	2013-5-31	2013-6-30	2014-10-10
	车红右后	6	中铁(大)	新造	2013-5-1	2013-6-1	2014-9-20
	农车左线	26	中铁 20	空闲	2013-12-26	2014-1-25	2014-9-21
	农车右线	25	中铁 26	转场	2013-10-31	2013-11-30	2014-8-30
	车香左线	27	S-460	转场	2013-11-15	2013-12-15	2014-10-10
	车香右线	28	S-261	转场	2013-12-15	2014-1-14	2014-9-25
11302 标	红后右线	7	S-469	转场	2013-8-1	2013-8-31	2014-12-9
	红后左线	8	S-438	转场	2013-8-31	2013-9-30	2014-12-30
	后南右线	9	S-329	空闲	2013-12-1	2013-12-31	2014-10-27
	后南左线	10	S-439	转场	2013-12-31	2014-1-30	2014-11-26
	南前左线	11	中铁(大)	新造	2013-5-9	2013-6-8	2014-11-30
	南前左线	12	中铁(大)	新造	2013-6-13	2013-7-13	2014-12-30
11303-2 标	前宝右线	13	S-465	空闲	2013-8-16	2013-9-15	2014-8-10
	前宝左线	14	S-466	空闲	2013-9-15	2013-10-15	2014-9-9
11303 标	宝碧左线	15	中铁	转场	2013-5-16	2013-6-15	2014-11-26
	宝碧右线	16	中铁	新造	2013-6-15	2013-7-15	2014-12-30
11304 标	机福左线	19	中铁	转场	2013-9-16	2013-10-16	2014-9-20
	机福右线	20	S-768	转场	2013-10-16	2013-11-15	2014-10-20
11304-2 标	机机左线	18	S-462	转场	2013-5-2	2013-5-22	2013-9-15
	机机右线	17	S-463	转场	2013-6-1	2013-6-21	2013-10-11
	停车场出入线	24	S-241	转场	2013-12-30	2014-1-29	2014-10-31
11306-2 标	松碧左线	18	S-462		2013-10-1	2013-10-31	2014-7-21
	松碧右线	17	S-463		2013-10-31	2013-11-30	2014-8-24
11306 标	沙后区间	21	中铁	新造	2013-7-2	2013-8-1	2014-7-24
	后松左线	23	S-482	空闲	2013-5-2	2013-6-1	2014-4-4
	后松右线	22	S-481	保养	2013-4-2	2013-5-2	2014-3-14
	车辆段出线	22	S-481		2014-4-9	2014-5-9	2014-11-22
	车辆段入线	23	S-482		2014-4-30	2014-5-30	2014-12-22

1.2.2 盾构机性能参数

11号线共投入29台盾构机，其中6台φ6980盾构机，23台φ6280盾构机，盾构机相关参数需要针对深圳地区地质配置，盾构机主要性能参数详见表2.1-4。

1.2.3 盾构施工主要进度指标

根据11号线合同工期及项目总体策划要求，2014年12月30日盾构区间全线洞通，盾构施工主要进度指标见表3.1-2。

盾构施工主要进度指标表　　　　表3.1-2

序号	工作内容		进度指标（平均值）
1	盾构机下井组装调试		1个月
2	盾构机掘进	φ6280标准盾构机掘进	150～240m/月
		φ6980大盾构机掘进	180～220m/月
3	盾构机空推		180～300m/月
4	盾构机转场		1.5月/次
5	盾构机解体出井		20d/次
6	洞门施工，隧道清理，联络通道施工		综合考虑1～1.5个月
7	盾构始发（接收）井（车站端）主体结构		9个月
8	盾构始发（接收）井（区间范围）主体结构		8个月

第 2 节
盾构施工方案优化及过程管理控制

2.1 盾构施工方案优化

2.1.1 策划阶段施工方案优化

根据 11 号线投标文件项目总体筹划，全线盾构区间拟投入盾构机 30 台。中标后，正式开工前，中铁建南方建设投资有限公司编制了 11 号线工期总策划，在投标文件和设计文件的基础上，对全线盾构施工组织进行了重新优化，拟投入盾构机 28 台，在保证工期的前提下，既提高了资源使用率，又有效增加了经济效益。

施工过程中，根据 11 号线合同工期总体要求与现场实际情况，投入盾构机 29 台，即松岗车辆段出入线增加了 1 台盾构机。

1）机场站—机场北站、松岗站—碧头站、停车场出入线盾构施工方案优化

投标文件原策划机场站—福永站区间和停车场出入线分别投入 2 台盾构机，由于设计方案发生变化，新增加了机场站—机场北站盾构区间，机场北停车场出入线区间盾构长度减少，随即对盾构施工方案进行了调整，机机区间同时投入 2 台盾构机，掘进完成后转场至松岗站—碧头站区间，停车场出入线投入 1 台盾构机，减少了 1 台盾构机投入。

2）后亭站—松岗站、车辆段出入线盾构施工方案优化

投标文件原策划后亭站—松岗站区间投入 2 台盾构机、车辆段出入线投入 1 台盾构机，通过对线路的加密补勘，发现地质条件较好，同时后亭站提供盾构始发条件早，投入 2 台盾构机分别掘进 2 个区间，比较科学合理，策划掘进指标 175m/月，优化了 1 台盾构机投入，重点组织好 2 台盾构机的转场和二次始发。

11 号线盾构专项策划如图 3.2-1 所示。

2.1.2 掘进阶段施工方案优化

1）车公庙站—红树湾站区间施工组织调整

车红区间是土建按时贯通控制性工程。根据 11 号线工期总策划和盾构专项策划，车红区间 4 台大盾构机全部从中间盾构始发井下井始发。4 台大盾构机的原策划始发顺序为：左线始发井→车公庙站，右线始发井→红树湾站，左线始发井→红树湾站，右线始发井→车公庙站。策划左线始发井→车公庙站于 2013 年 5 月 16 日始发，实际于 2013 年 5 月 31 日始发，较策划工期滞后 15d，由于始发井—车公庙站盾构区间长，单机掘进 3.5km

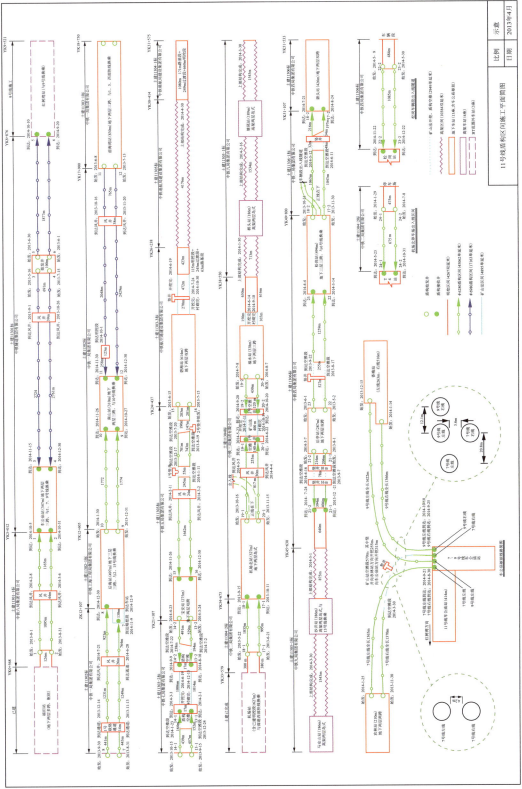

图 3.2-1　11号线盾构专项策划图

左右，提前下井始发可以有效缓解工期压力。根据现场情况对始发顺序进行了调整，先始发左线始发井→车公庙站，紧接着始发右线始发井→车公庙站，最后始发始发井→红树湾站左右线。实际始发时间为：左线始发井→车公庙站于 2013 年 5 月 31 日始发，右线始发井→车公庙站于 2013 年 6 月 18 日始发，左线始发井→红树湾站于 2013 年 7 月 20 日始发，右线始发井→红树湾站于 2013 年 8 月 29 日始发，右线始发井→车公庙站下井始发时间较原组织始发提前了 71d，为车红区间提前贯通创造了条件。实际贯通日期为 2014 年 9 月 2 日，提前 3 个月贯通。

2）后亭站—松岗站、松岗车辆段出入线盾构方案调整

根据盾构专项策划图，后亭站—松岗站、松岗车辆段出入线盾构区间共投入 2 台盾构机，先始发后松区间左右线，然后盾构机转场二次始发松岗车辆段出入线。由于后松区间左线盾构机施工进度较慢，原策划 2014 年 4 月 14 日到达松岗站，实际为 2014 年 9 月 5 日到达。中铁建设投资集团有限公司在 2014 年 6 月 13 日组织了盾构方案调整专题会，原策划入线盾构机于 2014 年 5 月 30 日始发，但当时该盾构机仍在后松区间掘进，剩余 500m 左右，按时贯通存在较大工期风险，要求入线盾构区间新进场 1 台中铁装备 167 号盾构机施工，2014 年 8 月 20 日前始发，2015 年 1 月 20 日贯通，并设置了 A 类里程碑工期考核节点。松岗车辆段出入线盾构区间实际于 2014 年 12 月 7 日贯通，较考核工期提前了 40d。

2.1.3 各盾构区间实际施工时间

中铁建设投资集团有限公司根据 11 号线盾构施工实际情况，对盾构施工策划进行了调整与过程控制，全线 29 台盾构机总体在满足全线总工期里程碑节点及工期策划的前提下，按照策划时间节点要求完成施工任务，具体实际施工时间见表 3.2-1。

11 号线各盾构区间实际施工时间　　　　表 3.2-1

标　段	掘进区间	编　号	盾构机型号	下井时间（年-月-日）	始发时间（年-月-日）	吊出时间（年-月-日）
11301-1 标	福车区间左线	1	S-436	2013-11-1	2013-11-21	2014-10-8
	福车区间右线	2	S-437	2013-11-20	2013-12-10	2014-10-27
11301 标	车红区间左前	3	中铁（大）	2013-5-8	2013-5-31	2014-10-28
	车红区间右前	4	中铁（大）	2013-5-23	2013-6-18	2014-11-7
	车红区间左后	5	中铁（大）	2013-6-27	2013-7-25	2014-8-14
	车红区间右后	6	中铁（大）	2013-7-18	2013-8-25	2014-7-11
	农车区间左线	26	中铁 20	2014-1-5	2014-4-10	2015-2-10
	农车区间右线	25	中铁 26	2014-1-12	2014-3-14	2015-1-14
	车香区间左线	27	S-460	2013-12-27	2014-3-20	2015-2-2
	车香区间右线	28	S-261	2013-12-4	2014-2-19	2015-1-2
11302 标	红后区间右线	7	S-469	2013-11-12	2013-12-10	2015-5-20
	红后区间左线	8	S-438	2013-12-18	2014-1-12	2015-1-24
	后南区间右线	9	S-329	2014-3-28	2014-5-1	2015-2-12
	后南区间左线	10	S-439	2014-3-09	2014-4-12	2014-12-9
	南前区间左线	11	中铁（大）	2013-8-28	2013-9-26	2015-3-5
	南前区间右线	12	中铁（大）	2013-10-01	2013-10-31	2015-1-31

续上表

标　段	掘进区间	编号	盾构机型号	下井时间 （年-月-日）	始发时间 （年-月-日）	吊出时间 （年-月-日）
11303-2标	前宝区间右线	13	S-465	2013-12	2014-1	2015-1
	前宝区间左线	14	S-466	2013-12	2013-12	2014-11
11303标	宝碧区间左线	15	中铁	2013-7-2	2013-7-20	2014-11-19
	宝碧区间右线	16	中铁	2013-8-1	2013-8-20	2015-1-12
11304标	机福区间左线	19	中铁	2013-12-6	2014-1-4	2015-2-25
	机福区间右线	20	S-768	2014-1-7	2014-2-6	2015-4-28
11304-2标	机机区间左线	18	S-462	2013-8-22	2013-9-11	2013-12-14
	机机区间右线	17	S-463	2013-9-8	2013-9-30	2014-1-10
	停车场出入线	24	S-241	2014-3-21	2014-5-2	2014-9-26
11306-2标	松碧区间左线	18	S-462	2014-3-1	2014-4-11	2014-10-11
	松碧区间右线	17	S-463	2014-3-22	2014-4-23	2014-10-17
11306标	沙后区间	21	中铁	2013-8-6	2013-10-10	2014-9-2
	后松区间左线	23	S-482	2017-7-20	2013-8-15	2014-9-12
	后松区间右线	22	S-481	2013-6-25	2013-7-12	2014-5-30
	车辆段出线	22	S-481	2014-7-5	2014-7-28	2014-12-9
	车辆段入线	23	中铁装备96	2014-8-29	2014-9-28	2014-12-27

2.2 盾构施工过程管理控制

2.2.1 盾构施工管理目标

11号线盾构区间沿线施工环境复杂，上跨或下穿多条运营轨道线路，近距离穿越多处建（构）筑物，且长大区间众多，盾构施工地质风险和工期风险较大。为有效降低工程风险，必须加强盾构施工管理，确保盾构正常掘进和质量安全。

（1）高度重视隧道下穿既有建（构）筑物的安全工作，穿越前做好地质补勘，根据实际地质情况，有针对性地制定专项施工方案和各种应急预案，如始发及到达专项施工方案、开仓方案、区间联络通道施工方案、穿越重大风险源工程专项施工方案、不良地质处置专项方案等；

（2）在掘进施工中，保持合理掘进速度，保证同步注浆量和凝固时间，控制每环出土量，及时进行二次跟踪注浆；

（3）做好盾构施工成型管片的变形监测，保证成型隧道在线路平顺、高程、管片椭变等方面均控制在规范要求范围内；

（4）加强周边构（建）筑物监测及线路巡查，发现地表沉降超限、建（构）筑物梁、板、柱或承重墙出现了裂缝或结构安全受到影响，及时采取措施进行处理。

2.2.2 全线盾构区间重点控制策划

11号线共有16个盾构区间（含7号线农车区间、9号线车香区间），拟投入 $\phi 6280$ 盾构机 23 台，ϕ6980 盾构机 6 台。盾构区间的施工组织，是确保全线按时贯通的关键。提供盾构始发井的车站、明挖区间需确保进场施工时间，其施工组织要充分考虑盾构始发的要求，提前完成盾构始发端的结构施工，为盾构提供组装及始发条件。盾构施工应提前做好地质补勘，提前处理不良地质，掘进过程中，实时监控掘进速度，特别是长大盾构区间和需要转场二次始发的盾构，一旦发生延迟，应立即采取应急措施。根据施工组织设计和盾构专项策划，各盾构区间施工控制重点如下：

1）福车区间

福田站—车公庙站区间含一段明挖区间及一段盾构区间，需投入 2 台 ϕ6280 盾构机，工期压力相对较小，但施工风险源多，施工风险较大，施工前期重点做好地质补勘及不良地质超前处理工作；明挖段需要在 2013 年 6 月 30 日前提供盾构二次始发条件。

2）车红区间

车公庙—红树湾站盾构区间全长约 5448m，隧道内径 6000mm，拟采用 4 台 ϕ6980 盾构机施工，区间穿越不良地质和特殊岩土，沿线紧邻、穿越 1 号线、竹子林车辆段等多处建（构）筑物及欢乐海岸人工湖等重要建（构）筑物和地表水体，且为深圳首次采用 ϕ6980 盾构机施工，重点跟踪盾构机性能及深圳地质适用性，盾构施工工期压力大，为 11 号线关键项目。

3）红后区间

红树湾站—后海站区间盾构由红树湾站始发。红树湾站由 9 号线施工单位负责施工，最迟需在 2013 年 7 月 1 日提供盾构始发条件。始发前，需紧盯红树湾站施工进展，督促 9 号线按计划提供盾构始发条件。为避免下穿深圳南山外国语学校和红树西岸小区的建筑，此段区间左右线设计时采用小净距重叠隧道侧穿建筑物，左线在上、右线在下，重叠隧道最小净距 3.2m，重叠段长约 230m。盾构掘进施工遵循"先下后上"的原则，先始发右线盾构，再始发左线盾构。此外，区间穿越高尔夫球场等重要建筑物，需提前做好地质补勘及不良地质超前处理工作。

4）后南区间

后海站—南山站采用 2 台 ϕ6980 盾构机施工，由后海站大里程端始发，南山站小里程端接收。右线隧道与 2 号线隧道之间的最小净距为 1.8m，如何在施工过程中减小地层沉降，控制 2 号线隧道变形在允许范围之内，避免因沉降过大而影响既有 2 号线隧道的正常运营，是本区间施工的难点。

5）南前区间

南山站—前海湾站区间为 11 号线关键项目，采用 2 台 ϕ6980 盾构机施工，必须确保盾构机性能及可靠性，满足该区间地质需要，前海湾站需在 2013 年 5 月 8 日前提供盾构始发条件，并需在 2013 年 8 月 15 日前提供前海湾站—宝安站盾构始发条件。前海湾站长达 830m，处于填海区，紧邻已运营的 5 号线，施工难度大，需提前做好区间不良地质超前处理工作，确保里程碑工期目标。

6）前宝区间

前海湾站—宝安站区间由两段盾构隧道和一段矿山法隧道组成，需投入 2 台 ϕ6280 盾构机施工，盾构工期压力相对较小。区间矿山法段长 2020 单延米，矿山法开挖盾构空推段长 748m，施工难度及工期压力较大，施工中需重点组织好矿山法施工。

7）宝碧区间

宝安站—碧海站区间需投入 2 台 ϕ6280 盾构机施工。区间长 3076 双延米，是土建工程关键项目，区间盾构最迟需在 2013 年 5 月 16 日下井组装，必须提前做好区间地质补勘及不良地质超前处理工作，以确保盾构施工顺利。

8）机福区间

机场北站—福永站区间需投入 2 台 ϕ6280 盾构机施工。机场北站最迟需在 2013 年 9 月 15 日前提供机福区间盾构始发条件及机场站—机场北站区间盾构接收条件；要对机福区间地质加密补勘，提前处理不良地质，同时需确保矿山法处理硬岩段不影响盾构正常施工，左线需在 2014 年 2 月 23 日前提供停车场出入线盾构上跨条件。

9）沙后区间、后松区间、松岗车辆段出入线

沙井站—后亭站、后亭站—松岗站、松岗车辆段出入线 3 个区间，计划投入 3 台 ϕ6280 盾构机。后亭站需在 2013 年 4 月 1 日前提供后亭站—松岗站盾构始发条件，2013 年 7 月 1 日前提供沙井站—后亭站盾构始发条件，盾构施工完成后，松岗站需在 2013 年 9 月 20 日前提供松岗站—碧头站盾构始发条件；后亭站—松岗站区间与松岗车辆段出入线共用 2 台盾构机，施工距离长，存在较大工期风险，需做好备用方案，必要时增加盾构资源；松岗车辆段出入线盾构位于正线上方，需待正线通过重叠段后方能组织出入线盾构通过重叠段，施工中要合理组织，尽量减少与松碧区间施工干扰。

10）机机区间、松碧区间、机场北停车场出入线

机场站—机场北站区间与松岗站—碧头站区间共用 2 台 ϕ6280 盾构机施工，机场北停车场出入线采用 1 台盾构机施工。松碧区间需在 2014 年 8 月 5 日前为松岗车辆段出入线提供重叠段通过条件，工期较为紧张，需做好备用方案，一旦机场站—机场北站区间盾构机不能在 2013 年 10 月前完成盾构施工，则需要立即启动备用方案，以确保实现松碧区间工期目标。

11）7 号线农车区间和 9 号线车香区间

7 号线农林站—车公庙站区间和 9 号线车公庙站—香梅站区间投入 4 台 ϕ6280 盾构机，施工过程中需重点筹划好 7、9、11 号线的施工时序和接口协调。7 号线农林站需在 2013 年 9 月 30 日前提供 7 号线农车区间盾构始发条件，9 号线香梅站需在 2013 年 10 月 30 日前提供 9 号线车香区间盾构始发条件。7 号线农车区间与 9 号线车香区间分别以重叠隧道形式，在车公庙站东侧位置下穿 1、11 号线区间隧道。为了确保工程安全风险可控，按照"先下后上"的顺序实施该区段的各条隧道互穿施工，互穿段的施工顺序为：7 号线农车区间下部隧道→9 号线车香区间下部隧道→7 号线农车区间上部隧道→9 号线车香区间上部隧道→11 号线福车区间隧道。

2.2.3 盾构区间地质补勘

为保证盾构始发后顺利推进，揭露区间的不良地质，各参建单位对盾构隧道全面启动补勘工作，补勘孔间距在一般区域沿线路方向 15m，孔位尽量布置在隧道中线上；河流、硬岩侵入及孤石探查重点区域，钻孔间距沿线路方向一般 7.5m，横向间距 2.5～3.0m，发现不良地质后沿线路方向每2m、横向每1.5～2m各钻一孔加密钻探，以确定基岩和孤石的分布范围。质构区间补勘不良地质见表3.2-2。

盾构区间补勘不良地质表　　　　表 3.2-2

区间名称	补勘数量	不 良 地 质
福车区间	补勘 638 孔	本区间部分地段孤石较发育，在 BK-TFC-123、BK-TFC-469A、BK-TFC-470、BK-TFC-509 号钻孔洞身范围内揭露微风化粗粒花岗岩孤石，该段采用盾构施工，采取深孔爆破法或冲孔桩法等辅助措施排除孤石
车红区间	补勘 553 孔	补勘揭示地层与详勘资料基本吻合
农车区间	补勘 128 孔	补勘揭示区间右线基岩入侵隧道范围扩大，设计增加矿山段的长度
车香区间	补勘 124 孔	补勘揭示有一段填石层（约100m）入侵盾构隧道，一段约30m长的基岩凸起
红后区间	补勘 97 孔	补勘各钻孔中未发现孤石（风化球），与详勘结果基本相符
后南区间	补勘 23 孔	补勘各钻孔中未发现孤石（风化球），与详勘结果基本相符
南前区间	补勘 69 孔	补勘各钻孔中未发现孤石（风化球），上软下硬段与详勘结果基本相符
前宝区间	补勘 24 孔	补勘地质情况与详勘地质情况基本相符，未发现孤石、上软下硬等不良地质
宝碧区间	补勘 125+34 孔	补勘揭露区间存在多段基岩凸起，累计长度587m，根据设计修编 YCK21+960 处硬岩采用深孔爆破法进行处理，YCK23+320、YCK24+120 处硬岩采用竖井+矿山法进行处理，盾构空推通过，后期增加补勘34孔
机机区间	补勘 19 孔	地质情况与设计初勘查明的地质情况基本吻合，区间明挖段端头淤泥层最厚达14m，流塑性强，无承载力。盾构段部分地段位于淤泥层和砂层中
机福区间	计划 225 孔	设计 YCK35+450～YCK35+455 约 5m，YCK35+680～YCK35+688 约 8m 范围有孤石（球状风化岩），CK35+970.000～YCK35+985 约 10m 范围有基岩凸起
机场化停车场出入线	补勘 15 孔	地质情况与设计初勘查明的地质情况基本吻合
松碧区间	补勘 34 孔	补勘地质与详勘地质基本一致，区间隧道洞身范围内主要穿越砂质黏性土、残积土、全风化和强风化片麻状混合花岗岩（土状）、全风化和强风化变粒岩，在竖井段和碧头站端共有约320m穿越微风化变粒岩
沙后区间	补勘 24 孔	在各钻孔中未发现孤石（风化球），与详勘结果基本相符
后松区间	补勘 112 孔	微风化岩倾入隧道高度 1.5～6.28m，左右线各两段长度共计411m。基岩凸起 3 处
松岗车辆段出入线	补勘 28 孔	在各钻孔中未发现孤石（风化球），与详勘结果基本相符

2.2.4　特殊地段预处理

1）不良地质调坡调线

详勘或补勘发现的不良地质，包括孤石，长距离硬岩、上软下硬地段，应当继续探明不良地质的范围和走向，绘制断面图，提请设计考虑调坡调线，尽量绕开或减少不良地质的长度和范围，优化平纵断面图。

2）局部或全断面硬岩处理

根据地质详勘资料，全线盾构隧道已经探明的硬岩段设计采取了相应的处理方法，但是补勘发现的硬岩突起、上软下硬、硬岩等需要提前采取相应的处理措施。全断面硬岩首选在地面合适位置设置竖井，采用矿山法开挖盾构拼管片通过。在地面条件允许时，采用深孔爆破预处理方法处理上软下硬、孤石、填石；在地面条件极其困难时，通过加强盾构刀具配置、提前主动更换刀具、采用合理的掘进参数（推力、贯入度、刀盘转速等）掘进通过。盾构掘进过程中遇块石无法碎石掘进时，注浆加固进仓或带压进仓，静态爆破、碎裂爆破或采用劈裂机劈碎，人工掏除。

3）孤石处理

根据设计和补勘地质资料，11号线盾构隧道花岗岩风化球十分发育，风化球直径0.4~4.1m不等，天然抗压强度最大达到126MPa，大大超出了一般硬岩盾构机刀具的碎岩能力。地面具备爆破条件的，采用深孔预裂爆破处理；不具备爆破条件的，则采用泥浆护壁冲孔破碎后回填C10素混凝土处理，冲孔深度为隧道底下50cm。对地表不具备处理条件的情况，考虑带压进仓，开仓采用劈裂器破碎后清除。

4）隧道穿越水域或人工湖

车红区间盾构穿越人工湖、红后区间盾构穿越深圳湾海湾，机福区间质构穿过填海区并下穿福永河，后松区间质构穿越茅洲河。地铁隧道施工将使场地周围的地质环境发生改变，影响地表水的正常排泄及渗流通道，施工要做好堵水防水措施。有条件时，可在地表采取对隧道周边土体进行注浆或旋喷加固措施。通过水域前，各单位要编制专项技术措施和安全预案，对铰接密封和盾尾密封装置进行认真的检查，确保密封效果。盾构机本身设置防喷涌措施，加强隧道下穿过程的掘进参数控制，保持稳定的土仓压力，慢速匀速通过；使用泡沫剂改良渣土；加强同步注浆和二次补充注浆等。

5）隧道穿越局部或全断面砂层

11号线濒临沿海，盾构区间多处局部或全断面穿越砂层，盾构通过砂层时可能出现较大的地表沉降、盾构低头及管片上浮过大等问题。盾构通过前应对砂层段进行详细补勘，组织专家进行论证，制定施工应急预案，首选采取地表预注浆措施加固。到达砂层段前要对刀具进行全面检查更换，对铰接密封和盾尾密封装置进行认真的检查、维护，确保密封效果。盾构通过过程中尽量减少对砂层的扰动，施工中严格控制土仓压力、控制推进速度，通过向刀盘、土仓及螺旋输送机添加泡沫、膨润土、聚合物等改良渣土，防止涌水、涌砂及工作面失稳。密切关注地表沉降观测，实时调节同步注浆参数，适当提高注浆压力及注浆量，必要时缩短同步注浆浆液凝固时间。

6）锚索拔除

宝碧区间亨林大厦锚索侵入右线隧道，设计采用人工挖孔桩拔除锚索，桩径1.5m，间距2m，浇筑混凝土支挡后采用抗拔机逐段将锚索拔除；或采用全回转套管钻机钻孔，钻至锚索高程时人工拔除锚索。

7）桩基废除

松岗车辆段出入线、松碧区间、机福区间盾构通过前先拆除地表建筑物，废除建筑物桩基。废除建筑物桩基采用拔桩，拔桩无法实现时采用冲桩废除。

8）机场段范围淤泥加固

机场段区间淤泥层厚达14m，流塑性强，平均标贯值只有1.5击，无地基承载力，含水率大。盾构区间洞身地层为淤泥和淤泥质黏土层，承载力不足，需要采取措施，提高盾构隧道的基底承载力。盾构始发和到达存在安全风险，提前完成端头加固并检验，以满足要求。盾构掘进中前方孤石和基底基岩凸起对盾构影响较大，施工中加强探测，提前处理。

9）始发、到达、空推、过风井加固及推进控制

盾构始发、到达端头加固严格按照设计进行，确保端头加固的质量。对于在基坑开挖前完成的端头加固，在盾构井完成后对盾构井与加固体之间进行补充注浆。盾构始发或到达前调整好盾构姿态，正确控制盾构参数，防止"磕头"；出洞前必须先开观察孔，保证盾构对位准确。

第 3 节
盾构施工安全管理

11 号线盾构区间线路长、地质条件复杂、施工装备一次投入量多，盾构施工安全管理难度大，而且盾构施工垂直运输、水平运输、管片拼装人机交错频繁，长时间连续作业、立体作业、密闭空间作业等均存在较大施工安全风险。因此，采用施工安全风险预防预控是本工程盾构施工安全管理的重要管理思路。

3.1 施工安全风险辨识评估

盾构法暗挖工程是超过一定规模的危险性较大分部分项工程。而对特殊及复杂环境条件下的施工安全风险进行辨识评估，能更好地明晰重点管控部位和重点管控措施，提高施工安全风险管控的应对能力。本工程特殊及复杂环境条件下的施工安全风险主要包括：

（1）下穿燃气、给排水等重要地下管线、管道或箱涵等，易造成可燃气体泄漏、水源进入隧道等施工安全风险。

（2）地下障碍物和不良地质将直接影响正常施工，造成土体扰动，导致发生地面塌陷等施工安全风险。

（3）浅覆土层是指隧道覆土小于施工隧道直径 1 倍的工况。浅覆土层施工易造成开挖面失稳和隧道上浮等风险，加剧土体的扰动和损失量，导致发生塌陷等事故。

（4）穿越江河湖泊段施工时易造成开挖面与江河贯通以及隧道渗漏风险。

（5）穿越既有线是指上（下/侧）穿已运行的铁路、地铁等线路。穿越时易造成既有线结构沉降超出控制值，影响既有线运营安全。

（6）长大盾构区间是指本工程特有的非标准盾构及区间长度大于 3km 的盾构区间。长大盾构区间施工加大了施工运输、机械设备的施工安全管理风险。

另外，增加盾构机装拆、盾构进出洞、开仓换刀、联络通道等单项工程的施工安全风险辨识。由于盾构隧道施工存在大量的多工种、多专业交叉，将人员安全管理列入控制重点。

风险辨识评估完成后，形成盾构施工安全风险清单，组织专家评价论证，确定风险等级，对重大施工安全风险提出控制措施。施工单位根据风险清单编制应急预案，完善应急物资。

当法律法规或标准、设计方案、施工工艺、工程项目内容等情况发生变化时，重新组织风险辨识与评估，并及时汇总传达到相关单位和岗位。

3.2 施工安全风险管理程序

按照"分级管理、分级负责"的基本原则,施工风险管理由具体实施项目的施工单位负主责,负责施工风险的全面实施管理,包括但不限于对施工风险的超前预防准备、过程监控和控制预防、信息管理、应急处理和对外协调等工作;项目公司负责重大施工风险的督导管理,督促施工单位进行风险的辨识、评价及控制和预防,并对一级重大施工风险进行督导管理。

施工单位、项目公司各职能部门按照"一岗双责,岗岗有责"的原则,依据本岗位安全生产责任制对重大施工风险履行督导监管职责。全面掌握重大施工风险项目进展情况,重大情况及时向分管领导和上级职能部门报告,由分管领导协调解决。重大施工风险实施前一个月,施工单位应做好预案启动的准备工作,发布预警信息。重大施工风险实施前15天,施工单位针对重大施工风险内容,做好与相关产权单位、交通、市政部门的联系和协调,将重大施工风险存在的风险的性质、影响范围和应急措施公告周边单位和人员,征得对方的支持和理解。施工现场应建立重大施工风险公告制度并适时公告。

风险管理程序如图 3.3-1 所示。

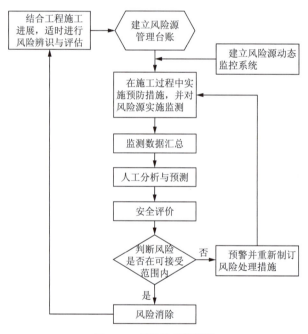

图 3.3-1 风险管理程序图

3.3 施工安全风险管理方法

风险管理以"规避"为主,对选定的方案进行调整或优化,在工程经济、合理、可行和使用的原则下,规避重大风险因素,减少风险发生。针对本工程存在的施工安全风险,在充分认识盾构施工环境,科学配置适应性强的盾构资源的基础上,推行盾构施工精细化管理,实施管理、培训、技术"三大对策",较好地控制了施工安全风险。

3.3.1 施工图设计优化

为揭露盾构区间不良地质,保证盾构始发后的顺利推进和过程安全,在实施前组织盾构隧道调查和补勘。根据调查、勘探结果主动介入施工图设计,提出解决和优化方案,通过调整线路平面位置、坡度、工法等技术措施,对线路进行优化,降低盾构施工安全风险。

本工程初步设计阶段即组织调查线路沿线建(构)筑物、基础、管线等,排查1倍洞径范围内的建筑物、基础结构形式,分析侵入隧道范围的结构物,对重点地段、地层复杂地段加密勘探。通过对车红区间进行设计调整,采用预裂爆破处理了两段长约300m的软硬不均地层和硬岩段。经过对车香区间进行调查,发现一箱涵侵入隧道,及时调线规避了施工风险,同时采用爆破预裂手段处理了一段硬岩。红后区间下穿沙河高尔夫球场,隧道穿越约140m左右中、微风化花岗岩地层,地表无不良地质预处理条件,经调整线路纵坡,穿越中风化花岗岩地层减少至80m;前宝盾构区间下穿既有地铁5号线线前临区间,隧道穿越地层上软下硬,局部基岩凸起,经平面位置调整,右线完全避开基岩段,左线仅剩3环中、微风化花岗岩地层。宝碧盾构区间隧道设计采用盾构法施工,局部基岩凸起段采用矿山法开挖初期支护+盾构空推拼装管片,通过适当调整线路纵坡,直接采用盾构掘进,减少了盾构空推段长度,降低了矿山法开挖风险。

3.3.2 施工现场标准化

施工围挡标准统一,基坑临边防护采用定型分段式护栏,竖井通道使用分段式定型梯笼,现场砂浆站、管片堆放场、渣坑、砂料场等布置合理、整洁美观。

区间隧道临时用电、用水管线统一布置,满足后期施工功能,以减少投入。施工用电线路设于紧急疏散平台一侧,距紧急疏散平台上方1.5～2m处,线间距不小于100mm,每200m设置一个配电箱;照明电箱与动力电箱分开设置,使用36V安全电压,采用节能灯具,灯距不得超过12.5m等。

3.3.3 安全专项施工方案

重大施工风险预控防范的技术基础是科学合理的施工组织设计、专项施工方案。对于所辨识的重大施工风险,必须编制详细的专项施工方案,完善审批程序并实施。

本工程将垂直设备安装拆除、端头加固、盾构始发、特殊地段预处理、开仓换刀作业、联络通道施工、盾构下穿既有轨道线路(含)施工、盾构过矿山法隧道(空推掘进)施工等列入危险性较大分部分项工程。其中盾构隧道穿越既有地铁线、重要管线和建(构)筑物等列为超过一定规模的危险性较大分部分项工程,按照《危险性较大的分部分项工程安全管理办法》实施管理,落实专项方案的编制、审批和专家论证,采取领导带班、专职安全管理人员旁站等措施,以保证施工安全顺利实施。

3.3.4 教育培训及技术交底

根据已识别的重大施工风险和专项施工方案,施工单位必须由技术负责人组织对本项目现场管理人员和作业人员进行施工风险管理程序和专项施工方案的教育培训和技术交底，要求培训有记录、书面交底内容翔实，相关被交底人签字确认。

3.3.5 安全验收与检查

明确盾构施工关键节点，科学设置条件，对人员、机具、物资、技术方案、工程环境调查、检测和监测及应急等各项准备工作是否满足条件进行检查、评估、验收，建设、设计、施工、监理等各方切实履行安全管理职责，使之满足后续开工、工序转换的施工安全条件。盾构带压开仓换刀严格执行开工条件验收制度，严格开仓作业程序，对进仓人员安全技术交底，对仓内有毒、有害气体及可燃气体进行检测。

项目公司每月组织对重大施工风险项目专项方案的执行情况进行检查，不定期对现场情况进行抽查；施工单位项目经理每周组织对重大施工风险项目专项方案的执行情况进行检查，每天由现场负责人带班对重大施工风险实施情况进行检查。

3.4 信息化管理

配备监控设备，将盾构掘进参数界面、测量系统界面、隧道内工作面视频、地面工作面视频等均显示在监控室，一改以往单纯语音联络的情况，将管理触角前移，达到问题及时暴露、问题及时反馈、问题及时解决，提高了项目的管控力度。

现场每日分析监测数据，发现异常立即调整参数，特别是在过特殊地段时，如车红区间下穿 1 号线和车辆段时，均采用了自动化监测手段，数据每 2h 自动测量计算汇总至监控室，指导主司机调整参数。车香区间下穿家私城段，由于自动化仪器无法布置，根据现场情况和施工需求，在地面布设了 30 个点，点点相连，用人工测量计算的方式，每 2h 将人工测量计算结果汇总，至监控室，经过监测与掘进互动，将浅埋淤泥质砂段沉降控制在 ±5mm 之间。

3.5 应急管理

应急预案在重大施工风险项目施工前一个月，由施工单位组织编制并进行演练。应急预案应具有可实施性，人、机具、材料及社会相关抢险方联系畅通无阻，确保能及时到位，保证预案启动后的可操作性和有效性。

施工单位应与邻近社区、相关单位建立沟通、联系机制；项目公司组织相邻区域施工单位建立应急联动机制，参建各方应建立相互沟通的交流平台。

第4节
盾构施工质量管理

4.1 施工准备期质量管理

4.1.1 明确质量管理目标

本工程以"创建鲁班奖工程"为目标，工程质量目标、控制标准的确定，不局限于满足国家验收规范要求，较多的指标高于国家标准，各项质量目标尽量用数据说话。其中，成型隧道相邻管片高差按5mm控制，区间隧道防水达到"零渗漏"。总体质量目标确定后，实施分解，确定工序质量目标，落实到具体专业化施工企业项目管理机构、班组、个人。

4.1.2 组建专业化施工团队

盾构施工专业性强，应由专业化队伍承担施工，这样既有效提升工程质量水平，又能在人才培养、技术创新、管理创新等方面起到引领作用。本工程16段盾构区间全部由系统内施工企业的专业化人员组建独立工区项目部，工区项目部主要管理人员全部得到项目公司的考核认可；作业层推行自建型架子队建设，形成相对固定的作业队伍；通过专业化的管理团队和作业队伍，调动生产一线员工的管理和生产积极性，掌握施工生产的主动权，使作业层管理全面受控，促进作业人员对盾构设备、盾构施工的研究和探索，卓越完成质量控制目标。

4.1.3 认识盾构施工环境

地层是盾构隧道的载体，地质特征对盾构施工起着显而易见的重要作用。本工程通过在详勘基础上再进行全面补勘，摸清了地质环境，为盾构施工策划、盾构设备设计改造、设计方案优化、预处理方案实施、风险预防预控、盾构掘进参数适时动态调整等提供了科学依据，为规避和减少盾构施工质量安全风险打下了良好基础。

4.1.4 施工技术和现场准备

精心策划编制了"盾构工程专项策划书"，对盾构机适用性、盾构资源组织和调配、重点区间始发顺序、特殊地段的预处理、盾构工程重难点及风险控制点进行分析、论证，提出重难点项目的控制措施。

现场准备包括控制网、水准点、标桩的测量,"五通一平",生产、生活临时设施等的准备,组织机具、材料进场,拟定试验、试制和技术创新计划等。

4.1.5 原材料集中采购管理

施工材料的好坏直接影响到盾构工程的质量,如果没有精良的原材料(半成品),就不可能建造出优质的工程。本工程预制管片以及预制管片原材钢筋、连接螺栓、密封圈、防水涂料等均在合格供方名册中,通过招标择优选择厂家进行集中采购,并做好检测记录。坚持进场材料证件齐全、先检后用,对"三无产品"坚决不用,以保证施工质量。

坚持使用单位和监理单位驻厂监造制度。相关方各选派一名经验丰富的工程师进行驻厂监造,对管片原材料的使用、生产、验收各环节全过程监督检查,对生产过程中出现的问题提出意见并下发整改通知;驻厂代表对不合格品登记造册并附照片,监督整改情况。

4.1.6 配置盾构资源

深圳地区系岩土复合地层,地质情况复杂多变,为了适应掘进的需要,要求盾构机具有多种功能,既能适应岩石地层,又能适应软土地层。根据这些要求,建设各方及设备制造商结合深圳地质环境深入研究,通过总结同类工程实践经验,模拟比选,确定了盾构机新造和改造的主要性能参数,对盾构机的适应性进行了改进,刀盘上刀具布置更加合理、刀盘面板配置刀具磨损检测装置、泡沫系统采用单管单泵防堵塞设计等,保证了盾构隧道施工安全和工程质量。

盾构机进场前全部进行维修、保养、调试,经过建设单位、监理单位验收后进场。针对每台设备建立设备故障库,提高盾构设备的可用性。

4.2 盾构施工过程质量管理

4.2.1 组织技术质量培训与交底

制订实施质量教育培训计划,采用集中办班、现场观摩交流等多种形式,对项目管理人员和技术人员进行质量培训。统一参建者的质量意识,明确质量控制目标,贯彻质量方针,掌握重要工序和重要工程质量管理要点,提高执行力和管理水平。本工程开工前,组织设备制造商进行设备及施工技术专项培训,施工过程中定期组织盾构施工经验交流专题会,施工单位分别作多次经验交流发言,取长补短,总结经验、吸取教训。

项目所有工序的施工技术交底经过施工单位技术、管理层审核,提高技术交底实用性;各工序施工人员施工前坚持"先交底培训、后上岗操作",进行技术和质量双重培训后方可上岗。在现场设置二维码公示施工技术交底,实现有标准、有检查、有验收,提高交底的执行力和施工质量。

4.2.2 试验先行、样板引路

试验先行，研究施工质量控制参数。在特殊地段掘进前，通过一定距离的试验段掘进，设定不同的土压、出土量、最高注浆压力和注浆量，同时结合地面沉降规律，确定盾构掘进速度、推力、扭矩、渣土改良等掘进参数，完成关键技术的攻关。

通过样板工程管理，提升施工工艺、施工技术，达到行业先进水平，质量检验合格，外观质量良好。在具有示范引领性的分部分项工程和单位工程中评选样板工程，其中分部分项样板工程创建范围包括端头加固、百环管片拼装、同步注浆、盾构过空推段、联络通道与中间风井等；参评盾构区间单位工程样板工程必须完成区间隧道500m以上。

通过试验先行、样板引路，不断完善和优化工艺水平，提升质量管理。

4.2.3 设置施工质量卡控点

施工质量卡控点是为了保证工序质量而确定的重点控制对象、关键部位或薄弱环节。施工质量卡控点一般设置在下列部位：

（1）重要的、关键性的施工环节和部位；
（2）质量不稳定、施工质量没有把握的施工工序和环节；
（3）施工技术难度大、施工条件困难的部位或环节；
（4）质量标准或质量精度要求高的施工内容和项目；
（5）对后续施工或后续工序质量或安全有重要影响的施工工序或部位。

实施施工质量控制时，由施工单位制定施工质量卡控实施细则，将卡控细则向作业人员和管理人员认真交底，质量管理人员在现场重点指导、检查、验收，对重要的施工质量控制点，质量管理人员进行旁站指导。

4.2.4 开展监督检查，验证实施效果

组建专业盾构监管团队，对盾构施工质量管理制度建设、机构设置、人员配备情况，相关法律法规和强制性条款的规定执行情况，各级管理人员履职情况和各项工作在现场的落实情况进行日常监督检查，对重点部位、特殊过程、易出现质量问题的工序等进行专项稽查，对查出质量问题的责任人和工地采取通报、限期整改、罚款、停工整改等处理措施，对具体参建施工企业采取安全质量考核评价、履约管理。

4.2.5 实施正向激励考核机制

正向激励考核机制是实施控制、强化管理的必要手段，也是确保工程质量、提升管理水平的基础工作。本工程正向激励机制包括两个层级，项目公司主要开展样板工程评选，按照每项分部分项样板工程20万、每项单位工程样板工程50万元的奖励标准实施；标段项目部对作业层质量控制情况实施考核奖励。

推行管片拼装实名制。对每一环管片都实施管片拼装实名制，该实名制不仅有效地佐证了责任制的实施，同时提高了掘进工班的集体质量荣誉感，强化了"质量创优"的观念，贯彻了一切为用户服务的思想，达到了提高施工质量的目的。

4.3 盾构施工质量卡控要点

4.3.1 管片质量卡控要点

（1）施工单位派人进驻管片厂，对管片生产过程进行质量卡控，对出场管片进行核查。卡控内容包括管片外观，止水带、密封垫粘贴，防腐涂料涂刷，螺栓孔、吊装孔清理，管片龄期，管片标识（包括生产日期、编号等）。不满足要求的不予出场。

（2）管片进场必须由管理人员对管片进行验收。进场验收内容同出场验收卡控内容，未达到验收标准的一律退回。

（3）遇水膨胀止水条、橡胶薄板黏结在外侧，接缝尽量避免出现在四个角上，四个角黑色自黏性橡胶保护薄板黏结牢固、无松动；下雨天必须覆盖避雨；粘贴过程中避免胶水污染管片，当胶水污染管片时，不应立即清理，而应待胶水晒干后再铲除；三元乙丙防漏浆泡沫条要黏结牢固。

（4）管片卸车控制内容：管片卸车要防止管片之间、与龙门吊之间的碰撞；管片下方支垫的方木要完好，且每层两两对称支垫4根方木，禁止支垫3根方木的情况；管片堆放不宜超过4层。

（5）吊装下井前控制内容：破损的管片不得下井；三元乙丙止水带断裂、脱落的禁止下井，必须在地面对其进行更换，不得下井更换；遇水膨胀止水条起翘的禁止下井；缓冲垫黏结位置和方位要正确；管片受到污染的禁止下井。

4.3.2 盾构掘进卡控要点

（1）根据隧道工程地质、隧道埋深、线路平面坡度、地表环境、施工监测结果、盾构姿态以及盾构初始掘进阶段的经验，设定盾构滚动角、仰俯角、偏角、刀盘转速、推力、扭矩、螺旋输送机转速、土仓压力、排土量等掘进参数。

（2）盾构掘进中应确保开挖面土体稳定。

（3）土压平衡盾构掘进速度必须与进出土量、开挖面土压值及同步注浆等相协调。

（4）当盾构停机时间较长时，应采取防止开挖面压力降低的技术措施。

（5）竖向及水平偏差不应大于±50mm。盾构掘进中必须严格控制隧道轴线，发现偏离必须制订纠偏计划，纠偏必须逐环、小量纠偏，防止过量纠偏而损坏已拼装管片和盾尾密封。

（6）掘进过程中，进行渣样分析，为后续盾构推进提供符合地质特点的施工参数。

4.3.3 同步注浆卡控要点

（1）注浆配比必须经试验验证可行，配比的调整由总工程师确认，严禁随意更改配比。

（2）压力必须根据地质情况、管片强度、设备性能、浆液特性和隧道埋深等综合因素确定，注浆速度应根据注浆量和掘进速度确定。

（3）注浆必须与盾构掘进同步进行，严禁停浆掘进；当同步注浆不能达到地层沉降控制要求时，应进行壁后二次注浆。

4.3.4 管片拼装卡控要点

（1）盾尾间隙每环测量3次，拼装前后各测量一次，并做好记录。

（2）拼装点位根据行程和间隙选择错缝拼装，尽量避开相邻环相邻点位拼装。

（3）过程清理盾尾，管片拼装前，盾尾应保持干净、无水。

（4）管片拼装前应冲洗干净，特别是止水条位置。

（5）管片运至盾构内应进行验收。发现止水条断裂、管片破损时，应及时更换；拼装前对已起皱的遇水膨胀止水条应进行剪切废除；检查管片编号是否正确；管片吊装孔、螺栓孔应完好。

（6）管片拼装好后，应对千斤顶靶进行扶正调整。

（7）管片吊装前应确认是否扣入吊装头，运输过程中应缓、慢、准，避免发生碰撞；K块拼装前必须在纵缝抹黄油润滑；管片拼装过程中调整时，块与块之间必须有至少5cm间隙，保证管片不被拉裂、碰损。

（8）每环管片拼装完成后，螺栓至少拧紧4次，管片拼装一次，推进半环一次，管片推进完成一次，附近3环均复紧一次。

4.3.5 二次注浆卡控要点

（1）采用1:1的纯水泥浆＋水玻璃和水进行1:1稀释，施工前根据环境条件和沉降监测结果调整，混合液达到胶凝状态的时间控制在2min左右。

（2）注浆压力宜控制在4bar以内，并可根据实际情况做适当调整。施工前多备用各3套以上的注浆表、自制注浆头、球阀。

（3）二次注浆应开泄气孔和泄水孔。注浆孔开孔深度至少45cm（30cm管片厚度＋14cm同步浆液厚度＋富余量）。

4.3.6 管片姿态测量卡控要点

（1）每10环需测量拼装管片姿态，确保成型隧道衬砌结构几何中心线线形平顺，偏离控制在容许误差范围内；盾构首推100环及盾构到达前100环需做百环验收。

（2）当测量系统不能正常工作或测量组认为必须搬测站时，必须停机，待测量组搬站后继续掘进，严禁盲推。

（3）直线掘进100m或曲线掘进50m时，应对盾构姿态进行人工测量复核和详细记录，发现偏差，应及时采取纠偏措施。

第 5 节
盾构施工进度控制

5.1 项目总体进度管理目标

11 号线工程进度管理的总体理念为：确保"洞通""轨通""电通"三大里程碑目标，并确保按期开通试运营。全线洞通工期为 2015 年 1 月 30 日。11 号线工程规模大，长大盾构区间多，全线盾构区间共 16 段，总长约 62.225 单线公里，其中 2km 以上盾构区间 12 处，最长单机掘进 3.6km，而土建工期仅有 32 个月，工期十分紧张，且该工期还含征地拆迁等前期工程时间。11 号线盾构多为车站始发，因而车站的施工直接影响盾构工期，对涉及盾构始发车站的工期管理是盾构工期管理的一个重要方面，而盾构下井始发后，在各地层中掘进进度控制就成为盾构施工管理的另一个重要方面，确保盾构始发及盾构掘进是盾构进度管理的主要内容。

5.1.1 盾构工期策划

1）策划目标

统筹安排，合理组织，确保 11 号线盾构区间 2014 年 12 月 30 日洞通。

2）基本技术参数

制定进度指标的依据主要有：

（1）地形地貌、埋深、过河工程地质与水文地质；

（2）盾构机械性能；

（3）深圳地铁盾构施工经验；

（4）各单位实际施工经验与实绩，考虑始发段、到达段、换刀工序的影响；

（5）与盾构区间有关的里程碑工期要求；

（6）盾构机所承担的工程量。

本项目盾构施工主要进度指标见表 3.1-2。

5.1.2 各标段关键盾构区间掘进指标分析

各标段关键盾构区间策划工期与实际工期对比见表 3.5-1。

各标段关键盾构区间策划工期与实际工期对比表 表 3.5-1

序号	标 段	项 目		盾构掘进长度（m）	策划工期（d）	策划指标（m/月）	实际工期（d）	实际指标（m/月）
1	11301-1 标	福车区间	左线盾构机始发	2321	430	161.9	343	203.0
2			右线盾构机始发	2321	425	163.8	311	223.9
3	11301 标	车红区间	始发井至车公庙左线盾构机始发	3505	548	191.9	459	229.1
4			始发井至车公庙右线盾构机始发	3505	533	197.3	437	240.6
5			始发井至红树湾左线盾构机始发	1886	467	121.2	386	146.6
6			始发井至红树湾右线盾构机始发	1875	476	118.2	316	178.0
7		7号线农车区间	右线盾构机始发	1405	273	154.4	313	134.7
8			左线盾构机始发	1398	239	175.5	304	138.0
9		9号线车香区间	左线盾构机始发	1653	299	165.9	294	168.7
10			右线盾构机始发	1406	254	166.1	307	137.4
11	11302 标	红后盾构区间	左线盾构机始发	2592	456	170.5	381	204.1
12			右线盾构机始发	2453	465	158.3	476	154.6
13		后南区间	左线盾构机始发	1759	300	175.9	262	201.4
14			右线盾构机始发	1761	300	176.1	240	220.1
15		南前区间	左线盾构机始发	3197	540	177.6	515	186.2
16			右线盾构机始发	3210	535	180.0	444	216.9
17	11303-2 标	前宝区间	左线盾构机始发	1332	329	121.5	341	117.2
18			右线盾构机始发	1332	329	121.5	305	131.0
19	11303 标	宝碧区间	左线盾构机始发	3062	529	173.6	487	188.6
20			右线盾构机始发	3059	533	172.2	509	180.3
21	11304-2 标	机场至机场北区间	左线盾构机始发	1148	116	296.9	94	366.4
22			右线盾构机始发	1145	112	306.7	97	354.1
23	11304-2 标	停车场出入线	出入线盾构机始发	1170	275	127.6	146	240.4
24	11304 标	机福区间	左线盾构机始发	1952	339	172.7	441	132.8
25			右线盾构机始发	1915	339	169.5	470	122.2

续上表

序号	标段	项目		盾构掘进长度（m）	策划工期（d）	策划指标（m/月）	实际工期（d）	实际指标（m/月）
26	11306标	沙后区间	区间盾构机始发	1428	357	120.0	393	109.0
27		后松区间	右线盾构机始发	2042	307	199.5	317	193.2
28			左线盾构机始发	2042	316	193.9	381	160.8
29		车辆段出入线	出段线盾构始发	1081	197	164.6	137	236.7
30			入段线盾构始发	1081	206	157.4	107	303.1
31	11306-1标	松碧区间	左线盾构机始发	1311	263	149.5	184	213.8
32			右线盾构机始发	1322	267	148.5	177	224.1
		合计		62669		165.6		181.2

5.1.3 盾构始发和接收车站工期管理

根据各车站的施工环境、车站施工难度、前期工程难易、盾构区间的长度及区间地质条件，为保证全线洞通里程碑工期目标的顺利实现，对11号线各盾构区间和车站提供的盾构始发、过站及调出场地时间进行专项管理；根据全线的总体工期策划要求，制定了盾构始发的里程碑工期管理目标，确保与盾构始发及施工全过程的各相关土建工程满足工期要求。

11号线盾构始发的工点有福车明挖区间、车红区间盾构始发井、红树湾站（施工单位：中国建筑第八工程局有限公司）、后海站、前海湾站、宝安站、碧海站、机机明挖区间、机场北站、福永站、后亭站、松岗站、农林站、香梅站、车辆段明挖段、停车场明挖段；盾构接收的工点有车公庙站、红树湾站（施工单位：中国建筑第八工程局有限公司）、后海站、南山站、宝安站、机场北站、松岗站、碧头站。

对关键节点制定专项里程碑工期目标，如对盾构始发井和接收井完成时间、盾构进场时间、不良地质超前处理完成时间等关键节点制定专项里程碑工期目标，对里程碑工期进行严格奖罚考核，通过考核充分调动参建单位的积极性，进而保证里程碑工期的实现。要求各盾构区间和车站提供的盾构始发场地时间必须按表3.5-2节点时间完成。

与盾构区间相关工点重要里程碑工期表　　　　表3.5-2

序　号	标段名称	始发掘进区间	盾构始发工点	盾构始发井提供时间（年-月-日）
1	11301-1	福车区间左线	盾构始发井	2013-6-24
2		福车区间右线	盾构始发井	2013-7-25
3	11301	始发井至车公庙左线	中间始发井	2013-4-10
4		始发井至车公庙右线	中间始发井	2013-6-8
5		始发井至红树湾左线	中间始发井	2013-5-24

续上表

序号	标段名称	始发掘进区间	盾构始发工点	盾构始发井提供时间（年-月-日）
6	11301	始发井至红树湾右线	中间始发井	2013-4-24
7	11301	农车区间左线	农林站	2013-12-19
8	11301	农车区间右线	农林站	2013-10-24
9	11301	车香区间左线	香梅站	2013-11-8
10	11301	车香区间右线	香梅站	2013-12-8
11	11302	红后区间右线	红树湾站	2013-7-24
12	11302	红后区间左线	红树湾站	2013-8-24
13	11302	后南区间右线	后海站	2013-11-25
14	11302	后南区间左线	后海站	2013-12-24
15	11302	南前区间左线	前海湾站	2013-5-2
16	11302	南前区间右线	前海湾站	2013-6-6
17	11303-2	前宝区间右线	前海湾站	2013-8-9
18	11303-2	前宝区间左线	前海湾站	2013-9-8
19	11303	宝碧区间左线	碧海站	2013-5-9
20	11303	宝碧区间右线	碧海站	2013-6-8
21	11304	机福区间左线	机场北站	2013-9-9
22	11304	机福区间左线	机场北站	2013-10-9
23	11304-2	机机区间左线	机场明挖段	2013-4-26
24	11304-2	机机区间右线	机场明挖段	2013-5-25
25	11304-2	停车场出入线	明挖段盾构井	2013-12-23
26	11306	沙后区间左右线	后亭站	2013-6-26
27	11306	后松区间左线	后亭站	2013-4-25
28	11306	后松区间左线	后亭站	3013-3-25

5.2 施工进度控制措施及协调

（1）根据策划安排，全线投入28台盾构机，实际投入盾构机29台。由于后松区间左线盾构机施工进度较慢，松岗车辆段入线盾构无法按时下井始发，出入线按时贯通存在较大工期风险，因此对入线盾构始发时间进行了调整，新进场了1台中铁装备167号盾构机，出入线盾构区间贯通较考核工期提前了1.5个月。

（2）派专人驻场跟踪6台大盾构机的建造。定期召开设计联络会议，对盾构机的出场计划以及针对深圳地质情况的盾构机特殊设计等进行实时对接，确保盾构机按期进场以及设计满足深圳地质掘进需要。

（3）提前进行加密地质补勘，全面掌握地质情况。严格按照施工地质补勘布孔原则进行加密勘测，确定基岩和孤石等不良地质的具体位置、范围和强度。

（4）针对不良地质，提前采取针对性措施。11号线沿线场地普遍分布有软土、填石、液化砂土、球状风化、基岩凸起、断裂破碎带等不良地质，在盾构施工前预处理沿线不良地质，确保盾构顺利掘进。

（5）长距离盾构施工是全线工期控制的重点。11号线2km以上盾构区间达12处，其中车公庙站—红树湾站区间、南山站—前海湾站区间、宝安站—碧海站区间等盾构单机掘进长度达3km以上，这些区间平均掘进指标约为180m/月，对盾构按时始发和拼装掘进全过程进行重点管控。

（6）重点关注盾构始发井施工，积极创造盾构始发条件，确保盾构能按期下井或提前下井。对于盾构掘进和始发井施工不属于同一施工单位的积极做好沟通，尤其是红后区间始发井由负责9号线的施工单位建设，应重点关注提供盾构始发条件的时间。在盾构过站和过矿山法区间前，做好充分的准备工作，尽量缩短盾构过站（过矿山法区间）的时间，以保证盾构掘进工期。

5.3 盾构施工进度管理成效

全线盾构区间16段，共投入盾构机29台，2013年5月31日第一台盾构机始发，2015年4月30日最后一台盾构区间贯通。11号线盾构区间全长62.669km，单区间平均掘进指标最高为366.4m/月（机场站—机场北站左线盾构区间），最低为117.2m/月（前海湾站—宝安站左线盾构区间），平均掘进指标181.2m/月，策划平均掘进指标165.6m/月，单月掘进指标最高为480m（机场站—机场北站左线盾构区间）。

第6节 盾构资源组织及管理

6.1 盾构管片管理

11号线盾构管片是由项目公司组织统一集中招标采购，并委托中铁物贸集团深圳有限公司组织统一供应、统一结算的重要材料。全线合计使用管片4.2万环，共选择5个管片厂家参与生产供应。通过提前策划、精心组织、统筹安排，11号线盾构管片在质量控制、成本控制、供应保障方面取得了较好的成绩。现分别从管片招标策划、管片生产质量控制、管片生产技术要求、管片供应管理等方面对11号线盾构管片的生产管理情况总结如下。

6.1.1 管片招标策划

11号线盾构管片设计有两种规格，分别为外径6700mm和外径6000mm的盾构管片，其中外径6700mm盾构管片数量约12000环，外径6000mm盾构管片数量约30000环。考虑到盾构施工工期紧、管片供应时间集中、管片需求量大等特点，在招标前对深圳周边地区各管片厂家的生产情况进行了充分的市场调查，据此制定了详细的管片招标策划方案。

1）制定招标方式

根据调查结果发现，具备生产外径6700mm管片的厂家只有4家，具备生产外径6000mm管片的厂家只有6家，鉴于生产厂家数量较少，因此采用邀请招标的方式组织采购。

2）选择管片厂家

考虑管片厂家的生产能力、场地储备能力以及施工工期紧等因素，对于外径6700mm的管片拟选择2个厂家生产供应，对于外径6000mm的管片拟选择3个厂家生产供应。

3）制定评标办法

为降低管片采购成本，实现效益最大化，管片招标评标采用"经评审的合理低价法"。首先对投标人资质条件进行评审，资质审查通过的厂家才能进入价格评审及价格谈判环节，经过价格评审及价格谈判，综合考虑投标人生产条件及生产能力，确定最终的中标人。

4）确定中标厂家

按照深圳市地铁集团有限公司对管片的管理要求，11号线指挥部将拟选择的管片厂家上报建设单位，由建设单位、监理单位组织相关单位进行审查与考察，根据审查结果确定最终中标厂家。具体管片供应厂家名称及任务分配情况详见表3.6-1。

管片供应厂家名称及任务分配表　　　表3.6-1

序 号	单 位 名 称	管片厂面积（万 m²）	厂内最大库存量（环）
1	深圳高新建混凝土有限公司	5	3000
2	深圳福盈混凝土有限公司	3	3000
3	深圳港创建材股份有限公司	3	3000
4	广州安德混凝土固件有限公司	8.5	4000
5	中铁大桥局集团第六工程有限公司	3.9	3000

5）签订采购合同

依照《深圳轨道交通11号线物资管理办法》的规定，盾构管片的采购供应合同由中铁物贸集团深圳有限公司与中标厂家签订，管片生产监控、供应组织、结算签认等工作由中铁物贸集团深圳有限公司负责统筹组织和安排。

6.1.2　管片生产质量控制

（1）管片生产环节是管片质量控制的关键。为确保管片质量，在管片生产过程中，11号线各标段委派专业的驻厂监理和施工单位驻厂代表，对管片生产过程进行全过程监督，对生产管片所需的各类材料进行检测，对管片生产工艺流程各节点进行卡控验收（具体管片生产流程见图3.6-1）。驻厂监理和驻厂代表在管片生产监督中发挥着很大的作用。

（2）除采取驻厂监造措施外，深圳市地铁集团有限公司还把管片质量管理纳入日常的检查范围，每半年联合各BT方组织一次专项的检查和评比，并将检查结果予以通报，作为各单位招标采购参考资料。项目公司也不定期地组织有关人员对管片质量进行抽查，对各项性能试验过程进行监督，确保使用的管片质量可控。

6.1.3　管片生产技术要求

1）主要原材料

（1）管片生产所用的原材料必须符合规范及设计要求，由管片生产厂家从业主指定的厂家购买，混凝土利用该厂原有的全自动混凝土搅拌站拌料。

（2）砂、石根据"进货检验通知单"按批量抽检后使用。

（3）细骨料和粗骨料应分别符合《普通混凝土用砂、石质量及检验方法标准（附条文说明）》（JGJ 52—2006）标准的相关各项指标。其中：碎石，针片状含量≤15%，含泥量≤1.0%，泥块含量≤0.5%，压碎指标≤13%；砂，采用河砂，级配区在Ⅱ区，细度模数2.3～3.0，泥块含量≤1.0%，云母含量≤2.0%，硫化物及硫酸盐含量≤1.0%。

（4）水泥进厂，由厂家提供检验材料，试验室进行抽样检验。细心维护和严格密封水泥储罐或筒仓，以防潮湿和雨水淋湿。

（5）使用散装水泥时，散装水泥槽车由水泥生产厂家加封，并提供一份厂家关于强度等级、技术规格和重量的检验证书复印件，提交给监理工程师代表。

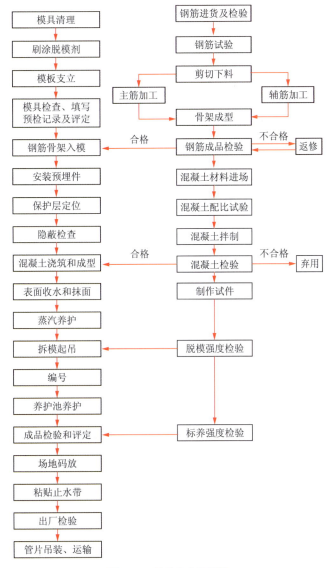

图 3.6-1 管片生产流程图

（6）混凝土外加剂由供方提供质检报告。

（7）水符合混凝土拌和用水标准，取自公用管网。

2）预埋件

预埋件按设计图纸进行加工生产，供方提供出厂合格证。进仓时进行外观抽检，不合格产品要废弃，不投入生产使用。

管片吊装孔预埋件是管片在隧道中起吊拼装时的受力部件，其抗拉拔能力直接影响管片拼装的安全性。拟采用国内生产的尼龙材料吊装孔埋件。

环、纵向螺栓孔预埋件施工时，要保证螺栓孔畅通、内圆面平整。

3）钢筋及钢筋骨架

（1）钢筋

钢筋混凝土用热轧带肋钢筋：Ⅱ级。

低碳钢热轧圆盘条：Ⅰ级。

钢筋进场必须附有质量保证书，经复试合格后投入使用。进场时钢筋按规格分类挂牌堆放。钢筋表面应洁净，不得有油漆、污垢，当钢筋出现颗粒状或片状锈蚀时不准使用。

钢筋平直、无局部弯折现象，成盘的钢筋和弯曲的主筋均应调直。制作时严格按照钢筋加工大样图进行断料和弯曲成型。钢筋进入弯弧机时保持平衡，防止平面翘曲，成型后表面不得有裂缝。

（2）钢筋骨架

钢筋网、钢筋骨架主筋的规格、数量和位置必须符合设计规定，并逐件进行观察检查。同一截面的接头百分率与搭接长度符合《混凝土结构工程施工质量验收规范》（GB 50204—2015）的有关规定。钢筋骨架焊接牢固，其漏焊、开焊数量不超过焊接总数的4%，且漏焊或开焊位置不在相邻两焊点上。

钢筋骨架采用先成片、后成笼的生产顺序流水作业。钢筋断料、成行、钢筋骨架制作每道工序必须在班组质量员和车间质检部门的监督下进行。操作工要持证上岗，上岗前要接受质量部门的质量交底，熟悉施工规范及标准。钢筋骨架焊接成型时必须在符合设计要求的靠模上制作，并经测量调整和检验各项尺寸都符合要求后才可进行焊接工作。管片钢筋骨架焊接采用电弧焊接成型，主筋节点采用焊缝强度与钢筋相当的焊条，构造筋间或构造筋与主筋间采用能使焊接部分具有良好性能，不产生焊接缺陷，易于施工的焊条，焊点不能有损伤主筋的现象，焊口要牢固，焊缝表面不允许有气孔及夹渣，焊接后氧化皮及焊渣须及时清除。

4）混凝土配比设计

在确定用于生产预制钢筋混凝土管片的混凝土配合比前，必须先进行混凝土配比试配，对水灰比、胶凝材料总量、矿物掺和料比例和砂率四个影响混凝土强度、耐久性和外观质量的因素进行正交试验，确定粉煤灰、磨细矿粉、高岭石粉和沸石粉的用量。在按照三水平四因素的L9（34）正交表进行一系列试验后，最终优选出的配比见表 3.6-2。

管片混凝土生产配比及强度结果（水灰比 0.30） 表 3.6-2

材料用量（kg）						坍落度（mm）	抗压强度（MPa）			达设计强度等级（%）		
水	水泥	矿渣粉	DFS-2	砂子	石子		1d	14d	28d	1d	14d	28d
115	400	45	4.50	685	1115	70	35.4	55.5	63	71	111	126

5）混凝土浇筑

（1）模具的调试和清洁

①管片模具的调试

模具放置在稳固的基面上，水平误差 1mm 以下，模具的底脚与地面同时紧密接触。当模具公差不符合要求时，在工程师的指导下按照厂商提供的说明书的步骤进行调校。紧固模具螺栓必须用力矩扳手进行。

②管片模具的清洁

管片模具使用前，采用抹布清理表面、刮刀清理混凝土积垢和压缩空气吹净的办法进行管片模具清理。

（2）喷脱模剂

喷涂脱模油前先清理模具内表面混凝土残积物，然后使用雾状喷雾器喷涂，用拖布抹均匀，使模具内表面全部均布薄层脱模剂，如两端底部有淌流的脱模剂集聚，则可用棉纱清理干净。

（3）组模

检查侧模板与底模板的连接缝的黏胶布是否有脱落现象，如有，则应及时纠正。将侧模板向内轻轻推进就位，用手旋紧定位螺栓，使用模端的推上螺栓，将模板推至吻合标志，将端模板与侧模板连接螺栓装上，用手初步拧紧后再用专用工具均衡用力拧至牢固，特别注意严格使吻合标志完全对正，并拧紧螺栓，不得用力过猛。把侧模板与底模板的固定螺栓装上，用手拧紧后再用专用工具由中间位置向两端顺序拧紧，禁止反顺序操作以免导致模具变形精度降低。

（4）钢筋骨架入模

在钢筋笼指定位置装上保护层垫块后，由桥吊配合专用吊具按规格把钢筋笼吊放入模具，操作时桥吊司机与地面操作者密切配合，两端由操作者扶牢，以明确手势指挥，对准位置起吊、轻放，不得使钢筋笼与模具发生碰撞。

钢筋笼放入模具后要检查周侧，底部保护层是否匀称，任何令保护层大于规定公差和严重扭曲的钢筋笼均不得使用。

所有预埋件，钢筋笼、钢模组合好后，设专人对模具进行宽度等尺寸的检验，核对吻合标志。检验合格后，填写记录，挂上绿色标志后方可施作下一道工序。

（5）混凝土搅拌

①搅拌站上料系统和搅拌系统由市计量所定期进行计量检定，严格按规程要求进行操作，并定期校验电子称量系统的精确度。

②混凝土配比必须经审批确认后方可使用。混凝土的细骨料采用清洁的砂，粗骨料采用坚硬的碎石，并选择最佳颗粒级配，混凝土配比还需充分考虑混凝土抗渗性、抗硫酸盐性能等耐久性设计。

③更改混凝土配比必须经业主及监理单位批准许可。

④为确保混凝土的搅拌质量，由持有试验员上岗证的工程师负责监督搅拌系统运作。

⑤只有被确认坍落度在 70mm±20mm 范围内的符合设计级配要求的混凝土，方可用于管片生产。

（6）混凝土浇筑

①混凝土采用搅拌车运送并直接投料或料斗投料（视模具高度而定）。

②浇筑前必须按规定对组装好的模具进行验收，发现任何不合格项目应通知上工序返工，经验收合格后取走挂在钢筋笼上的标志牌表示可以浇筑。

③只有被确认坍落度在 60mm±20mm 范围内，温度在 30℃以下，空气含量在 1%以内才可使用，否则要废弃。

④混凝土要分层浇筑，要注意使混凝土在模具内均匀分布。

浇筑顺序：模具的两端→模具的中段。

（7）振动成型

① 以 $\phi50$ 振动棒密实成型（K 件应采用 $\phi30$ 振动棒补振），振动时成 45°插入并要注意使振动棒移位，不得接触和碰撞模具。端部振动时，振动棒放置在接近端部的中部振动，完成后，先后要与模侧板相距 20cm 左右处插入振动，至少量浆水从盖板边缘均匀淌出为止。

② 在模具中段振动成型时，振动棒应先从与灌浆孔螺栓相距 20cm 左右两处与模侧板平行方向斜插入振动，至灌浆孔螺栓位置不再冒喷射状气、水泡为止，严禁碰撞浆孔螺栓，继而在与侧板距 30cm 左右处振动至混凝土与模侧板接触处不再喷射状气、水泡，并均匀起伏为止。

③ 视混凝土坍落度情况，每个振动点振动时间控制在 10～20s 内，振动完成后振动棒必须缓慢拔出。

④ 全部振动成型完成后，应抹平中间处混凝土，然后用土工布盖好。

（8）混凝土抹面

打开面板的时间随气温及混凝土凝结情况而定，一般以用手按有微平凹痕迹为准。

粗磨面：使用铝合金压尺，刮平去掉多余的混凝土（或填补凹陷处），并进行粗磨。

中磨面：待混凝土受水后使用灰匙进行光面，使管片表面平整、光滑。

精磨面：使用长匙精工抹平，使表面光亮，无灰匙印。

6）管片养护、存放及运输

（1）管片养护

① 蒸汽养护

混凝土初凝后，将顶板合上，在模具外围罩上一个紧密不透气的帆布套，进行蒸汽养护，如图 3.6-2 所示。施工时，顶板作为支架支撑帆布套，顶板不能与混凝土表面接触，要留有 10～15cm 的距离，让蒸汽在此空间流动。帆布套脚紧贴地面并压上重物，防止蒸汽跑掉。从模具下部通入蒸汽，帆布套外侧顶部留有测温孔。蒸汽养护前的静停时间不得小于 2h。

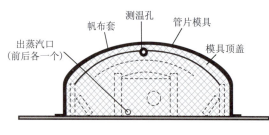

图 3.6-2　蒸汽养护布置图

管片蒸汽养护时，除满足一般蒸汽养护操作规程外，还应注意以下几点：

a. 升温控制在 2～3h。为防止因温度升高过快使混凝土膨胀损害内部结构，每小时温速变化率控制在 10～15℃，禁止超过 20℃。

b. 恒温阶段一般在 1.5h 左右，蒸养温度为 50～60℃。

c. 降温时间控制在 1.5h 以上，未到规定降温时间禁止脱模。降温方法：达到规定的养护时间后，关上供气阀，部分掀开帆布套，让模具和混凝土自然冷却 1h 后揭走全部帆布套，再过 0.5h 方可脱模。

图 3.6-3 为蒸汽养护曲线图。

养护罩内的温度、湿度由专人每小时记录一次，并及时调整供气量，控制温度，使混凝土达到一定强度后，再进入下一道工序。

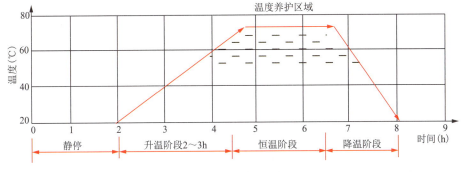

图 3.6-3 蒸汽养护曲线图

管片脱模时混凝土强度控制在设计强度的 50%～60%,脱模强度由有关试验室检测。管片起吊时,必须保证稳速垂直,不得损坏管片的边角及手孔座位置。

②管片水养

管片从钢模中脱模后,加强水养护,以提高混凝土的后期强度增长。管片水养采用水养池养护 14d 后,吊出水养池进入储存区存放并洒水养护,并在管片的端部注明生产日期及管片的型号。

(2) 管片存放及运输

① 管片厂的存放及运输

a. 管片按生产日期及型号侧立排列整齐,按规定进行养护。

b. 管片在浸水养护完毕后方可在储运场存放,储运场地应坚实平整,存放时管片内弧面应向上平稳地置放整齐,垫条应上下成一直线。

c. 在场内应小心搬运及堆放管片,使因此引发的内应力不超过混凝土抗压强度的 1/3。

d. 达到设计强度的管片方可出厂。

e. 运输管片出厂时,管片内弧面应向上平稳地置放于运输车辆上,管片之间应垫有柔性材料,防止撞击。

f. 按施工进度要求和所下达的生产计划组织生产,达到龄期并检验合格的管片有计划地由平板车运到施工现场。管片运输时之间用垫木垫实,保证管片的完好性。

② 施工场地的存放及运输

a. 管片到达现场后由龙门吊卸到专门的管片堆放区存放。在吊卸之前对管片进行逐一的外观检测,不符合要求的管片(裂缝、破损、无标志等)立即退回。管片吊放到两节拖卡上,之间用方木垫隔,拖卡上也预先安放方木垫块,以方便管片堆放。

b. 管片贴密封垫后,经专人检查(位置、型号、黏结牢固性等)合格方可吊下隧道使用。遇雨天管片上加盖罩设施,以确保雨季施工不受影响。

c. 管片采用龙门吊下井。洞内运输采用电瓶车牵引管片车运输。

d. 管片运到盾构机附近后,由专门设备卸到靠近安放位置的平台上,再送到管片安装器工作范围内,并被从下到上依次安装到相应位置上。

7)检验、试验、管片精度及外观检查

(1) 模板质量检验

模板尺寸的偏差应符合表 3.6-3 规定,并按下式计算其合格率:

$$\alpha=\left(1-\frac{n_\mathrm{w}}{n_\mathrm{t}}\right)\times100\%$$

式中：α——合格点率；

n_w——不符合要求的检查点数；

n_t——总检查点数。

模板尺寸允许偏差及检验方法 表 3.6-3

序号	项目	单位	允许偏差	检验设备
1	宽度*	mm	±0.25	测微螺旋器
2	弦长	mm	±0.4	钢卷尺、刻度放大器
3	边模夹角	mm	塞尺量测≤0.2	靠模、塞尺
4	对角线	mm	±0.8	钢卷尺、刻度放大器
5	内腔高度	mm	+2/0	游标卡尺

注：*为主控项目。

新制作的模具和大修后的模板，应逐件检查。对连续周转使用的模板应每月检验一次。对检验合格的模板做出验收标志。

当每件模板的尺寸出现下列情况之一时，进行返修：

①出现超过允许负偏差值的检查点。

②出现超过允许正偏差值的 1.2 倍的检查点。

③出现 3 个或 3 个以上超过允许正偏差值的检查点。

（2）钢筋及钢筋骨架检验

钢筋加工尺寸、钢筋骨架尺寸的允许偏差和检验方法分别见表 3.6-4、表 3.6-5。

钢筋加工尺寸的允许偏差和检验方法 表 3.6-4

项目		允许偏差（mm）	检验方法
剪切	用于主筋和构造筋	±10	钢卷尺量
折弯	主筋弯折点位置	±15	
	箍筋尺寸	±5	

钢筋骨架尺寸的允许偏差和检验方法 表 3.6-5

项目		允许偏差（mm）	检验方法
钢筋骨架	弦长	+5 -10	用尺量
	宽	+5 -10	
	高	+5 -10	
受力主筋	间距	±10	
	层距	±10	
	保护层厚	外侧：40，内侧：30	入模后，用尺量一端及中部，取其中较大值
箍筋间距	点焊	±10	用尺量连续三档，取其中最大值
分布筋间距	点焊	±5	
钢筋弯起点位置偏移		±15	选取两处，用尺量弯起点至骨架端部，取其中较大值
预埋件	中心位置偏移	±1	用尺量纵横两个方向，取其中较大值

（3）管片质量检验

作为盾构工程施工隧道衬砌的管片，其制作的质量和精度要求十分严格，隧道质量的优劣与管片精度的高低和质量的好坏有着密切的关系，而且作为盾构掘进的支撑后盾，管片的精度直接影响盾构姿态。因此，需要对管片的质量检测予以高度重视。

①管片检测组织机构

成立专门的管片质量检测小组，认真学习管片质量标准，在检测过程中杜绝将不合格产品运往工地，保证管片质量。

②原材料和拌和物检验

a.所有材料必须经有资质的试验室和质检部门的检验，试验和加工证书提交监理工程师，经确认合格后才能使用。

b.任何材料，在未经监理工程师批准前，不得使用。没有监理工程师的许可，不改变材料的属性、质量、类别、型号、供应及加工来源。原材料计量允许偏差见表3.6-6。

原材料计量允许偏差　　　　　　　　　　　　　　　　　表3.6-6

原　材　料	允许偏差（%）	原　材　料	允许偏差（%）
水泥、混合材料	±2	水、外加剂	±2
骨料	±3		

c.细心维护和严格密封水泥储罐或筒仓，以防潮湿和雨水淋湿。

d.混凝土拌和物需进行坍落度试验，坍落度符合混凝土施工配比的规定。

③管片精度及外观检查

外观质量检验要求：每块管片都应进行外观检验，管片表面应光洁平整，无蜂窝、露筋，无裂痕、缺角，无气、水泡，无水泥浆等杂物。灌浆孔螺栓套管完整，安装位置正确。轻微的缺陷应进行修饰，止水带附近不允许有缺陷。

产品最终检验由安全质检部门派出的质量监督员负责。对所有检验的数据均应做好记录，并在产品规定的位置上印上标识，表示经检验合格，可以进入水养池养护。不合格的产品应及时隔离。

管片外观质量要求及检验方法见表3.6-7、管片（构件）允许偏差及检验方法见表3.6-8。

管片外观质量要求及检验方法　　　　　　　　表3.6-7

项　　目		质量要求	检验方法
漏筋		无	观察、用直尺量
孔洞		无	观察、用直尺量
蜂窝		无	观察
裂缝	影响结构性能和质量的裂缝	无	观察和用尺、刻度放大镜量测
	不影响结构性能和质量的裂缝	无	
外形缺陷		无	观察
外表缺陷		无	观察
外表玷污		无	观察

管片（构件）允许偏差及检验方法　　　　表3.6-8

序号	项目	允许偏差	检验频率范围	检验频率点数	检验方法	备注
1	管片宽度	±0.3mm	每块	6	卡尺量	左、中、右三个断面的上、下各测一点
2	内弧弦长	±1.0mm	每块	3	钢尺量	
3	厚度	±1.0mm	每块	3	卡尺量	
4	螺栓孔直径及位置	±1.0mm	每块	3	钢尺量	
5	底座夹角	±60″	每块	4		四角各检测一点
6	纵环向芯棒中心距	±0.5mm	每块	2		抽查
7	内腔高度	±1mm	每块	2	卡尺量	抽查

④管片的试拼装

a.示范衬砌：在预制混凝土管片生产正式开始之前，制作3环完整的预制混凝土管片，包括螺母、螺栓和其他附件，并提供检测报告供监理工程师审批，以说明预制混凝土管片结构在给定的公差要求之内，同时管片水平放置。在示范衬砌中包含1环转弯管片。

b.每套管模每生产100环抽查3环做水平拼装检验，管片试拼装采用多点可调度平台，可调度平台的数量为12个。精度测试拼装时的环向螺栓的预应力按拧紧力矩控制，拧紧力矩控制在200～250kN·m之间，纵向螺栓的预应力拧紧力矩可控制在150～200kN·m之间。其水平拼装检验及允许偏差应符合表3.6-9的规定。

管片水平拼装检验及允许偏差　　　　表3.6-9

序号	项目	允许偏差（mm）	检验频率范围	检验频率点数	检验方法
1	环向缝间隙	0.6～0.8	每环	3	塞尺量
2	纵向缝间隙	1.5～2	每条缝	3	塞尺量
3	成环后内径	±2	每环	3	钢卷尺
4	成环后外径	-2 +3	每环	3	钢卷尺
5	纵向螺栓孔孔径	±1	螺栓杆与孔	全部	插钢丝
6	环向螺栓孔孔径	1.0	螺栓杆与孔	全部	插钢丝
7	拼装成环后初始椭圆率	2	每5环	1	钢尺量、计算
8	每一环管片定位量	3	每环	1	钢尺量

表3.6-9采取设计规范中错缝拼装的相应要求。环面平整度和相邻环高差按规范及合同要求执行。

⑤管片强度及抗渗试验

a.混凝土抗压强度检验：混凝土的强度检验要求其取样、制作、养护和试验必须符合现行国家标准《混凝土强度检验评定标准》（GB/T 50107—2010）的有关规定。

b.抗弯试验：采用千斤顶分配梁系统加荷，加荷点标距900mm，支撑管片两端和小车可沿地面轨道滑动。采取分级加荷法：每次加荷10kN，注意记录裂缝产生和裂缝宽度为0.2mm时的荷载值，加荷完成后，静停1min记录压力表读数及中心加荷点和水平位置变量。

抗弯试验在管片正式生产前进行,以验证管片抗弯能力。图 3.6-4 为管片抗弯试验示意图。

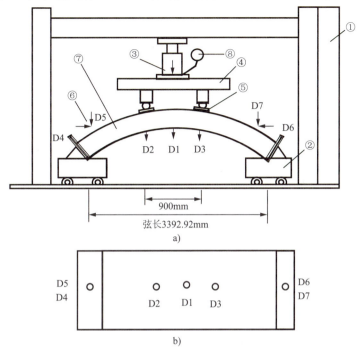

图 3.6-4 管片抗弯试验示意图

①-试压架;②-活动小车;③-千斤顶;④-试压杆;⑤-橡胶垫;⑥-百分表;⑦-管片;⑧-D1~D7压力表

c. 管片吊装孔抗拔试验:管片正式生产前做抗拔试验,验证管片吊装孔的抗拔能力,以确保施工中管片安装安全。计算分析管片隧道拼装需 26t 的起吊能力。图 3.6-5 为管片吊装孔抗拔试验示意图。

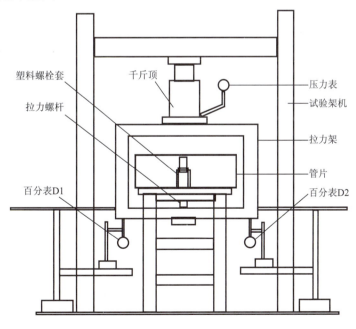

图 3.6-5 管片吊装孔抗拔试验示意图

d. 抗渗试验：每 5 环管片为一批，进行一次抗渗性能试验，混凝土试件的制作和试验符合现行国家标准《普通混凝土长期性能和耐久性能试验方法标准》(GB/T 50082—2009)，抗渗试验结果满足设计要求。

检验设计混凝土配比能否满足抗渗的要求。抗渗试验的水压施加在实际工程的迎水面一侧或高水压一侧，水压按 $P_水=W_i+0.2MPa$（稳压 2h）计算，W_i 按设计抗渗强度等级，取 1.2MPa。做抗渗试验后，目测判断管片的抗渗指标是否满足要求。若管片侧向厚度方向的渗水高度 $h_水 \leq h/5 - h/6$（h 为管片厚度），则说明抗渗合格，反之则不合格。

⑥检验测量和试验设备控制

a. 所有检测和试验设备必须经国家法定的检测机构检验合格才允许使用，并贴上合格标识，确保量值溯源到国家基准。

b. 检测仪器设备应在有效期内使用，使用前应进行校准，使用后应进行复核。

c. 从事检验的工作人员必须持有"建筑工程质量检测证"才能上岗操作。

d. 检测工作应严格按各种材料的检测操作规程进行检验，并如实填写检测数据。

e. 试验室的试验仪器设备应经常进行清洁保养，仪器设备的检定按周期检定计划进行。

6.1.4 管片供应管理

11 号线工程 BT 项目盾构区间共有 16 个，盾构施工单线总长度约为 62.102km，使用的盾构管片约为 4.2 万环。供应期为 2013 年 2 月～2014 年 11 月：2013 年 2～12 月共需管片 17932 环，2014 年 1～11 月共需管片 23397 环，最高峰为 2014 年 3 月需管片 3310 环，所需管片月平均值为 1878 环。11 号线管片供应数量如图 3.6-6 所示。

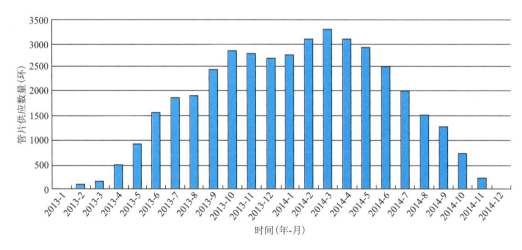

图 3.6-6　11 号线管片供应数量图

面对如此庞大的管片供应量，为确保按时供应，指挥部充分发挥集中采购管理优势，要求各标段提前填报管片需求计划，由指挥部汇总后统筹安排管片生产。要求每台盾构机在始发前必须储备 300 环到龄期的管片，每个盾构区间施工现场要准备 50 环的临时储备场地。如个别厂家生产能力不能满足要求，则项目公司通过调配安排生产能力有富余的管片厂家应急生产。通过采取以上措施，最终保证了 11 号线全线盾构管片的正常供应。

6.2 盾构机资源管理

11 号线盾构区间占地下线路的 79.1%，共投入盾构机 29 台，盾构资源投入强度大。为了施工安全及工程顺利推进，根据 11 号线施工组织设计，指挥部对各单位盾构资源进行全盘管理、统筹调配。

11 号线是中国中铁股份有限公司以 BT 模式承建的大型建设项目，参与该项目施工的单位均是中国中铁股份有限公司下属的各分、子公司，中国中铁股份有限公司作为该项目的承办方，与各个施工单位的关系既有合同关系，也有行政关系，同时，中铁工程装备集团有限公司是国内盾构装备制造行业的排头兵，因此中国中铁股份有限公司的设备管控优势在 11 号线得到了充分发挥。

6.2.1 物资设备管理

1）组织体系

11 号线借助中国中铁股份有限公司与各分、子公司的行政关系优势，对物资设备管理工作采取的是两级管理、三级监控的管理体制，成立了物资设备管理小组，按照统一领导、归口管理、分类供应、逐级负责的原则实施各项管理工作。

11 号线指挥部成立了物资设备管理领导小组，负责全线物资设备管理的总体部署以及招标采购等重大事项的决策，其中设备管理方面，重点对盾构机资源、盾构机调配方案、盾构机进场计划、盾构机配置方案、后配套选择和施工进度进行监控，促进各类设备的合理配备和安全使用，满足现场施工进度要求。

11 号线指挥部的物资设备部作为归口管理部门，负责组织、协调和监督全线各类物资的采购、供应和日常的业务工作。物资供应中心是本项目甲供物资的具体供应部门，负责完成大宗主要物资的采购和配送工作。参建的各个施工单位在项目部（即局指挥部）和工区（即每个工点）均设置独立的物资部门负责各自管段的物资管理工作。这样的机构设置和人员配备保证了项目在不同的管理层面上都有专人负责管控，杜绝了管理真空地带的发生，实现了上下有人管、层层有人抓。

2）管理办法的制定

在管理办法的制定上，11 号线指挥部遵循充分讨论、事前明确、事中修正的原则，在项目开始就编制了适用于本项目的各类管理办法，明确了各种材料的采购权限和采购方法，并汇编成册下发给各个单位，使所有管理人员从项目开始就知道各类物资怎么管、谁来管、管什么。

同时，为了加强过程控制，保障和促进各项管理办法的顺利实施，11 号线指挥部制定了《月度工作例会制度》《季度检查与考评制度》等工作制度，随时发现和解决现场存在的问题，把影响质量和影响物资设备供应的隐患消除在萌芽中。通过不断探索和修正，11 号线的物资设备管理模式、管理办法以及采购和供应流程均得到了实践和检验，逐步趋于完善。

6.2.2 盾构资源管理

1）盾构选型管理

11号线所经区域的工程和水文地质条件、环境条件复杂，隧道不仅需要穿过人工填土、第四系冲洪积、坡（洪）积、残积黏性土，淤泥质黏土，砂土层，全、强、中至微风化花岗岩等地层，而且还会遇到断层、风化槽、球状风化花岗岩孤石、凸起的基岩等特殊地质体。其中，不少区段的地层由所谓的"复合地层"构成，即在隧道开挖横断面内或沿隧道纵向短距离内的地层由两种或两种以上工程性质相差悬殊的地层组成。由于复合地层的工程和水文地质条件对盾构机组的设计和施工有着重要的影响，因此，对于11号线盾构机选型、参数配置等，11号线指挥部将重点管理。

根据深圳地铁地质情况，11号线采用的土压平衡盾构必须是复合式盾构，要求刀盘具有很强的破岩能力及超强的刚度和强度，需配置较大的驱动扭矩及合适的转速，同时需考虑刀盘及螺旋输送机的耐磨性能；在渣土改良方面，需强化渣土改良设计，并且要求以泡沫为主进行改良，考虑不良地质条件，需充分考虑盾构机带压换刀保证措施；特殊地段时，需针对地质配置合理配套设备。

（1）刀盘设计

11号线刀盘要通过有限元受力分析设计，有足够的刚度、强度；在上软下硬段偏载较大的条件下，刀盘变形远在弹性变形范围以内；刀具选择和刀具布置需根据区间地质条件进行。

深圳全断面微风化花岗岩强度在90MPa以上，最高达到200MPa，对刀具破岩能力有很高的要求。刀间距比较大，在相同岩石条件（破碎角相同）和相同贯入度条件下，相邻轨迹的裂纹重合程度低，导致破岩能力降低，容易形成"岩脊"。11号线一般采用17英寸滚刀，刀间距尽量设计为90mm，部分区间破岩要求高时，间距甚至更小。

11号线刀盘配置，普遍配置单刃滚刀32把，双联滚刀6把，共44个刀刃，最外轨迹2个刀刃，高出前盾有4个刀刃。正滚刀间距由内环的85mm到中环的80mm到外环的75mm依次减小，弧区边刀密集布置。刀盘开口率达34%，中心开口率达38%。同时加强磨损检测，油压式刀具磨损监测装置可提前发现刀具磨损情况，避免发生刀盘盘体及刀座严重磨损的情况，且具备磨损后可更换功能。

（2）主驱动选择

在复合地层满仓掘进及在砂性土层掘进时，则需要较高的主驱动扭矩，因此需要配置较大的功率以同时获得高转速和大扭矩。根据以往广州、深圳类似地层的施工经验，11号线$\phi 6280$盾构设计扭矩系数一般为18，工作扭矩一般在2000～4000kN·m之间，实际扭矩系数α在8～16之间，转速在1.5～2.2r/min之间。地铁土压平衡盾构常用扭矩系数α一般在20左右。

为改善渣土的流动性，刀盘及其支撑系统本身应具备一定的渣土搅拌能力，利用刀盘和承压隔板的相对运动进行搅拌，并在隔板加设搅拌棒，以增强搅拌效果。

（3）螺旋输送机设计

为了确保盾构出渣能力，11号线对盾构螺旋输送机也进行了要求，对进场的盾构螺旋输送机最低配置予以明确。螺旋输送机内径 800mm，最大通过粒径 300mm×560mm，设计有前闸门和两道出渣闸门，螺旋输送机轴可伸缩，伸缩量 900mm。叶片、螺旋输送机内壁有耐磨设计，承载面实施堆焊。采用下部出渣结构，防止螺旋输送机出口发生堆渣现象。

对于其他盾构系统，如单管单泵泡沫系统、盾壳膨润土系统带压换刀保证设施、同步注浆及二次注浆系统等也做好技术标准要求。

2）盾构资源落实

根据 11 号线盾构策划方案，各单位提交拟投入的盾构资源。11 号线指挥部组织建设单位、监理单位进行现场考察，考察拟投入的盾构机资源现状、正在施工项目的进展情况、盾构拟吊出时间，判断是否满足 11 号线盾构下井需求时间，是否需要提交备选预案等。

对于投入 11 号线需改造的盾构机，需要厂家提供改造方案及建议，跟踪新造盾构机监造，重点对主要配件的采购进度，主轴承、螺旋输送机的采购时间和制造进度予以跟踪。

（1）设备监造。成立监造组，联合建设单位、监理单位、施工项目部，督促盾构机监造进度，进行质量的过程监督；对于技术含量高、社会保有量少的复杂专用设备，由各单位机械物资管理部和项目部共同参与监造工作。

（2）安装调试。设备安装调试工作由各项目部实施监督，各施工项目部负责与供应商协调进场时间，并负责编制组安装调试方案。大型设备的安装调试方案应进行评审，评审资料报 11 号线指挥部备案。

（3）设备验收。大型设备验收工作由 11 号线指挥部联合各参建方组织，验收时对盾构机的运行状态、使用情况、技术资料、存在问题及整改措施等进行验收，验收工作结束后出具设备验收报告。

（4）购置设备款项支付。购置设备款由 11 号线指挥部根据各项目部申请，使用建设单位拨付的预付款，按合同拨付各单位，各单位按合同条款足额支付设备购置款。

（5）运输方案。盾构机属于大型设备，具有超宽超重的特点，在运输车辆、路桥通行、障碍物排除、运输工期、线路安排等方面要求各单位详细策划，确保安全、按期运输到位。

第4章
11号线盾构施工案例分析

第 1 节
宝安站右线盾构始发涌水后续处理

1.1 工程概况

1.1.1 线路概况

前海湾站—宝安站区间线路出前海湾站后，穿越填海区，下穿规划中的南坪快速路，穿过双界河和正在施工的湖滨西路，以及地铁 5 号线临前区间，旁穿规划中的新安医院，下穿新圳河后沿海秀路向西北前行，横穿新安一路、甲岸路、兴华路，旁穿施工中的中兴国际酒店，穿越深圳地铁 5 号线宝华路站、宝安市民广场及待建的海滨地下车库，横穿宝兴路、裕安一路，沿创业路下穿西行，进入宝安站。前宝区间线路走向如图 4.1-1 所示。

图 4.1-1 前宝区间线路走向图

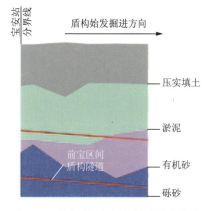

图 4.1-2 前宝区间宝安站盾构始发段地质

1.1.2 宝安站始发端头水文地质

宝安站盾构始发端头加固区域的地层地质情况，自上而下为压实填土、淤泥、含有机质砂、砾砂、砂土状强风化片麻状混合花岗岩。盾构隧道洞身绝大部分处于机质砂、砾砂地层。前宝区间宝安站盾构始发段地质如图 4.1-2 所示。

始发区域水系发育，隶属珠江三角洲海口水系。地下水水位高，距离地表 3m 左右。地下水水位受潮汐的影响，与前海湾海水水力联系紧密，水质均不同程度受污染。

1.1.3 盾构的策划安排

前宝盾构区间采用两台海瑞克（S465、S466）复合式土压平衡 EPB6250 盾构机掘进。两台盾构机先从前海湾站端头下井始发向 1 号竖井方向掘进，到达 1 号竖井后解体吊出，转场至宝安站二次始发向 2 号竖井方向掘进；最后两台盾构机从 2 号竖井解体吊出。下井及始发均按先右线后左线的顺序安排，右线比左线早一个月始发。前宝区间盾构具体掘进线路示意如图 4.1-3 所示。

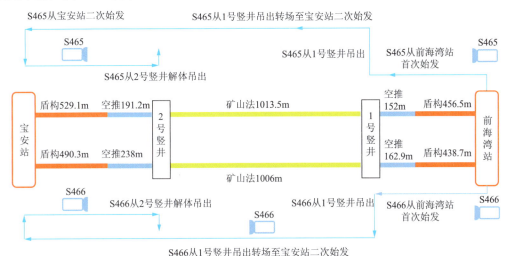

图 4.1-3 前宝区间盾构掘进线路示意图

1.1.4 宝安站盾构始发端头加固设计情况

宝安站盾构始发端头加固采用连续墙止水帷幕加双管旋喷加固形式。加固区有效长度 8m、宽 25.7m。先施作 0.6m 厚素混凝土连续墙形成止水帷幕，再采用 $\phi 600@450mm \times 450mm$ 双管旋喷桩在止水帷幕内对隧道顶以上 3m 至隧道底以下 2m 范围进行竖向旋喷加固。宝安站盾构始发端头加固设计如图 4.1-4、图 4.1-5 所示。

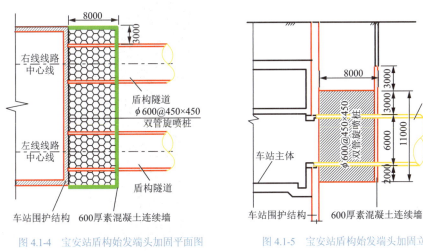

图 4.1-4 宝安站盾构始发端头加固平面图
（尺寸单位：mm）

图 4.1-5 宝安站盾构始发端头加固立面图
（尺寸单位：mm）

1.1.5 始发端头加固措施

端头加固施工完成后，按要求对旋喷桩进行抽芯检测，所抽芯样连续完整，经判断旋喷桩成桩质量满足要求。当从始发洞口打水平探孔检测加固区渗水量时，发现探孔渗水量达 16L/min，渗水浑浊，伴有大量砾砂，不满足始发条件，立即采取始发端头加固措施，具体措施如下。

在车站围护结构与盾构端头加固区交界处地面增加一排袖阀管进行垂直注浆，袖阀管横向间距 1m，加固深度为隧道底 2m 至隧道顶 3m，注浆采用水泥—水玻璃双液浆。双液浆体积比 1:1，水泥浆水灰比 1:1，双液浆胶凝时间 30s，注浆压力 2MPa。另布置 3 口直径 800mm 降水井，井深 19m，保证将水位降至隧道底以下 2m。宝安站始发端头加固措施如图 4.1-6 所示。

袖阀管注浆加固结束且降水井水位降至隧道底以下 2m 后，再次施工水平探孔探测加固区渗水情况，探孔渗水量 6L/min。加固措施效果明显，但仍不满足盾构始发条件，又采取洞内水平插管注浆加固措施，插管深度 4~6m，管间距 1.2m×1.2m，注浆采用水泥—水玻璃双液浆；双液浆体积比 1:1，水泥浆水灰比 1:1，双液浆胶凝时间 30s，注浆压力 1.6MPa。

经过洞内水平注浆加固后，探孔几乎没有渗水，满足盾构始发条件。

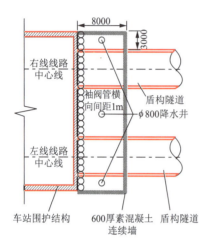

图 4.1-6 宝安站始发端头加强措施图（尺寸单位：mm）

1.2 险情发生及处理措施

1.2.1 险情情况

8 月 21 日上午 11:50，当宝安站右线盾构机刀盘切入加固端头止水帷幕素混凝土连续墙深约 0.3m，盾尾刷刚被橡胶帘布包裹时，大量地下水从洞门橡胶帘布缝隙中涌出（见图 4.1-7）。涌水伴有少量砾砂，数分钟后涌水未见减小。项目部立即向指挥部汇报情况，并在指挥部应急抢险小组现场指挥下有序组织抢险。

1.2.2 抢险处理过程及措施

12:30—15:50，加固洞门钢环、折页压板，防止洞门密封系统脱落失效。与此同时，保持加固区内 3 口降水井持续抽水，保证井内水位处于隧

图 4.1-7 洞门涌水

道底以下 2m。

16:00，采用 RPD-150C 地质钻机在加固区素混凝土连续墙与车站地下连续墙接缝处外侧钻孔，钻孔深 18m，孔径 80mm，孔底至隧道底以下 1m，钻孔过程未见浑浊水从洞门流出。成孔后向钻孔内注入 2L 墨水，洞口流水颜色未见变化。

17:00，采用 S512 小型电动注浆机从盾构机中盾 3 点位径向润滑孔向盾壳外注 3L 墨水，2min 后洞口流水颜色变黑，判断涌水来自刀盘前方。

18:00—20:00，采用棉纱、棉絮封堵洞门漏水点（见图 4.1-8），减少涌水量，减少涌水点，为后续注浆堵漏创造条件。

20:00—20:40，现场试验测试不同型号聚氨酯水溶液胶凝时间及发泡率，最终选择胶凝时间短、发泡率大的聚氨酯堵漏。不同型号聚氨酯发泡率试验效果如图 4.1-9 所示。

21:00—22:00，采用 KZY50/70 型双液注浆泵从盾构机前盾 10 点位、3 点位超前注浆孔向盾壳外注入聚氨酯，连续注入聚氨酯 650kg 后，洞口涌水被有效封堵，封堵效果如图 4.1-10 所示。

图 4.1-8　棉纱、棉絮封堵洞门

图 4.1-9　聚氨酯发泡率试验效果

图 4.1-10　注聚氨酯后洞门封堵效果

1.3　险情分析及后续处理

1.3.1　原因分析

盾尾刚进入洞门，没有条件施作洞门止水环及同步注浆，造成盾构机及管片与加固体之间的空隙未有效填充。

该段地质条件差，盾构隧道几乎整个断面范围地质为有机砂、砾砂地质，地层含水量丰富，透水性强，地下水联通、补给快。因加固区水位降至隧道底以下 2m，加固区外水位距离地面约 3m，两者之间水位高差达到 16m。加固区连续墙止水帷幕被推破，加固区外的地下水在高水头压力作用下沿着盾构机及管片与加固体之间的空隙涌出。

1.3.2 后续始发方案

在盾构隧道洞门口浇筑 0.5m 厚 C25 钢筋混凝土墙,彻底加固、封堵洞门,为后续施工洞门止水环、同步注浆创造条件。洞门封堵墙结构如图 4.1-11 所示。

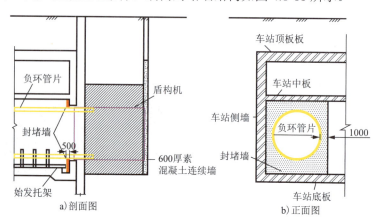

图 4.1-11 洞门封堵墙结构(尺寸单位:mm)

封堵墙浇筑 3d 后,从盾构机中盾 3 点位、9 点位注浆孔注入聚氨酯作止水环。止水环施作后,采用同步注浆泵从盾尾注水泥砂浆填充盾尾管片与加固土体之间的空隙,12h 后恢复掘进。

1.4 经验及总结

富水砂层始发端头加固施工质量必须满足要求。严格检验加固效果,采用抽芯检测加固桩体成桩质量,洞门水平探孔实测流水量。成桩质量及流水量两项检测指标均满足条件后方可始发掘进。

富水砂层始发段加固长度必须满足盾构在加固体内施作止水环条件。盾构机在出加固体之前必须施作止水环。富水砂层始发端头洞门密封系统必须严密、牢固,能有效控制涌水,杜绝涌泥涌砂。有条件时,可以在加固区外设降水井,减小加固区内外水头差,降低涌水风险。

第 2 节
宝碧区间左线盾构脱困处理

2.1 工程概况

2.1.1 线路概况

宝安站—碧海站盾构区间左右线起止里程为 YCK21+380.2 ～ YCK24+437.8，区间单线长度为 3057.6m，采用土压平衡盾构法施工。区间盾构施工自碧海站始发，往小里程方向掘进，经中间风井过站后二次始发，掘进至宝安站接收井吊出。宝碧区间线路示意图如图 4.2-1 所示。

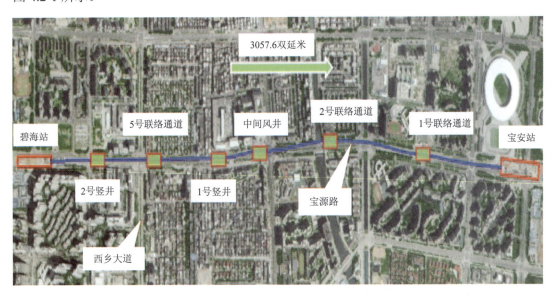

图 4.2-1 宝碧区间线路示意图

2.1.2 水文地质情况

区间地表水系发育，隶属珠江三角洲海口水系。工程沿线地下水水位埋深约 3m，宝碧区间 5 号联络通道段隧道埋深 15m，地层分布自上而下依次为填土层、含有机质砂（双管旋喷桩地基加固）、粗砂层、砾砂层、全风化花岗岩。隧道断面内砂砾含量高，且砂砾石英含量高。左线 5 号联络通道地质纵断面如图 4.2-2 所示。

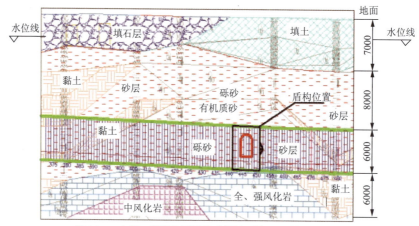

图 4.2-2　左线 5 号联络通道地质纵断面图（尺寸单位：mm）

2.2　盾构被困过程及原因分析

2.2.1　前期施工情况

宝碧区间左线盾构于 2013 年 7 月底始发，至 2013 年 10 月底累计掘进 400 环。盾构掘进至 430 环全断面砾砂层开始，推力逐步增大至 16000kN，扭矩达 2500～4000kN·m，速度在 8～30mm/min 区间波动。当进入 5 号联络通道加固区后，推力增大至 17000kN，速度仅为 4mm/min，初步判断刀具在长距离高石英含量砾砂层掘进出现较大磨损，尤其是边缘刮刀及滚刀磨损，导致开挖半径变小。结合盾构掘进参数及后续施工地层情况，决定在 5 号联络通道位置开仓检查刀具，开仓前对掌子面前方进行加固。

2.2.2　加固导致盾构被困

1）第一次加固处理

由于地面交通疏解条件限制，原 5 号联络通道加固范围仅与隧道边线同宽，同时，该段为全断面砂层，地下水水位高，透水性强，旋喷成桩完整性不好，总体加固效果不均匀。为此，在刀盘前方贴近加固区位置施作一道 800mm 厚素混凝土墙，宽度 9m，右侧再采用后退式注浆进行补强，形成刀盘前方掌子面的安全屏障。

刀盘切入素混凝土墙约 350mm 后，开始降压准备开仓工作。现场降压过程中发现，土压自 1.2bar 降至 0.6bar 后，约 5min 后又迅速升至 1.2bar，仓内无法维持在欠压状态，现状不具备常压开仓条件。

第一次加固处理方案示意图如图 4.2-3 所示。

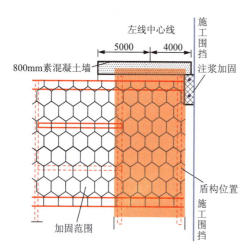

图 4.2-3　第一次加固处理方案示意图（尺寸单位：mm）

2）第二次加固处理

在第一面素混凝土墙的基础上，前方再施作 3 面素混凝土墙，形成矩形框，框内采用后退式注浆对土体进行加固，作为换刀加固区。浆液类型为双液浆，加固范围为隧道底 2m、隧道顶 3m。注浆期间，土仓内压力时有增大现象，地面注浆随即暂停，注浆停止后土仓压力逐步降低。现场根据土仓压力变化情况控制地面注浆进度，间歇性进行注浆施工。

第二次加固处理方案如图 4.2-4 所示。

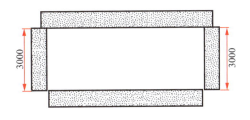

图 4.2-4　第二次加固处理方案（尺寸单位：mm）

2.2.3　盾构刀盘被困过程

2013 年 11 月 5 日 17:30，现场值班司机发现土仓压力迅速上升至 4bar，遂立即通知地面注浆人员停止注浆，并通知作业队往土仓内注入膨润土进行渣土置换，并启动刀盘观察扭矩变化。至 18:00 再次启动刀盘时已无法转动，最高扭矩达 5000kN·m。

11 月 5 日晚，通过螺旋输送机出土后，中部、上部仍显示土压较大，但底部压力显示为零，初步判断浆液已经窜至满仓，且土仓内浆液已经开始凝结。期间多次尝试启动刀盘，但无法转动。

观察土仓压力稳定后，启动开仓事宜，至 11 月 7 日仓门打开后，发现土仓内满仓均为水泥浆与膨润土的混合凝结块（见图 4.2-5），于是安排清理土仓。

清理土仓后，经检测滚刀均出现了不同程度磨损（见图 4.2-6），因此对刀具进行更换，并结合后续区间地层，将正面滚刀、中心滚刀均更换为撕裂刀。

图 4.2-5　土仓内满仓混合凝结块

图 4.2-6　滚刀严重偏磨

正面滚刀换刀完成后，开始进行刀盘脱困工作。结合现场实际情况，本着"设备安全第一"的原则，确定了"先刀盘脱困，再盾体脱困"的总体思路。

先后在地面采取了潜孔钻、旋喷高压水切割、成槽机等措施，试图清除刀盘切口环周边水泥浆，以达到刀盘脱困的目的，但均无效，刀盘未能成功脱困。

最后决定采用旋挖钻破除刀盘前方素混凝土墙，以解除素混凝土墙对刀盘的约束，以实现刀盘脱困的目的。在刀盘顶部及两侧墙体基本清除后，刀盘正面仍剩余约 45cm 厚素混凝土墙无法清除，同时，在刀盘前方旋挖形成一道凌空槽。尝试加大推力进行整体脱困，但推力达 22000kN、刀盘扭矩 7900kN·m，刀盘仍未能脱困。

刀盘前素混凝土墙处理如图 4.2-7 所示。

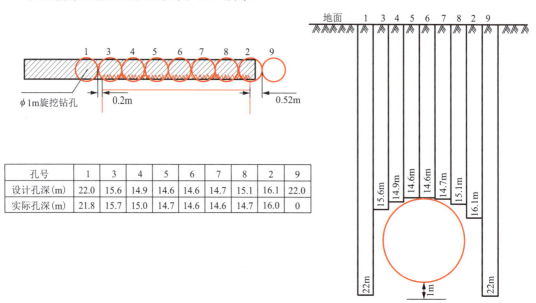

图 4.2-7 刀盘前素混凝土墙处理示意图

2.2.4 刀盘被困原因分析

结合前两次加固方案及多项地面处理措施实施情况，分析刀盘被困的原因主要如下：

（1）刀盘切割素混凝土墙时墙体破损，浆液从墙体进入，填充刀盘与墙体之间空隙，导致刀盘与素混凝土墙固结成整体，即刀盘被困。

（2）地面注浆期间，浆液从素混凝土墙接口进入盾体，填充盾体与土体周边空隙，使盾体与土体周边局部或者整体形成体系，以致盾体和刀盘被困。

（3）刀盘未切入素混凝土墙部分，如切口环位置，被水泥浆包裹，导致刀盘束缚力增大被困。

刀盘被困原因分析如图 4.2-8 所示。

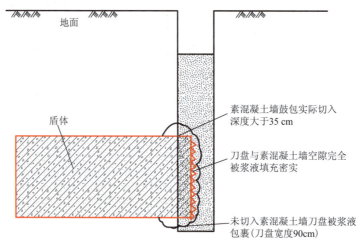

图 4.2-8 刀盘被困原因分析示意图

2.3 盾构脱困方案

地面采取了多项处理措施,均未取得明显效果,如再加大推力强行推进,则极可能对盾构刀盘主轴承造成损伤。为此,综合考虑设备性能及区间后续施工组织安排等因素,决定采用地面加固后人工进仓处理的脱困方案。

2.3.1 总体施工方案说明

结合刀盘前方已有3面素混凝土墙的现状,在盾构两侧及盾尾后管片位置施工一圈止水帷幕墙,然后对帷幕墙内刀盘周围土体进行加固,并采用降水井辅助降水,最后通过人工进仓清理刀盘,达到脱困目的。总体加固方案平面示意图如图4.2-9所示。

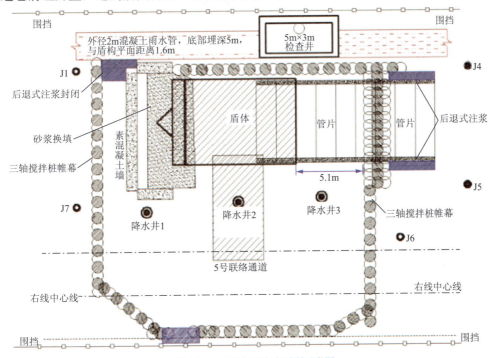

图 4.2-9 总体加固方案平面示意图

2.3.2 施工顺序

场地清理→刀盘前方槽段清理→水下砂浆灌注→右侧帷幕墙成槽、黏土回填→右侧搅拌加固→盾尾后方横向帷幕搅拌桩施工→左侧素混凝土墙施工→帷幕接头旋喷处理→洞内止水环施工→降水井施工→联络通道素混凝土墙施工→开仓人工清理→刀盘正面清理→周边纵向清理→刀盘脱困→推进。

2.3.3 施工方法

1)砂浆换填

由于前阶段旋挖钻破除素混凝土墙及临空槽施工,在刀盘前方、上方及两侧已形成空槽,通过清理该部分空槽,然后采用M10砂浆水下灌注进行换填。砂浆灌注前土仓内注入高浓度膨润土，防止砂浆进入土仓；灌注过程中根据土压及时补充膨润土并转动、收缩螺旋输送机，防止砂浆窜入土仓致使螺旋输送机被卡。

2）三轴搅拌桩帷幕墙施工

帷幕墙采用单排 $\phi850$ 三轴搅拌桩施工，底部深度 $23\sim25\text{m}$，入风化岩层约 1m，平面范围覆盖右线隧道，形成完整封闭，便于后续右线换刀及联络通道施工风险控制。局部接头位置采用旋喷桩进行加强封闭。三轴搅拌桩帷幕示意图如图 4.2-10 所示。

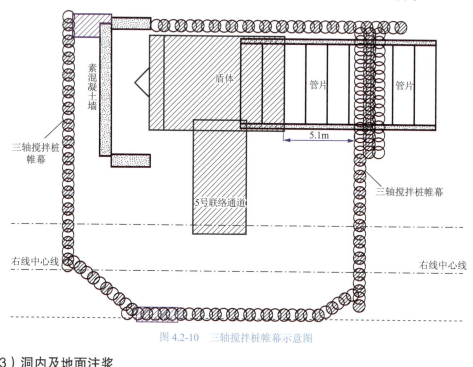

图 4.2-10　三轴搅拌桩帷幕示意图

3）洞内及地面注浆

为加强管片底部止水效果，在帷幕对应位置，即第 $435\sim439$ 环采用 $\phi40$ 钢花管径向注浆，钢花管插入全风化层 50cm。钢花管注浆前先进行二次注浆，形成止水环。同时，从地面对管片与两侧帷幕桩之间空隙采用后退式注浆进行补强。洞内注浆示意图如图 4.2-11 所示。

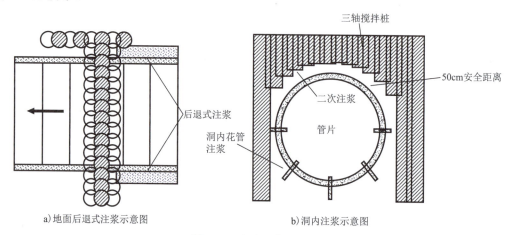

图 4.2-11　洞内注浆示意图

4）降水井施工

为降低帷幕内水位，减小水压，确保开仓过程中不发生涌水，帷幕内设置 3 口 $\phi600$ 降水井，帷幕外设置 5 口 $\phi600$ 降水井辅助降水。

5）人工进仓处理

待地面帷幕加固及降水施工完成后，监测水位变化，降土压观察仓内压力变化情况，判断仓内稳定后开始开仓作业。先清理土仓内渣土，然后采用风镐、电镐等轻型设备凿除刀盘前方素混凝土墙，凿除顺序自上而下，碎渣通过螺旋输送机运出。待刀盘前方凿出 0.8~1m 空间后，自上而下凿除刀盘侧面水泥浆，直至露出切口环，如图 4.2-12 所示。

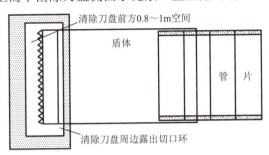

图 4.2-12　人工清理刀盘示意图

6）盾体脱困辅助措施

根据前阶段地面注浆情况、试推时推力达 30000kN，以及停机时间长达 3 个月，判断盾体可能被困。盾体脱困主要辅助措施如下：

（1）铰接及盾尾保护：本次脱困主要考虑采用设备自身千斤顶脱困，脱困推力可能达到正常掘进的 2~3 倍，脱困时强制推进可能对铰接油缸及盾尾密封造成损伤，因此，脱困推进前，将盾尾与中盾用钢板进行焊接，形成刚性连接。

（2）管片保护：大推力推进时，由于应力集中，千斤顶易对后方管片造成破损，因此，在管片与千斤顶之间安装一道钢环，钢环用 30mm 厚的钢板制作，截面尺寸与管片截面尺寸相同，同时对盾尾附近 5 环管片的螺栓进行全面复紧。测量盾尾间隙，与脱困推进时盾尾进行对比，观察盾尾与管片关系变化趋势。

（3）盾体润滑：通过从盾尾注入高浓度膨润土对盾体周围进行填充、润滑，同时通过超前注浆孔、盾体上预留径向孔注入润滑油，对盾体形成包裹、润滑，以减小地面措施对盾构的影响。

2.4　刀盘与盾体脱困情况

2.4.1　刀盘清理及脱困情况

开仓后，先冲洗刀盘，将刀盘开口、刀箱内的渣土稀泥清除，然后用方木和木模板铺设平台，创造有利的作业条件。施工时，先从最上部刀盘开口处用风镐将素混凝土墙凿除，进深 1m，然后往两侧扩孔，直至人能进入刀盘前方，施工过程中注意观察刀盘前掌子面的稳定情况。开始凿除时由于空间小，不便于作业，加上素混凝土墙强度达

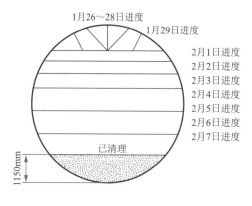

图 4.2-13 素混凝土墙凿除进度图

25～30MPa，凿除进度很慢，前3天连续施工，也仅完成11点到1点范围的素混凝土凿除。继续扩大工作面后，可两人同时在刀盘前作业，进度明显加快。清理出的混凝土渣弃入土仓，利用螺旋输送机外运。

素混凝土墙凿除进度如图 4.2-13 所示。

自上而下清除约 2m 高素混凝土后，对正面掌子面进行支撑加固，防止发生坍塌，支撑体系主要采用方木和木模板，模板与土体间空隙用小模板垫实。正面素混凝土墙清除后随即清理侧面至切口环位置，直至解除所有刀盘束缚。

清除刀盘 3～9 点以上范围后，尝试转动刀盘利用自身扭矩脱困，扭矩达 7000kN·m 仍无效，于是继续往下清理。2月7日清理剩余底部 1.1m 高素混凝土后时，再次尝试转动刀盘，当扭矩增加至 6000kN·m 时刀盘顺利脱困。

清理过程中，刀盘与素混凝土墙间水泥浆块较多且有一定强度，墙体混凝土强度达 25～30MPa，风镐凿除较为困难，而刀盘切口环位置并无太多浆块，铁镐即可松动。

总体判断本次刀盘被困的主要原因是双液浆窜入掌子面，将刀盘与素混凝土墙间空隙填充密实，固结成整体，导致刀盘被裹困。

图 4.2-14 为刀盘前素混凝土墙，图 4.2-15 为刀盘前方素混凝土凿除施工。

图 4.2-14 刀盘前素混凝土墙

图 4.2-15 刀盘前素混凝土凿除施工

2.4.2 盾体脱困情况

完成盾体脱困准备工作后,开始加大推力推进,刀盘转速 0.8r/min。当推力增加至 13000kN 时显示速度为 1mm/min,后续逐步按每次 2000kN 阶梯式增大推力,至 22000kN 时,速度可达 3～6mm/min,判断盾体已经脱困。

整体评价:本次停机期间盾体并未明显被困,前期加固阶段对盾体的保护措施效果比较明显,地面注浆未对盾体造成明显包裹。

2.5 经验及总结

本次盾构刀盘因近距离注浆导致土仓内窜浆、刀盘被困,在脱困过程中,采取了多种地面措施,但未能从根本上解决刀盘被困的问题,最终采用帷幕+降水方式创造进仓作业条件,人工清仓,刀盘得以脱困。主要总结如下:

1) 盾构近距离注浆参数的控制

本次注浆加固在工法选择时结合场地条件和设备资源组织,主要考虑后退式注浆及双管旋喷注浆两种,工法比选过程中综合评价区间其他工点采用双管旋喷注浆在富水砂层的加固效果不理想,最终选择后退式注浆。

后退式注浆属静压注浆,即钻杆到达设计深度后开始自下往上提杆,边提杆边注浆,每次提升高度 40～50cm,注浆量根据注浆压力及计量浆液体积控制。注浆压力根据深度宜控制在 0.3～0.5MPa,水灰比 1.2～1.5,双液浆初凝时间宜控制在 25～45s 范围。注浆采用"多孔、少量、速凝"的原则。注浆期间应观察土仓压力的变化,间歇性转动刀盘,注浆距离越近,转动频率相应提高。若土仓压力出现明显上升,应持续转动刀盘并尽快置换土仓内膨润土。

2) 注浆期间盾构的保护措施

在盾构机周围注浆时,由于超挖在盾体周围形成空隙,同时周边土体被扰动形成新的裂隙,容易成为浆液流动的通道。为此,注浆前应采取措施对盾体进行保护。

(1) 在盾体周围注入高浓度膨润土,填充盾体与土体间的空隙,在其周围形成一道保护泥膜,可降低因长时间停机或注浆窜浆造成盾体被困的风险。膨润土宜选择膨化性较好的钠基膨润土,使用前应进行充分发酵。

(2) 通过盾尾后的管片及盾体径向孔注入聚氨酯、油脂、丙凝等材料,能形成环向止水环,防止浆液的前后窜流。聚氨酯、丙凝注入时应根据其材料的吸水凝固时间进行控制,间歇性注入,防止出现聚集不均匀现象,从而达不到止水、止浆效果。

(3) 土仓内采用膨润土保压,并通过转动刀盘进行搅拌,减小土仓底部的沉渣。注浆期间,土仓压力宜高出理论压力值 0.3～0.5bar,并间歇性地补充膨润土保压,避免出现欠压现象。当发现压力上升时,应加快刀盘转动频率,并及时排渣观察是否出现窜浆,若发生窜浆,应立即停止注浆,并补充新鲜膨润土进行置换,洞内保持水平运输通道、膨润土注入设备正常。

3）化学浆液的选择与使用

与水泥浆相比，化学浆具有固结快、吸水性强、强度低等特点。如磷酸—水玻璃双液浆是一种对砂层有较好固结止水效果的浆液，渗透能力强，固结速度快，整体稳定性较好，通过注浆加固形成一道有效的帷幕止水固结带，固结体强度低，不会对盾构造成较大束缚。

浆液参数控制：浆液配制时以磷酸、水玻璃为主要制浆原料，40°Bé水玻璃、85%磷酸；注浆前先将水玻璃与水1:1稀释成水玻璃溶液，磷酸与水1:10稀释成磷酸溶液，然后两种溶液以1:1的比例进行土体加固注浆。采用"分级升压法"进行注浆压力控制，即压力由低到高逐渐提高，间歇式注入，最终达到设计压力。

通过现场试验，按照上述配比制成的磷酸—水玻璃化学浆能对富水砾砂层快速进行胶结，可作为短期注浆止水的工法选择。

4）换刀点的提前加固与工法选择

本次注浆导致刀盘被困，部分原因是因为仓促施工所致。原5号联络通道加固区范围由于地下管线、地质条件、交通疏解等因素限制，以致效果不佳，需再补强。同时，在注浆工法选择上，应结合地质特征多考虑三轴搅拌桩、三管旋喷注浆、袖阀管注浆、化学浆等控制性较好的加固工法。

5）加强地质补勘

地铁工程中详勘钻孔间距一般在30～50m，局部范围难以精确反映实际地层情况，因此，在盾构换刀、联络通道等特殊位置需进行补勘，准确掌握地层的特性，以便结合地层制订更加合理的预处理措施。地层加固处理后应及时进行取芯检查，效果未达预期的情况下应及时进行加强。

第3节 机福区间盾构空推段管片偏移处理

3.1 工程概况

3.1.1 线路概况

11号线机场北站—福永站区间线路总长约2356.3m,本区间由盾构区间(含空推段)和矿山法区间组成,区间线路平面最小曲线半径为570m,最大曲线半径为900m,线间距12.00~38.337m,线路最小坡度为2‰,最大坡度为24‰,区间ZDK36+642.3~ZDK37+102(YDK36+600~YDK37+123)为矿山法施工段,盾构空推拼装管片通过。

本区间线路穿越机场填海扩建区,老福永河、新福永河、新和工业区、居民区,沿线下穿部分给水、污水、电力、电信、燃气、雨水管线,最后沿宝安大道中央绿化带接福永站。机福区间线路平面图如图4.3-1所示。

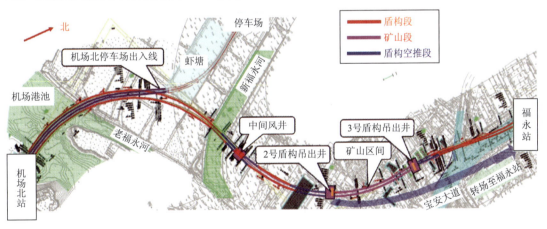

图4.3-1 机福区间线路平面图

3.1.2 空推段地质水文条件

机福区间线路原始地貌为滨海滩涂,现为机场填海扩建区、鱼塘、新和村居民区,地形起伏较大,隧道开挖断面地层变化差异较大,地下水埋藏较浅,隧顶大多分布淤泥、细砂、可塑状砂质黏性土、硬塑状砂质黏性土及全风化变粒岩,洞身多处于块状强风化变质岩、中风化和微风化变质岩地层，区间隧道多次穿越"漏斗"形地层（典型上软下硬地层），地质相当复杂，如图 4.3-2 所示。其中，盾构区间中间风井左线始发端隧道中下部为微风化岩石，岩石抗压强度为 84～108MPa，完整性较好。

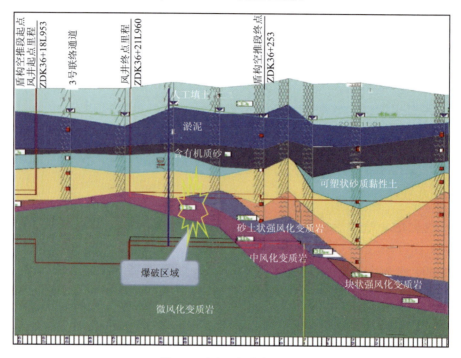

图 4.3-2　机福区间线路平面图

3.2　空推段施工情况及问题

3.2.1　盾构空载推进

盾构空载推进时，依据刀盘与导向平台间的关系，调整各组油缸的行程，使盾构姿态沿设计方向推进。曲线段，计算出盾构机每进一环的偏转角、铰接油缸行程差和推进油缸行程差。盾构推进前复核钻爆隧道与盾构机轴线误差，并调整铰接油缸、推进油缸，保证盾壳与钻爆隧道间的间隙，确保盾构按隧道设计轴线推进。

盾构过矿山法隧道剖面如图 4.3-3 所示，隧道净空直径 6400mm，管片外径 6000mm，管片与隧道初期支护之间有 20cm 宽的环形空隙，在盾构向前推进的同时喷射豆砾石充填，使管片脱离盾尾时由于豆砾石对管片的支撑，防止管片下沉产生错台，并增加盾构向前推进的摩擦力。每环管片豆砾石充填量为 $5.84m^3$，采用粒径 5～10mm 的花岗岩充填。

3.2.2　工程问题

在盾构机空载通过矿山法区间之后，及时进行了洞门施作封堵。完成之后安排作业人员在洞内值守观测，发现在不到 48h 的时间内出现了大面积的渗漏水状况（见图 4.3-4），采取二次注浆进行处理。注浆材料采用水玻璃+水泥砂浆双液浆。双液浆配比为水：水泥：水玻璃=1：1：1，并根据需要的凝固时间进行调整。

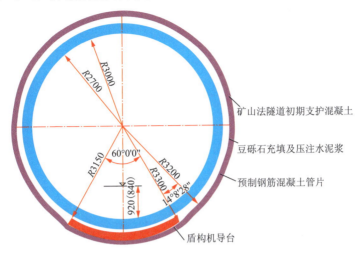

图 4.3-3 盾构过矿山法隧道剖面图（尺寸单位：mm）

在进行二次注浆过程中，安排了专门的测量人员对轨道面、道床的沉降变化情况进行了实时监测。通过监测掌握轨面及道床的高程变化；同时在注浆过程中随时观察出水点及周边裂隙的渗漏水情况，如出现串浆、漏浆等现象，则采取表面封堵、间歇注浆、加浓浆液等措施进行及时处理。

图 4.3-4 管片渗漏

在注浆过程中发现管片局部开裂，施工单位对机福区间右线 3 号盾构吊出井大里程 50m 范围断面重新进行测量，同时控制测量监理及第三方测量监理对此区段隧道断面及实铺轨道也进行了复测，确定此区段隧道侵入基本建筑限界。经过现场测量，发现在右线里程 YDK37+001.5～YDK37+016.5 段管片最大偏移量达到了 39.6cm（见图 4.3-5）。

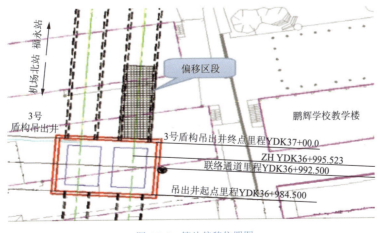

图 4.3-5 管片偏移位置图

典型横断面测量成果见表 4.3-1。

典型横断面测量成果表（单位：mm）　　　表 4.3-1

里程	位置	线路中心线至左侧墙横距 （现测 - 设计）	线路中心线至右侧墙横距 （现测 - 设计）	顶板底高程差值
YDK37+001.5	上	-93	143	0.008967
	中		134	
	下	-113	126	
YDK37+010.5	上	-115	387	0.208
	中	-239		
	下	-382	52	
YDK37+021.0	上	-94		0.109045
	中	-128		
	下	-172		
YDK37+030.0	上	58		0.09985
	中	1		
	下	-76		
YDK37+051.0	上	83		0.000395
	中	80		
	下	64		

注：1. 负值表示小于设计，正值表示大于设计。
　　2. 当两次断面测量存在较大差异时，则要增加检测频率及数量。

3.3　管片位移原因分析

3.3.1　隧道侵限的过程分析

隧道施工完成后，由于此区段位于盾构空推段，部分存在渗漏水，施工单位安排专业队伍进行注浆堵漏，并指派技术人员值班，主要监控注浆顺序、压力及管片变形情况。

2015 年 8 月 10 日，开始从大里程空推分界里程（YDK37+110）向 3 号井（YDK37+000.00）进行注浆。过程中严格按照由上到下、左右对称的原则进行注浆，同时进行隧道内监测。起初管片变形较小，监测频率由 2 次 /d 改为 1 次 /d，最后改为 1 次 /2d，直到 8 月 20 日监测时发现管片水平向右偏移 16mm，上抬 42mm。随后施工单位立即增加监测频率，并加强现场管理，监测数据趋于稳定。但由于注浆工作持续时间较长，现场技术人员思想又开始懈怠。9 月 15 日夜班，现场值班技术人员及注浆带班无故脱岗，导致临近 3 号井 YCK37+009 位置注浆量过大，管片偏移。发现问题后，立即停止注浆，施工单位马上组织技术人员，对注浆区段断面进行测量，随后将测量结果上报控制测量监理及相关人员。9 月 18 日，在控制测量监理复测后，形成最终的断面资料。

3.3.2 原因分析

依据复测结果,结合现场实际分析,可以认定,造成隧道侵限的直接原因是成型隧道发生上浮和偏移,其根本原因为盾构空推段管片背后豆砾石未进行注浆填充,多为松散结构,很容易引起隧道整体变形,加之部分区段存在渗漏水,为进行堵漏,进行了管片背后注浆,但由于后续注浆量及注浆压力控制不当,引起隧道变形。

其他原因:注浆压力过大,管片受到挤压产生位移,当时的压力控制为 0.5MPa,注浆压力过大是导致管片偏移的主因;前期未采取防护措施用方木支撑管片,在压力过大的情况下,管片失去内部保护支撑;现场没有实时进行横断面测量(见图4.3-6),只是单纯地进行高程监测,忽略了横向偏移。

图 4.3-6 横断面测量

3.4 处理方案

由于轨道线路未发生变化,主要设备布置没有经过特殊调整,因此列车行驶速度未受到影响。为保证列车正常运营,需对以下三方面做方案调整。

3.4.1 疏散平台调整方案

根据测量数据分析,线路中心线在里程 YCK37+009.00 断面偏差最大(396mm),在满足设备限界的情况下,疏散平台宽度被压缩为 420mm,无法满足人员疏散的最低要求(550mm),因此同设计单位进行沟通,只能取消 YCK37+000.00 ~ YCK37+020.00 段疏散平台,以确保行车安全。图4.3-7 为偏移段疏散平台宽度渐变图。

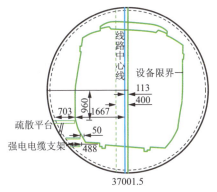
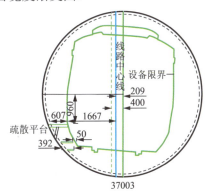

图 4.3-7

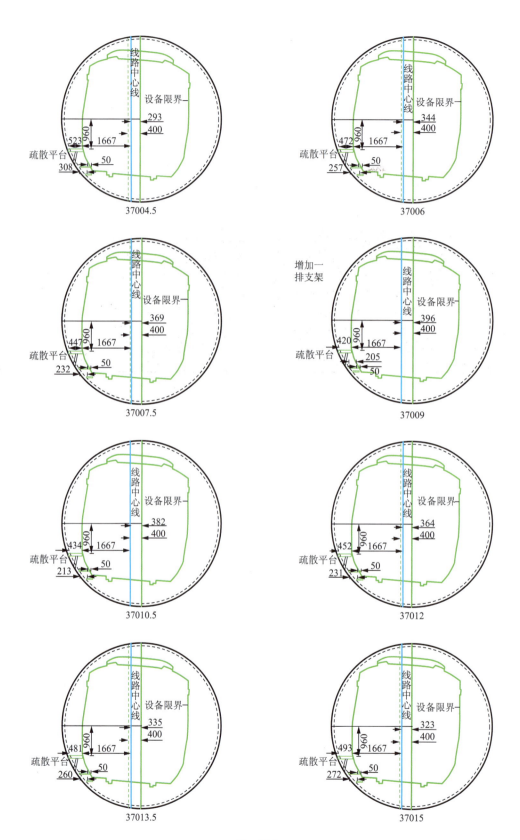

图 4.3-7

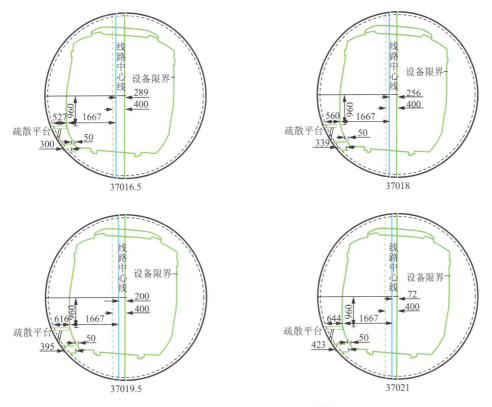

图 4.3-7 偏移段疏散平台宽度渐变图（尺寸单位：mm）

3.4.2 排水沟调整方案

由于 YCK37+009.00～YCK37+016.5 段纵向排水沟受侵限影响，无法正常施工，通过与设计单位沟通及考虑现场实际情况，将此段左侧纵向排水改为横向排水（见图4.3-8），同时将左侧排水沟进行填平处理，确保道床两侧混凝土厚度。

图 4.3-8 偏移段横向水沟设置示意图

3.4.3 电缆支架调整方案

受侵限影响，YCK37+000.00～YCK37+020.00 段强电电缆支架需要调整长度或者由两排增加至三排（见图 4.3-9），以满足区间电缆架设的要求。

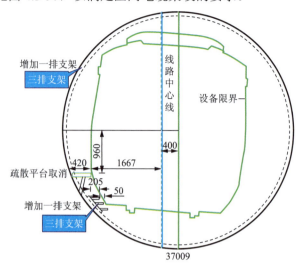

图 4.3-9 电缆支架调整图（尺寸单位：mm）

最终以设计单位的调整方案为准。为了使隧道限界满足行车及设备安装的要求，需要尽快解决隧道侵限问题，消除安全隐患。

3.5 经验及总结

盾构空推过矿山段由于工艺原因，盾构施工后极易产生渗漏水，因此在空推掘进阶段，确保空推施工质量，重点确保豆砾石填充质量。当盾构机开推后启动同步注浆系统，利用盾构机自身的同步注浆系统由盾尾同时压注水泥砂浆和水玻璃进行注浆作业。空推段掘进完成后停止掘进，对空推段所有管片拱顶背后进行填充，同时对所有管片螺栓进行再次复紧。注浆堵漏时，在管片注浆过程中，压力一定要控制恰当；并监测跟进，对管片进行多方向的测量，增加测量频率；在管片外侧设置方木，沿管片的环向进行支撑，使安装好的管片趋于稳定，避免产生位移。

第4节
红后区间穿越沙河高尔夫球场施工处理

4.1 工程概况

4.1.1 线路概况

红树湾站—后海站区间，大体东西走向，东起深湾一路，西至前海德三道路口，全线长约 2.65km。区间采用盾构法施工，线路出红树湾站后西行，侧穿深圳南山外国语学校与红树西岸小区，下穿沙河高尔夫别墅及球场，之后继续下穿深圳湾，经环北路到达后海站。红后区间线路总平面图如图 4.4-1 所示。

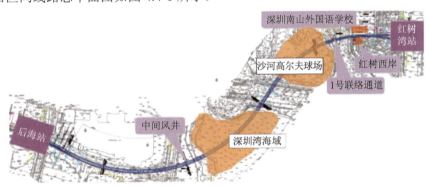

图 4.4-1 红后区间线路总平面图

根据区间隧道线路走向，右线隧道在里程 YDK9+946.9 处进入沙河高尔夫球场，在里程 YDK10+463.7 处出沙河高尔夫球场，通过长度 516.8m。红后区间线路走向与沙河高尔夫球场位置关系如图 4.4-2 所示。

4.1.2 地质情况

沙河高尔夫球场区域为后期回填区域，地面经碎石、细砂堆积后种植草皮形成球场，地表回填范围松散；盾构掘进地层含有大量球状风化体，掘进时受力不均匀，对掘进速度及地层扰动影响较大。

此段右线隧道埋深 20.5m，地质断面从上到下为：球场表面细砂层（深度约为 1.5m）、素填土（深度约为 6m）、黏土（深度约为 3.5m）、砾砂（深度约为 12m）、全、强、中风化花岗岩，隧道范围上部砂层厚 2.5m，下部为全、强、中风化花岗岩，裂隙水水量较大，同时雨水较多，导致砂层中含水量增加。右线盾构机位置地质断面图如图 4.4-3 所示。

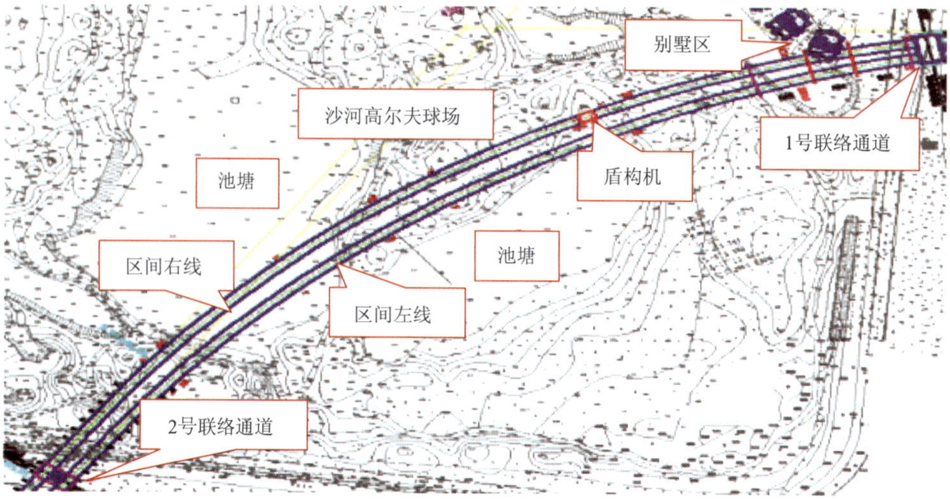

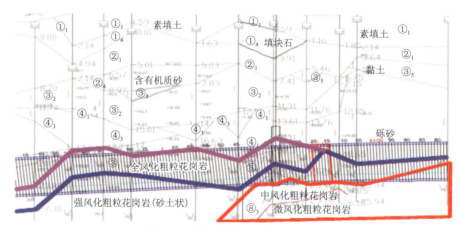

图 4.4-2 红后区间线路走向与沙河高尔夫球场位置关系图

图 4.4-3 右线盾构机位置地质断面图

4.1.3 盾构机被困情况

红后区间右线自338环开始即进入上软下硬地层，推力14000～19000kN，土压力0.22～0.28MPa，刀盘扭矩120～190bar，掘进速度3～8mm/min。掘进速度较慢，对地层持续振动较大。盾构机被困位置为掘进至417环，416环管片安装完成，盾构机切口里程YCK10+116.89。在417环及前几环掘进中，盾构推力较大，扭矩波动较大，出现石头连续卡刀盘现象。据地质勘探报告，剩余约30m通过上软下硬地段。经过分析，判断为盾构机刀盘边缘滚刀磨损较大，计划进行填仓换刀处理。右线盾构机410～416环掘进参数见表4.4-1。

右线盾构机 410～416 环掘进参数   表 4.4-1

施工位置	环号	埋深(m)	推力(kN)	掘进速度(mm/min)	刀盘扭矩(bar)	注浆量(m³)	上部土仓压力(bar)
右线	410	20.81	16110	5～7	123～147	10	2.6～2.7
右线	411	20.83	16420	5～8	130～146	10	2.5～2.7

续上表

施工位置	环号	埋深（m）	推力（kN）	掘进速度（mm/min）	刀盘扭矩（bar）	注浆量（m³）	上部土仓压力（bar）
右线	412	20.85	16530	4～7	132～150	12	2.6～2.7
右线	413	20.87	16750	3～5	136～153	12	2.6～2.7
右线	414	20.89	17930	2～5	140～158	12	2.7～2.8
右线	415	20.92	18420	1～3	152～180	10	2.7～2.9
右线	416	21.18	18950	1～2	157～190	11	2.6～2.7

在右线上软下硬段掘进过程中，地表沙河高尔夫球场B区出现沉陷，项目部委托深圳地质建设工程有限公司采用瑞雷波地球物理勘探技术在隧道上方高尔夫球场内进行了探测，在右线范围内共发现4处异常反应，特点是结构松散，密实度差。异常深度范围内瑞雷波速均在80～100m/s之间，判断为土体松散或有小土洞；其他区域波速在120m/s以上，判断为较密实。右线盾构机平面位置及沙河高尔夫球场下陷位置如图4.4-4所示。

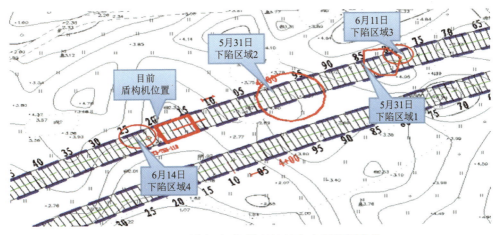

图4.4-4 右线盾构机平面位置及沙河高尔夫球场下陷位置

4.1.4 盾构机换刀过程

1）土仓内砂浆填充

通过土仓壁上的球阀向仓内分三阶段填充砂浆，并出土。填充砂浆时，控制顶部传感器压力不超过3bar；出土过程中，控制顶部传感器压力不低于2.4bar。

2）超前探孔补充注浆

盾构机超前注浆主要是对刀盘及切口环上部土体进行加固，注浆钢花管采用6m长φ48的钢管，对穿梅花形布孔，孔径8mm，纵向间距10cm，布孔长度1m。浆液采用P.O32.5R、1:0.8～1:1水泥浆液。将制作好的钢花管插入超前注浆孔注入水泥浆液，注浆压力控制在0.3～0.4MPa，压力稳定后持续注浆直至压力上升后，再注浆20～30min，注浆示意图如图4.4-5所示。以1m为一个注浆段，特别是刀盘前方0.8～1m、切口环上方位置应重点注浆。管片支护断面如图4.4-6所示，超前注浆孔位置示意图如图4.4-7所示。

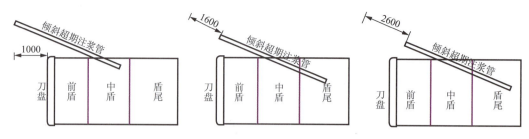

图 4.4-5 注浆示意图（尺寸单位：mm）

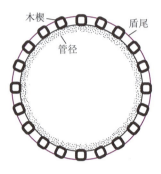

图 4.4-6 管片支护断面图

图 4.4-7 超前注浆孔位置示意图

3）土仓清理

土仓内注入浆液凝固稳定 3d 后，开始进行人工常压清仓。

通过土仓壁球阀和土仓门上方的球阀孔，采用钢钎检查仓内固结情况，确认砂浆固结且探孔无渗水后，开仓门，从仓门口开始用铁铲、洋镐、编织袋进行清仓工作。

4）涌水涌砂事件经过

2014 年 6 月 14 日 18：10，右线盾构机刀盘位于 420 环处，项目部严格按照填仓换刀方案，对土仓注入水泥砂浆、盾体超前注浆加固。在进行清仓过程中，盾构机土仓出现涌水涌砂现象，清仓人员迅速撤离土仓。

现场带班领导立即组织盾构队人员采用砂袋、棉纱进行封堵，于当日 18：50 将人舱口封堵完后，随后，立即采用钢管、钢板、钢筋进行焊接加固并堆填砂袋，连接土仓注浆管路，向土仓内注入聚氨酯，进一步封堵。同时安排测量人员对沙河高尔夫球场地面进行监测，发现产生半径 3m、深 1.1m 的沉陷坑；并安排人员对左线进行二次注浆及管片监测。经统计，本次涌水量约 200m³，涌砂量约 40m³。土仓内加固效果如图 4.4-8 所示。

为防止在后续地面注浆时地层压力增大导致人舱堆码砂袋失稳，需对人舱堆码砂袋做进一步加固处理。在人舱堆码砂袋外侧表面紧贴 15cm×15cm、ϕ20 钢筋网片，并在钢筋网表面满铺焊接 16mm 厚钢板，通过 10 号工字钢横、纵向 50cm 间距焊接在钢板表面，对钢板进行顶压，最后用 ϕ50 钢管将 10 号工字钢斜撑至顶部盾壳及螺旋输送机处，形成稳定的支撑体系。人舱封堵加固措施如图 4.4-9 所示。

图 4.4-8 土仓内加固效果（清仓时拍摄）

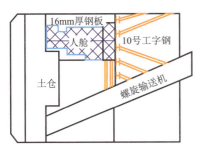 

图 4.4-9 人舱封堵加固措施

4.2 盾构脱困总体方案

考虑到换刀区域地质条件的复杂性,且之前采用洞内加固换刀方案的效果不能满足要求,结合现场实际情况,分别从地面采取地层加固止水措施、洞内对盾构进行保护并采取土仓加固措施,争取"常压开仓条件、带压清仓换刀"。

施工处理前,通过盾构机径向孔注入"克泥效",对盾构机壳体周围进行保护,防止加固过程中造成盾体固结。

对盾尾后方的 406～415 环管片进行二次注浆形成止水环箍,阻止隧道后方形成水流通道。在盾构机盾体周边设一圈两排 $\phi 250@300mm$ 微型桩止水帷幕,内排桩桩中心距刀盘前方 4m、盾构机两侧各 2.5m、盾尾后方 2.28m,桩底深入隧道底中风化地层。在帷幕外侧设 4 口深 27m 的 $\phi 280$ PVC 降水井管。在微型桩止水帷幕内采用 WSS 后退式注浆加固,WSS 注浆孔间距 0.75m,呈梅花形布置,深度从地面水位线以上 0.5m(地面以下 3.5m)至隧道底中风化地层。

地面加固完成后,在洞内对土仓采取双液浆注浆加固,利用超前注浆孔对刀盘前方土体进行加固处理。采用地面钻孔取芯、抽水试验、洞内钎探等方法对加固效果进行检验,合格后方可进行清仓。

在常压状态下清理人舱,检查并恢复气压设备及装置。在常压或带压条件下进行土仓清理,之后在带压条件下进行刀具更换。土仓清理过程中对刀盘开口和切口位置及时封堵。刀具更换后,盾构机脱困、恢复掘进。具体方案如图 4.4-10～图 4.4-12 所示。

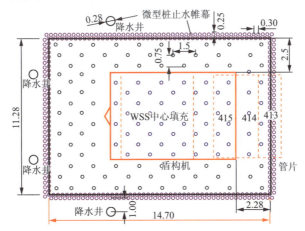

图 4.4-10 加固止水方案设计平面布置图(尺寸单位:m)

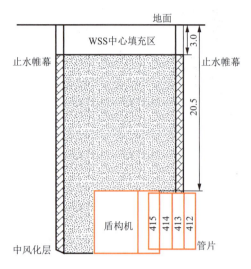

图 4.4-11 加固止水方案设计纵剖面图（尺寸单位：m）

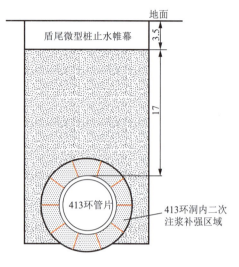

图 4.4-12 盾尾止水帷幕加固横断面图（尺寸单位：m）

地面加固工程数量见表 4.4-2。

地面加固工程数量表　　　　　　　　　表 4.4-2

序 号	施工工艺	孔数（个）	钻孔深度（m）
1	微型桩	348	9084
2	WSS 注浆	128	3050
3	降水井	4	108

4.3 关键施工技术

4.3.1 "克泥效"施工

采用克泥效水玻璃注浆的目的是为了在盾体与土体之间形成不透水层，防止盾构机因地面注浆而固结。

（1）克泥效水玻璃注浆的位置为盾构机径向孔。

（2）A 液为克泥效浆液，配比为克泥效∶水＝400kg∶825kg，B 液为水玻璃和水的混合液，配比为水玻璃∶水＝1∶1（体积比）。

（3）注浆时要求通过控制变频器来控制 A 液和 B 液的注入量，A 液和 B 液同时注入，注入量 A 液和 B 液的流量比为 12.5∶1，并且要求 A 液的流量为 $0.9m^3/h$。

（4）每环掘进的同时开始注 A、B 液，并且通过混合器的泄压阀来检查浆液初凝时间和凝结效果，做好记录，根据实际效果不断地修正变频器参数。

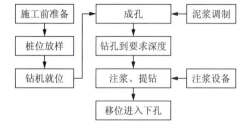

图 4.4-13 微型桩施工工序

4.3.2 微型桩施工

1）施工工序

微型桩施工工序如图 4.4-13 所示。

2）施工过程

（1）钻机就位。根据桩位放样，钻机就位，钻机底座平衡、坚固，滑轮与钻盘中心孔在同一垂直线上。

（2）泥浆调制。钻孔中泥浆的相对密度控制在 1.3～1.5，黏度 18～24s。

（3）钻进、成孔。钻进过程中严格控制钻速、进尺，以免陷没钻头或速度跟不上；加接钻杆时，先将钻具稍提离孔底，泥浆循环 2～3min 后再加接钻杆；成孔过程中应经常疏通泥浆循环槽，定期清理泥浆箱、沉淀箱。

（4）注浆。提前 30min 开始制备水泥浆液，水灰比 0.5～0.6。成孔完毕后，将注浆管与钻杆接驳好，开始注浆，待浆体将孔内泥浆全部返出、孔内溢出物全部为水泥浆时停止灌注，并将孔旁的流浆沟封堵后，开始提拔钻杆；提拔过程中缓慢转动，待钻杆提出后，将钻机移至下一个孔继续施工。

4.3.3 WSS 注浆加固施工

1）施工工序

WSS 注浆施工工序如图 4.4-14 所示。

2）施工过程

（1）根据设计进行钻孔定位及钻机就位，开始钻进。

（2）钻至设计深度后停止喷水，开始注浆。

（3）待底部达到要求后慢速回抽，继续下一步注浆，相邻孔位提升高度适当错开。

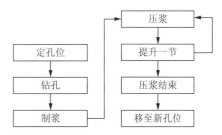

图 4.4-14　WSS 注浆施工工序图

（4）注浆方式采用后退式分段注浆，即在注浆管内由孔端向外分段进行注浆，每次注浆段长 0.4～0.5m，注完此段后，再后退注下一段，直至全孔注浆完成；相邻孔位提升段长度相互错开。

3）注浆材料及参数选择

（1）注浆材料

WSS 工法注浆浆液采用无收缩双液浆，浆液分为悬浊型（由 A 液和 C 液组成，简称 AC 液）和溶液型（由 A 液和 B 液组成，简称 AB 液）两种。AB 液强度较低，但止水效果好，AC 液强度较高。为了达到止水加固的目的，AB 液和 AC 液交互使用。WSS 注浆材料及浆液配比详见表 4.4-3。

该注浆材料具有不易溶解于地下水，对不同地层凝结时间可调，以及高强度、微膨胀等特点，必要时还可根据现场实际情况适当加入特种材料，以增加可灌性和早期强度，保证注浆效果。

WSS 注浆材料及浆液配比表　　　　　　　表 4.4-3

名　称	内　容	体积（L）	质量（kg）	备　注
A 液	硅酸钠	220	301.4	500L
	稀释剂	280	280	

续上表

名　称	内　容	体积（L）	质量（kg）	备　注
C液	水泥	200	260	500L
	H剂	31.18	31.18	
	C剂	10.34	15	
	P剂（XPM）	26	26	
	稀释剂	232.48	232.48	
B液	H剂	69.8	69.8	500L
	C剂	38.28	55.5	
	Gs剂	78.5	78.5	
	稀释剂	313.42	313.42	

（2）注浆参数

根据全断面砂层 WSS 后退式注浆参数，确定注浆参数，见表 4.4-4。

注 浆 参 数 表　　　　　表 4.4-4

名　称	参　数	备　注
浆液扩散半径	0.75m	
凝胶时间	20～40s	根据地质情况调整
注浆压力	预加固注浆：p=0.3～1MPa 动态调控注浆：p=1～3MPa	最终注浆压力按 2.5～3.0MPa 控制
土体平均注入率	30%～40%	体积比

施工中浆液配比及注浆参数根据现场情况进行适当调整、优化。

4.3.4　降水井施工

1）施工工序

降水井施工工序如图 4.4-15 所示。

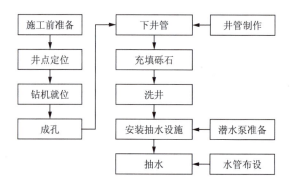

图 4.4-15　降水井施工工序图

2）施工过程

（1）井管制作。井管选择直径为 280mm、外包两层透水尼龙细目布的 PVC 管钻孔，用 8 号铁丝绑牢，滤网每层应错缝包裹牢靠。

（2）钻孔施工。钻进前测量好钻具总长，控制钻进深度；钻进中保持泥浆相对密度在 1.15～1.25 之间；达到终孔深度后，清孔，清孔后泥浆相对密度为 1.10～1.15，孔底岩粉长度不大于 10cm。

（3）吊装井管。PVC 井管分 5 段下管，每段间采用接头连接，并用螺栓固定。井管平稳入孔，在滤水管上下各加两组空位垫块，保证环状填砾间隙厚度大于 50mm。

（4）换浆、填砾、止水封孔、洗井。采用泥浆循环换浆至泥浆相对密度 1.1 以下，同时填充直径 2～4mm 的细砾石。一边填充砾石一边开小泵进行泥浆循环换浆，待砾石填充达到要求深度后关停小泵。填砾石结束 20min 后，上部填黏土进行止水封孔。封孔后采用空压机洗井，直至井内出清水，基本不含砂，出水量大，井底沉砂不大于 20cm。

（5）下潜水泵深度距井底 1.0～2.0m，进行降水观测。

4.3.5 土仓渣土置换

气压作业前，往土仓内注入钠基膨润土对仓内渣土进行置换，渣土置换过程中土仓压力按 3.0bar 控制。土仓渣土置换流程如图 4.4-16 所示。

图 4.4-16　土仓渣土置换流程图

（1）膨润土注入后使土仓压力高于 3.0bar，转动螺旋输送机出土，直至压力降至 3.0bar。

（2）继续往土仓内注入膨润土，待土仓压力高于 3.0bar 后停止。

（3）转动螺旋输送机出土，待土仓压力降至 3.0bar 后停止出土。

（4）如此重复进行步骤（2）、步骤（3），将土仓内渣土全部置换完成后停止。

（5）此过程中刀盘 2h 转动一次，土仓压力高于 3.0bar 时需对刀盘注入密封油脂 HBW 与润滑脂 EP2。

4.3.6 土仓填充

渣土置换完成后，将由 300kg/m³ 膨润土、50kg/m³ 水泥混合而成的膨润土泥浆注入土仓内进行填仓作业，填仓过程中土仓压力按 4.0bar 控制。土仓填充流程如图 4.4-17 所示。

图 4.4-17　土仓填充流程图

往土仓内注入混合膨润土泥浆，土仓压力达到 4.0bar 后停止；盾构机停机时铰接油缸行程小，可后退距离不利于换刀作业，土仓压力达到 4.0bar 后将盾构机改为拼装模式，按顺序收缩 4 组推进油缸，使盾构机后退 7～10cm。

取消盾构机拼装模式，继续注入膨润土，土仓压力达到 4.0bar 后停止注入膨润土。之后等待 12h，观察土仓压力变化：如果压力降低，则补充注入混合膨润土至压力 4.0bar，继续观察土仓压力变化；如果压力在 12h 内未降低，则土仓填充作业完成。

土仓填充时刀盘每 30min 转动一次，土仓压力高于 3.0bar 时需对刀盘注入 HBW 与 EP2。

4.4 效果检测

4.4.1 抽芯检测

在微型桩、WSS 注浆、降水井施工完毕后要进行抽芯检测，具体检测项目见表 4.4-5。

抽芯检测项目统计表　　　　表 4.4-5

序　号	检测项目	标　准	检验方法	不合格处理
1	微型桩	强度 ≥ 0.3MPa	钻芯法	二次钻孔注浆
2	WSS 注浆	强度 ≥ 1MPa	钻芯法	二次钻孔注浆
		渗透系数 $K \leqslant 1.0 \times 10^{-7}$cm/s	钻孔注水试验	二次钻孔注浆
3	降水井	降压效果	测绳	增设降水井

4.4.2 土仓气密性检测

土仓渣土置换完成后，开启压气自动补偿系统，输入气压设定值，保压试验控制在 6h 以上。在这个过程中，土仓压力不可低于设定值，注意观察记录。一切正常 6h 后，打开人闸室内顶部土仓壁上的平衡阀，可排出压缩空气，无水、无泥，此时可判断地层保压成功，可以进行下一步开仓工作。

4.5 经验及总结

由于外部条件受限无法进行地质补勘，导致对盾构机刀具磨损情况的判断产生干扰，未能选取合适地层进行换刀作业。虽经专家评审后采取填仓换刀方式进行换刀作业，但由于沙河高尔夫球场范围内砂层较厚，透水性较强，填仓效果不佳，导致填仓失败，发生涌水涌砂。后经过采取地面加固及洞内注入"克泥效"防止盾体固结等一系列措施，最终达到了预期的加固效果，完成了换刀作业。

盾构机脱困后，吸取教训，在剩余上软下硬地层掘进过程中在地层较好位置提前进行刀具更换，并采用安全系数较高的气压换刀作业。虽然该作业增加了成本，花费时间较长，但在这种地层条件下较为安全可靠。同时，经过这次盾构下穿掘进，总结出了一套复合地层加固换刀的相关技术，以及复杂条件下上软下硬地层掘进的相关经验，可为后续类似工况提供重要参考，可为今后相似地层盾构掘进积累宝贵的施工经验。

第 5 节
沙后区间盾构"裁头"处理

5.1 工程概况

5.1.1 线路概况

沙井站—后亭站区间盾构段沿宝安大道中央布置,下穿新和大道,区间隧道主要位于宝安大道中央绿化带下。区间原始地貌主要是由海相沉积和河流冲积混合成因形成的平原,地表开辟成连片鱼塘、耕地等,现经人工堆填整平。区内地势平坦。该段线路穿越衙边涌箱涵,采用盾构空推工法。

隧道埋深最深处约 13.7m,最浅处约 8.7m。隧道最大上坡坡率为 14.885‰、最大下坡坡率 6‰,变坡点采用圆曲线顺接,最小半径 4000m;线路最小曲线半径 2500m。盾构起讫里程为:右线 YDK46+269.233～YDK46+982.7(长链 0.013m),长 713.48m;左线 ZDK46+269.187～ZDK46+982.7(短链 0.045m),长 713.468m。沙后区间具体位置如图 4.5-1 所示。

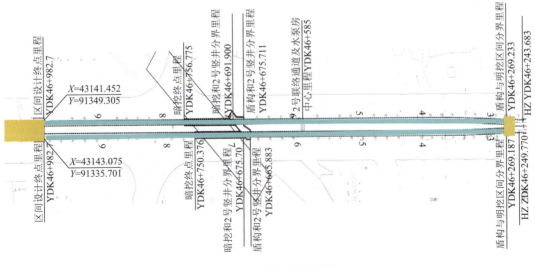

图 4.5-1 沙后区间位置平面图

5.1.2 地质水文条件

1)地质条件

沿线软土主要为淤泥、淤泥质黏土及淤泥质粉质黏土,主要分布在滨海滩涂地貌单元带中及海冲积平原区，层厚 0.30～3.2m，平均层厚约 2.0m，属典型的海相沉积型软土，呈饱和、流塑～软塑状态。具有含水量高、灵敏度高、触变性较高、压缩性强、强度低、自稳能力差的特点，且在扰动后强度大大降低。

沿线路不连续～零散分布第四系冲洪积（全新统、上更新统）淤泥质粉质黏土，为山间谷地或河塘静水沉积物，多以透镜状分布于黏土层、砂层上部或中部，湿～饱和，软塑～可塑，局部流塑，局部含有少量砂砾，具中～高压缩性，其强度较淤泥高，一般不存在震陷的可能，但其强度与其他围岩相比仍较低，自稳能力很差，在横向与纵向上对岩土层特性均有一定程度的影响。

2）水文条件

区间范围地下水主要有第四系孔隙潜水、基岩裂隙水。第四系孔隙潜水主要赋存于冲洪积砂层中，砂层主要被人工填土层及上层冲洪积黏土、粉质黏土层覆盖，局部地段被淤泥、淤泥质粉质黏土层覆盖，地下水略具承压性，最大承压水头一般为地表。第四系冲洪积砂层水量较丰富，具有中等～强透水性及中等～强富水性。地下水水位 0.1～8.2m。

本区间沿线地下水对混凝土结构腐蚀性基本为微～弱腐蚀性；在长期浸水环境下，地下水对混凝土中的钢筋腐蚀性基本为微腐蚀性；在干湿交替环境下，地下水对混凝土中的钢筋腐蚀性为微弱～微腐蚀性。

衙边涌地表水对混凝土结构的腐蚀性为中等腐蚀性；对混凝土中的钢筋的腐蚀性在长期浸水条件下为微腐蚀性，在干湿交替条件下为微腐蚀性。

5.1.3 地质特点及难点

沙后右线自地质报告图上反映（见图 4.5-2），盾构穿过地层主要为④$_2$ 粉质黏土、④$_4$ 淤泥质粉质黏土、④$_{10}$ 粗砂、⑦$_{2-2}$ 砂质黏性土，部分含④$_5$ 有机质砂和②$_1$ 淤泥层。隧道顶部大多被粉质黏土覆盖，下半部分为富水粗砂层，砂层水量丰富，地下水略具承压性，具有中等～强透水性及中等～强富水性。

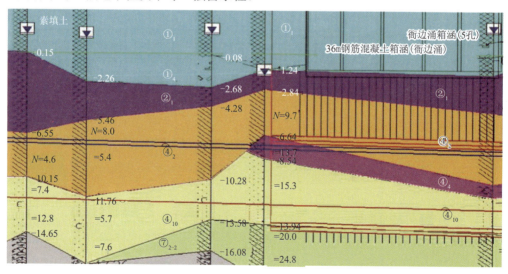

图 4.5-2 下沉段地质纵断面图

沙后盾构区间穿过地层多、变化快，部分地段地质较软弱，上部存在较硬的粉质黏土，下部为富水的粗砂层，部分地段的粗砂层由于受地下水的影响砂层较松散，造成相对的上硬下软地层。在施工中盾构机容易栽头，向上抬头十分困难。

5.2 遇到的主要困难及处理措施

沙后区间盾构右线于 2013 年 10 月 10 日始发。2013 年 11 月 18 日掘进至 115 环时，盾构机垂直前端下沉 85mm、后端下沉 103 mm，盾构机姿态控制困难。根据专家意见，将土压力增高掘进至 116 环无效果，姿态继续下沉，盾构机前端下沉 100mm、后端下沉 104mm。

2013 年 11 月 19 日专家会议讨论，将土压力增大至 1.6bar，同步注浆量 5.5m³，降低推进速度为 25～30mm/min。掘进 117、118 环无明显效果，盾构下沉至 130mm。平均每环下沉 15mm。

2013 年 11 月 20 日晚停止掘进，联系设计单位对曲线进行重新拟合，制定调线调坡方案，然后继续掘进。因担心盾构长时间停机会继续下沉所以恢复推进，采取了继续调高土压、增大自下口同步注浆浆液量、径向加注膨润土等一系列措施。推 119～120 环时有适当好转，盾构下沉至 136mm，平均每环下沉 3mm。

5.3 处理技术及实施

5.3.1 原因分析

1）地质分析

分析掘进参数可以得出自 100 环开始有下沉迹象，自 115 环开始逐渐明显。105 环所对应的地质勘探孔为 TJH-166，数据显示自上而下分别为素填土（6.8m）、淤泥（3.2m）、粉质黏土（6.3m）、粗砂层（5.5m），盾构穿越地层为粉质黏土（4.6m）、粗砂层（1.4m）。受 5 孔箱涵的影响，本地段地下水丰富，且砂层中水带有一定的承压性，使得本段地层非常软弱，地基承载力不足以支撑盾体自身重量，导致盾构机一直下沉，无法抬头。地层软弱是盾构机下沉的外在因素。

2）操作分析

掘进前未正确分析地质情况，地质变化前值班土木工程师未提前提醒盾构司机调整掘进参数。司机在掘进过程中对盾构掘进参数、出渣情况的变化未采取相应措施。

拼装管片时未按顺序收回相应千斤顶，在软弱地层中很容易造成盾构机下沉。在管片拼装完成后未及时对下部千斤顶施加推力，使盾构机有千斤顶的支撑而不下沉。

3）盾构选型分析

盾构机下沉时通过盾构司机的操作，上部铰接油缸完全缩回，而下部则大量伸出，并保持此状态掘进 10 余环，因土层中含有大量黏土且铰接油缸为被动铰接，导致铰接油缸完全被黏土卡住而无法正常伸缩调节，加之盾构机没有配置超挖刀，在铰接"V"字形锁死的情况下很难通过机体自身性能抬头,且刀盘选型时采用了复合式刀盘及滚刀,刀盘重达61t,导致盾构机前重后轻,加重了抬头的难度。

5.3.2 主要困难

(1) 该地段水文地质条件较恶劣,盾构施工较不利。

(2) 盾构机性能因素,无法通过超挖刀对上部进行适当超挖。

(3) 盾构机铰接形成了"V"字形夹角,且铰接油缸被黏土卡住,无法自由伸缩。

5.3.3 处理方案

1) 设计方案

拟合数据详细开展线路对比分析,采取增大土压、增大同步注浆量、降低推速办法,但在掘进第117、118环,仍无效果,盾构下沉至130mm,平均下沉15mm/环。针对此情况,现场停止掘进,联系设计单位对曲线进行重新拟合和调线调坡后恢复掘进,掘进过程中同时采取调高土压、增大下口径同步注浆量、径向加注膨润土等一系列措施,在掘进第119、120环过程中盾构下沉情况好转,盾构下沉至136mm,平均下沉3mm/环,详细见图4.5-3。

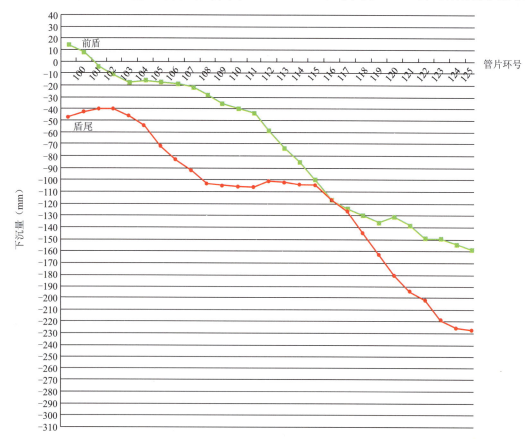

图 4.5-3 下沉折线图

2) 参数控制

(1) 在不结泥饼的情况下,将土仓压力值适当提高0.2~0.4bar。

（2）控制出土量，适当欠挖 2～5m³，减少出土量。

（3）拼装管片时下部油缸始终受力，拼装下部管片时速度要快且将上部油缸全部收回。

（4）管片姿态需适应盾构姿态，加强管片姿态测量频率，保证管片姿态始终相对于盾构机处于上坡趋势；及时纠偏，纠偏要勤纠少纠，一环纠偏量不要超过 5mm。

（5）土仓内渣土的高度需高过土层中砂层的高度，控制出土量，适当欠挖掘进。

（6）在盾壳加注膨润土，避免铰接处被砂层再次包裹，造成铰接拉力进一步增大。

（7）使用分散剂软化土层黏土，使土层渣土和易性适当。

（8）采用钠基膨润土结合泡沫进行砂土改良，使上下土层进土速度同步。

3）线路拟合施工情况

经过努力，盾构机在矿山段完成接收，统计后发现栽头段最大管片下沉 290mm，通过设计调线可满足后期通车要求。

5.4 经验及总结

通过采取应对措施，有效地控制了盾构机的下沉趋势，使盾构机能正常地进入空推段。在空推段对铰接油缸及刀盘刀具进行了检查清理维修改造，保证了后续施工盾构姿态控制的正常稳定。

在掘进指令或交底中明确地质变化地段，根据实际地层状况及时做出掘进参数的调整。在软弱地层中掘进时，根据出土量及盾构姿态适当提高土仓压力，防止下部流动性好的砂层超挖引起盾构机下沉；提高刀盘转速，防止顶部欠挖使得顶部黏土黏在盾构机外壳上。及时调整各区推力，保持盾构机不下沉。

盾构司机在掘进时纠偏不能过快，不能强行压头造成盾构机姿态变化大。掘进中保持盾构机有向上的俯仰角，注意前盾体和后筒体的俯仰角变化，保持一定的向上仰角。

第6节
机福盾构区间地面沉降超限处理

6.1 工程概况

6.1.1 线路概况

机场北站—福永站区间左线全长2323.67m，右线全长2355.76m，由盾构区间（含空推段751m）和矿山法区间（长347.87m）组成，中间设1座风井，2座盾构吊出井（兼作矿山竖井），6个联络通道。

隧道埋深最深处约13.7m，最浅处约8.7m。隧道最大上坡坡率为14.885‰、最大下坡坡率为6‰，变坡点采用圆曲线顺接，最小半径4000m；线路最小曲线半径2500m。盾构起讫里程为：右线YDK46+269.233～YDK46+982.7（长链0.013m），长713.48m；左线ZDK46+269.187～ZDK46+982.7（短链0.045m），长713.468m。区间位置如图4.3-1所示。

6.1.2 地质水文条件

线路原始地貌为滨海滩涂，现为机场填海扩建区、鱼塘、新和村居民区，地形起伏较大，隧道开挖断面地层变化差异较大，地下水埋藏较浅，隧顶大多分布淤泥、细砂、可塑状砂质黏性土、硬塑状砂质黏性土及全风化变粒岩，洞身多处于硬塑状砂质黏性土、全风化变粒岩、块状强风化变粒岩层中，隧底多处穿越中风化、微风化基岩凸起地层，地质比较复杂。

6.2 事件经过

6.2.1 事件发生

（1）3月15日01:16推完第250环停机，准备倒班（停机时间长）。

2014年3月15日01:16完成机福区间左线第250环掘进后进行了管片拼装等工作，由于3月15日白天进行倒班，故完成第250环管片拼装后进行了机器保养、文明施工等工作。直到2014年3月16日03:57开始掘进第251环，本次停机26.5h。

（2）2014年3月16日03:57—06:59推进第251环前692mm情况（速度低，扭矩大，铰接压力大，出土含水量大）。

2014年3月16日03:57开始推进第251环，到06:59夜班推进692mm，掘进用时46min，平均速度15mm/min（第250环相同地质等条件下的平均速度为60mm/min），推力 14000kN（比第 250 环大 2000kN），扭矩 3100kN·m（比第 250 环大 200kN·m），铰接压力 120bar（正常约为 70bar），上部土仓压力 1bar（同第 250 环），出土 2.5 斗（理论上每斗推进 375mm），不超方，但出土含水量较大，第 251 环前 692mm（夜班推进）参数曲线如图 4.6-1 所示。

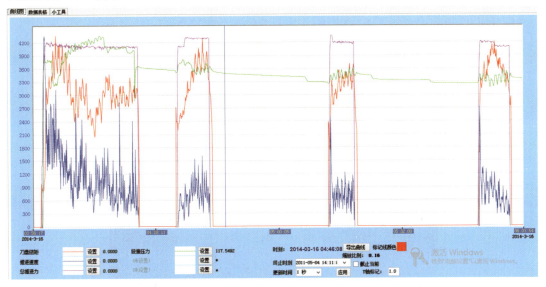

图 4.6-1　第 251 环前 692mm（夜班推进）参数曲线图

（3）2014 年 3 月 16 日 07:37—11:13 推进第 251 环后 670.6mm 情况（速度继续下降，铰接压力大，土仓压力减小，出土严重超方，地面塌方）。

3 月 16 日白班从 07:37 开始推进第 251 环，11:13 完成推进 670.6mm，掘进用时 117min，平均速度 5.7mm/min，推力 14000kN，扭矩 2500kN·m，铰接压力 125bar（正常约为 70bar），上部土仓压力 0.6bar，出土 9 斗（理论上每斗推进 375mm），超出 120m^3 土；并且从第 7 斗开始出土颜色变深，并有臭淤泥味，第 8 斗、第 9 斗全部为黑色、含水率高、流动性较强的淤泥。第 251 环后 670.6mm（白班推进）参数曲线如图 4.6-2 所示。

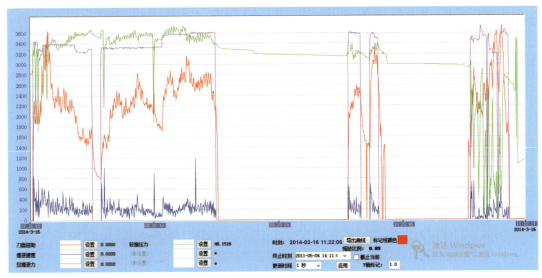

图 4.6-2　第 251 环后 670.6mm（白班推进）参数曲线图

6.2.2 现场情况及地质情况

1）地表情况

隧道埋深约18m，上方为鱼塘回填区，现正上方有一水坑，水坑面积约1000m^2，沿隧道方向长46m，水深约1.5m。地面已经塌陷，塌陷面积约140m^2，旁边水坑的水流至塌方处。塌陷区地表现状如图4.6-3所示，周围无管线及建筑物。

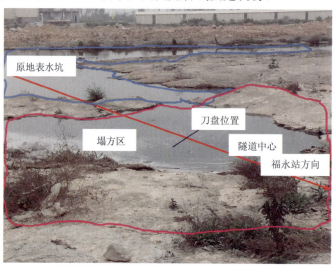

图4.6-3 塌陷区地表现状

2）地质情况

盾构主要穿越地层有硬塑状砂质黏性土、全风化变砾岩、砂土状强风化变砾岩及部分中风化变砾岩，如图4.6-4所示。此区段地质比较复杂，属于上软下硬地层，上部淤泥层及砂层较厚，容易产生透水，隧道底部有基岩凸起，导致盾构对上方土体扰动加剧，增加了掌子面坍塌或覆土被击穿的风险。

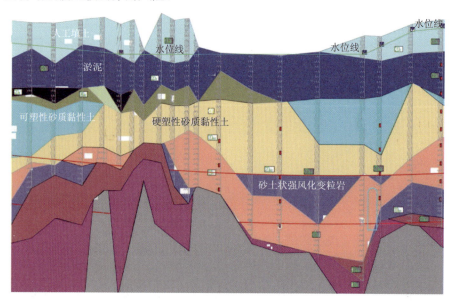

图4.6-4 盾构掘进所处地质断面图

6.2.3 盾构掘进参数情况

调取盾构掘进第 250～253 环的施工参数表（见表 4.6-1），比较相关参数变化情况。

盾构掘进邻近环主要施工参数汇总表　　表 4.6-1

序号	参数名称	单位	第 251 环前 692mm 参数	第 251 环后 70.6mm 参数	第 252 环前 659mm 参数	第 252 环后 913mm 参数	第 253 环参数
1	推力	kN	14000	14000	20000	20000	13000
2	扭矩	kN·m	3100	2500	4000	3500	3000
3	土压	bar	1	0.6	1.6	1.4	1.4
4	速度	mm/min	15	5.7	6	7.6	36.5
5	出土量	斗	2.5	9	3.5	4	4

6.3　处理方案及对策

6.3.1 原因分析

1) 盾构参数变化原因分析

导致盾构机推力大、速度慢的主要原因：刀盘前面土体踏空，形成空穴，使刀盘无受力点；盾构机刀盘前面有硬岩（出来的土没有发现硬岩）；盾构姿态和盾尾间隙不好，盾构机内壳阻力增加（第 250～252 环盾构间隙正常）。

盾体外壳受到的阻力增加（此可能性最大）。第 251 环出土含水量大，说明此处地下水较丰富，此处有断裂带地层，且地表有水坑，与地下水形成了通道，形成压力较高的承压水，盾构机施工第 250 环时，地层受到扰动，为承压水渗透到盾构机范围及上层的微透水、弱透水地层创造了条件；完成第 250 环施工后停机 26.5h，使盾构机周边的土体浸泡失稳，失去自承能力，直接将力作用在盾构机机体周边；盾构机周边的块状强风化变粒岩、砂土状强风化变粒岩遇水后黏性增加，使盾构机阻力增大，故产生推力大，速度慢，铰接压力变大等异常。

2) 塌方原因分析

第 251 环前 692mm 和第 251 环后 670.6mm 掘进参数比较见表 4.6-2。

盾构主要参数值比较　　表 4.6-2

序号	参数名称	单位	第 251 环前 692mm 掘进参数	第 251 环后 670.6mm 掘进参数
1	推力	kN	14000	14000
2	扭矩	kN·m	3100	2500
3	土压	bar	1	0.6
4	速度	mm/min	15	5.7
5	出土量	mm/斗	276.8	74.4

土压和出土量的关系：在其他条件相同的情况下，土压越高，出土的速度就越慢，等时间出土的量越小；土压越小，出土的速度就越快，等时间出土的量越大。即，若想增大

土压，就降低出土速度；若想减少土压，就增加出土速度。

土压和扭矩的关系：在推力相等的条件下，土压越大扭矩越大，土压越小扭矩越小，因为土压越大，土仓的土、水、气越多，刀盘转动的阻力增加，故扭矩变大。所以，在控制土压时，要密切关注扭矩的变化，防止为了控制出土量，扭矩长时间在高值状态下运转盾构机。

后670.6mm超方的原因，是出土速度太快，与掘进速度不匹配，没有平衡土压、速度、扭矩的关系；后670.6mm超挖120m³土，导致刀盘前方土体较少，失稳后形成漏斗（见图4.6-5），上部淤泥土体也漏到刀盘处，进入土仓。

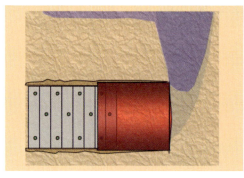

图4.6-5 地表塌陷原因分析示意图

6.3.2 处理方案

塌陷区地表为回填鱼塘区，周围无管线及建筑物，根据此条件，通过研究决定，暂时不对塌陷区进行回填，而是加大推力，使盾构快速通过此处。

1）掘进参数调整

加大推力，推进第252环。3月16日16:23开始推进，推力增加到20000kN，扭矩4500kN·m，速度6mm/min，上部土压1.6bar，出土含水量增大，螺旋输送机内喷涌，推进到17:58停机，共推进659mm，出土3.5斗。

图4.6-6为第252环前659mm施工参数曲线图。

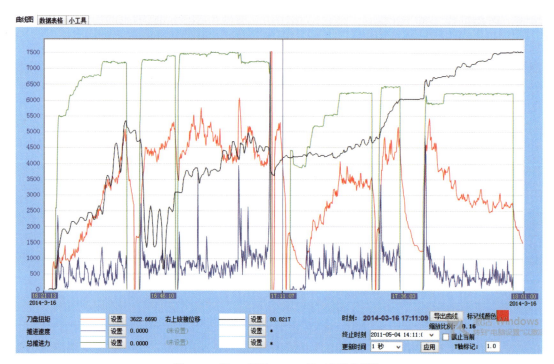

图4.6-6 第252环前659mm施工参数曲线图

2）回填

现场条件较好，有利于实施回填，立即组织对地面塌陷区进行回填（见图 4.6-7），3月 16 日 22:00 回填完毕。

图 4.6-7　地表回填

3）恢复掘进

回填完毕后，继续推进第 252 环，3 月 17 日 1:05 完成推进，推进 913mm，推进用时 2h，平均速度 7.6mm/min，最小速度 2mm/min，最大速度 27mm/min，推力 20000kN，扭矩 3000～4000kN·m，上部土压 1.3～1.5bar，出土含水量增大，开始出现喷涌，随着掘进，水逐渐较少。

图 4.6-8 为回填后第 252 环施工参数曲线图。

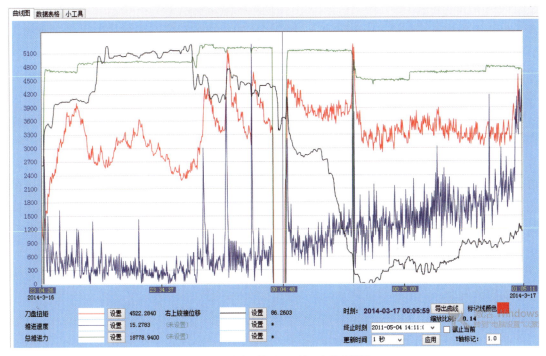

图 4.6-8　回填后第 252 环施工参数曲线图

4:30—6:12 推进第 253 环，掘进用时 43min，推进 1571mm，平均速度 36.5mm/min，推力 12000～15000kN，上部土压 1.3～1.5bar，扭矩 2000～4000kN·m，出土 4 斗，出土含水量较小。

图 4.6-9 为第 253 环主要施工参数曲线图。

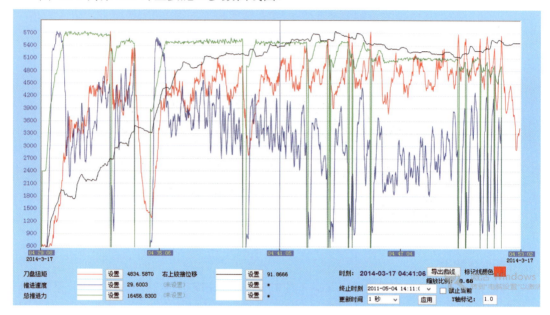

图 4.6-9　第 253 环主要施工参数曲线图

6.4　经验及总结

（1）本次停机时间较长。每半个月进行白班和夜班倒班，一般倒班停机所需时间为 15h 左右，本次停机 26.5h。工作人员上班时发现注浆管堵塞，故导致问题出现，因此在管理上要加强现场施工组织，出现异常不要惊慌，深入了解事情发生过程，出现哪些异常，研究相关数据，系统地分析原因，针对性地解决问题。

（2）在问题处理上，出现掘进速度下降现象后，首先要尝试逐步加大推力（在许可控制范围），通过加大推力，提高掘进速度，使盾构机尽快离开被困区；在加大推力的同时，要密切关注扭矩和土仓压力的变化，出现扭矩增大、长时间高扭矩或突然报警时，应立刻降低推力或者停机；要严格控制出土量，根据掘进速度来调整出土速度，从而确保合理的土仓压力，出土量、土仓压力和掘进速度相匹配，避免土压过大（出土慢）造成地表隆起，或土压过小（出土快）造成地面沉降或塌方；优化施工参数，熟练掌握推力、扭矩、土仓压力、出土速度等主要施工参数关系。

（3）出现地面塌方时，应尽量快速回填，截断水源，恢复地层自承能力。另外，避免次生灾害的发生。

第 5 章

11号线管理成效及技术发展展望

5.1　11号线管理成效

5.1.1　11号线总体情况

11号线是深圳城市轨道交通三期工程7、9、11号线中最早开工的线路，同时也是深圳首条快速线，最高速度达到120km/h，作为三期工程的先行线，一直起到引领作用，同时也扮演探路者的角色。11号线工程自开工建设以来，以践行"深圳质量""品质交通"的投标诺言，通过超前的组织协调，施工技术方案把关，确保各项管理目标的实现。

11号线工程进度全面受控，各节点工期目标按期实现。在三期工程中中国中铁创建了首台盾构始发、首个区间贯通、首座车站封顶的业绩，率先实现了轨通、电通、接车、网通。同时策划完成质量专项验收、人防工程、防雷工程、卫生防疫、工程档案、节能验收、消防工程等各项政府专项验收工作，并配合做好试运行安全条件评估及试运营基本条件评审等重大活动。

11号线自2016年6月28日实现载客运营以来，连续运行状况平稳。

5.1.2　11号线盾构施工总体情况

质量创优是深圳地铁高水平建设的内在要求，11号线建设管理始终以创建鲁班奖为目标，强化安全质量管理。11号线针对性制定土建工程及站后工程施工质量管控重点，建立"样板工程"管理制度，推广关键工序卡控及过程管控，确保各工序交接质量。11号线主体结构内实外美、棱角清晰；安装工程与土建、装修实施一体化施工，设备安装规范标准，系统运行良好，管道横平竖直，吊支架完整牢固，管线排量合理美观，标识清晰。11号线的建设者们以工匠精神打造地铁百年精品工程，高标准、高质量、高效率如期完成了各项建设任务。11号线成为深城市一张靓丽的"深圳质量"名片。

施工安全稳定可控，未发生生产安全事故，盾构工程场地创建"深圳市建设工程安全生产与文明施工优良工地"14个，占全部盾构区间的88%，创建"广东省房屋市政工程安全生产文明施工示范工地"7个，占全部盾构区间的44%。

工程质量满足设计及验收标准，成型隧道基本无渗漏、无破损，管片错台基本控制在5mm以内。福车盾构区间、车红盾构区间、南前盾构区间、机福盾构区间、后松盾构区间、停车场出入线盾构区间获得建设单位"质量管理样板工地"称号。

5.2　深圳地区盾构技术发展展望

5.2.1　目前应用情况

盾构机在城市轨道交通中得以大范围应用的原因：一是盾构机械化集成水平高、现场施工文明，能有效保障施工人员的人身安全；管片工厂化、模块化生产，施工质量标准高，施工进度较快。二是，随着我国盾构技术的不断发展，一边引进国外先进设备，一边不断消化吸收自主研发，较短时间内实现盾构机完全自主国产化，大幅降低了设备投入费用，随着国民经济发展，人工费持续增长的形势下，具有较高的经济效益。

深圳自轨道交通一期工程建设以来，盾构法施工越来越广泛地应用于深圳城市轨道交通工程中：一期工程盾构法约占地下区间施工工法的10%，二期工程盾构法占地下区间施工工法的30%～40%，三期工程盾构法占地下区间施工工法的70%～80%。设计在方案比选中优先推荐使用盾构法，地质困难段通过其他辅助工法能采用盾构法的也优先采用盾构工法。目前山岭隧道开始采用TBM硬岩掘进机施工，车站穿越城市主干道的出入口也开始采用顶管机施工，盾构发展呈多样化。

5.2.2 应用发展趋势

目前盾构机集成了多种现代技术，如机电液一体化、测控等，属于技术密集型产品。随着技术的不断进步，在盾构机操作、地表沉降控制方面将更加便捷，隧道的施工质量也会大大提高。

1）系统化

深圳地区地质条件较为复杂，区间存在软硬不均、复杂多变、强富水、球状风化体的地层，以往盾构施工则是单独对这几个方面带来的影响进行考虑，一般情况下，施工单位会用以下方法提高地层稳定性：降低地下水水位、通过地基改良增加地耐力、冻结法。但是这些方法只是依靠外界作用，并没有从设备本身入手。随着盾构机配置水平的不断提升，不但同一区间不同地质的多种掘进模式以及盾构选型等问题逐步得到解决，而且从设备结构角度提高了施工层面的稳定性，进而大幅度提高了施工过程的安全性。

2）种类丰富多样

为适应不同工程的需要，盾构机的断面形式也越来越多，例如矩形、马蹄形等盾构掘进设备，以满足不同地质结构的需求。

如11号线车公庙站出入口，采用顶管机进行推进，施工质量、施工安全及工程进度均满足各项要求。

TBM应用于长距离穿越山岭硬岩工程，如深圳地铁10号线孖雅区间TBM掘进长度2801m；深圳地铁6号线梅翰区间TBM掘进长度2313m，民乐停车场出入线TBM掘进长度2399m。

3）超大型化和微小型化

为满足各种工况的需求，目前盾构厂家所生产的产品正朝着超大化和微小化方向发展。这种设备特别适用于隧道的分断面施工，该设备具有先把施工断面划分为若干个小断面，将其依次作业完成后再将小断面间仅存的薄壁贯通，从而完成整个施工过程。较以往的方法而言，这种新的方法可使工程费用得到大幅度降低，使工期大幅缩短。另外，考虑到盾构机的市场价格达到数千万元，从经济性的角度考虑，在工程量不大的情况下不宜选用盾构机，而是需要随机应变，对施工组织方案加以改进，选取小型盾构机设备，采用上述施工方法，完成隧道施工，从而达到节约成本的目的。

5.3 发展趋势及建议

目前，深圳春风路隧道采用大直径泥水盾构施工，与深圳相邻的广州拟采用盾构进行地铁车站的施工，各盾构厂家均研发了异形截面的盾构机，不断扩大盾构机在城市轨道交通中的应用范围。深圳作为地铁建设管理的排头兵，未来在地铁建设中一定会向机械化方向发展，提高轨道建设施工效率，确保盾构机的适应性、经济性和风险可控性。

同时，城市轨道交通是一个综合性工程，盾构的应用和发展、创新需要建立合理的工期与合同价，一定要规范市场环境，科学合理地设置工程价格和工期要求；各施工企业要加强内部培训，提升管理和施工精细化水平；整个行业要重视施工信息保存和深入发掘，提升施工理论水平。

参 考 文 献

[1] 张新金，刘维宁，路美丽，等.北京地铁盾构法施工问题及解决方案[J].土木工程学报，2008（10）：93-99.

[2] 华科.地铁盾构施工对邻近结构物的影响预测与控制方法[D].成都：西南交通大学，2008.

[3] 杨哲峰.苏州地铁盾构近接施工力学机理与控制技术研究[D].武汉：中国地质大学，2015.

[4] 林志军.地铁盾构隧道下穿既有高铁隧道施工影响及控制技术研究[D].长沙：中南大学，2013.

[5] 刘建国.深圳地铁盾构隧道施工技术与经验[J].隧道建设，2012，32（01）：72-87.

[6] 吴逢春.地铁盾构施工对周边结构影响的时间相关性研究[D].南京：东南大学，2006.

[7] 曾龙广.深圳地铁盾构法施工引起地表沉降的分析与数值模拟[D].兰州：兰州交通大学，2010.

[8] 李乾.地铁盾构法隧道孤石工程分类及处理对策[J].都市快轨交通，2012，25（01）：82-85.

[9] 吕鹏程.地铁盾构区间孤石探测及处理技术研究[J].中国高新技术企业，2014（06）：146-147.

[10] 郭栋.北京地铁盾构隧道近接施工技术研究[D].北京：北京交通大学，2008.

[11] 张飞龙.兰州地铁盾构施工对邻近建筑物影响分析[D].兰州：兰州交通大学，2013.

[12] 黄炜.地铁盾构法施工新技术浅析[J].中外建筑，2011（08）：171-173.

[13] 王世明.北京某地铁盾构近距离下穿既有地铁风险控制措施研究[D].北京：北京交通大学，2014.

[14] 康宝生，陈馈，李荣智.南京地铁盾构始发与到达施工技术[J].建筑机械化，2004（02）：25-29.

[15] 张立新，邱明轩.北京地铁盾构法施工技术[J].铁道建筑，2007（06）：35-37.

[16] 徐顺明.广州地铁盾构施工控制测量措施[J].城市勘测，2007（01）：66-69，83.

[17] 朱红坤，郭师虹.西安地铁盾构施工中地表沉降监测技术的研究[J].陕西建筑，2009（12）：55-56.

[18] 宋宜容，陈广峰，桂轶雄，等.地铁盾构施工中监测技术的研究[J].青海大学学报：自然科学版，2009，27（01）：20-24.

[19] 刘长林.探究地铁盾构法施工新技术要点[J].太原城市职业技术学院学报，2016（01）：159-160.

[20] 沈成明.复杂地层地铁盾构施工技术研究[J].上海建设科技，2008（01）：41-44.

[21] 曹智，李剑祥.成都地铁盾构选型设计及实用性比较[J].隧道建设，2014，34（10）：1005-1010.

[22] 万明.昆明地铁盾构常压开仓换刀施工技术[J].中国高新技术企业，2011（02）：43-45.

[23] 王凯.地铁盾构机施工中的刀盘及刀具改造技术[J].施工技术，2016，45（S1）：403-408.

[24] 王建华.深圳复杂地质条件下地铁盾构施工的分析与探讨[J].铁道建筑技术，2011（08）：37-41.

[25] 熊炎林.深圳地铁盾构下穿建筑物施工技术[J].建筑机械化，2012，33（S2）：58-60.

[26] 王俊. 地铁盾构管片选型技术初探 [J]. 山西建筑，2011，37（09）：182-183.

[27] 张原平. 浅析地铁盾构法施工技术要点及质量控制措施 [J]. 中国新技术新产品，2010（23）：116-117.

[28] 许发成. 成都地铁盾构出洞施工技术浅谈 [J]. 四川建筑，2008（02）：174-175.

[29] 辛永波. 成都地铁盾构机穿越建筑物注浆施工技术 [J]. 都市快轨交通，2012，25（01）：90-93.

[30] 王国正. 城市地铁盾构施工技术分析 [J]. 科技创新导报，2015，12（17）：105.